$24,00

CW00498829

temas
política

LA NUEVA ECONOMIA POLITICA
Racionalidad e instituciones

Sebastián M. Saiegh
Mariano Tommasi
COMPILADORES

Mancur Olson   Barry Weingast
Robert Bates   Terry Moe
Douglass C. North   Pablo Spiller
Kenneth Shepsle   Barbara Geddes
John Ferejohn   George Tsebelis

eudeba

Eudeba
Universidad de Buenos Aires

1ª edición: agosto de 1998

© 1998
Editorial Universitaria de Buenos Aires
Sociedad de Economía Mixta
Av. Rivadavia 1571/73 (1033)
Tel.: 383-8025
Fax: 383-2202

Diseño de colección y tapa: **María Laura Piaggio - Eudeba**
Corrección y composición general - Eudeba

ISBN 950-23-0818-2
Impreso en la Argentina
Hecho el depósito que establece la ley 11.723

ÍNDICE

Tercera Parte: Estudios comparados y de casos

PROLOGO

E n los últimos años se ha registrado en todo el mundo un renovado interés por la perspectiva de la economía política. Más allá de su denominación, ella constituye una vertiente de investigación interdisciplinaria en la que confluyen la economía, la ciencia política, la sociología y el derecho. A pesar de sus desarrollos recientes, esta perspectiva no ha tenido aún una adecuada recepción en Latinoamérica. El presente volumen constituye, pues, un intento de acercar al público de habla hispana algunas de las contribuciones más destacadas en este campo.

Hemos procurado reflejar el carácter interdisciplinario de esta perspectiva incluyendo trabajos elaborados por autores de distintas procedencias disciplinarias. La selección que hemos realizado busca proporcionarle al lector una idea general acerca de los trabajos que se han realizando en estos últimos años, así como también de las actuales tendencias de desarrollo.

Somos conscientes de las notables ausencias que se pueden señalar y de lo discutible de algunas inclusiones, pero lamentablemente, éste es el costo de todo proyecto que intenta paliar vacíos existentes.

La traducción de los trabajos ha sido una labor ardua, como generalmente ocurre, pero aún más en este caso, debido a la necesidad de elegir adecuadamente los vocablos castellanos que correspondan a aquellos empleados por los autores en su idioma original.

Colaboraron en las tareas de traducción: Josefina Posadas, Tamara Saront, Tamara Sulaque y Romina Waldman, realizando una primera aproximación. Agradecemos su esfuerzo, haciendo una mención especial para Tamara Sulaque, que fue quien más intensamente se dedicó a esta tarea. También deseamos agradecer a Carlos Acuña quien nos hizo comentarios de gran utilidad sobre la Introducción, y a Barbara Geddes quien revisó la traducción de su trabajo y realizó sugerencias adicionales que enriquecieron su texto original.

Por otro lado, nuestra mayor deuda es con los autores, tanto con aquellos que han sido incluidos en este libro, como con muchos otros que han ido construyendo esta literatura. Entre ellos, deseamos destacar la figura de Mancur Olson, uno de los padres fundadores de este enfoque, lamentablemente fallecido este año. Todos sus lectores han sabido apreciar la importancia fundamental de sus contribuciones. Nosotros tuvimos la oportunidad de interactuar con Mancur en varias ocasiones durante los últimos años y conocimos también su vitalidad, entusiasmo, convicción y continua capacidad de asombro. Todas ellas, probablemente, características propias de los más grandes pensadores.

Por último deseamos expresar también nuestro reconocimiento a la Universidad de San Andrés y al Centro de Estudios para el Desarrollo Institucional de la Fundación Gobierno y Sociedad, por haber provisto hábitats propicios para desarrollar este tipo de trabajo interdisciplinario.

INTRODUCCION

Sebastián M. Saiegh
Mariano Tommasi

L a "economía política" reconoce una antigua tradición en la reflexión política y económica. Sin embargo, la separación de los estudios políticos y económicos a partir de fines del siglo XVIII contribuyó al desarrollo de ellos en forma autónoma los unos de los otros.

Afortunadamente, en las últimas décadas se ha producido un renacimiento del campo de la economía política. Ello ha constituido un fructífero punto de encuentro, no sólo entre economistas y cientistas políticos, sino que ha incluido también a juristas, sociólogos y otros cientistas sociales.

Dicha interacción ha generado algunos "nuevos clásicos", así como un importante número de destacadas contribuciones recientes. Pese al gran desarrollo que ha tenido este campo de análisis, la gran mayoría de estos estudios no están traducidos al castellano. Por estar disponibles sólo en sus idiomas originales, muchos de ellos no han tenido aún una adecuada recepción en los países de habla hispana.

El propósito de este libro es alcanzarle al lector una selección de textos a modo de introducción a este cuerpo de ideas, que puede agruparse bajo la denominación de "nueva economía política" o "nueva economía institucional". Lamentablemente, en éste como en otros campos no existe uniformidad terminológica. Distintos autores les dan diferentes significados a términos tales como "nueva economía política". Nosotros emplearemos la expresión para describir lo que, a nuestro entender, es la interpretación corriente del término *Political Economy* en los círculos académicos de habla inglesa. Este término hace referencia a una relación bidireccional entre los campos de la economía y la ciencia política.[1]

---

1. Reconocemos la contextualidad histórica de caracterizar una corriente intelectual como "nueva". Por otro lado, también confiamos en que, a pesar de que se nos pueda acusar de imperialismo taxonómico, estos debates semánticos no impidan que el

En una dirección, la nueva economía política (NEP) es una visión que —en consonancia con la economía política clásica, pero a diferencia de la economía neoclásica surgida a partir de la revolución marginalista— no ve a la economía como un mecanismo que se autosustenta independientemente del entorno social más amplio del cual ésta es parte. Entre otras cosas, la NEP presta particular atención a la determinación de las políticas económicas, reconociendo que las mismas no son llevadas a cabo por planificadores sociales omniscientes y benevolentes, sino que son el resultado de complejas interacciones entre múltiples actores con intereses, información y creencias particulares, en el contexto de determinados marcos institucionales. En este sentido, la NEP enriquece al análisis económico convencional, "importando" preocupaciones e ideas centrales del análisis político.

En la otra dirección, los objetos de estudio tradicionales de la ciencia política (el Estado, el gobierno, la política) se estudian utilizando el enfoque y el instrumental predominantemente empleado por la ciencia económica.

A diferencia del enfoque sociológico, que considera a la conducta individual como el resultado de la internalización de las normas y los valores sociales, la economía hace uso del supuesto de que los sujetos se comportan racionalmente. Ello debe entenderse en el sentido de que dadas ciertas metas y frente a un conjunto de estrategias posibles, las personas seleccionarán aquella estrategia que incremente sus chances de satisfacer dichas metas. La racionalidad, por lo tanto, es concebida como instrumental: las acciones son evaluadas y elegidas no por sí mismas, sino en función de sus resultados o "utilidad" esperada.[2]

---

enfoque propuesto sea considerado seriamente. Una conceptualización muy semejante a la nuestra es la que realiza Jeffry Frieden (1991: 15-16). Según Frieden, la "economía política moderna" estudia la forma en la que actores racionales, interesados en sí mismos, se combinan dentro o fuera de los marcos institucionales existentes para influir sobre los resultados sociales. Frieden justifica la utilización del término, argumentando que el método en cuestión puede considerarse un heredero, en la ciencia social moderna, de la economía política clásica (de autores tales como Adam Smith, John Stuart Mill y Karl Marx).

2. Esta utilidad sin embargo no significa que las personas sólo estén motivadas por intereses materiales. El término *racional* califica los medios o estrategias con los que cuenta un sujeto, no sus metas. La diversidad humana hace que existan metas de todo tipo, no sólo materiales sino también axiológicas, ideológicas, espirituales, estéticas, etc. Inclusive muchas veces el supuesto de racionalidad se utiliza heurísticamente, es

A partir de estos supuestos, el análisis económico intenta comprender los fenómenos sociales mediante la construcción de modelos formalizados. Estos modelos permiten generar hipótesis refutables, mediante razonamientos lógicos y matemáticos, que luego son contrastadas empíricamente a través de estudios de casos, análisis históricos y comparativos y principalmente tests estadísticos/econométricos.

Nuestro objetivo es presentarle al lector algunos conceptos del campo de la NEP que, a nuestro juicio, permiten una mejor comprensión de los fenómenos y acontecimientos políticos y económicos. Lo haremos a través de la selección de un conjunto de textos relativamente recientes que remarcan y ejemplifican la metodología que caracteriza a la NEP, teniendo en cuenta la necesidad de que estos textos resulten accesibles y atractivos para lectores con formaciones e intereses diversos.[3]

1. La nueva economía política

Si bien los orígenes de la economía política usualmente se asocian a los fisiócratas y principalmente al iluminismo escocés, ella reconoce numerosos antecedentes en el pensamiento occidental. A lo largo de la historia, el intento de los seres humanos por dotar de sentido a aquello que los rodea (incluyendo la propia vida y la de sus semejantes) independientemente de explicaciones mágicas o religiosas, ha sido permanente. Una de las principales características de esta tradición intelectual ha sido la búsqueda incesante por "descubrir" algún tipo de motivación dominante en el comportamiento humano, de tal modo que éste fuese susceptible de interpretación.

---

decir, se considera que los actores se comportan *como si* estuvieran maximizando racionalmente su utilidad (aunque ellos no lo hiciesen en forma consciente o aun cuando su comportamiento fuese el resultado del aprendizaje cotidiano). La idea por detrás de esto último es que las explicaciones de este tipo deben contrastarse más por la exactitud de sus predicciones, que por el realismo de sus supuestos (por ejemplo Friedman, 1953; ver también Przeworski 1985).

3. Uno de los criterios de selección de los textos fue que los mismos no tuvieran traducción previa al castellano. La única excepción a esa regla es el capítulo de Mancur Olson sobre la lógica de la acción colectiva, que decidimos incluir dado el extraordinario impacto que su obra ha tenido en toda esta corriente.

Numerosos pensadores procuraron encontrar dicha motivación, inclusive algunos de ellos creyeron dar con ella, en el comportamiento basado en el interés propio (*self interest*). La creencia en que el interés podía considerarse una motivación dominante en el comportamiento humano, provocó gran excitación intelectual. Tal como señala Hirschman, incluso la sensación era que "por fin se había descubierto una base realista para un orden social viable" (1978: 55).

Pero un mundo gobernado por el interés no ofrecía sólo un escape de los modelos excesivamente exigentes de estados "que nunca han existido ni existirán"; se percibió que esta concepción tenía varias ventajas específicas. La ventaja más general era la posibilidad de previsión. Dentro de la tradición política, fue Maquiavelo quien tempranamente se dio cuenta de las vigorosas proposiciones políticas que podían derivarse del supuesto de una naturaleza humana uniforme (que podía servir para avanzar en la comprensión del comportamiento humano e incluso para su eventual manipulación). En sus célebres recomendaciones al Príncipe sostiene:

> "...*generalizando, de los hombres puede decirse lo siguiente: son ingratos, volubles, simuladores, huidizos, temerosos del peligro, ávidos de ganancias... [de modo que]... el amor no se retiene por gratitud ya que los seres humanos, por su triste naturaleza... rompen ese vínculo en todo momento en que prive su interés personal...*" (Cap. XVII).

Sin embargo, tal como señala Hirschman, una caracterización tan pesimista de la naturaleza humana, estaba aún lejos de poder servirle al Príncipe como un parámetro previsible del comportamiento humano, en la medida en que la definición de Maquiavelo del interés personal, incluía reacciones tan diversas como la hipocresía, la cobardía, la codicia y la ingratitud (1978:55).

Con el correr del tiempo, fundamentalmente a partir de las ideas de Adam Smith y David Ricardo, muchos pensadores fueron refinando esta concepción, circunscribiéndola a la búsqueda del interés comercial o mercantil. De este modo, esta concepción resultó, entonces, principalmente confinada a la esfera económica.

Esto se vio fortalecido aún más por una cierta especialización del conocimiento, con la separación de los estudios políticos y económicos en disciplinas distintas a partir de fines del siglo XVIII. Ello contribuyó al desarrollo autónomo de cada una de ellas, pero privó al análisis político de este marco teórico para poder analizar el comportamiento de los actores en la esfera pública.

Así, a pesar de que los principios de organización económica y política comparten muchas características en común (más allá de obvias diferencias fundamentales: por ejemplo, que las organizaciones económicas producen principalmente bienes privados, mientras que las organizaciones políticas producen principalmente bienes públicos) su estudio fue abordado muchas veces desde puntos de vista encontrados. Tal como señala Ordeshook (1990), mientras que la ciencia política buscó sus fuentes de inspiración en otras disciplinas, la economía continuó su marcha a través del empleo de los modelos formalizados y las contrastaciones estadísticas/econométricas que le permitieron, aún simplificando muchas veces los fenómenos del mundo real, explicarlos y predecirlos exitosamente. Como resultado de ello, la teoría económica se desarrolló más ampliamente y con mayor grado de formalización que su contraparte, la teoría política.

Con respecto a ésta última, luego de la Segunda Guerra Mundial se produjo en los Estados Unidos un profundo debate acerca de su futuro. Muchos analistas políticos llegaron a sostener la imposibilidad de interpretar científicamente los fenómenos políticos, mientras que otros, convencidos de la necesidad de hacer realidad la expresión "ciencia política", y frente a los avances de la psicología y la economía, se embarcaron de lleno en la tarea de adaptar los métodos y teorías de estas disciplinas al estudio de la política.

Esto dio origen a dos vertientes que se nutrieron, respectivamente, de la psicología y de la economía. La primera resultaría en el enfoque conductista (*behavioral*), cuya influencia para el desarrollo de la ciencia política habría de manifestarse de modo casi hegemónico a lo largo de las décadas subsiguientes. La segunda de estas dos grandes corrientes, se percató del evidente potencial del análisis económico para interpretar los fenómenos políticos (Almond, 1988), adoptando el enfoque conocido como "elección racional" (*rational choice*).

No obstante, la incorporación del supuesto de la acción racional a la ciencia política predominante no fue fácil. La perspectiva de la elección racional comenzó siendo una pequeña isla en una disciplina que se caracterizaba por los análisis legales-formales, el método conductista y la teoría pluralista de los grupos. De hecho, la mayoría de los autores que comenzaron a revertir esta tendencia, demostrando con el éxito de sus trabajos la fecundidad de este tipo de análisis, eran originalmente economistas, a excepción de William Riker.[4]

---

4. Entre ellos se encuentran Arrow, Downs, Olson, Buchanan y Tullock.

En los últimos años, sin embargo, el enfoque de la acción racional se ha convertido en el más prominente dentro de la ciencia política anglosajona, y ciertamente, su adopción por parte de los cientistas políticos fue una de las piedras fundamentales con la que se comenzó a gestar nuevamente la unión entre los estudios políticos y económicos.

Por otro lado, el enfoque de elección racional fue ampliamente dominante en la ciencia económica. En palabras del prestigioso cientista político Peter Ordeshook: "[l]a separación de las disciplinas política y económica le permitió a esta última formular una abstracción que de otro modo no hubiera sido posible, permitiendo el desarrollo de *la más poderosa de las teorías sociales, la microeconomía clásica*" (1990, p. 10, énfasis agregado).

A pesar de este poderoso desarrollo se podría decir que, en algún sentido, "la tasa de retorno del análisis microeconómico tradicional ha disminuido en las últimas décadas" (Eggertsson, 1990, p. 4). Esto se debe a la incapacidad de la economía neoclásica (definida estrechamente) de responder a preguntas tales como:

- ¿Cuál es la manera en la que distintos conjuntos de reglas sociales (derechos de propiedad) y de organizaciones económicas afectan el comportamiento, la asignación de recursos y los resultados de equilibrio?

- ¿Por qué razón, aún dentro de un mismo marco legal, distintas actividades económicas están organizadas de forma diferente?

- ¿Cuál es la lógica (económica) detrás de las reglas sociales y políticas fundamentales que gobiernan la producción y el intercambio? ¿Cómo cambian estas reglas?[5]

Un conjunto de desarrollos teóricos de las últimas décadas, incluyendo la teoría de juegos moderna, la economía de la información, los modelos de principal-agente y la teoría de los costos de transacción, han permitido a la microeconomía, ahora definida más ampliamente, empezar a dar alguna respuesta a estos interrogantes. La mayoría de estos desarrollos (muchos de ellos ligados al área del análisis económico denominada Organización

---

5. Nótese que preguntas de esta naturaleza nos llevan también a las fronteras con la sociología, otro territorio extremadamente interesante que, por limitaciones de espacio, no podemos cubrir. Swedberg (1990) presenta una fascinante descripción de las interacciones entre la economía y la sociología, a través de entrevistas con pensadores como Becker, Coleman, Akerlof, Hirschman y Olson.

Industrial), si bien no fueron construidos explícitamente para ello, resultan particularmente adecuados para analizar cuestiones de política.[6]

Dentro de las fronteras de la economía, en campos tales como la Política Macroeconómica y las Finanzas Públicas se han operado importantes cambios, en parte ligados a preguntas como la número tres en nuestro listado anterior.

Durante un largo tiempo, en su reflexión acerca de las políticas públicas los economistas tendieron a una actitud totalmente "normativa", analizando la política económica desde el punto de vista de un planificador social benevolente preocupado por servir al interés público. Este enfoque produjo importantes contribuciones destacando lo que los gobiernos *deberían* hacer.

Sin embargo, el supuesto de que un planificador benevolente implementa las políticas recomendadas por el economista es simplista, erróneo, e incluso peligroso en ciertas circunstancias, además de ser inconsistente con los postulados básicos de la microeconomía. Los gobiernos muchas veces no adoptan las recomendaciones de política "socialmente óptimas", porque los funcionarios también persiguen racionalmente sus propios intereses, y éstos muchas veces no coinciden con el interés público. Por otra parte, la definición del interés público y de cuál es la política socialmente óptima, es una cuestión bastante más difícil de resolver que lo que generalmente tienen en cuenta los modelos económicos.[7] Aquí radica gran parte de la complejidad de los problemas de política económica, y por lo tanto, del desafío intelectual para la economía política.

Con el correr del tiempo, los economistas fueron desarrollando modelos de comportamiento político más consistentes con el resto del enfoque microeconómico. Una línea de análisis importante, trató al gobierno como un actor unificado y poderoso, cuyo objetivo es maximizar sus propios recursos. Por ejemplo, Brennan y Buchanan (1980) es un producto típico de esta visión del gobierno como predador o Leviatán.

Desarrollos posteriores han tendido a abrir la caja negra del gobierno, y a prestar especial atención a las interacciones estratégicas entre presidentes, congresistas, ministros, partidos políticos, políticos locales, grupos de inte-

---

6. Moe (1984) es un buen resumen de parte de esta literatura, bajo el título de "nueva economía de la organización", con particular atención a su posible aplicación a cuestiones políticas.

7. El artículo de Ferejohn, en este libro, formaliza elegantemente una implicancia de este punto.

rés, votantes y otros actores relevantes. En particular, esta literatura ha tratado de estudiar la determinación *endógena* de las políticas económicas.[8]

Es por todo ello que, a pesar de que el estudio interdisciplinario de la política y la economía tiene larga data, la particular mezcla que constituye el sello identificatorio de la moderna economía política es el fruto de un desarrollo relativamente reciente.

Una herramienta clave para este desarrollo ha sido la teoría de juegos. A diferencia de los modelos de elección racional más tradicionales que utilizan una concepción "paramétrica" de racionalidad (los individuos operan racionalmente frente a las restricciones provistas por el ambiente), la teoría de juegos concibe la racionalidad en términos estratégicos (los individuos operan en un ambiente en donde también existen otros actores racionales). Es decir, para la teoría de juegos, los individuos deben decidir cuál es la mejor forma posible de alcanzar sus metas, teniendo en cuenta no sólo las restricciones del ambiente sino, también, el comportamiento igualmente racional y estratégico de los demás individuos.

Dado que el comportamiento estratégico y la interdependencia son características fundamentales de la política, la teoría de juegos provee una perspectiva extremadamente útil para estudiar los comportamientos y los procesos políticos.[9]

En particular, en los últimos años se han desarrollado herramientas para estudiar "juegos dinámicos con información incompleta". Juegos dinámicos son aquellos en los cuales los actores toman decisiones en distintos momentos del tiempo, y en los cuales las acciones de hoy repercuten sobre los contextos futuros. Juegos con información incompleta (o "asimétrica") son aquellos en los cuales distintos participantes cuentan con conjuntos de información diferentes. Estos juegos (que incluyen a los juegos de señaliza-

---

8. Cualquier listado en este sentido no puede sino ser incompleto e injusto, pero entre los principales economistas que han contribuido a esta literatura se encuentran Alesina, Cukierman, Dixit, Frey, Meltzer, Persson y Tabellini. La colección de Persson y Tabellini (1994) contiene algunas de las contribuciones más reconocidas en esta literatura. Se puede observar una creciente incorporación de artículos de *Political Economy* en las publicaciones periódicas más prestigiosas del mundo. Por ejemplo, en el ejemplar de noviembre de 1997 del *Quarterly Journal of Economics*, todos los artículos se inscriben en esta línea.

9. Al respecto véanse los trabajos de Jon Elster (un cientista social auténticamente interdisciplinario); por ejemplo Elster (1984, pp. 41-42).

ción, y a los problemas de principal y agente) claramente constituyen mejores aproximaciones al estudio de la política y de la política económica que sus predecesores, los "juegos estáticos con información completa".

Las tres secciones siguientes de esta introducción, presentan respectivamente las tres partes en las que hemos organizado el libro. La clasificación se impone por conveniencia; algunos artículos (como el de Bates) podrían incluirse en más de una categoría.

2. Diferentes perspectivas dentro de la nueva economía política

Tal como ya fue mencionado, el enfoque de la NEP se caracteriza porque muchos de sus análisis políticos y económicos no sólo comparten un conjunto de cuestiones y temas de investigación en común, sino también la metodología mediante la cual llevan a cabo sus estudios.

Sin embargo, no debe concebirse a este enfoque como una "corriente" monolítica. Tal como podrá ser apreciado a lo largo de este libro, esta perspectiva de análisis no es el resultado de una única fuente de influencias ni ha sido utilizado en forma similar por las diversas disciplinas. Entre estas numerosas y muy diversas influencias se encuentran: el enfoque de la "elección social", la escuela de la "elección pública", la "teoría política positiva" y la llamada "nueva economía institucional". Es decir, existe una amplia variedad de perspectivas teóricas dentro de la nueva economía política.[10]

Los trabajos incluidos en la Parte Primera de este libro, fueron seleccionados con el objetivo de reflejar esta diversidad. Todos ellos se caracterizan por compartir la metodología rigurosa que en términos generales caracteriza a esta perspectiva de análisis, pero a su vez representan una buena recopilación de las diferentes corrientes que la componen.

---

10. En un sentido amplio, existe una variedad de escuelas y perspectivas teóricas que han nutrido a (y a la vez se nutren de) este enfoque. Tanto economistas conservadores neoclásicos (Becker, Stigler), como economistas liberales institucionalistas (North) o inclusive marxistas clásicos (Roemer, Przeworski) han hecho recientemente valiosas contribuciones en este campo. De todos modos, cabe destacar que a diferencia de la tradición histórico-materialista y de la economía política marxista, el rasgo distintivo de la "nueva economía política" proviene de la idea de que los actores se comportan racionalmente y no del supuesto de que la organización de la producción es decisiva en la determinación de los demás fenómenos (políticos, culturales, etc.) de la vida humana.

La teoría de la acción colectiva

Uno de los temas principales de toda esta literatura se centra en reemplazar el supuesto económico neoclásico de intercambio puramente descentralizado con modelos que involucran acción colectiva, decisiones colectivas y, por lo tanto, procesos, reglas y procedimientos para las elecciones colectivas.

Un punto de partida natural en toda esta literatura, es el trabajo de Mancur Olson sobre la *Lógica de la Acción Colectiva*. El primer capítulo del presente volumen resume sus principales argumentos. Pocos libros en la literatura económica han logrado semejante alcance e impacto en las últimas tres décadas como esta obra, y de hecho, su análisis ha trascendido la economía y ha alterado el pensamiento sobre el comportamiento de los grupos en la sociología, la antropología y la ciencia política. Aun cuando *La Lógica* es profundamente rico en análisis, aplicaciones y propuestas, el libro descansa sobre una única premisa básica: la racionalidad individual no es suficiente para alcanzar la racionalidad colectiva.

Analizando la acción colectiva y la conducta de los grupos, Olson expone cómo en situaciones caracterizadas por la ausencia de información y por la incertidumbre, y donde los individuos son incapaces de anticipar las acciones de los demás y/o forzar el cumplimiento de los acuerdos, la racionalidad individual no lleva necesariamente a la racionalidad colectiva.

En palabras de Olson, "... a veces, cuando cada individuo considera sólo sus propios intereses, un resultado colectivo de carácter racional emerge automáticamente...", sin embargo a veces, "... no importa cuán inteligentemente cada individuo persiga sus intereses, ningún resultado social de tipo racional puede emerger espontáneamente —sólo una mano guiadora o una institución apropiada puede hacer surgir resultados que sean colectivamente eficientes" (1992).

La economía política del desarrollo

En el capítulo 2, de especial relevancia para los lectores latinoamericanos, Robert Bates revisa críticamente la literatura económica y política sobre el desarrollo.

Bates argumenta que los modelos neoclásicos de crecimiento económico, pasan por alto la organización de los mercados y de otras arenas de intercambio como *locus* para la competencia política en los países del Tercer Mundo. Por lo tanto, los modelos neoclásicos no son capaces de explicar los patrones de sustitución de importaciones, subsidios (o impuestos) al trabajo y protección de industrias ineficientes que típicamente han ocurrido en la medida que los gobiernos han intentado controlar los resultados económicos con el objetivo de crear y mantener el apoyo político. En definitiva, Bates argumenta en favor del análisis de la *determinación* de las políticas, un tema usualmente ignorado por la economía neoclásica.

Bates también critica a enfoques político-culturales y de "economía política radical" (incluyendo la teoría de la dependencia), básicamente porque subestiman las capacidades individuales y colectivas de los actores económicos y políticos de las naciones menos desarrolladas.

En síntesis, Bates reclama un análisis entrelazado de las raíces *micro* y de los fenómenos *macro* en la evolución de las economías políticas del primer y del tercer mundo. También argumenta que los países en desarrollo, ofrecen un campo fértil para el estudio de los orígenes y la evolución de las instituciones. Utiliza como ejemplo las transformaciones políticas y económicas que muchos países en desarrollo están viviendo. Es importante, entre otras cosas, estudiar la "creación política de mercados."

El artículo de Bates es también una excelente síntesis del enfoque de la nueva economía política, en comparación a otros enfoques relacionados. Bates lo sintetiza en cuatro postulados básicos: (1) el actor individual es la unidad de análisis; (2) los individuos, incluidos los políticos, son racionales; (3) las instituciones crean incentivos para los políticos (y la política es relativamente autónoma); y (4) la racionalidad individual no implica racionalidad social.

La perspectiva de los costos de transacción

Una importante línea de investigación ligada a la nueva economía política, el llamado neoinstitucionalismo o análisis de los costos de transacción, se concentra en los problemas que plantea el intercambio de derechos de propiedad. Aunque en cierto modo este enfoque es complementario de la tradición neoclásica, su propósito es dotar a la microeconomía tradicional de bases más realistas, incorporando los conceptos de *comportamiento oportunista* y *racionalidad limitada*.[11]

---

11. Esta línea de investigación, tal como sostiene Eggertsson (1990), no tuvo un nombre generalmente aceptado hasta hace muy poco tiempo atrás. Etiquetas tales como la nueva historia económica, la nueva organización industrial, los nuevos

El capítulo 3, "Una teoría de los costos de transacción de la política" es un artículo pionero, en el cual Douglass C. North sostiene que el supuesto de racionalidad instrumental resulta inadecuado para el estudio de la política, y sugiere una teoría basada en la noción de costos de transacción.

Siguiendo algunas de las ideas principales de la economía neoinstitucional, el autor argumenta que los mercados políticos son muy imperfectos por dos grandes motivos. Primero, porque la información es costosa y, por lo tanto, las personas usan modelos subjetivos (muchas veces erróneos) para explicar su entorno. Segundo, porque dada la naturaleza de los derechos de propiedad que se intercambian (promesas por votos) resulta extraordinariamente difícil hacer cumplir los acuerdos.

A partir de esta caracterización de los mercados políticos, North identifica el papel de los arreglos institucionales y de la ideología, en el proceso de formación de las políticas públicas.

Credibilidad

Cierra esta parte primera el trabajo de Kenneth Shepsle quien, en alguna medida, analiza los argumentos acerca de la racionalidad y las instituciones a través de la noción de "compromiso creíble". Su argumento principal es que tanto los individuos como las sociedades, pueden obtener mayores ventajas en la medida en que sean capaces de establecer compromisos de cumplimiento obligatorio para sí mismos (*self enforcing*).

La posibilidad de comprometerse a llevar a cabo un determinado curso de acción, constituye un factor clave para hacer posible intercambios mutuamente beneficiosos. Si bien en algunos casos la cooperación y coordinación puede surgir espontáneamente de la acción descentralizada (en el espíritu de la "mano invisible"), en muchos casos los comportamientos cooperativos sólo podrán ser alcanzados en el marco de ciertas instituciones sociales.[12]

---

sistemas económicos comparados, escuela de derechos de propiedad, economía de costos de transacción, etcétera., han sido utilizadas frecuentemente para designar las diversas contribuciones en esta área. Más recientemente se le ha dado en sentido amplio el nombre de Nueva Economía Institucional a toda esta corriente. Véase también Moe (1984).

12. Se podría decir que, en tanto el artículo de Olson enfatiza la dimensión "horizontal" de los problemas de cooperación, Shepsle sintetiza la literatura que se enfoca en los aspectos intertemporales de dichos problemas.

En algunos casos, estas instituciones sociales toman la forma de una delegación hacia un tercero que sea capaz de regular las conductas y de hacer cumplir los compromisos. Por supuesto que esto genera, a su vez, sus propios problemas. El tercero en cuestión podría utilizar esa situación relativamente privilegiada en provecho propio. La mera posibilidad de que esto suceda, afecta su credibilidad y, por tanto, disminuye el efecto deseado sobre los comportamientos.[13]

Una de las preocupaciones centrales con respecto a la credibilidad de las políticas gubernamentales, se enfoca en la consistencia o inconsistencia temporal de las políticas: hasta qué punto la política óptima desde el punto de vista del presente, seguirá resultando óptima en el futuro. Un ejemplo arquetípico es el de un gobierno que trata de fomentar las inversiones en plantas y equipos. El impacto final de cualquier programa, dependerá crucialmente de las expectativas que tengan los inversores con respecto a la posibilidad de futuras expropiaciones o de futuros cambios en los marcos legales, que afecten la rentabilidad de sus inversiones. A la vez, cuanto mayores hayan sido las inversiones mayores serán los incentivos gubernamentales para realizar cambios regulatorios que provean beneficios en el corto plazo a los consumidores (votantes). Pero si los potenciales inversores prevén este tipo de política en el futuro, no realizarán mayores inversiones. Los mecanismos institucionales para escapar de estos círculos viciosos, constituyen uno de los ejes fundamentales de la agenda de investigación de la nueva economía política.

3. Instituciones

Los trabajos que se presentan en la Segunda Parte de este, volumen se concentran en el papel que desempeñan las instituciones en la vida política y su impacto causal en la configuración de los resultados de los procesos de decisión política.

El análisis económico más tradicional de las instituciones políticas, estudiaba los procesos de toma de decisiones a partir de dos fuentes de inspiración distintas. Una era la perspectiva de la elección social (*social choice*) y la otra, la escuela de la elección pública (*public choice*).[14]

13. La preocupación actual con respecto al funcionamiento de los poderes judiciales en América Latina es, en parte, un reflejo de este problema.
14. Resulta pertinente mencionar también una perspectiva que posee características muy parecidas a la escuela de la elección pública: el enfoque de *Law and Economics*.

La primera de ellas se desarrolló a partir de algunas de las implicaciones políticas del famoso *teorema de la imposibilidad* de Arrow; fundamentalmente, la idea de que los procesos de decisión colectiva son inherentemente inestables e inevitablemente cíclicos. De este modo, los sucesivos estudios (Plott, 1967; Satterthwaite, 1975; McKelvey, 1976; Schofield, 1983) reflejaban en buena medida la asimetría entre la economía y la política: mientras que la primera tendía al equilibrio, la segunda se caracterizaba por el desequilibrio y la inestabilidad.

Sin embargo, a mediados de los años 80's un grupo de autores comenzó a cuestionar estos análisis teóricos a la luz de la estabilidad de los procesos de toma de decisiones en el mundo real. De todos modos, la discrepancia entre las predicciones de los modelos de elección social y la evidencia empírica, no fue interpretada como un indicio en contra de la idea de desequilibrio sino como un indicio del papel estabilizador de las instituciones.[15]

Por otro lado, la escuela de la elección publica enfatizaba no tanto la inestabilidad de las decisiones políticas como su ineficiencia desde el punto de vista colectivo. En muchos de estos trabajos (Buchanan y Tullock, 1962; Tullock, 1976) la adopción de las decisiones tomadas siguiendo la regla mayoría eran explicadas en función del intercambio de favores políticos (*logrolling*), que permitían que aquellos que formaban parte de la coalición mayoritaria, se beneficiaran a expensas de aquellos que habían sido excluidos.

La principal paradoja de este tipo de análisis era que, si bien el foco estaba puesto en el intercambio, ellos no podían dar cuenta precisamente de los problemas fundamentales que caracterizan a este tipo de transacciones políticas: poder medir aquello que se está intercambiando y hacer cumplir los acuerdos alcanzados.

De este modo, tal como ocurrió con los trabajos provenientes de la elección social, hacia fines de la década de 1980 estos análisis comenzaron a ser revisados.

Las principales críticas, se centraron en el tratamiento que esta visión más tradicional daba a dos fenómenos muy importantes en el proceso de

---

Ella consiste en la aplicación del análisis microeconómico en la interpretación de los contenidos y los procedimientos del derecho, así como también de las decisiones judiciales. Lamentablemente no tenemos espacio aquí para desarrollar con mayor extensión esta línea de análisis. Para una reseña reciente de la literatura principal de law and economics véase Cooter y Ulen (1997).

15. La referencia obligada respecto de este tema es el concepto de "Equilibrio Inducido por la Estructura" (*structure induced equilibrium*) elaborado por Shepsle y Weingast (1981)

formación de políticas públicas: la información asimétrica y las restricciones institucionales.

Con respecto al problema de la información, el argumento principal giró alrededor de la idea de que la política está cargada de incertidumbre. Los gobernantes, por ejemplo, rara vez poseen información perfecta sobre cuáles son las preferencias de los ciudadanos en cada cuestión; por lo tanto, los resultados de las políticas dependen en buena medida de la transmisión de información entre estos actores políticos.[16]

En segundo término, se revalorizó el papel de los incentivos institucionales y del modo en que las instituciones restringen los comportamientos individuales. Comenzó a estudiarse cómo las instituciones (las disposiciones constitucionales, los derechos de propiedad, las formas organizativas de las actividades económicas y políticas) establecen aquello que se prohibe hacer a las personas y/o las condiciones en que a algunas de ellas se les permite hacerse cargo de ciertas actividades.

Con esta intención, pues, empezaron a incorporarse al estudio de las instituciones políticas las ideas de mayor circulación de la nueva economía institucional (fundamentalmente los enfoques de los costos de transacción y de principal-agente).

Los trabajos incluidos en esta sección son, por tanto, una muestra de la fructífera combinación de estas tradiciones de análisis, que ha dado lugar a una de las vertientes que forman parte de la nueva economía política. Ellos intentan responder a dos preguntas clave: ¿Cómo resuelven las instituciones los problemas de "acción colectiva"?, y ¿Cuáles son los costos y beneficios asociados con estas soluciones institucionales?

El control electoral

El primero de ellos, escrito por John Ferejohn, se ocupa de la relación entre los votantes y sus representantes. El trabajo indaga de qué modo los votantes pueden usar el proceso electoral, para controlar a sus representantes desde una de las perspectivas de la nueva economía institucional: el enfoque de principal-agente.

De acuerdo con la posición tradicional del enfoque de la elección pública, mientras los agentes políticos estén restringidos por consideraciones

---

16. Paradójicamente uno de los primeros autores en advertir este problema fue Anthony Downs, uno de los primeros exponentes de la perspectiva económica tradicional, en su "Teoría Económica de la Democracia" (1957).

electorales, su comportamiento tenderá a reflejar la naturaleza de las preferencias de los votantes: en un mercado político eficiente, la competencia será la solución. Sin embargo, este "control de mercado" resulta problemático en el mundo real. Debido a la propia naturaleza del mercado político, existen considerables problemas de agencia entre el electorado y los políticos.

El "problema de la agencia", centra su atención en aquellos contratos que involucran una comisión de responsabilidad de parte de un mandante o principal a un mandatario o agente, bajo condiciones de información asimétrica (los agentes poseen mayor y mejor información que los principales).[17] Esta información asimétrica conduce al problema de "riesgo moral" (*moral hazard*), ya que el agente puede aprovechar la ignorancia del principal como una excusa para abastecer niveles sub-óptimos de esfuerzo.[18]

Por otro lado, las dificultades que presenta la relación entre el principal y el agente, podrían minimizarse si el principal logra diseñar un esquema de incentivos que induzca al agente a desarrollar el nivel de esfuerzo deseado. Ferejohn muestra que cuando el electorado es relativamente homogéneo y cohesionado, el control electoral es altamente efectivo. Por el contrario, cuando el electorado es heterogéneo (o cuando las cuestiones a decidir son de naturaleza esencialmente distributiva), el control electoral es muy imperfecto.[19]

La "organización industrial" del Congreso

Por su parte, Barry Weingast y William Marshall presentan en su trabajo un análisis de las instituciones legislativas siguiendo algunas de las ideas principales de la *teoría de la firma* y de la *teoría de los contratos óptimos*.

Ellos se plantean inicialmente la siguiente pregunta: ¿por qué la actividad legislativa no se organiza enteramente como un mercado de votos? La respuesta es que, dado que muchas veces el intercambio y/o sus beneficios

---

17. En toda democracia representativa la población, en su carácter de principal, interactúa con partidos y políticos, lo cual provoca incertidumbre sobre qué acciones el principal quiere que el agente tome así como también respecto a cómo dichas acciones podrían ser controladas.
18. Un artículo notable que aplica nociones de teoría de la agencia para estudiar problemas de reforma del Estado en América Latina, es Przeworski (1998).
19. Una posible "escapatoria" para los ciudadanos en este último caso, consiste en la utilización de reglas de votación de tipo sociotrópico.

no son simultáneos, existe la posibilidad de que los legisladores se comporten de manera oportunista y renieguen de los compromisos adquiridos.

Los autores sostienen que debido a los problemas que conllevan las negociaciones legislativas, existen ciertas formas institucionalizadas de intercambio que resultan ser más eficientes que el simple mercado de votos. Su argumento principal es que la organización del Congreso en comisiones especializadas con poder de veto sobre sus respectivas áreas específicas, crea una estructura estable que posibilita los compromisos creíbles y permite el intercambio político a través del tiempo y del espacio.

La burocracia

A diferencia de los trabajos anteriores, el capítulo escrito por Terry Moe no constituye un análisis en particular acerca de la burocracia y la administración pública, sino más bien una reseña crítica del estudio de estos temas por parte de la "nueva economía política".

Moe pone en perspectiva una serie de contribuciones teóricas, señalando las principales ideas y enfoques que orientaron este campo de análisis a través del tiempo. En su revisión, incluye los trabajos pioneros (Downs, Tullock, Ostrom) que cuestionaron los estudios más tradicionales de la administración pública, así como el fructífero aporte de Niskanen, las teorías de la escuela de Chicago, los estudios más recientes acerca del control político, hasta llegar a los actuales estudios sobre las políticas de elección institucional.

Su intención es darle a los lectores una idea sobre cómo ha ido evolucionado el estudio de la burocracia, con el propósito de establecer los rasgos distintivos que una genuina teoría de la administración pública debería tener. Al analizar las contribuciones más recientes en este área (fundamentalmente los aportes de la nueva economía institucional), sugiere por qué a su juicio estos desarrollos son muy prometedores, pero también señala una serie de problemas en particular que necesitan ser superados para lograr un correcto entendimiento de la burocracia.

Su crítica principal se dirige a aquella perspectiva que ve al mundo político a través de lentes legislativos. Según Moe, en esta visión los argumentos acerca de la burocracia están excesivamente centrados en su relación con el poder legislativo y ella no es tratada como una institución que valga explicar intensivamente por derecho propio. Su opinión es que, a pesar de los avances alcanzados en este campo, ello debe cambiar para poder generar una teoría exitosa de la administración pública.

4. Estudios comparados y de casos

Los trabajos incluidos en la Tercera Parte, pretenden brindarle al lector una muestra del potencial que tiene esta perspectiva de análisis para el estudio comparativo de distintos sistemas políticos y económicos.

Creímos necesario incluir este tipo de contribuciones, dado que una de las principales críticas que –legítimamente– se le suele hacer al enfoque de la "nueva economía política", es que hasta ahora se ha centrado mayormente en el estudio explícito o implícito de las instituciones políticas de los Estados Unidos. Es decir, concentrándose en el estudio de la burocracia, el Congreso o las instituciones judiciales norteamericanas o, peor aún, analizando fenómenos más generales a través de una perspectiva "norteamericana".

El trabajo de Weingast y Marshall, por ejemplo, se refiere a la organización de las instituciones legislativas en sentido amplio, pero de hecho está excesivamente centrado en el Congreso de los Estados Unidos. Uno de los supuestos principales de su análisis es que los partidos no establecen ninguna restricción sobre el comportamiento de los representantes individuales. Obviamente, se están refiriendo al caso norteamericano, donde es muy baja la disciplina partidaria, pero su afirmación (involuntariamente, tal vez) está hecha en forma genérica.

Sabemos que esto no así en todas partes del mundo; ciertamente, no es así en América Latina. En muchos de nuestros países, las organizaciones partidarias tienen un peso muy importante en la determinación de las candidaturas, en la definición de las posiciones de poder dentro de la legislatura, y en la distribución de beneficios legislativos.[20]

De todos modos, ello no quiere decir que deba rechazarse este tipo de análisis. Al contrario: el desafío consiste en intentar utilizar modelos de este tipo para el estudio de las instituciones de los países latinoamericanos, adecuando los supuestos a las características particulares de cada caso.

Los trabajos que se presentan a continuación, si bien comparten el enfoque general de análisis de la "nueva economía política", se ocupan de realidades muy variadas sobre la base de un acabado conocimiento de cada una de ellas. Dos de ellos (el de Spiller y el de Geddes) consisten en lo que podríamos llamar *estudios de casos*, mientras que el tercero, escrito por Tsebelis, intenta proveer una perspectiva comparativa más amplia.

---

20. De manera similar, el capítulo de Moe dedica un importante esfuerzo a criticar las visiones que enfatizan una gran dominancia del congreso sobre la burocracia, una preocupación que puede resultar hasta irrisoria en ciertos contextos latinoamericanos.

Privatizaciones y compromiso regulatorio en América Latina

La problemática del compromiso (*commitment*) descripta en el capítulo de Shepsle, es un tema que penetra todas las áreas de economía política, especialmente cuando se piensa en diseño institucional. La pregunta clave es cómo hacer compromisos creíbles, dada la presencia de incentivos "perversos" de corto plazo.

El artículo de Spiller analiza el problema del compromiso regulatorio, en el contexto de los intentos de privatización de servicios públicos realizados por varios países latinoamericanos en los últimos años. Spiller encuentra que la implementación de esquemas regulatorios eficientes, depende centralmente de la capacidad que tenga el gobierno de comprometerse al mantenimiento de una tasa de retorno "justa".

Aquellos países que no tienen protecciones constitucionales o de otro tipo contra la expropiación gubernamental, han vivido experiencias de privatización penosas, poco satisfactorias o, en algunos casos, frustradas. Por el contrario, aquellos países que contaban con dichas protecciones, han sido capaces de privatizar exitosamente (obteniendo mejores precios por los activos en cuestión). Esto ilustra de manera dramática el impacto económico de las instituciones políticas.

Desde el punto de vista del diseño institucional (regulatorio, en este caso) Spiller presenta una visión que, articulando conceptos neoclásicos con preocupaciones institucionales, podríamos caracterizar como de "equilibrio general institucional". El diseño más adecuado de las agencias y mecanismos regulatorios depende, no sólo de las características económicas del sector en cuestión, sino también del conjunto de instituciones políticas en que dicha normativa se va a insertar.

Reforma política en el Brasil

El artículo de Barbara Geddes también se centra en una experiencia latinoamericana, en este caso la brasileña, pero en un caso de reforma institucional (frustrada) de naturaleza más explícitamente política. Desarrolla un modelo sencillo de teoría de juegos para explicar el fracaso de inicativas de reforma del Estado en Brasil.

El modelo demuestra que, cuando el clientelismo está distribuido de manera desigual entre los principales partidos políticos de la legislatura (como es por lo general el caso en América Latina), los legisladores de partidos mayoritarios votarán a favor de reformas políticas sólo en casos excepcionales. Por lo tanto, es poco probable que se realicen reformas políticas profundas.

La predicción del modelo es que reformas políticas importantes sólo podrán suceder en casos en los que los principales partidos sean aproximadamente iguales y controlen cantidades comparables de recursos para el clientelismo. El artículo ilustra esta proposición estudiando el caso de la legislatura brasileña ante las propuestas de reforma de la Unión Democrática Nacional.

Los actores de veto y la toma de decisiones en los sistemas políticos

A diferencia de los estudios tradicionales de política comparada, el trabajo de George Tsebelis no reproduce los debates corrientes en la disciplina (parlamentarismo vs. presidencialismo; bipartidismo vs. multipartidismo). En cambio, compara los diferentes sistemas políticos con respecto a una propiedad: su capacidad para producir cambios de políticas.

El trabajo gira alrededor de la noción de "actor de veto". Los actores de veto son actores individuales o colectivos cuyo acuerdo se requiere para cambiar el *statu quo*. Tsebelis identifica dos categorías de actores de veto: institucionales y partidarios.

Su argumento principal consiste en que las posibilidades de llevar a cabo un cambio en las políticas, disminuye con el número de actores de veto y con la incongruencia (disparidad en las posiciones políticas entre los actores de veto) y la cohesión (similitud de posiciones políticas al interior de cada actor de veto) que ellos posean.

De este modo, el uso de este tipo de enfoque le permite al autor no sólo hacer comparaciones entre los diferentes sistemas políticos y partidarios, sino también hacer predicciones acerca de la inestabilidad del gobierno (en sistemas parlamentarios) o la estabilidad del régimen (en sistemas presidencialistas).

Por otro lado, aunque no es el objetivo principal de este trabajo, creemos que su lectura constituye un buen punto de entrada al análisis de las coaliciones desde el punto de vista de la literatura de elección social.

5. Algunos comentarios finales

La recepción de esta perspectiva en América Latina

En los últimos años, un fantasma ha estado recorriendo las ciencias sociales latinoamericanas: el fantasma del enfoque de la elección racional.

A pesar de que la nueva economía política fue consolidándose cada vez más en el mundo anglosajón, la gran mayoría de su contribuciones no ha tenido hasta ahora una adecuada recepción en los cientistas sociales latinoamericanos.

De este modo, durante mucho tiempo se argumentó que el enfoque de la acción racional no podía ser aplicado exitosamente en la región debido a las características idiosincráticas de nuestros países. El argumento, era que el comportamiento de los actores de los países centrales era "diferente" al de los latinoamericanos. Existe algo de verdad en ese argumento. Ciertamente, el comportamiento de los principales actores en América Latina tuvo poco que ver en el pasado con el de los actores en los países en donde la mayoría de estas teorías se estaban desarrollando (por ejemplo, muchos políticos exitosos desarrollaron su carrera cultivando buenas relaciones con los factores de poder en lugar de hacerlo sirviendo al electorado). Sin embargo, es posible argumentar que estas diferencias de comportamiento no se debieron a cuestiones de tipo cultural o idiosincráticas, sino precisamente a los diferentes contextos que ellos tuvieron que enfrentar.

Esta es una de las explicaciones posibles de por qué esta literatura no tuvo la suficiente difusión entre los académicos latinoamericanos. Mientras que la inmensa proliferación de este tipo de estudios se ocupaba por explicar fenómenos propios de regímenes políticos democráticos, la preocupación de los latinoamericanistas estaba más concentrada en establecer las causas de la inestabilidad política de sus precarios regímenes (Geddes, 1995: 100-103).[21]

---

21. Por lo tanto, la ciencia política que se desarrolló en este contexto estuvo plagada de grandes reflexiones acerca de las causas estructurales de la inestabilidad política en los países latinoamericanos, bajo la influencia de las "macro-teorías" de la modernización y de la dependencia (basadas, a su vez, en la sociología, la psicología social y la antropología). Cabe mencionar a aquellos autores que, como Guillermo O'Donnell entre otros, intentaron desarrollar una "economía política" desde una perspectiva estructuralista (O'Donnell, 1972, y por supuesto, el decano de esta perspectiva, Albert Hirschman, 1958, especialmente Caps. 6 y 7)

Cabe también hacer algunas reflexiones con respecto a la recepción de la "nueva economía política" por parte de los economistas latinoamericanos. Por un lado, dado que la mayor parte de las diferencias en la *perfomance* de las distintas economías, se debe en última instancia a diferencias en las políticas económicas y en la calidad institucional, resulta natural pensar que ellos deberían estar particularmente interesados en esta perspectiva.[22]

Por otro lado, la naturaleza del "mercado de economistas" en América Latina es tal, que el grado de imbricación mutua entre la actividad académica y la práctica de la política económica es mucho mayor que en países más desarrollados.[23] Nuestra impresión, basada en el trato con economistas que han desarrollado ambos perfiles a lo largo de su carrera, es que ello condujo a una fuerte toma de conciencia de los economistas sobre el papel fundamental de la política en la determinación de las políticas económicas.

De todos modos, esto no parece haber dado como fruto un análisis demasiado sistemático de estas interacciones, y ciertamente el análisis formal (modelizado y empírico) del efecto de la política sobre la economía y viceversa, está aún en su infancia.[24]

Un análisis sistemático sobre esta relativa escasez de trabajos de *Political Economy* en América Latina, podría ser útil. A modo de especulación, uno podría mencionar la falta de institucionalización de la economía (y ciencias sociales en general) como actividad académica, sumado al habitual rezago con que corrientes intelectuales internacionales se incorporan en el ámbito latinoamericano.

De la descripción a la prescripción

A pesar de los riesgos que esto implica —y pesar de saber que varios colegas, aún dentro del enfoque de la nueva economía política, no están de acuerdo con nosotros—, queremos resaltar no sólo el carácter descriptivo de este tipo de análisis

---

22. Esto es consistente con las observaciones de Albert Hirschman, basadas en su experiencia como asesor económico en Colombia, con respecto a la implementación de reformas económicas en un sistema político inestable (ver por ejemplo su artículo sobre inflación en *Essays in Trespassing*, 1981).

23. Para evidencia empírica sobre este punto véase Biglaiser (1997).

24. Ciertamente han existido y existen honrosas excepciones. Para evitar omisiones preferimos no dar aquí las referencias que nos vienen a la mente. Algunas de estas producciones quizá han sido favorecidas por el tamaño relativamente chico de algunas instituciones de investigación, que probablemente llevó a una menor separación de las disciplinas en "departamentos".

sino también su carácter (potencialmente) normativo. Si bien es cierto que la "nueva economía política" no se ocupa de indagar por qué se comporta la gente de la manera que lo hace, y mucho menos, de decir cómo debería comportarse, lo que sí nos permite establecer son los cursos de acción más adecuados que están a disposición de las personas, si es que ellas desean alcanzar determinados objetivos.

Más aún, dados los supuestos de comportamiento racional, esta perspectiva de análisis permite prescribir la adopción de ciertos arreglos institucionales y políticas públicas que permitan alcanzar resultados colectivos "óptimos". En palabras de Inman (1987) "...una parte integral del análisis de política económica debe ser la búsqueda de reformas institucionales que faciliten la adopción de buenas políticas y que bloqueen la adopción de malas políticas" (pp. 648-649).

Probablemente, estas "soluciones institucionales" sean juzgadas a la luz de los diversos intereses existentes en la sociedad. De hecho, uno de los rasgos principales de esta perspectiva es tomar en cuenta precisamente los aspectos políticos del propio proceso de elección institucional.

Sin embargo, es justamente el reconocimiento de los conflictos reales de intereses lo que le permite a esta perspectiva evaluar adecuadamente la viabilidad y conveniencia de implementar determinadas políticas públicas. A diferencia de visiones económicas tradicionales, en donde la política es algo que distorsiona, incluso pervierte objetivos nobles, la nueva economía política toma a los políticos y sus motivaciones como dados, e intenta diseñar arreglos institucionales y políticas públicas en función de éstos, no a pesar suyo. Es decir, vuelve a introducir la "política" dentro de la economía política (Shepsle, 1998).

Quo Vadimus?

A modo de síntesis y como conclusión, valga resaltar que la perspectiva de la NEP es un complemento y no un sustituto, tanto del análisis económico convencional, como de enfoques a la ciencia política diferentes a ella. Sólo que, como ya hemos mencionado, en América Latina (tanto en economía como en ciencia política) todavía no ha tenido un desarrollo adecuado. Sin embargo, existen razones para ser optimista.

Por un lado, el enfoque de la acción racional se presenta cada vez más, dentro de la ciencia política, como una alternativa teórica capaz de brindar un marco unificado de análisis para identificar regularidades empíricas en el comportamiento humano.

Por otro lado, a partir de los procesos de democratización en la región, comenzó a producirse un cambio de perspectiva en el plano académico.

La discusión dejó de estar concentrada en temas tales como las causas estructurales de la (in)estabilidad política o en los distintos modelos normativos de democracia, para ocuparse de cuestiones más concretas; por ejemplo, indagar qué arreglos institucionales permitirían un mejor funcionamiento de los nacientes regímenes democráticos.

De este modo, las circunstancias históricas están permitiendo superar algunas de las barreras que, en el pasado, dificultaron el desarrollo de esta perspectiva en la ciencia política latinoamericana.

En cuanto a la economía, siempre desde un punto de vista meramente especulativo, nos animamos a pronosticar un importante crecimiento en la producción de estudios de economía política. Probablemente, ello ocurra bajo la influencia del fuerte impulso que esta área ha tenido en el *mainstream* internacional, sumado a una aceleración en la incorporación de nuevas tendencias académicas, ligada a la mayor globalización y apertura de los países latinoamericanos.

Otro factor que ha actuado y continuará actuando como detonador de este tipo de preocupaciones, es el proceso mismo de reforma y transformación económica e institucional que varios de estos países están viviendo. Es particularmente evidente que la economía neoclásica (así como la economía neokeynesiana y otras corrientes semejantes) no está particularmente bien equipada para estudiar muchos de los aspectos de estos procesos.[25]

Un último factor, aunque es difícil predecir su impacto de largo plazo, es la predisposición de organismos internacionales a financiar este tipo de investigaciones.

Estas razones hacen pensar, pues, que en el futuro la perspectiva presentada en este libro cobrará particular relevancia en los análisis políticos y económicos de la región.[26] Este libro, es una pequeña muestra de una literatura con la que se puede coincidir o no, pero que no puede ser ignorada por un cientista social contemporáneo.

25. De hecho, a nivel internacional ha habido una importante producción sobre la economía política de las reformas económicas, involucrando a economistas y cientistas políticos. Un compendio de dicha literatura, desde el ángulo económico, puede encontrarse en Tommasi y Velasco (1996) y en Sturzenegger y Tommasi (1998). Existen también importantes contribuciones de autores latinoamericanos, por ejemplo Gerchunoff y Torre (1996), Acuña y Smith (1996), y Torre (1997).
26. Ello no quiere decir que necesariamente se vaya a convertir en el enfoque dominante ni mucho menos. De hecho, existen importantes y valiosos debates en la ciencia política contemporánea al respecto. Curiosamente (o no), no hay mayores debates del mismo tenor en la ciencia económica.

Referencias

ACUÑA, Carlos y William SMITH (1996) "La economía política del ajuste estructural: la lógica de apoyo y oposición a las reformas neoliberales". *Desarrollo Económico* v. 36, 141, abril-junio.

ALMOND, Gabriel (1988) "Separate Tables: Schools and Sects in Political Science", *Political Science and Politics*, Otoño, 828-842.

BIGLAISER, Glenn (1997) "Latin American Economic Policy Makers", mimeo, UCLA.

BRENNAN y BUCHANAN (1980) *The Power to Tax. Analytical Foundations of a Fiscal Constitution*, Cambridge, Cambridge University Press.

BUCHANAN, James y Gordon TULLOCK (1962) *The Calculus of Consent. Logical Foundations of Constitutional Democracy*, Ann Arbor, University of Michigan Press.

COOTER, Robert y Thomas ULLEN (1997), *Law and Economics*, Reading (Mass.), Addison-Wesley.

DOWNS, Anthony, (1957) *An Economic Theory of Democracy*, Nueva York, Harper and Row.

EGGERTSON, Thrain (1990) *Economic Behavior and Institutions*, Cambridge University Press.

ELSTER, Jon (1984) "Marxismo, funcionalismo y teoría de los juegos. Alegato en favor del individualismo metodológico" en *Zona Abierta*, 33, Octubre-Diciembre.

FRIEDEN, Jeffry (1991) *Debt, Development & Democracy. Modern Political Economy and Latin America-1965/1985*, Princeton University Press.

FRIEDMAN, Milton (1953) "The Methodology of Positive Economics" en *Essays in Positive Economics*, Chicago, University of Chicago Press.

GEDDES, Barbara (1995) "Uses and Limitations of Rational Choice" en Peter Smith (Ed.) *Latin America in Comparative Perspective*, Boulder, Westview Press.

GERCHUNOFF, Pablo y Juan Carlos TORRE (1996) "La política de liberalización económica en la administración de Menem", en *Desarrollo Económico* v. 36, 143, octubre-diciembre, pp. 733-767.

HIRSCHMAN, Albert (1958) *The Strategy of Economic Development*, New Haven, Yale University Press.

—(1978) *Las pasiones y los intereses. Argumentos políticos en favor del capitalismo antes de su triunfo*, México, Fondo de Cultura Económica.

—(1981) *Essays in Trespassing: Economics to Politics and Beyond*, Cambridge, Cambridge University Press.

INMAN, Robert (1987) "Markets, Governments, and the 'New' Political Economy" en Auerbach y Feldstein (compiladores) *Handbook of Public Economics*, North-Holland, Elsevier Scienci Publishers.

MAQUIAVELO, Nicolás: *El príncipe*, Buenos Aires, Alianza.

MCKELVEY, Richard D. (1976) "Intransitivities in Multidimensional Voting Models and Some Implications for Agenda Control.", *Journal of Economic Theory* 2: 472-482.

MOE, Terry (1984) "The New Economics of Organization", *American Journal of Political Science*, 28: 739-77.

O'DONNELL, Guillermo (1972) *Modernización y Autoritarismo*, Buenos Aires, Paidós.

OLSON, Mancur (1992). "Foreword" en Todd SANDLER: *Collective Action*, Michigan, University of Michigan Press.

ORDESHOOK, Peter (1990) "The emerging discipline of political economy" en Alt y Shepsle (comps.) *Perspectives on Positive Political Economy*, Cambridge Univerisity Press.

PLOTT, Charles (1967) "A Notion of Equilibrium and its Possibility under Majority Rule", *American Economic Review*, 57: 787-806.

PRZEWORSKI, Adam (1985) "Marxism and rational choice" *Politics and Society*, 14 (4), 379-409. Traducido al castellano en *Zona Abierta* 455, octubre-diciembre 1987, pp. 97-136.

—(1998), "Acerca del diseño del Estado: una perspectiva de principal-agente", en *Revista Argentina de Ciencia Política*, Buenos Aires, Eudeba, N° 2.

ROEMER, John (1986) *Analytical Marxism*, Cambridge University Press.

SATTERTHWAITE, Mark A. (1975) "Strategy-Proofness and Arrow's Conditions: Existence and Correspondence Theorems for Voting Procedures and Social Welfare Functions", *Journal of Economic Theory*, 13: 414-427.

SCHOFIELD, Norman (1983) "Generic Instability of Majority Rule", *Review of Economic Studies*, 50: 695-705.

SHEPSLE, Kenneth (1998) "The Political Economy of State Reform — Political to the Core", mimeo.

SHEPSLE, Kenneth y Barry R. WEINGAST (1981) "Structure Induced Equilibrium and Legislative Choice", en *Public Choice*, N° 37, pp. 503-519.

STURZENEGGER, Federico y Mariano TOMMASI (1998) *The Political Economy of Economic Reforms*, MIT Press, Cambridge (MA).

TOMMASI, Mariano y Andrés VELASCO (1996) "Where are We in the Political Economy of Reform?", *Journal of Policy Reform*, Vol. 1:187-238.

TORRE, Juan Carlos (1997) "Las dimensiones políticas e institucionales de las reformas estructurales en América Latina", mimeo, Buenos Aires, Instituto Torcuato Di Tella.

TULLOCK, Gordon (1976) *The Vote Motive*, Londres, Institute for Economic Affairs.

PRIMERA PARTE

Diferentes perspectivas dentro de la Nueva Economía Política

LA LÓGICA DE LA ACCIÓN COLECTIVA

MANCUR OLSON, JR.

I

El argumento que defiende este trabajo, comienza con una paradoja que se manifiesta en la conducta de los grupos. A menudo se da por supuesto que, si todos los miembros de un grupo de individuos o de empresas tienen un determinado interés en común, el grupo manifestará una tendencia a lograr dicho interés. Así, muchos científicos políticos en los Estados Unidos, han supuesto durante mucho tiempo que los ciudadanos que tienen un interés político común se organizarán y lucharán a favor de tal interés. Cada individuo de la población estaría en uno o varios grupos, y el vector de las presiones de estos grupos en competencia explicaría los resultados del proceso político. De igual modo, a menudo se ha supuesto que si los trabajadores, los productores agrícolas o los consumidores tuviesen que enfrentarse con monopolios perjudiciales para sus intereses, acabarían por obtener un poder compensador a través de organizaciones como los sindicatos laborales o las organizaciones agrícolas, que han conseguido determinado poder dentro del mercado y una acción protectora por parte del gobierno. A mayor escala, las grandes clases sociales dan pie a pensar con frecuencia que van a actuar en interés de sus miembros. La forma más típica de esta creencia está encarnada, por supuesto, en la afirmación de Marx según la cual en las sociedades capitalistas la clase burguesa hace que el gobierno sirva a los intereses propios de ella. Una vez que la explotación del proletariado ha llegado hasta determinado nivel, y ha desaparecido la "falsa conciencia", la clase obrera se rebelará en su propio beneficio y establecerá una dictadura del proletariado. De modo general, si los individuos de determinada categoría o clase social tuviesen un grado suficiente de interés propio, y si todos ellos coincidiesen en un interés compartido, el grupo actuaría asimismo de una manera favorable a sus propios intereses.

Si examinamos con cuidado la lógica de la frecuente suposición que se recoge en el párrafo anterior, cabe apreciar que es básica e indiscutiblemente errónea. Pensemos en los consumidores que reconocen que pagan un precio más elevado por un producto, debido a un monopolio o un arancel discutible, o en aquellos trabajadores que reconocen que su calificación merece un salario más alto. Preguntémonos ahora, cuál sería la acción más idónea para un consumidor individual que desease combatir un monopolio apelando a un *boicot*, o que un grupo de presión se opusiera al arancel. Imaginemos qué tendría que hacer un trabajador individual que pensase que una amenaza de huelga o una ley del salario mínimo llevaría a una elevación de su jornal. Si el consumidor o el trabajador dedicasen unos cuantos días y un poco de dinero a organizar un *boicot* o un sindicato, o a ejercer presiones en favor de una legislación que proteja sus intereses, habrán sacrificado tiempo y dinero. ¿Qué obtendrían con este sacrificio? En el mejor de los casos, el individuo logrará que su causa avance algo (a veces, en forma imperceptible). Sea como fuere, habrá conseguido una minúscula participación en la ganancia que obtenga su acción. El hecho mismo de que el objetivo o el interés sea algo común al grupo y compartido por éste, lleva a que las ganancias conseguidas mediante el sacrificio que realice un individuo para servir esta meta común, sean compartidas por todos los demás miembros del grupo. Si el *boicot*, la huelga o las presiones tienen éxito, mejorarán los precios o los salarios para todos los miembros de la categoría correspondiente, de manera que al individuo que forme parte de un gran grupo con un interés en común, sólo le tocará una participación diminuta en los beneficios logrados a través de los sacrificios que lleve a cabo el individuo, con objeto de lograr este interés común. Dado que cualquier ganancia se aplica a todos los miembros del grupo, aquellos que no contribuyen para nada al esfuerzo conseguirán tanto como los que efectuaron su aportación personal. Vale la pena "dejar que lo haga otro", pero el otro tampoco tiene demasiados incentivos —si es que tiene alguno— para actuar en favor del grupo. Por lo tanto, en ausencia de factores que ignoren por completo las concepciones mencionadas en el primer párrafo de este artículo, habrá una muy escasa acción de grupo, en el caso hipotético de que la haya. En tal eventualidad, la paradoja consiste en que —si no se dan combinaciones o circunstancias especiales, sobre las que volveremos más adelante— los grandes grupos, por lo menos si están compuestos de individuos racionales, no actuarán en favor de sus intereses de grupo.

Esta paradoja se elabora y se expone de una forma que permite al lector comprobar cada paso del razonamiento, en un libro escrito por mí y que lleva precisamente el título de *La Lógica de la Acción Colectiva*.[1] El libro muestra, además, que los datos empíricos correspondientes a los Estados Unidos —único país en el que se estudiaron todos los poderosos grupos de intereses— confirman de manera sistemática este razonamiento, y que los datos dispersos que obraban en mi poder con respecto a otros países, también eran coherentes con ello. Dado que el presente trabajo se basa en *La Lógica de la Acción Colectiva*, y constituye en gran parte una aplicación del argumento discursivo que allí se expone, sus críticos o estudiosos más serios deberían leer también aquél. Para los numerosos lectores que, como es natural, no quieran invertir el tiempo necesario para hacerlo sin saber qué ganarían con ello, y para quienes tengan un interés más informal, en la primera parte de este artículo se explicarán unos cuantos rasgos del razonamiento que aparece en *La Lógica*, necesarios para comprender el resto del presente trabajo. Otras partes, sin embargo, no estarán dedicadas a repetir conceptos.

II

Uno de los descubrimientos de *La Lógica* es que los servicios que prestan asociaciones como los sindicatos, las asociaciones profesionales, las organizaciones agrarias, los cárteles, los grupos de presión e incluso los grupos de colusión carentes de organización formal, se parecen a los servicios básicos del Estado desde un punto de vista claramente decisivo. Los servicios de dichas asociaciones, al igual que los servicios básicos o "bienes públicos" brindados por los gobiernos, si son proporcionados a alguien, llegan a todos los miembros de determinado grupo o categoría. Del mismo modo que la ley y el orden, la defensa o la lucha contra la contaminación, tal como los ponga en práctica el gobierno, favorecen a todos los habitantes de un país o de un área geográfica, la tarifa obtenida gracias al esfuerzo reivindicador de una organización agraria sirve para que se eleven los precios en beneficio de todos los productores del artículo en cuestión. De manera semejante, como sosteníamos más atrás, el aumento salarial conseguido por un sindicato se aplica a todos los trabajadores de la categoría correspondiente. Con carácter más general, cada grupo de presión que obtiene un cambio global de la

---

1. La versión de 1971 editada por Harvard University Press sólo difiere de la de 1965 en el añadido de un apéndice. Algunos lectores quizás puedan manejar la primera edición en tapas blandas publicada por Schocken Books (1968), que es idéntica a la versión de 1965.

legislación o de las reglamentaciones; a través de ello, consigue un bien público o colectivo para todos los que se ven beneficiados por dicho cambio. Cualquier combinación —es decir, cualquier "cártel"— que utilice la acción en el mercado o en la industria para lograr un precio o un salario más elevado, cuando restringe la cantidad suministrada eleva el precio para cada vendedor, creando así un bien colectivo para todos los vendedores.

Si los gobiernos —por un lado— y las asociaciones que aprovechan su poder político o su poder comercial —por el otro— producen bienes públicos o colectivos que van a parar inevitablemente a todos los miembros de un determinado grupo o categoría, ambos factores estarán sometidos a la paradójica lógica expuesta más atrás. Los individuos y las empresas que se ven beneficiados por su acción, en un sentido general, carecen de incentivos para colaborar voluntariamente en respaldo de aquella acción.[2] Por consiguiente, si sólo se diese una conducta individual voluntaria y racional,[3] en la

---

2. Existe desde el punto de vista lógico una excepción a esta afirmación, aunque no tiene gran importancia práctica, y está explicada en la nota 68 del capítulo 1 de *La Lógica*, pp. 48-49.

3. *Racional* no implica necesariamente *en interés propio*. Este principio sigue siendo válido incluso en los casos de conducta altruista, aunque no se dará cuando determinados tipos de conducta altruista sean lo bastante vigorosos. Pensemos primero en las actitudes altruistas a propósito de los resultados observables. Supongamos que un individuo esté dispuesto a sacrificar parte de su tiempo libre o de otro consumo personal con el propósito de obtener cierta cantidad de un bien colectivo, debido a una preocupación altruista dirigida a que otros obtengan dicho bien colectivo. En otras palabras, el orden de preferencia del individuo toma en cuenta el bien colectivo del que disfrutan los demás, así como su propio consumo personal. Esta hipótesis altruista no implica irracionalidad ni tendencia alguna a opciones que resulten incoherentes con la máxima satisfacción de los valores o preferencias del individuo. El altruismo tampoco pone en cuestión las tasas marginales de sustitución -normalmente decrecientes- entre un par cualquiera de bienes u objetivos. A medida que se logra un mayor porcentaje de determinado bien u objetivo (egoísta o altruista), en igualdad de circunstancias disminuirá el grado en que se renuncie a otros bienes u objetivos (egoístas o altruistas) para lograr más cantidad de ese bien u objetivo.

Un individuo altruista y racional como el que hemos descrito no efectuará ninguna contribución voluntaria importante a fin de lograr un bien colectivo para un grupo numeroso. El motivo consiste en que, dentro de un grupo lo bastante numeroso, la aportación del individuo sólo representa una pequeña y casi imperceptible diferencia en la suma de bien colectivo que el grupo obtiene. Al mismo tiempo, además, cada aportación reduce dólar a dólar el volumen de consumo personal y de beneficencia

mayoría de los casos no existirían gobiernos, grupos de presión o cárteles, a no ser que los individuos les den su apoyo por alguna razón *distinta* de los beneficios colectivos que proporcionan. Por supuesto, los gobiernos existen en todas partes, y con frecuencia también hay grupos de presión y cárteles. Si el razonamiento es correcto hasta ahora, de ello se sigue que la existencia de los gobiernos y de las otras organizaciones se justifica por algo *distinto* a los bienes colectivos que suministran.[4]

En el caso de los gobiernos, la respuesta fue explicada antes de que se escribiese *La Lógica de la Acción Colectiva*: los gobiernos se hallan obviamente respaldados por la obligatoriedad de los impuestos. A veces se plantea una escasa oposición a dicha obligatoriedad, acaso porque mucha gente comprende de manera intuitiva que los bienes públicos no podrían venderse en el mercado, ni ser financiados por un mecanismo voluntario. Como ya hemos dicho, cada individuo obtiene sólo una mínima participación en los servicios gubernamentales que ha pagado, y en cualquier caso, conseguirá el nivel de servicio que haya sido proporcionado por los demás.

---

privada, y las tasas marginales de sustitución que van disminuyendo convierten dichos sacrificios en algo cada vez más oneroso. Como mecanismo de compensación, en los grupos numerosos el altruista racional efectúa una escasa o nula aportación voluntaria a la obtención de un bien colectivo.

Por contrario que sea a la noción de racionalidad característica del sentido común, formulemos ahora el supuesto concreto según el cual el altruista no obtiene satisfacción de que los demás consigan mejores resultados observables, sino de los sacrificios que él realice en beneficio de los otros. Basándonos en este supuesto, podemos garantizar un suministro voluntario de bienes colectivos, incluso en los grupos más numerosos. En tal caso, cada dólar de consumo personal que se sacrifica puede conllevar una significativa contrapartida en satisfacción moral, y pierde toda relevancia el hecho de que los sacrificios personales considerables provoquen un cambio escaso o incluso imperceptible en el nivel de bien público conseguido. Aun que este último altruismo, participativo o "kantiano", no suele ser la forma acostumbrada de altruismo, creo que se da en la realidad, y ayuda a explicar algunas observaciones de aportación voluntaria a grupos numerosos. (Otra posibilidad adicional es que el altruista esté orientado hacia los resultados, pero descuide los niveles observables de bien público, limitándose a suponer que los sacrificios en su consumo personal aumentan la utilidad que obtienen los demás, de un modo que justifica su sacrificio personal.) La lectura de Howard Margolis (1982) ha servido para aclarar lo que pienso a este respecto.

4. Esta tesis no se puede aplicar a los pequeños grupos, sobre los cuales hablaremos más adelante.

En el caso de organizaciones que brindan bienes colectivos a grupos clientes a través de una acción política o comercial, la respuesta no ha sido obvia, pero resulta no menos tajante. Las organizaciones de este tipo —por lo menos cuando representan grandes grupos— tampoco reciben apoyo debido a los bienes colectivos que suministran, sino porque han tenido la suerte de encontrar lo que he calificado de *incentivos selectivos*. Un incentivo selectivo es el que se aplica selectivamente a los individuos, según contribuyan o no a suministrar el bien colectivo.

Los incentivos selectivos pueden ser negativos o positivos. Puede tratarse, por ejemplo, de una pérdida o de un castigo impuesto únicamente a aquellos que *no* ayudan a proporcionar el bien colectivo. Como es natural, el pago de los impuestos se consigue con la ayuda de incentivos selectivos negativos, dado que quienes no pagan sus impuestos deben someterse al mismo tiempo a la exacción fiscal y a una penalización. El tipo de grupo organizado de intereses mejor conocido en las sociedades democráticas modernas —el sindicato— también suele ser respaldado en parte a través de incentivos selectivos negativos. La mayoría de las cuotas que perciben los sindicatos más fuertes se obtienen a través de convenios de sindicación obligatoria, que convierten el pago de cuotas en algo más o menos coactivo y automático. A menudo, existen también acuerdos informales que producen el mismo efecto. David McDonald, ex presidente del sindicato metalúrgico *United Steel Workers of America*, explica uno de estos acuerdos, que se utilizó en los primeros tiempos de dicho sindicato. Se trataba, afirma McDonald, de una técnica

> que llamábamos... *educación visual, un título altisonante para una práctica que se podría designar con mucha mayor precisión como piquetes de cuotas. Funcionaba con gran sencillez. Un grupo de miembros que pagaban la cuota, seleccionados por el director de distrito (generalmente, más por su corpulencia que por su tacto), se colocaban a la puerta de la fábrica llevando en las manos una palanca de hierro o un bate de béisbol y se encaraban con cada trabajador que se incorporaba a su turno.*[5]

Como nos indica el ejemplo de los "piquetes de cuotas" de McDonald, la acción de piquetes durante las huelgas es otro incentivo selectivo negativo que a veces necesitan los sindicatos. Si bien en las industrias que tienen sindicatos consolidados y estables, la acción de los piquetes suele

---

5. David J. McDonald (1969), p. 121, citado por William A. Gamson (1975), p. 68.

ser pacífica, ello se debe a que la capacidad del sindicato para cerrar una empresa contra la cual ha convocado una huelga es un hecho evidente para todos. La fase inicial de la sindicalización implica a menudo un frecuente empleo de la violencia por parte de los sindicatos y de los patronos y trabajadores que se oponen a la sindicación.[6]

Algunos opositores de los sindicatos aducen que, como muchos de los miembros de los sindicatos sólo se agremian a través de los procesos que describe McDonald, o mediante acuerdos de sindicación obligatoria desde el punto de vista legal, la mayoría de los trabajadores no quieren ingresar en un sindicato. La ley Taft-Hartley dispuso que debían celebrarse elecciones imparciales y supervisadas por el gobierno, para determinar si los trabajadores deseaban, de hecho, pertenecer a un sindicato. Como indica la lógica del

---

6. Las referencias a la frecuentemente violenta interacción que se produjo entre patronos y empleados en las fases iniciales del sindicalismo no deben ocultar la "sindicalización" consensual e informal que a veces tiene lugar por iniciativa de los patronos. Esta clase de organización del factor trabajo, o de acuerdo entre las partes, surge porque algunos tipos de producción exigen que los trabajadores colaboren de una manera efectiva. En tal caso, quizá el patrono considere provechoso estimular el espíritu de equipo y la interacción social de los empleados. Los seminarios para el personal y las reuniones de grupos de trabajo, las publicaciones informativas dirigidas a los empleados, los equipos deportivos formados por el personal y apoyados por la empresa, las fiestas entre compañeros de oficina pagadas por la empresa y otros factores similares se explican en parte gracias a esto. En aquellas empresas que mantengan una misma plantilla durante cierto tiempo, las redes de interacción entre los empleados que el patrono haya creado para estimular una efectiva cooperación en el trabajo pueden transformarse en acuerdos informales -o incluso sindicatos- entre los trabajadores, y obligar de manera tácita o abierta a que el patrono trate a sus empleados como si éstos formasen un grupo "cartelizado". No es probable que se produzca tal evolución cuando los empleados son, por ejemplo, jornaleros que trabajan por días o bien consultores externos, pero cuando para la producción resulta importante que haya pautas estables de cooperación activa, el patrono -gracias a la producción adicional que provoca esta cooperación- puede ganar más de lo que pierde debido a la cartelización informal o formal que haya contribuido a crear. La evolución de este tipo de sindicalización informal implica que existe una organización de la fuerza laboral con mayores dimensiones de lo que indican las estadísticas, y que las diferencias entre algunas empresas ostensiblemente desprovistas de organización y las empresas sindicalizadas, no son tan notables como podría creerse superficialmente.

bien colectivo que hemos expuesto antes, los mismos trabajadores que debían ser coaccionados para que pagasen las cuotas sindicales votaron a favor de los sindicatos con cuotas obligatorias (y generalmente constituían una mayoría abrumadora), de manera que esta disposición de la ley Taft-Hartley pronto fue abandonada por ineficaz.[7] Los trabajadores que —en tanto que individuos— trataban de evitar el pago de las cuotas sindicales al mismo tiempo que votaban a favor de obligarse a sí mismos a pagar las cuotas, no se diferencian de los contribuyentes que votan a favor de un alto nivel de imposición fiscal, pero tratan de eludir sus impuestos personales. De acuerdo con la misma lógica, numerosas asociaciones profesionales también consiguen miembros apelando a una coacción encubierta o explícita (por ejemplo, los abogados en aquellos estados norteamericanos que exigen la colegiación obligatoria). Los grupos de presión y los cárteles de tipos muy diversos, actúan de igual forma. Por ejemplo, algunas de las aportaciones que efectúan los directivos de una empresa a los políticos útiles para dicha corporación también son consecuencia de una forma sutil de coacción.[8]

Los incentivos selectivos positivos, aunque se olvidan con facilidad, también son frecuentes, como lo demuestran diversos ejemplos que aparecen en *La Lógica*.[9] Las organizaciones agrarias estadounidenses brindan un ejemplo arquetípico. Muchos de los miembros de las organizaciones agrarias más poderosas forman parte de ellas porque sus cuotas se deducen automáticamente de los "dividendos de patronato" de las cooperativas rurales, o están incluidas en las primas que se pagan a las compañías de seguros mutuos vinculadas a las organizaciones agrarias. Existen muchas organizaciones con clientes urbanos que brindan incentivos selectivos del mismo tipo, en forma de políticas de seguros, publicaciones, tarifas aéreas para viajes en grupo y otros bienes privados que sólo están a disposición de sus miembros. Las reivindicaciones sindicales suelen ofrecer también incentivos selectivos, dado que las peticiones planteadas por los miembros activos son las que a menudo atraen el máximo de atención. La simbiosis entre el poder político de una organización que ejerce su influjo sobre las instituciones y las

---

7. *La Lógica*, p. 85.
8. Esto a su vez significa que a veces las empresas de gran tamaño pueden constituir por sí solas toda una combinación política con un notable poder de presión. Acerca de las aportaciones empresariales que no son del todo gratuitas, véase J. Patrick Wright (1979), pp. 69-70.
9. *La Lógica*, pp. 69-70.

organizaciones empresariales vinculadas a ella, con frecuencia logran beneficios fiscales o de otras clases para la entidad empresarial. Por otro lado, la publicidad y el resto de la información que fluye del sector público de un movimiento, a menudo dan origen a pautas de preferencia o de confianza que convierten en más remuneradoras las actividades empresariales del movimiento. Los excedentes que se consiguen de este modo, brindan a su vez incentivos selectivos positivos, que ayudan a reclutar participantes en los esfuerzos del grupo de presión.

III

Los pequeños grupos, y en alguna ocasión los grupos "federales" —constituidos por muchos pequeños grupos de miembros socialmente interactivos—, poseen una fuente adicional de incentivos selectivos, tanto negativos como positivos. Sin la menor duda, la mayoría de la gente aprecia el compañerismo y el respeto de aquellos con quienes trata. En las sociedades modernas, el confinamiento en soledad es, después de la infrecuente pena de muerte, el castigo legal más grave. La censura, o incluso el ostracismo, aplicados a aquellos que no comparten las obligaciones de la acción colectiva, pueden convertirse a veces en un incentivo selectivo de importancia. Un ejemplo extremo de ello nos lo brindan los sindicalistas británicos cuando se niegan a hablar con sus colegas poco cooperativos, "enviándolos de paseo". De igual modo, los miembros de un grupo socialmente interactivo que busca un bien colectivo, pueden conceder un respeto o un honor especiales a aquellos que se distingan por sus sacrificios en favor del grupo, brindándoles así un incentivo selectivo positivo. Puesto que aparentemente la mayoría de las personas prefieren estar en compañía de alguien que piense de manera más o menos parecida, y que sea agradable y respetable, y con frecuencia prefieren vincularse con aquellos a quienes admiran de manera especial, les parecerá muy fácil esquivar a los que se evaden de la acción colectiva, y apoyar a quienes la llevan a cabo con empeño.

Los incentivos selectivos con carácter social pueden ser poderosos y nada caros, pero sólo están disponibles en determinadas situaciones. Como ya hemos indicado, no pueden aplicarse demasiado en los grupos numerosos, excepto en los casos en que los grandes grupos formen federaciones de pequeños grupos que sean capaces de mantener una interacción social. No resulta viable organizar a la mayoría de grupos numerosos que necesitan un bien colectivo, de modo que constituyan pequeños subgrupos interactivos, ya que la mayoría de las personas carece del tiempo necesario para mantener relación con un gran número de amigos y conocidos.

La disponibilidad de los incentivos selectivos de carácter social, también está limitada por la heterogeneidad social de algunos de los grupos o categorías que se beneficiarán de un bien colectivo. La observación cotidiana nos revela que la mayoría de los grupos socialmente interactivos son bastante homogéneos, y que muchas personas rehusan entablar una interacción social amplia con aquellos sujetos a los que atribuyen un status inferior o unos gustos muy diferentes. Incluso los intelectuales bohemios u otros grupos no conformistas a menudo están constituidos por individuos semejantes entre sí, por mucho que difieran del resto de la sociedad. Puesto que algunas de las categorías de individuos que se beneficiarían de un bien colectivo son socialmente heterogéneas, la interacción social necesaria para que se den los incentivos selectivos a veces no puede ponerse en práctica, aunque el número de individuos implicados sea reducido.

Otro problema que se plantea para organizar y mantener grupos socialmente heterogéneos, es que parece menos probable que éstos se pongan de acuerdo acerca de la naturaleza exacta del bien colectivo del cual se trate, o sobre qué cantidad vale la pena adquirir. Todos los argumentos que muestran la dificultad de la acción colectiva, y que hemos enumerado hasta ahora en este artículo, continúan teniendo validez aunque se dé una perfecta coincidencia en torno al bien colectivo que se desea, la cantidad de él que se quiere y la mejor manera de conseguirlo. Si algún factor, como por ejemplo la heterogeneidad social, reduce el consenso, la acción colectiva se vuelve cada vez menos probable. Y por más que exista una acción colectiva a pesar de todo, provoca el costo adicional de conciliar y arbitrar las diferentes opiniones, sobre todo para los dirigentes de la organización o de la asociación de intereses en cuestión. La situación se muestra ligeramente distinta en los grupos muy pequeños a los cuales nos dedicaremos brevemente.

En estos grupos, las diferencias de opinión pueden brindar a veces una especie de incentivo para unirse a una organización que busque un bien colectivo, ya que unirse a ella quizás permita al individuo ejercer un influjo significativo sobre la política de la organización y sobre la naturaleza del bien colectivo que obtenga. Esta consideración, empero, no se aplica a aquellos grupos lo bastante amplios como para que un único individuo no pueda aspirar a influir sobre el resultado del conjunto.

La coincidencia de criterios es especialmente difícil cuando están en juego bienes colectivos, debido a las características peculiares de tales bienes. Éstos, si existen, benefician a todos los miembros de un grupo o categoría. Además, todos los que integran el grupo en cuestión lograrán juntos más o menos porcentaje del bien colectivo, y todos tendrán que aceptar el nivel y el tipo de bien público que se ofrezca. Un país sólo puede tener una política exterior y una política de defensa, por diversas que sean las preferencias y las rentas de sus ciudadanos, y (salvo en el caso tan difícil de lograr un "equilibrio de Lindahl"),[10] dentro de un país no habrá acuerdo sobre cuánto se debe gastar para llevarse a cabo la política exterior y de defensa. Esto nos lleva a recordar los argumentos a favor de la "equivalencia fiscal"[11] y los rigurosos modelos de la "segregación óptima"[12] y el "federalismo fiscal".[13] Una clientela heterogénea, que manifieste distintas demandas de bienes colectivos, puede plantear un problema aun mayor para las asociaciones privadas, que no sólo deben hacer frente a los desacuerdos, sino también encontrar incentivos selectivos lo bastante fuertes como para retener a los clientes insatisfechos.

En pocas palabras: los *entrepreneurs* de la política (*political entrepreneurs*) que tratan de organizar la acción colectiva, tendrán más posibilidades de éxito si se esfuerzan por reunir grupos relativamente homogéneos. Los dirigentes políticos cuya tarea consista en conservar la acción organizada o concertada, también habrán de apelar al adoctrinamiento y a reclutar con criterio selectivo para aumentar la homogeneidad de sus grupos clientes. Esto es así, en parte, porque los incentivos selectivos de carácter social suelen hallarse más disponibles en los grupos que disfrutan de una mayor homogeneidad, y en parte, porque la homogeneidad ayudará a lograr la coincidencia de opiniones.

10. Erik Lindahl (1958), pp. 168-177 y 214-233. Según Lindahl, en equilibrio, a cada una de las partes en cuestión se le carga un valor impositivo en las unidades marginales del bien público, igual al valor que cada una atribuye a una unidad marginal de dicho bien. Al aplicarse esto, incluso aquellas partes que efectúen una valoración muy diferente del bien colectivo querrán la misma cantidad. Nos llevaría muy lejos examinar ahora la enorme bibliografía que se ha dedicado a esta cuestión, pero quizá resulte de utilidad para los no especialistas señalar que, en la mayoría de las situaciones en que las partes en cuestión prevén un gravamen como el de Lindahl, se verán estimuladas a ocultar su auténtica valoración del bien colectivo, ya que obtendrían cualquier volumen de éste, siempre que su valor fiscal fuese reducido. Hay una interesante bibliografía que hace referencia a métodos relativamente sutiles que podrían estimular a los individuos para que revelasen su verdadera valoración de los bienes públicos, con lo que se lograrían equilibrios Lindahl. Sin embargo, la mayoría de estos métodos están muy lejos de ser aplicables en la práctica.

11. Véase mi artículo pionero de 1969.

12. Véase un ejemplo importante en Martin C. McGuire (1974), pp. 112-132.

13. Véase sobre todo Wallace Oates (1972).

IV

La información y los cálculos acerca de un bien colectivo, a menudo representan, considerados en sí mismos, un bien colectivo. Pensemos en un miembro típico de la gran organización, que esté tratando de decidir cuánto tiempo va a dedicar a estudiar la política o el liderazgo característicos de la organización. Cuanto más tiempo dedique al asunto ese individuo, más probable será que respalde y defienda una política y un liderazgo eficaces para la organización. Sin embargo, el miembro típico sólo conseguirá una pequeña participación en los beneficios que provoquen esas políticas y ese liderazgo más efectivos. En conjunto, los demás miembros conseguirán casi todas las ventajas, de manera que el miembro individual carece de incentivo para dedicar demasiado tiempo a investigar los hechos y a pensar sobre la organización, actividades éstas que redundarían en interés del grupo. A todos los miembros del grupo, les convendría ser obligados a invertir más tiempo en averiguar a favor de qué habría de votar para que la organización defendiese mejor sus intereses. Esto se hace especialmente evidente en el caso del votante típico en unas elecciones nacionales en un gran país. El beneficio que representará para dicho votante estudiar los programas y a los candidatos, hasta que tenga claro cuál es el voto que le favorecerá de veras, está dado por la diferencia de valor que represente para un individuo un resultado electoral "correcto", en comparación con un resultado "equivocado", *multiplicado por la probabilidad de que un cambio en el voto de dicho individuo modifique el resultado de la elección.* Dado que la probabilidad de que un votante típico cambie el resultado de la elección es enormemente pequeña, ese ciudadano suele mostrarse "racionalmente ignorante" sobre los asunto públicos.[14] Con frecuencia, empero, la información acerca de los asuntos públicos resulta tan interesante o entretenida, que vale la pena recibirla únicamente por tal motivo. Esto parece ser la fuente de excepciones más importantes con respecto a la generalización, según la cual los ciudadanos *típicos* son racionalmente ignorantes de los asuntos públicos.

Los individuos que ejercen unas cuantas vocaciones específicas, pueden recibir una recompensa muy considerable en bienes privados, si adquieren un conocimiento excepcional de los bienes públicos. Los políticos, los integrantes de los grupos de presión, los periodistas y los científicos sociales, por ejemplo, pueden ganar más dinero, poder o prestigio gracias a su conocimiento de este o

---

14. Acerca de la limitada información que cabe esperar que posean los votantes, véase la obra clásica de Anthony Downs (1957).

aquel asunto público. En alguna ocasión, un conocimiento excepcional sobre políticas públicas genera cuantiosos beneficios a través de las bolsas de valores o de otros mercados. Al mismo tiempo, el ciudadano típico se encontrará con que su renta y sus posibilidades vitales no mejorarán debido a un meticuloso estudio de las cuestiones públicas o de algún bien colectivo en particular.

A su vez, el limitado conocimiento de los asuntos públicos es un factor necesario para explicar la eficacia de los grupos de presión. Si todos los ciudadanos hubiesen obtenido y digerido la información pertinente, no serían influidos por la publicidad o por otros medios de persuasión. Con unos ciudadanos perfectamente informados, los cargos gubernamentales electivos no serían sometidos a los halagos de los integrantes de grupos de presión, ya que los votantes sabrían cuándo se traicionan sus intereses, y en la elección siguiente el representante infiel resultaría derrotado. Así como los grupos de presión proporcionan bienes colectivos a los grupos de intereses especiales, su eficacia se explica a través del conocimiento imperfecto que poseen los ciudadanos. Y este último fenómeno se justifica básicamente porque la información y el debate sobre los bienes colectivos es también un bien colectivo.

Este hecho —que los beneficios de la instrucción individual acerca de los bienes públicos suelen estar dispersos por todo un grupo o una nación, y no concentrados en el individuo que asume los costos de instruirse— explica asimismo muchos otros fenómenos. Por ejemplo, el criterio "hombre muerde a perro" acerca de lo que se convierte en noticia. Si se contemplasen los informativos o se leyesen los periódicos únicamente para obtener la información más importante sobre las cuestiones públicas, se ignorarían acontecimientos aberrantes de escasa trascendencia, y se concedería relieve a las pautas típicas de importancia cuantitativa. En cambio, cuando para la mayoría de las personas las noticias son básicamente una alternativa a otras formas de diversión o entretenimiento, hay una demanda de rarezas sorprendentes y de temas de interés humano. De modo semejante, los medios de comunicación cubren de manera completa aquellos acontecimientos que se desarrollan de una forma impredecible o los escándalos amatorios entre personajes públicos, pero las complejidades de la política económica o los análisis cuantitativos de los problemas públicos reciben una atención mínima. Los funcionarios públicos, que a menudo pueden enriquecerse sin dar a los ciudadanos la justa contrapartida por sus impuestos, pueden caer a causa de algún error lo suficientemente excepcional como para convertirse en noticia. Las declaraciones extravagantes, las protestas pintorescas y las manifestaciones salvajes que ofenden a la mayor parte de la opinión pública —sobre la cual pretenden influir—, también se explican de este modo: constituyen noticias divertidas, y llaman así la atención acerca de intereses y argumentos que, de otro modo, serían ignorados. Incluso ciertos actos aislados de terrorismo, calificados de "carentes de sentido", podrían explicarse, desde esta perspectiva, como un medio eficaz para lograr que se fije en ellos la atención de un público que, de otro modo, permanecería racionalmente ignorante al respecto.

Este argumento nos ayuda también a comprender algunas incoherencias aparentes en la conducta de las modernas democracias. En las grandes democracias desarrolladas, los diversos tipos del impuesto sobre la renta se muestran a todas luces progresivos, mientras que es muy frecuente que las deducciones máximas se apliquen a una minoría de contribuyentes más acaudalados. Puesto que ambos fenómenos son consecuencia de unas mismas instituciones democráticas, ¿por qué no poseen idéntica incidencia? Opino que la progresión del impuesto sobre la renta es un asunto muy relevante y provoca tal controversia política, que buena parte del electorado lo conoce y, por lo tanto, consideraciones de carácter populista y mayoritario dictan un grado apreciable de progresividad. En cambio, los detalles de las leyes fiscales son conocidos por mucha menos gente, y reflejan a menudo los intereses de un pequeño número de contribuyentes, organizados y —por lo general— más prósperos. Diversas democracias desarrolladas han adoptado de manera semejante programas del tipo *Medicare* y *Medicaid*, obviamente inspirados en la preocupación por el costo de la asistencia médica para quienes perciben rentas bajas o medias. No obstante, estos programas se han llevado a la práctica o se han administrado de una forma que ha provocado grandes incrementos en los ingresos de los médicos más conocidos y de otros profesionales de la sanidad. Una vez más, estas consecuencias contradictorias parecen explicarse porque las opciones más notables y controvertidas de las políticas globales llegan a ser conocidas por las mayorías que consumen atención sanitaria, mientras que las numerosas elecciones más pequeñas —necesarias para llevar a la práctica estos programas asistenciales— se hallan bajo el influjo básico de una minoría de proveedores organizados de cuidados sanitarios.

El hecho de que el individuo típico no tenga un incentivo para invertir demasiado tiempo en estudiar muchas de las elecciones relacionadas con los bienes colectivos, explica asimismo otras aportaciones individuales (inexplicables, si no se tiene en cuenta esto) dirigidas a la consecución de bienes colectivos. La lógica de la acción colectiva que se ha descrito en este artículo, no es algo que resulte inmediatamente evidente a quienes nunca la hayan estudiado. Si fuese algo obvio a primera vista, el argumento con que se inició este artículo no resultaría en absoluto paradójico, y los estudiosos a los que se explica dicho argumento no reaccionarían con un escepticismo inicial.[15] Sin ninguna duda, las consecuencias prácticas que tiene esta lógica para las opciones que realice el individuo, a menudo fueron detectadas antes de que tal lógica quedase plasmada por escrito, pero ello no significa que siempre hayan sido comprendidas, ni siquiera a nivel intuitivo y práctico. En especial, cuando los costos de las aportaciones individuales a la acción colectiva son muy reducidos, el individuo tiene escasos incentivos para investigar si vale la pena o no efectuar dicha aportación, o incluso ejercer la intuición. Si el individuo sabe que el costo de su aportación a la acción colectiva en interés de un grupo del cual él forma parte es prácticamente inapreciable, desde un punto de vista racional cabe que no se tome la molestia de considerar si lo que gana es aún más inapreciable. Esto sucede, especialmente, cuando la cuantía de las ganancias y las políticas que las maximizarían son cuestiones acerca de las cuales no se justificaría una investigación.

Este examen de los costos y los beneficios de efectuar un cálculo acerca de los bienes públicos, lleva a la comprobable predicción de que las aportaciones voluntarias a la obtención de bienes colectivos para grupos numerosos sin incentivos selectivos, se producirá a menudo cuando los costos de las contribuciones individuales resulten de escasa importancia; por lo general, *no* se producirán cuando los costos de las contribuciones individuales sean elevados. En otras palabras, cuando los costos de la acción individual para obtener un bien colectivo deseado son muy reducidos, la consecuencia es indefinida: unas veces se produce un resultado, y otras se produce el contrario. Sin embargo, cuando los costos crecen, desaparece dicha indefinición. Por lo tanto, debemos establecer que hay bastantes personas dispuestas a dedicar un momento de su tiempo a firmar peticiones en favor de determinadas causas, a expresar sus opiniones a lo largo de una discusión o a votar por el candidato o el partido que prefieran. De igual modo, si la tesis que aquí defendemos es correcta, no habríamos de encontrar demasiados casos en los que los individuos efectúen de forma voluntaria una aportación de grandes recursos, año tras año, con el propósito de obtener un bien colectivo para un grupo numeroso del cual formen parte. Antes de invertir una gran cantidad de dinero o de tiempo y, en especial, antes de hacerlo repetidamente, el individuo racional reflexionará acerca de qué va a lograr mediante ese

15. Le debo a Russell Hardin el haberme llamado la atención sobre este punto. Véase un magnífico y riguroso análisis de todo el tema de la acción colectiva en la obra de Hardin (1982).

considerable sacrificio. Si se trata de un típico individuo miembro de un grupo numeroso que se beneficiará de un bien colectivo, su contribución no representará una diferencia perceptible en la cantidad de recursos aportados. La teoría que aquí sostenemos es que dichas contribuciones se vuelven menos probables a medida que es más elevada la contribución global en cuestión.[16]

V

Incluso en el caso de que los aportes sean lo bastante costosos como para provocar un cálculo racional, sigue habiendo un conjunto de circunstancias en el cual la acción colectiva puede producirse sin que existan incentivos selectivos. Este conjunto de circunstancias se vuelve evidente cuando pensamos en situaciones en las que sólo unos cuantos individuos o empresas se benefician de una acción colectiva. Supongamos que en un sector industrial determinado hay dos empresas de igual tamaño, y ninguna otra empresa puede entrar en dicho sector. Un precio más elevado del producto de tal industria beneficiará a ambas empresas y, asimismo, la legislación favorable al sector industrial en cuestión ayudará a las dos empresas. Un precio mayor y una legislación favorable, en consecuencia, son bienes colectivos para este sector industrial en situación de "oligopolio", aunque en el grupo sólo haya dos miembros que se beneficien de dichos bienes colectivos. Como es obvio, cada una de las empresas en situación de oligopolio —si restringe la producción para elevar el precio de sus artículos, o si presiona para conseguir una legislación favorable al sector— logrará aproximadamente la mitad del beneficio. Y la proporción costo-beneficio de la acción en interés común resulta a menudo tan favorable que, aunque una de las empresas asuma el costo total de la acción y logre sólo la mitad del beneficio de ésta, seguirá siéndole provechoso actuar en interés común. Si el grupo que

---

16. Existe otra perspectiva que avanza en la misma dirección. Piénsese en los individuos que obtienen placer al participar en esfuerzos para la obtención de un bien colectivo, como si se tratase de un consumo ordinario, cosa que sucede en el caso de los altruistas participativos (descritos en la tercera nota a pie de página de este artículo). Si los costos de la acción colectiva son de escasa importancia para el individuo, no es probable que los costos de consumir el placer de la participación o de satisfacer el impulso moral de ser un participante impidan la acción colectiva. Sin embargo, debido a las tasas marginales de sustitución decrecientes que se describen en la nota a pie de página número 19, el grado de acción colectiva causado por estas motivaciones irá disminuyendo a medida que aumente su precio.

se beneficiará de la acción colectiva es lo suficientemente pequeño y la proporción costo-beneficio de la acción colectiva en favor del grupo resulta lo bastante favorable, puede darse una acción calculada en interés colectivo, aunque no existan incentivos selectivos.

Cuando el grupo está compuesto sólo de unos cuantos miembros, también aparece la posibilidad de que negocien entre sí y acuerden una determinada acción colectiva. En tal caso, la acción de cada uno posee un efecto perceptible sobre los intereses y sobre el curso de acción que sigan los demás, de manera que todos tienen un incentivo para actuar estratégicamente, es decir, de una forma que tome en cuenta el efecto de las opciones individuales sobre las opciones de los demás. Esta interdependencia entre distintas empresas o personas que constituyen el grupo, puede otorgarles un incentivo para negociar mutuamente en beneficio recíproco. En realidad, si los costos de negociación son escasos, tendrán el incentivo de continuar negociando entre sí hasta que se maximicen las ganancias del grupo, es decir, hasta lograr lo que llamaremos un resultado óptimo de grupo (o lo que los economistas denominan a veces un "óptimo de Pareto" para el grupo). Una de las maneras en que las dos empresas mencionadas en el párrafo anterior pueden obtener dicho resultado es acordando que cada una de ellas se encargue de la mitad de los costos de la acción colectiva. Como consecuencia, cada empresa soportará la mitad de los costos de dicha acción en interés común, y recibirá la mitad de los beneficios. Por lo tanto, habrá un incentivo para continuar la acción en interés colectivo hasta que se maximicen las ganancias globales de la acción colectiva. En toda negociación, sin embargo, cada una de las partes tiene el incentivo de buscar para sí misma el máximo porcentaje de ganancias del grupo, y también suele darse un incentivo para amenazar con bloquear o sabotear la acción colectiva —es decir, "endurecerse"— si no se consigue el porcentaje deseado de las ganancias del grupo. Por lo tanto, es muy posible que la negociación no logre un resultado óptimo de grupo, y quizás tampoco permita alcanzar el más mínimo acuerdo sobre una acción colectiva determinada. Como explico en otro sitio,[17] la consecuencia de todo esto es que a menudo los "pequeños" grupos se dedican a una acción colectiva sin que existan incentivos selectivos. En determinados grupos pequeños ("grupos privilegiados") se da de hecho la presunción de que se conseguirá parte del bien colectivo. A pesar de ello, la acción colectiva resulta problemática incluso en las circunstancias más favorables, y en cada caso particular los resultados son imposibles de determinar.

17. *La Lógica*, pp. 5-65.

Aunque algunos aspectos de la cuestión resulten complejos e indeterminados, la esencia de la relación entre el tamaño del grupo que se beneficiará de la acción colectiva y el grado de dicha acción es algo sumamente sencillo, pero no siempre se entiende con bastante precisión. Examinemos de nuevo nuestras dos empresas, y supongamos que no han elaborado ningún acuerdo para maximizar sus ganancias globales o para coordinar de algún modo sus acciones. Cada empresa continuará obteniendo la mitad de las ganancias de cualquier acción que efectúe en interés del grupo, y así poseerá un incentivo considerable para actuar en interés del grupo, aunque sea de manera unilateral. Por supuesto, también existe una economía externa de grupo, o beneficio para el grupo por el cual la empresa que actúa unilateralmente no se ve compensada, y que se eleva al 50 por ciento, de modo que la conducta unilateral no logra un resultado óptimo de grupo.[18] Supongamos ahora que hubiese una tercera empresa del mismo tamaño: la economía

18. El supuesto de que hay dos empresas que conceden igual valor al bien colectivo es útil a efectos expositivos, pero a menudo no constituirá una descripción realista. En el caso mucho más corriente en que las partes atribuyen al bien público una valoración distinta, la parte que otorgue a este bien un valor absoluto superior se hallará en inmensa desventaja. Cuando suministre la cantidad de bien colectivo que considere óptima para sí misma, las otras partes se verán estimuladas a aprovecharse de esta cantidad y no dar nada ellas. Lo contrario, no obstante, no es cierto. La parte más grande carga todo el peso del bien colectivo. (La parte que atribuye más valor al bien colectivo tiene la opción de tratar de obligar a los demás a compartir su costo negándose a compartirlo, pero esto también representa una desventaja en la negociación, porque con esta acción perderá más que aquellos con los cuales está negociando.) Por lo tanto, un análisis completo de la probabilidad de la acción colectiva debe tener en cuenta los tamaños y valoraciones relativas del bien colectivo para las partes implicadas, así como el tamaño del grupo. Véase en la nota siguiente las referencias a "la explotación del grande por los pequeños", y otras consecuencias de las variaciones intragrupales que se dan en la valoración de los bienes colectivos.

Si la solución de esquina en la cual la parte más grande se hace cargo de todo no sucede, y ambas empresas suministran una parte del bien colectivo de acuerdo con los supuestos de Cournot, entonces ambas tenderán a ser exactamente del mismo tamaño, como en el ejemplo que figura en el texto a efectos expositivos. Supongamos que cada empresa tiene que pagar el mismo precio por cada unidad del bien colectivo, y que poseen idénticas funciones productivas para cualquier bien privado que produzcan. De acuerdo con la definición de un bien puramente colectivo, ambas deben recibir el mismo volumen de éste, y por lo tanto, sólo puede hallarse en equilibrio de acuerdo con los supuestos de Cournot en el caso de que las curvas correspondientes a cada una

externa del grupo se elevaría a dos tercios, y la empresa individual sólo obtendría un tercio del beneficio provocado por la acción independiente que llevase a cabo en interés del grupo. Por supuesto, si hubiese un centenar de empresas en tales condiciones, la economía externa del grupo sería del 99 por ciento, y la empresa individual no conseguiría más que el uno por ciento de las ganancias correspondientes a su acción en favor del grupo. Obviamente, cuando llegamos a grandes grupos que se cuentan por miles o millones de miembros, el incentivo en favor de una conducta orientada en beneficio del grupo —con ausencia de incentivos selectivos— se vuelve muy insignificante.

Por atípico que pueda parecer este ejemplo de empresas de igual tamaño, permite que se manifieste de modo intuitivo un principio general: en igualdad de circunstancias, *cuanto mayor sea la cantidad de individuos o empresas que se beneficien de un bien colectivo, menor será el porcentaje de ganancias obtenidas a través de la acción en favor del grupo que le va a corresponder al*

---

de ellas posean la misma inclinación en el punto relevante. En otras palabras, las curvas que describen la producción resultante de cada combinación de *inputs* de bien privado y de bien público, para cada una de las empresas, deben tener la misma inclinación si las dos empresas que disfrutan del mismo volumen de bien colectivo están adquiriendo parte de él al mismo tiempo. De acuerdo con mis supuestos de idéntica función productiva e idéntico precio de los factores de producción, ambas empresas deben tener exactamente el mismo tamaño o producción.

En el caso de consumidores que compartan un bien colectivo se dan resultados igualmente notables. El consumidor que otorga al bien público el máximo valor absoluto soportará el costo total, o bien acabarán por tener los dos igual renta. Cuando ambos consumidores obtienen la misma cantidad de un bien colectivo, los dos pueden continuar adquiriéndolo ciñéndose a un comportamiento Cournot sólo en el caso de que ambos tengan la misma tasa marginal de sustitución entre el bien público y el privado, y por lo tanto (con funciones de rendimiento y precios idénticos) rentas idénticas. A menos que *desde un principio* los dos consumidores tengan rentas idénticas, se da una inevitable explotación del grande por el pequeño. Una posibilidad es que el consumidor más rico se haga cargo del costo completo del bien colectivo. La otra única posibilidad con ajuste independiente es que el bien público sea tan valioso que las adquisiciones iniciales del consumidor más rico tengan un efecto tan grande sobre la renta del consumidor más pobre que éste acabe por ser tan rico como el inicialmente más acaudalado, de manera que ambos compren equilibradamente determinada cantidad del bien colectivo. Con respecto a este punto he aprovechado un intercambio de puntos de vista con mi colega Martin C. McGuire. Véase un razonamiento que sigue líneas afines, y que resulta estimulante y valioso, aunque parcialmente incorrecto, en Ronald Jeremias y Asghar Zardkoohi (1976), pp. 305-308.

*individuo o empresa que lleva a cabo la acción. Así, en caso de no existir incentivos
selectivos, el incentivo de la acción de grupo disminuye a medida que aumenta el
tamaño del grupo, de modo que los grandes grupos están menos capacitados que los
pequeños para actuar en favor de un interés común.* Si entra en escena otro
individuo o empresa que concede valor al bien colectivo en cuestión, habrá
de disminuir el porcentaje de ganancias que pueda recibir cada uno de los
que ya están en el grupo. Esto es así, con independencia de los tamaños
relativos del bien colectivo para el grupo, o del aprecio que éste manifieste
con respecto a dicho bien.

En *La Lógica de la Acción Colectiva* se demuestra con claridad este principio, como puede comprobarse en parte a través de la nota de pie de página
correspondiente a esta oración.[19] El argumento en su versión completa pondrá de manifiesto que la suposición en los párrafos precedentes de empresas
de igual tamaño resulta innecesaria para la conclusión (aunque ayude, se-

---

19. El costo (C) de un bien colectivo es una función del nivel (T) al cual se suministra, es decir, $C = f(T)$. El valor del bien para el grupo, V_g, no depende sólo de T sino
también del "tamaño", S_g, del grupo, el cual depende a su vez de la cantidad de
miembros del grupo y del valor que atribuyen al bien en cuestión; $V_g = TS_g$. El valor
del bien para un individuo i es V_i, y la "fracción", F_i, del valor de grupo que dicho
individuo disfruta es V_i / V_g, que también debe ser igual a $F_i S_g T$. La ventaja neta, A_i,
que el individuo i consigue al adquirir determinado volumen del bien colectivo está
representada por el valor de éste menos su costo, es decir, $A_i = V_i - C$, que cambia
junto con el nivel de T que obtiene su inversión, de manera que

$$dA_i / dT = dV_i / dT - dC / dT$$

Como máximo, $dA_i / dT = 0$. Puesto que $V_i = F_i S_g T$ y F_i y S_g son constantes,

$$d(F_i S_g T) / dT - dC / dT = 0$$
$$F_i S_g - dC / dT = 0$$

Esto nos da la cantidad de bien colectivo que comprará un maximizador unilateral.
A este factor se le puede conceder un significado desde el punto de vista del sentido
común. Puesto que la cantidad óptima se encuentra cuando

$$dA_i / dT = dV_i / dT - dC / dT = 0,$$

y dado que $dV_i / dT = F_i (d V_g / dT)$

$$F_i (d V_g / dT) - dC / dT = 0,$$

$$F_i (d V_g / dT) = dC / dT.$$

gún creo, para obtener una rápida visión intuitiva del problema). Las diferencias de tamaño o, con más precisión, de cantidad, que los diferentes individuos o empresas estén dispuestos a pagar para conseguir porcentajes marginales del bien colectivo, son de gran importancia y explican fenómenos paradójicos como la "explotación de los grandes por los pequeños",[20] pero no resultan esenciales para la tesis de este artículo.

La cantidad de personas que deben negociar para obtener una cantidad óptima de grupo de un bien colectivo —y, por lo tanto, los costos de negociación— tiene que aumentar junto con el tamaño del grupo. Esta consideración refuerza el principio que acabamos de formular. En realidad, tanto la observación cotidiana como la lógica de la cuestión indican que —en grupos realmente numerosos— es imposible llevar a cabo una negociación entre todos los miembros para lograr un acuerdo sobre la obtención de un bien colectivo.[21] Un factor

---

Así, la cantidad óptima que obtiene un individuo con respecto al bien colectivo se da cuando la tasa de beneficio para el grupo $(d V_g / dT)$ es mayor que la tasa de incremento de costo (dC / dT) en el mismo porcentaje que el beneficio de grupo supera el beneficio del individuo $(1/F_i = V_g / V_i)$. En otras palabras: cuanto menor sea F_i , menos le tocará al individuo, y (en igualdad de condiciones) F_i tiene que disminuir a medida que el grupo se va haciendo más numeroso.

20. *La Lógica*, p. 29-31, y Mancur Olson y Richard Zeckhauser (1966), pág. 266-279, véase además mi introducción a Todd Sandler (1980), p. 3-16.

21. Entre empresas perfectamente competitivas o entre compradores de automóviles, por ejemplo, no se observa ninguna interacción estratégica. En dichas situaciones nadie encuentra que sus propios intereses u opciones dependen de las opciones que hagan los demás miembros del grupo o del sector industrial, de manera que no existen incentivos para negociar recíprocamente. Un subconjunto lo bastante amplio —si pudiese obtener el bien colectivo de una organización negociadora para ese subconjunto— tendría un incentivo para negociar con los demás integrantes del grupo. Sin embargo, cuando se trata de grupos realmente grandes, el tamaño del subconjunto lo bastante grande para tener un incentivo para negociar, es por sí mismo tan grande que el bien colectivo de la organización negociadora para el subconjunto no podrá conseguirse sin incentivos selectivos. Otra manera de formular la cuestión consiste en decir que los costos de negociación para conseguir la organización negociadora en favor del subconjunto resultan prohibitivos en sí mismos, de modo que cualquier costo de negociación posterior es irrelevante cuando el tamaño del grupo crece aún más, esto es, hasta el punto de que se necesita un subconjunto aún mayor. Esto nos indica que los enfoques referentes a grupos auténticamente grandes o "latentes", que se centran en el tema de los costos de negociación y de la interacción estratégica, no llegan a la esencia del asunto.

que hemos mencionado antes en este artículo —que los incentivos selectivos de carácter social sólo se hallan a disposición de los pequeños grupos y (de forma muy relativa) de los grupos numerosos constituidos por una federación de pequeños grupos— también indica que los pequeños grupos son más fáciles de organizar que los grupos numerosos.

La importancia de la argumentación lógica que acabamos de formular puede comprobarse a la perfección si comparamos grupos que obtendrán el mismo beneficio neto gracias a una acción colectiva, en caso de que la lleven a cabo, pero que son de distinto tamaño. Supongamos que un millón de individuos ganarán mil dólares cada uno, o mil millones de dólares en conjunto, si se organizan de manera eficaz y emprenden una acción colectiva que tiene un costo total de cien millones. Si el razonamiento expuesto con anterioridad es correcto, no podrán organizarse ni emprender una acción colectiva eficaz sin incentivos colectivos. Supongamos ahora que, aunque se siga manteniendo el beneficio total de mil millones de dólares mediante la acción colectiva, así como el costo global de cien millones, el grupo se componga de cinco grandes empresas o de cinco municipios organizados, cada uno de los cuales ganaría doscientos millones. Ni siquiera en un caso como éste la acción colectiva brindaría una certidumbre absoluta, ya que cada uno de los cinco podría aspirar a que los demás aportasen los cien millones, y a ganar el bien colectivo que vale doscientos millones sin que le cueste nada. Sin embargo, es muy probable que se produzca la acción colectiva, una vez realizadas determinadas negociaciones. En este caso, cualquiera de los cinco miembros del grupo ganaría cien millones gracias a la obtención del bien colectivo, aunque tuviese que pagar el costo total él solo. Asimismo, los costos de la negociación entre los cinco no serán demasiado grandes, de manera que, tarde o temprano, se llegaría a una acuerdo acerca de la acción colectiva. Las cifras que aparecen en este ejemplo son arbitrarias, pero situaciones semejantes en lo esencial ocurren a menudo en la realidad, y las diferencias entre grupos "pequeños" y "numerosos" pueden ilustrarse mediante una cantidad enorme de ejemplos distintos.

La importancia de este argumento también se manifiesta si se comparan las maneras de funcionar de los grupos de presión o los cárteles dentro de ámbito de dimensiones muy distintas; por ejemplo, un municipio modesto y un gran país. En un municipio, el alcalde o la junta de concejales pueden verse influidos por un grupo de peticionarios o por un presupuesto de mil dólares dedicados a ejercer presión, por ejemplo. Un sector empresarial determinado puede estar en manos de unas cuantas empresas únicamente, y si la población se encuentra lejos de otros mercados, esas pocas empresas estarán en condiciones de acordar la creación de un cártel. En un gran país, es probable que los recursos necesarios para influir sobre el gobierno de la nación tengan que ser mucho más considerables, y a menos que las empresas sean gigantescas (cosa que a veces ocurre), tendrán que colaborar muchas de ellas para crear un cártel efectivo. Supongamos ahora que el millón de individuos miembros del grupo numeroso mencionado en el párrafo anterior estén dispersos en cien mil poblaciones o ámbitos, de manera que en cada ámbito haya diez, junto con la misma proporción de ciudadanos pertenecientes a las demás categorías que existía con anterioridad. Supongamos también que las proporciones costo-beneficio siguen siendo las mismas, de manera que pueden ganarse mil millones de dólares en el conjunto de los diversos ámbitos, o bien diez mil en cada uno de ellos, y sigue costando cien millones de dólares el conseguirlo en todos los ámbitos, o mil dólares en cada uno de ellos. Ya no parece tan disparatado que en muchos ámbitos haya grupos de diez —o subconjuntos de grupos de esta clase— que aporten los mil dólares necesarios para conseguir que cada individuo gane mil dólares. Comprobamos así que, si todos los demás factores permanecen iguales, los ámbitos pequeños tendrán una acción colectiva *per capita* mayor que los grandes.

Las diferencias en la intensidad de preferencia dan pie a un tercer tipo de ilustración del argumento en cuestión. Un reducido número de sujetos muy ansiosos por obtener determinado bien colectivo, actuarán de manera colectiva, para conseguirlo, con más frecuencia que una cantidad mayor de sujetos que tengan la misma voluntariedad de conjunto. Supongamos que en un caso existen veinticinco individuos, cada uno de los cuales considera que determinado bien colectivo vale mil dólares, mientras que en otro caso se dan cinco mil personas, cada una de las cuales considera que el bien colectivo vale cinco dólares. Como es obvio, la lógica del argumento indica que la acción colectiva será más probable en el primer caso que en el segundo, aunque la demanda conjunta del bien colectivo sea la misma en ambos casos. Sin la menor duda, la gran importancia histórica de los pequeños grupos de fanáticos se explica en parte por esta razón.

VI

La tesis expuesta en este trabajo predice que aquellos grupos que tengan acceso a incentivos selectivos, probablemente actuarán de manera colectiva para obtener bienes colectivos, con más frecuencia que los grupos que no

disponen de tales incentivos. Además, es probable que los grupos más reducidos emprendan una acción colectiva, en comparación con los grupos más
numerosos. Las partes empíricas de La Lógica muestran que en los Estados
Unidos esta predicción se ha cumplido. Se necesita efectuar un estudio más
profundo antes de afirmar con certeza absoluta que la tesis también se aplica
a otros países, pero los rasgos más destacados del panorama organizativo de
las demás naciones se ajustan sin duda a dicha teoría. En ningún país importante existen grupos organizados y numerosos que carezcan de incentivos
selectivos. Las masas de consumidores no están integradas en organizaciones
de consumidores, los millones de contribuyentes no forman parte de organizaciones de contribuyentes, la enorme mayoría de los que poseen rentas
relativamente bajas no pertenecen a organizaciones que defiendan a los
pobres, y las cantidades a veces muy notables de desempleados carecen de
una voz organizada. Estos grupos se hallan tan dispersos, que a ninguna organización no gubernamental le es factible imponerse sobre ellos. En esto se
distinguen radicalmente de aquellos que —por ejemplo, los trabajadores en
grandes fábricas o explotaciones mineras— son susceptibles a la coacción
mediante piquetes de huelga. Tampoco parece haber ninguna fuente de
incentivos selectivos, que conceda a los individuos pertenecientes a dichas
categorías un incentivo para cooperar con las numerosas personas con las
que comparten intereses.[22] En cambio, en casi todas las partes, el prestigio

---

22. Incluso aquellos grupos o causas que tienen una amplitud y una popularidad tan
grandes como para abarcar a casi todos los miembros de la sociedad, no están en
condiciones de dar pie a organizaciones demasiado amplias. Piénsese en los grupos
que se preocupan por la calidad del medio ambiente. Aunque los ecologistas
extremistas son una pequeña minoría, casi todo el mundo está interesado en que hay
un medio ambiente saludable. En los Estados Unidos, por ejemplo, los resultados de
las encuestas indican que decenas de millones de ciudadanos piensan que deberían adoptarse más medidas para proteger el entorno. A finales de los años '60 y
principios de los '70, no era más que una moda caprichosa. A pesar de ello, y de
que las organizaciones no lucrativas disfrutan de una reducción en las tarifas postales,
y si bien la informatización ha permitido reducir el costo de las peticiones de ayuda por
correspondencia, hay relativamente pocas personas que paguen sus cuotas anuales a
las organizaciones defensoras del medio ambiente. En los Estados Unidos, las principales organizaciones de esta clase poseen decenas o centenares de miles de asociados,
y al menos la más numerosa (la Audubon Society, con sus productos para observadores de aves) debe sin duda la mayor parte de sus miembros a los incentivos selectivos
que ofrece. Con toda seguridad, hay más de 50 millones de estadounidenses que

social de las profesiones intelectuales y la limitada cantidad de personas que las ejercen en cada comunidad, ha ayudado a que se organicen. Este proceso de organización de las profesiones también se ha visto favorecido por la característica creencia de la opinión pública, según la cual una organización profesional, con el respaldo del gobierno, debe determinar quién se halla "calificado" para ejercer la profesión, y de este modo, controlar un incentivo selectivo de carácter decisivo. De manera semejante, los pequeños grupos de (a menudo grandes) empresas de todos los sectores industriales y todos los países, con frecuencia están vinculados a través de asociaciones empresariales, organizaciones o acuerdos de una u otra clase. Lo mismo sucede muchas veces con los pequeños grupos de (por lo general, más pequeñas) empresas en ciudades o poblaciones específicas.

Si bien los grupos que, según esta teoría, no pueden estar organizados, en efecto no lo están, en alguna parte sigue habiendo grandes diferencias entre las sociedades y los períodos históricos con respecto al grado en que están realmente organizados los grupos que, de acuerdo con nuestra tesis, *pueden organizarse*. Se trata de una cuestión de extraordinaria importancia para las naciones afectadas.

---

conceden gran valor a la existencia de un medio ambiente saludable, pero en un año normal no es probable que más de un uno por ciento pague cuotas a alguna organización cuya actividad principal consista en presionar a favor de un medio ambiente mejor protegido. Resulta incomparablemente mayor la proporción de médicos integrantes de la American Medical Association, la de trabajadores del sector automovilístico que son miembros del sindicato United Automobile Workers, la de productores rurales afiliados al Farm Bureau, o la de industriales que forman parte de las respectivas asociaciones empresariales.

Referencias

Downs, Anthony (1957) *Economic Theory of Democracy*, Nueva York, Harper.

Gamson, William A. (1975) *The Strategy of Social Protest*, Homewood, Ill., Dorsey Press.

Hardin, Russell (1982) *Collective Action*, Baltimore, The Johns Hopkins University Press for Resources for the Future.

Jeremias, Ronald y Asghar Zardkoohi (Junio 1976) "Distributional Implications of Independent Adjustment in an Economy with Public Goods", *Economic Inquiry* 14.

Lindahl, Erik. "Just Taxation-A Positive Solution", en Richard Musgrave y Alan T. Peacock, eds., 1958, *Classics in the Theory of Public Finance*, Londres, Macmillan.

Margolis, Howard (1982) *Selfishness, Altruism, and Rationality* Cambridge, Cambridge University Press.

McDonald, David J. (1969) *Union Man*, Nueva York, Dutton.

McGuire, Martin C. (1974) "Group Segregation and Optimal Jurisdictions", *Journal of Political Economy* 82.

Oates, Wallace (1972) *Fiscal Federalism*, Nueva York, Harcourt Brace Jovanovich, Inc.

Olson, Mancur (1965, 1971) *The Logic of Collective Action*, Cambridge, Harvard University Press.

—(1968) *The Logic of Collective Action*, Nueva York, Schocken Books.

—(1969) "The Principle of 'Fiscal Equivalence'", *American Economic Review, Papers and Proceedings* N° 59.

—"Introducción", en Todd Sandler, ed., 1980, *The Theory and Structure of International Political Economy*, Boulder, (Colo.), Westview Press.

Olson, Mancur y Richard Zeckhauser (Agosto 1966) "An Economic Theory of Alliances", *Review of Economics and Statistics* 47.

Wright, J. Patrick (1979) *On a Clear Day You Can See General Motors*, Grosse Pointe (Mich.) Wright Enterprises.

UN ENFOQUE DE ECONOMIA POLITICA "MACRO" PARA EL ESTUDIO DEL DESARROLLO

ROBERT H. BATES

E l estudio de las sociedades en vías de desarrollo como un campo distinto de la ciencia política contemporánea, comenzó en los años '50. Cambridge, Massachusetts, fue el lugar de nacimiento de importantes tradiciones en este campo, cuyo contenido fue configurado por los intereses intelectuales de aquellos académicos que lo gestaron. Los primeros investigadores se concentraron en la modernización de las sociedades tradicionales, y particularmente, en el significado político de las comunicaciones masivas y de la cultura humana.

Como muchos de mi generación, viajé a Cambridge para entrenarme con los pioneros en los estudios sobre desarrollo. En mis primeros trabajos, adopté esencialmente su definición de este campo. Pero luego cambié. Las semillas de la duda aparecieron rápidamente, y me inclinaron hacia una perspectiva basada en la economía política (*political economy*).

Intereses y comportamiento optimizador

Mi tesis doctoral se centró en los roles que tuvieron el Sindicato de Trabajadores Mineros y del Partido Nacional Unido para la Independencia, en la implementación de la política laboral del gobierno en Zambia, luego de la independencia. Adoptando el enfoque sociopsicológico que dominó mi entrenamiento de graduado, intenté explicar el fracaso de la política en términos de la incapacidad del sindicato y del partido gobernantes, para comunicar efectivamente los fundamentos de la política laboral gubernamental. Esta política consistía en una perspectiva nacional amplia, con objetivos de desarrollo específicos y una apropiación (para reinversión) del excedente generado por la actividad minera. El hecho de que el sindicato y el partido político fueron deficientes en la comunicación entre el gobierno y la fuerza trabajadora, ayudó a explicar la continua militancia de los trabajadores.

Todavía recuerdo a uno de mis profesores, Myron Weiner, llamándome con una copia subrayada de mi tesis: "Bob, creo que estás equivocado. Te apuesto a que los trabajadores conocían la posición del gobierno y entendían las políticas gubernamentales. Simplemente estaban en desacuerdo". Por supuesto, tenía razón.

Luego de reflexionar, me pareció evidente que el mayor problema era que el estudio de las comunicaciones y la persuasión por sí solas, fallaban en explicar adecuadamente el rol de los intereses. Las investigaciones contemporáneas sobre la formulación de intereses y decisiones, ampliaban la división existente entre las teorías socio-psicológicas y las de comportamiento optimizador (Hogarth y Reder 1986). Pero mientras yo era un estudiante graduado, a mediados de los '60, esta separación era demasiado amplia como para ser fácilmente trascendida.

Al involucrarme más profundamente en el estudio del África, encontré datos que debilitaron mi compromiso con un segundo marco teórico del campo del desarrollo: la noción de *cultura*. Durante años, a través del trabajo de Melville Herskovitz, África fue el ejemplo clave del poder de la cultura —el llamado "complejo del ganado" (Herskovitz 1926)—. Estudiantes de la cultura africana notaban la miríada de formas en que la gente usaba el ganado —no solamente, o principalmente, para su sustento, sino también para propósitos sociales y religiosos—. Ellos acentuaban el carácter no económico del ganado, arguyendo que su valor excedía cualquier otro posible garantizado por el mercado. Para sustentar este argumento, citaban estudios que documentaban la poca disposición de los pastores a reducir el tamaño de sus rebaños, vendiéndolo para alimento industrial, aún cuando enfrentaban altos costos de pastoreo y pasturas de baja calidad. Los estudiantes argumentaban que los pastores atrapados en el complejo del ganado, eran resistentes al cambio. Por ejemplo, no mandaban a sus hijos al colegio, seguían siendo analfabetos y no se empleaban en ocupaciones modernas. Por lo tanto, concluyeron que el apego a su ganado demostraba el poder de la cultura; y también demostraba el valor limitado del razonamiento económico al ser aplicado a áreas en desarrollo.

A medida que me embebía de los datos africanos, encontré razones persuasivas para dudar sobre la certeza de esta hipótesis —y la posición intelectual que implicaba—. Aprendí, por ejemplo, que muchos de los datos sobre las ventas del ganado por parte de los pastores, se obtuvieron de fuentes gubernamentales oficiales; siendo la principal fuente de datos gubernamentales una empresa de alimento industrial, que el gobierno colonial había licenciado para funcionar como un monopsonio al comprar el ganado, y como un monopolio al vender la carne. Las regulaciones gubernamentales eran cumplidas imperfectamente. No era sorprendente que los datos oficiales, recolectados por el licenciatario y comprador de ganado, mostraran una baja tasa de venta, y que las cuentas informales reflejaran los datos del mercado no regulado donde los precios eran competitivos, sugiriendo una mayor disposición por parte de los pastores a comerciar su ganado (Munro 1975; Tignor 1976; Jacobs 1980).

Lecturas posteriores mostraban otras debilidades en la noción del complejo del ganado. De acuerdo a las ventajas comparativas, los africanos practicaban el pastoreo en zonas semiáridas, y alimentaban sus rebaños en tierras donde los derechos de propiedad estaban pobremente definidos. Por estas dos razones, solían mantener manadas más grandes que las consideradas óptimas por los observadores occidentales. Los observadores externos no podían apreciar el nivel de riesgo que el ambiente semiárido significaba para los pastores. Asimismo, estos extranjeros estaban lejos de apreciar cómo los derechos de propiedades existentes debilitaban los incentivos a restringir el tamaño de las manadas, a fin de salvaguardar las tierras con pastizales. Más que representar la tendencia a mantener grandes manadas, o un apego al ganado, podían representar la respuesta racional a incentivos económicos —incentivos creados por un entorno de riesgo y de derechos de propiedad imperfectamente definidos (Fiedler 1972).

¡Entonces, qué hay de la resistencia de los pastores al cambio? ¿Por qué mostraban cierto resquemor a invertir en educación, habilidades modernas, o nuevas ocupaciones? Una posibilidad, por supuesto, podría ser que los teóricos culturales contaran otra vez con hechos erróneos. Pero un estudio cuidadoso de los datos de la crianza del ganado, educación y migraciones urbanas, sugerían que los teóricos estaban en lo cierto —que los pastores educaban menos a sus hijos, no los mandaban a las ciudades, ni los ubicaban en trabajos modernos— (Bates 1976). Por otra parte, el trabajo de campo reveló que el comportamiento de los pastores no reflejaba valores culturales únicos, sino oportunidades únicas.

Esta inferencia se basa en el intensivo trabajo de campo que llevé a cabo en la Zambia rural, en los primeros años de la década del '70. En los pueblos que estudié, los padres invertían en sus hijos. Lo hacían pagándoles la educación, y dándoles las habilidades necesarias para adquirir los trabajos altamente remunerados que, debido al patrón de desarrollo del África, significaban empleos en el sector urbano, particularmente en la administración pública. Según mis cálculos, los gastos en escolaridad y educación tendrían una tasa de retorno aproximada del 9%, en términos de aporte financiero que los padres recibirían en su vejez (Bates 1976).

Este razonamiento sugiere una explicación para el fracaso de los pastores de adoptar un estilo de vida moderna. Si el alfabetismo, la educación y las migraciones urbanas representan distintas formas de inversión, entonces, el grado de dedicación de la comunidad variará con la magnitud de los costos para obtener los recursos necesarios. Los costos son determinados por el retorno que estos recursos podrían ahorrar en otras actividades. En el África rural, criar ganado representa la mejor alternativa de inversión. Invertir en ganado produce una tasa de retorno equivalente a la tasa biológica de crecimiento de la manada, descontando apropiadamente los riesgos. Dado el crecimiento del ingreso *per capita* en África, y las preferencias por alimento de la gente, la tasa económica de retorno es aún mayor que la tasa física de crecimiento.

La implicancia es clara: el comportamiento que ha sido interpretado como el resultado de la tradición, con la socialización y el aprendizaje, puede, en cambio, ser interpretado, como el resultado de una elección, aún cuando sea una elección hecha bajo restricciones. Los pastores no se resisten a la modernización porque su cultura les impone restricciones; se resisten a la modernización porque así lo eligen. Una explicación basada en la teoría de la elección es más útil, puesto que explica, al mismo tiempo, la conducta de aquellos que sí eligen modernizarse.

Dentro del amplio espectro de los estudios sobre desarrollo, el complejo del ganado era un fenómeno distintivo —casi una curiosidad—, para demostrar el poder de la cultura. Si bien el desarrollo de explicaciones alternativas para el comportamiento pastoril debieran haber resultado útiles para los teóricos del desarrollo, dada la marginalidad del fenómeno, éste no fue el caso. Mucho más fuerte y persuasivo fue el crecimiento de las rebeliones rurales.

La teoría de la modernización clasificaba a las sociedades rurales y agrarias como "tradicionales", y a las urbanas e industriales como "modernas". Como los miembros de las sociedades tradicionales, los habitantes rurales estaban mal informados, eran conservadores y políticamente pasivos; con el impacto de la educación, los medios de comunicación y la urbanización, se transformaron en pueblos bien informados, innovadores y agresivos políticamente. Según la parábola de Daniel Lerner sobre el almacenero y el cocinero, la modernización de las sociedades tradicionales requiere la transformación de la mentalidad de los que viven en áreas rurales. (Deutsch 1953; Lerner 1958; ver también Rogers 1962).

Con los trabajos de campo hechos en el África, rápidamente descubrí cuán equivocado puede ser este marco de referencia. Los habitantes rurales que encontramos, tanto yo como otros, no estaban mal informados. Nos interrogaron reiteradamente acerca de eventos políticos recientes de los Estados Unidos y nos preguntaron sobre las novedades.[1] Tampoco parecían tan conservadores. En el pueblo que yo estudié, encontré esfuerzos repetidos de comportamientos empresariales; en sitios adyacentes, Thayder Scudder hizo la crónica de al menos tres importantes actividades económicas en menos de dos décadas —pesca, cría de ganado y cultivo de algodón— (Scudder 1966). Tampoco los lugareños parecían políticamente inactivos. El pueblo que estudié, al principio de la década del '60, lideró una insurrección que acorraló al ejército de Rhodesia durante varios meses. Sin embargo, los logros de esta insurrección quedaron empalidecidos frente a aquellos de la revolución campesina que comenzaba, al mismo tiempo, en Vietnam.[2]

Consecuentemente, muchos de nosotros aprendimos que los habitantes rurales no estaban mal informados ni restringidos por la tradición; bien por el contrario, muchos de ellos estaban bien informados, y eran capaces de modificar su comportamiento. El poder de los medios de comunicación, la educación o la sociedad urbana e industrial, no cambiaban a los habitantes rurales. Más bien, estos campesinos eran los iniciadores del cambio. Y, por sobre todo, eran perfectamente capaces de iniciar la actividad política.

Economía política radical

Las rebeliones rurales de Vietnam llevaron la atención a los escritos del Che Guevara, Frants Fanon, Mao Zedong, y otros, que mostraron a los campesinos como una clase revolucionaria (Miller y Aya 1971). La escuela de la modernización, al haber definido a esta clase como políticamente pasiva, fue desacreditada por la pasión revolucionaria de los campesinos. Lo que surgió, en su lugar, fue una nueva forma de economía política —la escuela de la dependencia.

---

1. El tema político favorito era la tensión racial en Estados Unidos; y el tópico cultural favorito, las minifaldas.
2. Muchos de nosotros en el campo del desarrollo, empezamos realmente a entender lo que Barrington Moore nos había comentado media década antes: los habitantes rurales proveyeron a la clase revolucionaria de nuestro tiempo (ver Moore 1966).

La escuela de la dependencia tiene un parentesco intelectual fascinante (ver Palma 1978; de Janvry 1981). Sin embargo, es básicamente un análisis sobre las formas en que el imperialismo transforma al capitalismo, de un fenómeno intranacional a uno internacional. Sostiene que la explotación no sólo se produce entre las clases de las naciones industriales, sino también en todo el mundo, donde las naciones industriales extraen la plusvalía de las naciones subdesarrolladas.

Para los marxistas, este análisis explica por qué los movimientos de trabajadores de las naciones industriales resisten la militancia activa; y por qué las revoluciones clasistas estallan en las sociedades preindustriales. Para otros, provee un marco de referencia para entender la violencia política en las naciones en desarrollo, particularmente en las sociedades coloniales. La escuela de la dependencia provee un marco de referencia para entender por qué la penetración de los mercados internacionales y de los Estados centralizados en las sociedades agrarias del Tercer Mundo, llevan a la violencia política.

Sin embargo, esta escuela resulta en gran parte insatisfactoria, porque posee muchas de las mismas limitaciones que sus predecesoras. Sostiene que las sociedades rurales y agrarias eran víctimas pasivas, y que el capitalismo internacional era el agente activo. Más aún, asume que las sociedades periféricas y en desarrollo no tienen capacidad de elección, debido a la restricción de su ubicación en la economía mundial. Ambos supuestos son incorrectos, como ya fuera demostrado.

El hecho de que los miembros de las sociedades agrarias y rurales puedan prosperar como empresarios económicos, buscando la inversión extranjera y utilizándola para aumentar la capacidad productiva, es una anomalía para la perspectiva dependentista (Hill 1960, 1963). También encuentra anormal el hecho que los líderes políticos rurales puedan actuar como entrepreneurs de la política, y puedan hacer frente al poder de las naciones desarrolladas. Más aún, y como rápidamente Bill Warren y otros lo reconocieron, esta escuela subestimó, de forma asombrosa, la capacidad de las naciones del Tercer Mundo para manipular el comercio internacional para su propio provecho, y para transformar sus economías domésticas (Warren 1973). Trimberger (1972), Alavi (1972) y otros argumentaron que los gobiernos del Tercer Mundo fueron capaces de ejercer una capacidad política autónoma para tomar decisiones económicas. En particular, eligieron su posición con respecto a los mercados internacionales. Algunos, como en el África, trataron de separarse defensivamente de los mercados; otros, especialmente en el Asia, eligieron competir agresivamente en ellos. Una primera dificultad con esta perspectiva de economía política, fue que no logró reconocer la gama de elecciones en el Tercer Mundo y la magnitud de su significado.

Las limitaciones del razonamiento a nivel micro

En la búsqueda de los fundamentos teóricos de la elección racional para el estudio de las sociedades en desarrollo, muchos investigadores utilizaron el razonamiento económico. Algunos utilizaron la teoría de la decisión, otros la de la microeconomía. Todos se enfrentaron a grandes dificultades, de las cuales la más significativa fue el problema de la agregación.

Teoría de la decisión

En el mundo subdesarrollado, las rebeliones campesinas hicieron que el foco de los estudios sobre desarrollo no fuera más la escuela de la modernización, sino la economía política radical. James C. Scott, en su clásico *The Moral Economy of the Peasants* (1976), cambió el centro del estudio enfocando un tema radical a partir de microfundamentos provistos por la teoría de la elección racional.

Scott argumentaba que la clase campesina se opone al riesgo, debido a que vive en el margen de la subsistencia. Utilizando un modelo elemental de aversión al riesgo, Scott explicó la preferencia aparente que los campesinos tienen por arreglos económicos, sociales y políticos con un margen relativamente bajo, pero cierto, por sobre aquellos con márgenes de retorno mayores en promedio, pero que también tienen mayores posibilidades de dejarlos por debajo del nivel de subsistencia. Con esto, Scott pudo explicar muchas de las características de las sociedades agrarias:

En el ruedo económico:
El compromiso conservador hacia los cultivos tradicionales, que si bien dejan un margen pequeño en promedio, es un margen aceptable tanto en años buenos como en malos.
La preferencia por cultivos para la propia alimentación en oposición a los cultivos para venta.
El fracaso de la especialización de la producción.

En el ruedo social:
Las preferencias por instituciones abarcativas, tales como la producción extensiva y la propiedad común.
La preferencia por las instituciones redistributivas.

En el ruedo político
Relaciones patrón-cliente, donde se intercambian bajos salarios por la certeza de
empleo.
La preferencia por tasas impositivas proporcionales en oposición a las fijas.

(Scott 1976)

Más significativamente, Scott puede explicar las revoluciones campesinas. Los poderes coloniales promovieron la diferencia entre la propiedad
privada y el mercado; y, por lo tanto, atacaron las defensas sociales de los
campesinos contra el riesgo. En Vietnam, al menos, también cambiaron el
sistema impositivo. El resultado fue que durante el colonialismo, los campesinos sufrieron un riesgo mayor a vivir por debajo del nivel de subsistencia.
Consecuentemente, el colonialismo violó un fundamento ético de la sociedad campesina —que la sociedad estuviera ordenada de forma tal que nadie
perdiera el derecho a la subsistencia—. El resultado moral de este ultraje
alimentó las insurrecciones políticas que llevaron al derrocamiento de los
gobiernos coloniales.

Scott basó su análisis en la teoría de la elección. Explicó el comportamiento colectivo mostrando que era consistente con el comportamiento
racional de los individuos, para ciertas preferencias individuales. Y sin embargo, como Popkin (1979) objetara rápidamente, la explicación de Scott
era profundamente deficiente. Scott pudo caracterizar correctamente las preferencias de los campesinos (aunque Popkin dudara de ello), pero Popkin
argumenta que fracasó al tratar de explicar los resultados sociales. Entre las
preferencias individuales y los resultados sociales, aparece el problema de la
agregación. Popkin, de forma avasallante, expuso cómo Scott dejó este problema sin explorar.

Para Scott, las prácticas y los arreglos de las sociedades preindustriales
alimentaban resultados que estaban completamente de acuerdo con las preferencias individuales. Todos los agentes que se oponen al riesgo tenían
asegurada su subsistencia. Más aún: cuando la sociedad violaba estos valores
rurales, los campesinos se rebelaban.

El problema, por supuesto, es que no hay razón alguna para esperar que
los resultados sociales estén sistemáticamente relacionados con las preferencias individuales. Por una gran variedad de fundamentales y poderosas razones, los individuos racionales pueden tomar decisiones que terminarán en
resultados sociales irracionales (el análisis clásico es de Arrow 1968; ver
también Hardin y Barry 1982). Como argumentara Popkin, este problema

aparece con particular claridad en la provisión de los bienes públicos y se muestra devastador para el análisis sobre las rebeliones campesinas de Scott.

Debido a que en el consumo de un bien público puro no se puede excluir a nadie, ni disminuye su provisión con el consumo de un individuo extra, su valor no se modifica. Consecuentemente, el individuo racional no pagará para crear bienes públicos; cada persona estará mejor si espera que otro pague por él y luego disfruta de su consumo gratuitamente (Mueller 1979). Todos pueden preferir que el bien público exista, pero nadie estará dispuesto a ofrecerlo. Existe, por lo tanto, una separación fundamental entre valores individuales y resultados sociales. Igualmente importante es que las preferencias de los actores y el supuesto de racionalidad individual fracasa al explicar los resultados colectivos, porque el resultado bien puede ser unánimemente no preferido.[3]

Al considerar los bienes colectivos es, por lo tanto, inapropiado razonar desde el nivel de los valores individuales hacia el nivel de los resultados colectivos. Como Popkin y otros apuntaron, la atención debe centrarse en el nivel intermedio clave —el proceso de agregación, donde las preferencias individuales se transforman en expresiones colectivas.

Razonamiento basado en el mercado

La búsqueda de fundamentos de la teoría de la decisión para el estudio del desarrollo, también introdujo el uso de razonamientos basados en el mercado. Esto fue particularmente importante entre los académicos que intentaron mostrar las tasas de desarrollo económico divergentes entre naciones contemporáneas en vías de desarrollo. Ellos enfatizaron que a las economías abiertas de las nuevas naciones industrializadas les fue mejor que a aquellas que se alejaron de los mercados mundiales. Argumentaron también que esto fue históricamente cierto. Fue particularmente cierto durante la década del '70, cuando los países que alteraron los precios domésticos en respuesta al cambio en los precios mundiales, por el aumento del precio del petróleo, se recuperaron más rápido que aquellos que fracasaron en pasar los movimientos externos a los precios domésticos (Balassa 1981, 1982; Banco Mundial 1987).

---

3. Hay ejemplos en Peter Fishburn (1974); ver especialmente la paradoja del vencedor dominado, en la cual un procedimiento electoral comúnmente utilizado puede dar lugar a la elección de la alternativa *y aún cuando cada* votante preferiría la alternativa *x*.

Otros estudios, examinaron las variaciones históricas en las tasas de crecimiento. También exploraron el rol de los mercados en inducir a los decisores
racionales a lograr el bien social que es un rápido desarrollo. Algunos explica-
ron el éxito de algunas economías en términos de derechos de propiedad. Con
derechos de propiedad correctos, las fuerzas del mercado determinarían precios que tenderían a igualar los costos privados y los beneficios de las alternativas económicas con sus costos y beneficios sociales; generando entonces los
incentivos para decisores privados para promover una asignación de recursos
eficientes (North y Thomas 1973). A ellos se suman los que enfatizaron el rol
de las políticas gubernamentales. Algunas economías fracasaron en su crecimiento porque las políticas gubernamentales generaban pérdidas sociales, a
través de la creación de rentas monopólicas, distorsiones de precios y de la
detracción de recursos de sus usos más eficientes (Little 1982; Lal 1983).

Particularmente, desde los últimos años de la década del '70, los razonamientos basados en el mercado ganaron un renovado respeto en el campo del
desarrollo. Algunos hablan de un *revival* neoclásico, con el acento en la capacidad de los mercados para orquestar resultados socialmente deseables a partir
de elecciones individuales (Little 1982). Otros, hablan de una nueva economía del desarrollo, con una afirmación de las bondades de los mercados y una
opinión escéptica sobre el rol de los gobiernos (Bates 1988). Cualquiera que
sea la postura teórica o la visión sobre el gobierno, esta acometida dentro del
campo del desarrollo representa un intento sostenido y concertado para refor-
mular los estudios sobre desarrollo con fundamentos de teoría de la elección.
Sin embargo, también enfrenta varios problemas básicos.

En algunos casos, los teóricos del mercado invocan la optimalidad en el
sentido de Pareto, para comparar asignaciones hechas por los políticos con
las que hubieran sido generadas por el mercado; de esta manera, aumenta la
comprensión sobre el impacto de la política sobre la economía (Bates 1981).
En otros casos, utilizan el criterio de Pareto en forma normativa, para ilustrar
los costos sociales de la toma de una decisión política. Así, critican las
acciones del gobierno (Little 1982; Lal 1983).

Sin embargo, es difícil utilizar la optimalidad de Pareto en cualquiera de
las dos formas. Cuando se la usa en forma normativa, la optimalidad de
Pareto presupone que la eficiencia económica provee una medida de lo que
es socialmente lo mejor; pero sólo puede servir como una medida de bienestar, si las dotaciones están más justamente distribuidas en una economía de
intercambio. En los estudios sobre desarrollo, este supuesto es difícil de
defender. En muchos de los mercados más importantes para estos países
en desarrollo, los precios resultan de la interacción de agentes de los países

desarrollados, que actúan en el mercado con una gran dotación de insumos, y agentes de los países en desarrollo, que actúan empobrecidos. Se torna difícil, entonces, imputar cualidades éticas a las asignaciones eficientes inducidas por las fuerzas del mercado, o censurar con principios normativos el alejamiento inducido por decisiones políticas.

Además, la fuerte orientación normativa de quienes utilizan los razonamientos basados en el mercado, alejan a esta explicación del análisis positivo. De acuerdo con este razonamiento, las instituciones políticas que generan asignaciones que no son Pareto-eficientes, imponen costos sociales. Consecuentemente, quienes se alinean dentro de esta corriente de pensamiento, las condenan más de lo que las estudian. Si los decisores asignan los recursos de manera que no siguen los principios del mercado, normalmente son llamados irracionales. Por inferencia, su comportamiento está más allá de cualquier estudio sistemático. Por lo tanto, aquellos que buscan utilizar un marco de teoría de la elección para el estudio del desarrollo, se desilusionan frecuentemente con la literatura orientada al mercado.

Es ilustrativo el trabajo de la corriente de la tradición de la elección pública (*public choice*). La mayor parte está basado en la teoría del estado predador, buscador de rentas o maximizador de ingresos. El tema común a esta tradición es que la actividad política impone costos económicos a la sociedad (Krueger 1974; Colander 1984; Lal 1984; Srinivasan 1985; para una versión corregida, ver Ames 1987 y Levi 1988). El punto, tal vez válido, dominó de tal forma el análisis que oscureció cuestiones políticas más profundas. ¿Por qué élites políticas racionales habrían de tomar decisiones irracionales (v. g., ineficientes) desde el punto de vista social? Si los grupos realmente imponen costos económicos al resto de la sociedad mientras buscan beneficios económicos, ¿cómo lo logran? Por no poder resolver estas cuestiones, la política del proceso quedó sin ser analizada; aun cuando se subrayan las lecciones normativas.

Finalmente, los enfoques basados en la teoría del mercado, son también víctimas del mismo problema que hizo fracasar a la teoría de la decisión aplicada a temas de desarrollo —el problema de la agregación—. La teoría microeconómica afirma que los mercados generan los precios que proveen los incentivos para que los agentes asignen sus recursos, de forma tal que ningún agente alterará su comportamiento. En este punto, ningún agente puede estar mejor sin que otro empeore; y ningún agente aceptará alejarse de esta asignación. Como un método de agregación de preferencias individuales en resultados colectivos, el intercambio voluntario en los mercados produce un resultado esperado: genera un equilibrio.

Sin embargo, la teoría económica también indica que los mercados se comportan de esta manera, sólo bajo circunstancias muy especiales. En muchas formas de fracaso del mercado, es común el comportamiento estratégico. Cuando la conducta de un agente afecta el valor de los resultados asociados con las elecciones de otro agente, entonces otros agentes deben elegir estratégicamente —esto es, elegir teniendo en cuenta el comportamiento del otro agente—. En entornos estratégicos, las elecciones racionales de los individuos no se agregan de forma sencilla. Pueden no existir equilibrios; y si existen, pueden no ser únicos. Bajo tales circunstancias, los razonamientos basados en el mercado pueden no ser útiles para entender los resultados colectivos.

Las economías en desarrollo poseen todas las fuentes usuales de fracaso del mercado: derechos de propiedad pobremente definidos, externalidades en la producción, mercados incompletos, etcétera.[4] Como todas las economías, las que están en desarrollo requieren bienes públicos. Ley, orden, justicia y seguridad, así como rutas, salud y educación, son relativamente escasos y, consecuentemente, altamente deseados en muchas sociedades en desarrollo. Los incentivos inapropiados que circundan a todos los bienes públicos y la dificultad de organizar la acción colectiva para asegurar su oferta, impiden su provisión. En un entorno de bienes públicos, el comportamiento maximizador de los individuos privados no implica un equilibrio de mercado. Bajo tales circunstancias, los razonamientos basados en el mercado no pueden explicar cómo elecciones racionales individuales generan resultados colectivos. Por lo tanto, debe centrarse la atención en la política.

En un intento por proveer microfundamentos para el estudio del desarrollo, algunos científicos sociales se inclinaron por la teoría de la decisión; muchos, por la microeconomía. Los dos enfoques pretendían establecer los fundamentos de la teoría de la elección para el estudio del desarrollo, pero

---

4. Históricamente, el potencial de los efectos externos determinó el respaldo de grandes esfuerzos hacia la industrialización. Se suponía que, como guardianes del bienestar colectivo, los gobiernos debían ser más sensibles que las empresas privadas a los beneficios externos que pudieran generar las inversiones (ver Rosenstein-Rodan 1943; Nurske 1953; Scitovsky 1954). Como lo presenta Lal (1983) y otros críticos (Little 1982), no hay una razón particular para esperar que los gobiernos hagan la elección correcta. El fracaso de las decisiones privadas puede implicar la necesidad de las públicas; pero no el hecho que sean las correctas.

eran radicalmente divergentes en su posición normativa. Para Scott y otros, el mercado era injusto, ya que no garantizaba la subsistencia de los pobres. Por el contrario, para muchos economistas de mercado, las asignaciones del mercado proveen la medida básica del bienestar público. Es irónico, entonces, que los dos enfoques en última instancia sean vulnerables al mismo problema: una teoría inadecuada de cómo elecciones individuales pueden generar resultados colectivos.[5]

Hacia una Economía Política

Lo que se necesita entonces, es una teoría de la agregación, que debe acentuar a las instituciones más que al mercado. Tal teoría —la teoría de la acción colectiva—, acentúa el rol de los grupos de interés; otra, —teoría de la democracia— acentúa el rol de los partidos y las elecciones. Ambas contribuyen a la economía política del desarrollo; ambas también, poseen serias limitaciones.

La teoría de la acción colectiva

La teoría de la acción colectiva (Olson 1965; Hardin 1982), provee una forma de economía política. En su aplicación más común, examina el comportamiento de los individuos en mercados donde los actores tienen los

---

5. En esta sección, no he discutido una línea que en la literatura recientemente creció en prominencia: el concepto del mercado político. Para un ejemplo, ver Hayami (1988).

El hecho es que no existen mercados políticos. Existen instituciones, distintas del mercado, a través de las cuales se agregan las preferencias y se obtienen resultados. Algunas de éstas son instituciones políticas. El desafío es analizar el equilibrio que se alcanza entre ellas, y por lo tanto, cómo ocurre el resultado político. Los resultados de estos análisis no serán iguales a los resultados económicos convencionales. No serán como los tipos de equilibrios que se encuentran en la teoría de precios, o los resultados alcanzados al emplear una función de bienestar social para asignar los pesos a las preferencias de los diferentes intereses. En vez de ello, serán como los equilibrios que se alcanzan a través de las elecciones estratégicas de los actores involucrados en juegos, donde las reglas de las instituciones políticas influencian sus elecciones, y por lo tanto, el resultado final. Un punto importante de este artículo es que ha llegado el momento de aplicar tal razonamiento al estudio de la política en las áreas en desarrollo.

incentivos para comportarse estratégicamente. Frecuentemente, se la utiliza para explicar la intervención política en los mercados.

La teoría comienza reconociendo que los precios de mercado constituyen bienes públicos; el arbitraje asegura que todos los agentes enfrenten un solo precio en cada mercado, y que todos los oferentes de bienes se beneficiarán, entonces, de un cambio favorable en el precio. El gobierno posee el poder de afectar los precios. Puede regularlos directamente, o indirectamente a través de la imposición de tarifas, emisión de licencias, o regulación de la producción o de la venta. Pero el *lobby* necesario para asegurar la intervención del gobierno, es costoso. Estos esfuerzos para asegurar la protección favorable del gobierno, implican los mismos incentivos que la provisión de otros bienes públicos. Comportándose racionalmente, los individuos dejarán que otro cargue con los costos del *lobby*, para entonces recibir los beneficios gratuitamente. Pero cuando todos los agentes actúan como *free riders*, no se obtienen políticas favorables, y los intereses económicos quedan desprotegidos.

¿Cómo podemos explicar, entonces, las formas de protección que comúnmente observamos? Por ejemplo, ¿por qué en áreas en desarrollo se observan que números reducidos de trabajadores de industrias urbanas a gran escala, reciben protección tarifaria, mientras la gran mayoría de los trabajadores de pequeñas chacras, deben sufrir la competencia extranjera? ¿Por qué los mercados están sujetos a la intervención política, de forma tal que se transforman en máquinas políticas? ¿Por qué el gobierno protege a las empresas grandes e ineficientes mientras que el sector informal, constituido por firmas de pequeña escala y más eficientes, sufren los impuestos? ¿Y por qué las peleas sobre la redistribución económica se transforman en conflictos entre comunidades étnicas?

Claramente, diversos factores afectan los incentivos para organizar y diseñar la política gubernamental, afectan los incentivos para ser *free riders*, y por lo tanto, ayudan a explicar por qué algunos intereses prevalecen mientras que otros pierden en la lucha por las ventajas económicas.

El primer factor es el *tamaño*, que se asocia con la participación de mercado (Olson 1965). Cuando, por ejemplo, un mercado contiene sólo una firma, ésta hará *lobby* para conseguir protección, si sus beneficios de la protección exceden los costos. No habrá incentivos para el *free riding*, porque aunque pague todos los costos, también captura todos los beneficios. Cuando un mercado contiene sólo una pequeña cantidad de grandes actores, entonces éstos pueden actuar racionalmente, compartiendo los costos de proveer el bien colectivo haciendo *lobby* para obtener protección gubernamental; cada actor puede ser suficientemente grande como para que los beneficios del *lobby* excedan los costos. Pero cuando un mercado comprende muchos actores pequeños —y grandes costos fijos de organización—, entonces los beneficios para cada uno de asegurarse un precio más alto, pueden no exceder los costos de hacer *lobby*. Por lo tanto, cada uno, comportándose racionalmente, actúa como *free rider*.

En parte por estas razones, las pocas firmas grandes se aseguran mejores acuerdos con el gobierno que las muchas firmas pequeñas. En el mundo en desarrollo, el hecho de que el sector moderno pueda consistir solamente en un pequeño número de grandes firmas, indica que éstas harán *lobby* más activamente para defender sus intereses, que un gran número de pequeños productores del sector rural. En muchos países pobres, los productores familiares "emplean" el mayor número de trabajadores; y su producción los convierte en el sector económico más grande. Pero, al tener pequeños negocios, los productores rurales también tienen pocos incentivos para involucrarse en la acción colectiva.[6] La distribución de tamaños de producción debilita sus incentivos a organizarse para apoyar políticas tendientes a mejorar su desarrollo económico colectivo. Consecuentemente, la intervención gubernamental raramente promueve políticas de precios positivas para los productores rurales; muy por el contrario, normalmente viola sus intereses. En el mundo en desarrollo, reiteradamente, los habitantes rurales están sujetos a bajos precios, y la acción colectiva ayuda a explicar esta situación.

Asimismo, la teoría de la acción colectiva ayuda a explicar comportamientos que de otro modo podrían parecer anormales o irracionales. La mayoría de la gente en el África, como en el resto del mundo en desarrollo, vive en áreas rurales, y la mayoría de ellos se ven desfavorecidos por la política gubernamental. Pero, en vez de organizarse para defender sus intereses colectivos como productores rurales, tienden a organizarse para defender sus pedidos étnicos tradicionales. En vez de presionar para lograr un beneficio colectivo de mayores precios, estos pedidos étnicos tienden a demandar conquistas políticas —la porción justa de rutas, clínicas y otros beneficios divisibles.

Algunos tildan a estos comportamientos de irracionales —un ejemplo de la persistencia de lealtades primordiales y valores culturales tradicionales—. La teoría de la acción colectiva, provee una interpretación alternativa. Postula que organizarse es costoso, por el hecho de que se deben superar los incentivos para hacer *free riding*. Consecuentemente, aquellos que buscan organizarse, preferirán utilizar organizaciones existentes antes que formar nuevas. Las asociaciones étnicas

---

6. ¿Cómo ocurren entonces las rebeliones campesinas? La contribución de Popkin fue plantear este problema y analizar cómo los revolucionarios políticos pueden hacer que los incentivos superen al *free riding* (Popkin 1979).

ya existen en el África rural, mientras que las asociaciones de productores deben crearse. Más aún, dadas las numerosas comunidades lingüísticas existentes en el África, a veces es más fácil para los políticos movilizarse dentro de cada uno de estos grupos que entre ellos. Aquellos que buscan asegurarse recursos, tratarán de organizar subconjuntos de la comunidad rural, antes que a los intereses agropecuarios como un todo. Los costos de organización, por tanto, ayudan a explicar la ventaja de las demandas más estrechas, realizadas siguiendo líneas étnicas.

La teoría de la acción colectiva también enfatiza los *incentivos selectivos*, —costos o beneficios que pueden conferirse para lograr una acción deseada—. Armados con incentivos selectivos, los entrepreneurs de la política pueden premiar a los que contribuyen al bien colectivo, y penalizar a aquellos que no lo hacen; los contribuyentes políticos entonces, no encuentran en sus intereses hacer *free riding*. Los entrepreneurs de la política pueden manipular los beneficios selectivos en esfuerzos para construir organizaciones políticas efectivas. No es sorprendente, entonces, que las organizaciones políticas rurales demanden beneficios divisibles como escuelas, caminos y clínicas, antes que beneficios colectivos tales como precios más altos.

Los incentivos selectivos y los costos de organización, nos ayudan a entender por qué las organizaciones políticas rurales consisten en grupos étnicos más que en asociaciones productoras, y buscan mejoras divisibles por parte del gobierno, antes que precios más favorables para los productores (Young 1976; Rothchild y Olorunsula 1983; Horowitz 1985). Los grupos étnicos no se forman porque los productores y los políticos son irracionales. En realidad se forman, precisamente, porque los habitantes rurales —y los organizadores políticos— responden racionalmente a los incentivos.

Por lo tanto, la teoría de la acción colectiva nos ayuda a entender no sólo la incidencia de la acción política efectiva, sino también la forma que ésta adopta. Sin embargo, la teoría tiene limitaciones significativas que deben enfatizarse.

Como un teoría del gobierno, la teoría de la acción colectiva es una suerte de "teoría de la captura". Provee una teoría de la acción política, que reduce los intereses del sector público a un subconjunto de intereses económicos organizados. Pero, como ya fuera sugerido, los políticos organizan grupos. La teoría de la acción colectiva, muy a menudo, no considera los incentivos políticos e institucionales que los motivan.[7] La teoría puede, por

---

7. Dos enfoques relacionados muestran esta tendencia: la teoría de la búsqueda de rentas y la teoría de la captura. Para el primero ver Krueger (1974); Colander (1984);

tanto, proveer una explicación de la formulación de la política que es incompleta o equivocada.

La teoría de la acción colectiva explica la intervención en los mercados, como una respuesta a los intereses organizados. Pero muchos resultados de las intervenciones gubernamentales, sugieren una dinámica diferente: las organizaciones no preceden a la intervención gubernamental, sino que son su consecuencia.

En algunas áreas del mundo en vías de desarrollo, muy a menudo, los políticos intervienen los mercados por ideología o porque tratan de lograr el desarrollo (a través de la asignación de recursos desde la agricultura a la industria). Frecuentemente, la consecuencia de tal intervención es la alteración de los precios en algún mercado. Por motivos ilustrativos, supongamos que los precios están bajos. El resultado de este cambio en los precios es que no hay más equilibrio en el mercado; cuando los precios están bajos, la demanda excede la oferta. Los gobiernos, entonces, tienen la oportunidad de racionar; pueden canalizar los beneficios hacia aquellos que los apoyan, y quitárselos a los que se les oponen; y construyen así un apoyo político leal para ellos y los programas que controlan. Por supuesto, los beneficios que los políticos asignan, tienen mayor valor para los grandes intereses económicos. Esos intereses se transforman entonces en los clientes más audibles de los programas públicos, presionando para mantenerlos, así como a los beneficios que generan.

La teoría de la acción colectiva hubiera sugerido que los grandes intereses se organizan; apoyan a los políticos que promueven programas claves, y luego, extraen los beneficios colectivos de los gobiernos. Pero el proceso causal puede, en realidad, ir en la dirección opuesta. (Un ejemplo, se encuentra en la literatura sobre las contribuciones de grupos de interés a las campañas electorales en Estados Unidos; ver, por ejemplo, Jacobson 1980). Si esto es así, entonces debemos buscar factores que la teoría de la acción colectiva ignora. Debemos buscar incentivos políticos que determinan las elecciones económicas de los políticos; ya que, según este análisis, ellos no son agentes perfectos de los intereses económicos; sino que tienen incentivos políticos propios y distintivos. Debemos, consecuentemente, entender la naturaleza de los problemas que los políticos tratan de resolver cuando

---

Lal(1984) y Srinivasan (1985). Para una introducción al último, ver Stigler (1971). Un ejemplo provisto por la literatura sobre contribuciones a las campañas políticas (Jacobson 1980).

hacen política económica. Asimismo, debemos ver las ideologías que motivan sus intervenciones. Si los políticos toman la iniciativa, debemos poner nuestra atención no en las fuerzas económicas que demandan intervención política; sino en las fuerzas políticas que las proveen.[8]

Estos comentarios subrayan el significado de un factor que la lógica de la acción colectiva no toma en cuenta: la estructura institucional de la política. Si los intereses económicos pueden colusionarse, entonces, los intereses con acceso al poder del Estado bien pueden estar en posición de organizarse para defender más efectivamente sus intereses, que aquellos que son excluidos del poder. Respaldados por el poder coercitivo del Estado, pueden sancionar a los *free riders* y controlar y reforzar acuerdos que restrinjan la competencia. La implicancia es clara: si el orden constitucional facilita el acceso al poder del Estado, entonces asigna capacidades de organización. La estructura constitucional, entonces, determina qué intereses pueden organizarse efectivamente para la acción colectiva y, por tanto, afectar los resultados colectivos. Se pueden diseñar sobre los resultados colectivos integrando la acción colectiva. Determina qué intereses económicos son políticamente efectivos.

En el siglo XIX y durante los primeros años del siglo XX, por ejemplo, los Estados industrializados consideraban ilegales a los sindicatos, aunque establecían acuerdos de cooperación que restringían la competencia entre las firmas. Cambios posteriores en el sufragio dieron mayor poder a las clases trabajadoras, y permitieron que los defensores de los intereses colectivos de los trabajadores pudieran imponer nuevas leyes. La legislación permitió al trabajador actuar coercitivamente contra el *free riding*, imponiendo acuerdos sobre el cierre de fábricas. Estas innovaciones provistas políticamente, aumentaron el poder económico de los trabajadores. El significado del orden legal en los países menos desarrollados, es evidente en las posiciones contrastantes con respecto a los intereses agrícolas en el África colonial. En Ghana, los agricultores estaba excluidos de los intereses representados por el gobierno colonial; en Kenia, los nuevos pobladores blancos —muchos de los cuales eran agricultores—, dominaban la legislatura colonial. Los productores en Kenia podían promover el comportamiento colusivo legalmente a través de su propia clase; acciones que en Ghana eran consideradas como restricciones ilegales al comercio. El resul-

---

8. Los programas agrícolas de los Estados Unidos, donde la creación del Departamento de Agricultura determinó la formación de nuevos grupos —algunos promovidos por burócratas deseando crear un apoyo activo en el Congreso para los programas agrícolas—, es una ilustración del significado de estas dinámicas (ver McConnell 1953).

tado fue que los productores de Kenia usaron su control sobre el Estado para combinar y reestructurar mercados y, por lo tanto, extraer beneficios que excediesen aquellos accesibles en los mercados competitivos. Contrariamente, en Ghana los productores tenían que competir entre ellos; la colusión era ilegal. Como resultado, otros intereses económicos, en particular las grandes firmas de comercio internacional, que el gobierno permitía organizar, establecieron precios en contra de los productores y extrajeron los beneficios de ellos (Bates 1983). El orden constitucional asignó los derechos de organización; y por lo tanto, determinó qué intereses económicos se organizaron y emprendieron una acción colectiva efectiva.

La teoría de la acción colectiva provee un medio para analizar la incidencia y la forma de la agregación de intereses. No toma en cuenta el impacto de las fuerzas políticas, tales como las motivaciones de los políticos y la estructura de las instituciones políticas. Por lo tanto, amenaza con especificar mal la relación entre la elección de política y la formación de los grupos de interés. Ésta y otras teorías instrumentalistas —la teoría de la captura, la teoría de la búsqueda de la renta y otras—, necesitan ser reinterpretadas. El análisis debiera —así parece— empezar con la política.[9]

Teoría democrática

Tal vez no exista otro campo de estudio dentro de las ciencias sociales que se haya enfocado tan específicamente en el problema de la agregación, como la teoría de la democracia. Aquellos que estudian el voto y las reglas de la mayoría, han analizado cómo las preferencias de individuos racionales se traducen en elecciones colectivas. La principal lección es que, en general, uno no puede esperar que exista un equilibrio; y debido a que cualquier resultado puede ser mejorado, las decisiones políticas representan resultados arbitrarios. La elaboración más general de esta conclusión está contenida en los famosos teoremas del caos, que indican que la ausencia de equilibrio bajo regla de mayoría implica que virtualmente cualquier resultado es posible en política (ver, por ejemplo, McKelvey 1976).

9. Una implicancia clave de este análisis es que el rol propiamente dicho de los grandes intereses organizados consiste poder explicar el mantenimiento de ciertas políticas más que su creación.

Una implicancia es normativa: no se puede atribuir propiedades éticas superiores al resultado apoyado por la mayoría. Igualmente, las implicancias sobre el análisis positivo son significativas. Claramente, los resultados políticos, tienden a ser más estables y predecibles que lo que uno esperaría; dado que las elecciones hechas bajo procedimientos democráticos pueden, en principio, determinar cualquier resultado. La investigación debe, entonces, identificar las restricciones adicionales que sistemáticamente actúan y determinan el rango de los resultados políticos.

Algunos entendidos han investigado el impacto de controlar la agenda (Levine y Plott 1977). Si cualquier resultado puede vencer a otro resultado, entonces el orden en el cual las alternativas se consideran determina qué resultado sobrevive. Este resultado ha sido utilizado para examinar el impacto de las reglas y procedimientos sobre las políticas resultantes; para explicar el poder político de los líderes parlamentarios (v. g., aquellos que controlan la secuencia y orden de las deliberaciones legislativas) y para explicar el poder de las comisiones legislativas (Shepsle y Weingast 1987).

Los académicos también han investigado el impacto de las instituciones. Shepsle y Weingast, por ejemplo, demostraron cómo las reglas del Congreso de los Estados Unidos hacían que la política pública fuera estable y predecible, cuando podría esperarse que fuera arbitraria (Shepsle 1979; Shepsle y Weingast 1981). Los trabajos subsiguientes investigaron el efecto de los procedimientos de enmienda y del sistema de comisiones sobre los resultados legislativos. (McCubbins y Sullivan 1987).

La evolución de estas investigaciones no puede más que frustrar a los especialistas en desarrollo. Las instituciones democráticas son mucho menos comunes en las naciones en desarrollo que en las industrializadas. Más aún, las instituciones políticas en el mundo en desarrollo tienden a ser más frágiles: Están mucho menos restringidas, y cambian con más frecuencia. Los análisis que tan fuertemente ilustraron la manera cómo las instituciones agregan las preferencias de resultados individuales a colectivos en las sociedades democráticas, son de poca ayuda para aquellos que intentan desarrollar una teoría sobre el comportamiento gubernamental relevante para las sociedades en desarrollo.

Por supuesto, algunas lecciones generales son claras. Enfrentadas con las lecciones de los teoremas del caos, los especialistas en desarrollo, por ejemplo, pueden rápidamente criticar las propuestas políticas que acentúan la participación política como una manera de asegurar niveles óptimos y mezclas de servicios públicos. Los teóricos de la democracia social y de la elección pública apoyan estas propuestas políticas. Los primeros, creyendo que más participación es mejor que menos; y los otros, buscando medios descentralizados para obtener bienes públicos. El *Teorema de Black* ayuda a iluminar el significado de restringir el rango de preferencias por la coerción o por adoctrinamiento, para alcanzar la estabilidad política; por el contrario, ilustra por qué la complejidad cultural puede producir un estado de confusión en países que experimentan la democracia.[10]

Más aún, cuando las instituciones democráticas no existen a nivel nacional la regla de la mayoría puede usarse en dominios más circunscriptos. Puede ser empleada en comunas, por ejemplo, o en comisiones administrativas claves para asignar recursos tan importantes como las licencias, contratos, o cambio de divisas extranjeras. En tales escenarios, las lecciones con respecto al impacto que tienen las agendas y otros rasgos institucionales sobre los resultados de política pueden ser, por supuesto, relevantes.

Sin embargo, en general, fuera de ofrecer una interpretación heurística y un conjunto de herramientas para entender fenómenos relativamente limitados, el análisis político positivo es decepcionante como una fuente de teoría para estudiar el comportamiento gubernamental en países en desarrollo. Las condiciones básicas que apoyan este análisis —responsabilidad electoral y la existencia de instituciones bien definidas—, prevalecen sólo de forma efímera en las sociedades menos desarrolladas.

Quo vadimus?

Muchos de nosotros en el campo del desarrollo, nos inclinamos por la economía política, porque veíamos en ella un enfoque que enfatizaba la elección. Habíamos cambiado los enfoques basados en el mercado que nos habían guiado en nuestros comienzos. Habíamos comenzado a reconocer la manera en que los factores políticos —los intereses de los políticos y el poder de las estructuras del estado—, ayudan a determinar cuáles intereses materiales pueden tener impacto sobre los resultados colectivos. Sin embargo, estamos frustrados por nuestra imposibilidad de adaptar muchas de las

---

10. De acuerdo con el Teorema de Black, una condición suficiente para que exista un ganador con la regla de la mayoría, es que haya un espacio de elección unidimensional, y que las preferencias tengan sólo un pico (Black 1958; ver también Rabushka y Shepsle 1972).

herramientas desarrolladas para el estudio de la agregación en las áreas en vías de desarrollo del mundo. En ambientes relativamente privados de instituciones democráticas, no estamos capacitados para hacer fuertes predicciones sobre cómo las elecciones de los individuos racionales determinarán los resultados colectivos.

En una situación de tanta adversidad, aquellos que trabajan en el campo del desarrollo se enfrentan con oportunidades excitantes. Nuestra ventaja más significativa es la gran superposición entre los problemas centrales para el campo del desarrollo, y aquellos relevantes para la economía política. El progreso normal en un campo ofrece la perspectiva de integración en el otro.

El estudio de las instituciones

La mayor parte de los trabajos en economía política contemporánea están centrados en las instituciones. Las áreas en desarrollo del mundo tienen muchas instituciones, particularmente en la arena política. Ya he destacado la dificultad que su volatilidad acarrea. Lo que ahora quisiera enfatizar son las ventajas, que ofrece esta mutabilidad. La velocidad con la que cambian estas instituciones políticas en las áreas en desarrollo subraya el hecho de que estas instituciones son *elegidas*.

Una implicancia, es que los que estudian las áreas en desarrollo se enfrentan con un tema que se encuentra en la frontera del campo de la economía política: el problema de los orígenes institucionales. Otra es que el trabajar en este problema pueden generar resultados que retroalimentan los estudios del desarrollo. Más específicamente, los investigadores retornan a los fundamentos básicos de la economía política del desarrollo, aquellos que se basan en el marxismo.

He argumentado que para muchos en el campo del desarrollo, el movimiento hacia la economía política representa una búsqueda de fundamentos de teoría de la elección. Por muchas razones, las decisiones se analizan mejor tomando a las instituciones como restricciones. Pero factores considerados fijos pueden ser tratados como variables, especialmente cuando son analizados períodos de tiempo más largos. Una característica que distingue al campo del desarrollo de otros campos de las ciencias sociales, es que se analiza el cambio a largo plazo. Consecuentemente, los estudiantes del desarrollo pueden tratar a las instituciones como variables endógenas. Al hacerlo, abren un excitante tema de investigación: la relación entre el capital y las instituciones.

El capital es el factor de producción que genera cambios intertemporales. En particular, el crecimiento ocurre cuando los individuos eligen trasladar recursos del consumo presente para formar capital y, por lo tanto, aumentar las posibilidades económicas futuras. Debido a que el capital es intertemporal, la decisión de invertir está inherentemente atada a la incertidumbre. Contratos que puedan describir todas las contingencias posibles son prohibitivamente costosos. Por tanto, los mercados en los cuales la gente puede intercambiar tales contratos y organizar programas óptimos de inversión, dadas sus preferencias no pueden formarse. Una inferencia mayor de este argumento, es que la gente posee incentivos para crear instituciones que compensen la pobre *performance* de los mercados de capitales. Tanto los que demandan capitales como los que quieren invertir, tienen fuertes incentivos para desarrollar instituciones que reduzcan los riesgos, y de esta forma, facilitar inversiones mutuamente beneficiosas.

Por dos razones, los inversores potenciales en áreas en desarrollo del mundo tienen incentivos particularmente fuertes para crear nuevas instituciones. Si las áreas en desarrollo poseen un *stock* bajo de capital, el valor en el margen de nuevas inversiones debería ser alto; oportunidades con altos niveles de retorno están todavía sin explotar. Segundo, los mercados de capitales están pobremente desarrollados; los derechos de propiedad no están definidos, o están definidos de una manera tal que dificulta la colateralización de los préstamos; las regulaciones gubernamentales limitan la distribución de los riesgos en el mercado nacional o internacional. Tanto aquellos que demandan como los que proveen capital a las áreas en desarrollo, tienen fuertes incentivos a desarrollar instituciones que reduzcan el riesgo.

La formación de capital es central para el desarrollo. Y, por las razones recién señaladas, aquellos que desean aumentar los *stocks* de capital de los países menos desarrollados, tienen un rol primordial en la creación de instituciones. Los mercados de capitales se convierten entonces en fuentes primarias de instituciones distintas del mercado en los países en desarrollo.[11] Esta línea de razonamiento representa una de las áreas de investigación más productivas para la economía política del desarrollo.

---

11. Este tema motivó los primeros trabajos de Guillermo O'Donnell (1973), cuya formulación resultó ser demasiado amplia e imprecisa como para sustentar un examen más profundo (Collier 1979). He empleado esta línea de razonamiento, a un nivel micro, para explicar el desarrollo y la estructura de las instituciones agrarias en Kenya (Bates 1989). El trabajo de Williamson (1985), es clave para el analisis de este problema.

A ello debe sumársele que el atractivo de este tema, es que está plagado de prejuicios de los intelectuales. De forma recurrente, el estudio del capital ha tenido un rol central en el análisis del desarrollo, y una de las principales conclusiones del marxismo es que el capital no sólo determina el potencial productivo de las fuerzas de producción, sino que también ajusta las relaciones de producción. La teoría marxista fue incapaz de proveer una descripción adecuada de la relación causal entre el análisis institucional y el económico. La línea de investigación aquí desarrollada es excitante, precisamente porque ofrece un medio para cerrar este vacío analítico.[12]

La política de Adam Smith

Un segundo tópico promete fomentar un intercambio fértil entre los estudios del desarrollo y la economía política: el estudio de la introducción política de mercados.

Hoy el Banco Mundial, el Fondo Monetario Internacional y otras agencias occidentales de ayuda bilateral, promueven el uso de mercados en los países en desarrollo. En esto son ayudados por el peso de la deuda que muchos países en desarrollo soportan. Para poder calificar y obtener nuevas líneas de crédito, las naciones en desarrollo deben adoptar las políticas económicas que los acreedores prescriben. Entre las condiciones más usualmente impuestas, se pide que los gobiernos del Tercer Mundo liberalicen sus mercados. A los gobiernos de los países en desarrollo se les exige que abandonen los intentos de asignar recursos claves —alimentos, crédito y tipo de cambio, por ejemplo—, y en vez de ello, dejen actuar a las fuerzas del mercado para que los asigne.

En el mundo en desarrollo contemporáneo, la creación de mercados es un acto político. Así como los economistas clásicos y los políticos del siglo XIX en Gran Bretaña debatieron el repudio a las *Corn Laws*, los intelectuales y los políticos del Tercer Mundo están debatiendo la libe-

---

12. Las críticas relevantes y algunos pasos importantes para basar el análisis en microfundamentos apropiados serán encontrados en Cohen (1978), Roemer (1982), y Elster (1985).

Por muchas razones, el programa será difícil de completar. Una dificultad principal es que, si esta línea de análisis requiere que las instituciones sean concebidas como una inversión hecha por agentes optimizadores; entonces, las innovaciones no pueden ser

ralización de mercados claves. El conflicto político se centra en temas de apertura económica y libre comercio. Algunos países, como Ghana, parecen haber dejado las políticas intervencionistas y se inclinan por favorecer las fuerzas del mercado; en Zambia, contrariamente, las reacciones políticas contra la utilización de los precios del mercado para asignar el tipo de cambio, derivó en el fin de las relaciones con los acreedores internacionales. En otros países, como en Sudamérica, el movimiento hacia los mercados derivó en la violencia; y en otros, se trató de un proceso pacífico.

¿Cuál es el factor que explica la variedad de experiencias con respecto al apoyo político en favor de los mercados en los distintos países? ¿Por qué en algunos países los líderes políticos han conseguido el apoyo popular a políticas basadas en el mercado, mientras los programas intervencionistas han prevalecido en otros? ¿Por qué los partidos políticos del África negra no apoyaron las medidas de menor (en vez de mayor) intervención gubernamental? Investigar cuestiones como éstas, daría lugar a la exploración de las condiciones políticas que permiten la existencia de mercados libres.

Así como el estudio del capital llevó a los estudiantes del desarrollo al análisis de los fundamentos marxistas de la economía política, así también el estudio de los reajustes estructurales en las economías del Tercer Mundo los llevará al análisis de las raíces "smithianas" de la disciplina.

---

estudiadas aisladamente, como los son ahora. Lo que representará una innovación óptima dependerá de la cartera de otras inversiones ya realizadas. Para ilustrar: Un inversor en un proyecto agricultor en Florida poseerá un repertorio diferente de instrumentos para manejar los riesgos que el que tendría un inversor en Kenia; por esta razón, se puede esperar que el inversor de Florida cree diferentes formas institucionales para esa inversión.

El análisis de Williamson (1985), en el cual ciertos diseños institucionales son analizados en forma separada de otras formas de afrontar riesgos; no es, entonces, estrictamente válido. El problema se vuelve particularmente importante cuando los orígenes de las instituciones se examinan internacionalmente, comparando sistemas con diferentes tipos de mercados de capitales.

Cuadro 1 *Distintos Enfoques*

	Postulado 1 El individuo es la unidad básica de análisis	Postulado 2 Los individuos (incluyendo los políticos) son racionales	Postulado 3 La política es relativamente autónoma	Postulado 4 La racionalidad individual implica racionalidad social
Enfoque político cultural	No	No	No	a
Economía política radical	No	Sí	No	No
Enfoques teóricos basados en la elección	Sí	Sí	No	Sí
Enfoques basados en la lógica del mercado	Sí	Sí	No	Sí
Acción colectiva y enfoques relacionados	Sí	Sí	No	No
Perspectiva de la economía política	Sí	Sí	Sí	No

a No hay una posición tomada en este aspecto.

Discusión

Para cerrar, puede ser útil caracterizar sistemáticamente el enfoque de economía política, y destacar las cualidades que lo diferencian de otros enfoques. Nuestra crítica a los enfoques previos sugiere que pueden ser diferenciados por las posiciones que toman con respecto a cuatro postulados centrales.

1. El actor individual es la unidad básica de análisis.
2. Los individuos, incluidos los políticos, son racionales.
3. La política es relativamente autónoma; las instituciones crean incentivos para los políticos.
4. La racionalidad individual implica racionalidad social.

El cuadro1 (de la página anterior) muestra las instancias que cada enfoque toma en cada uno de estos cuatro postulados.

Ya he identificado dos tópicos que se encuentran en la frontera de la economía política del desarrollo. Para resumir, parece conveniente volver al segundo. Una nueva discusión sobre las políticas de transición hacia los mercados, permite subrayar las propiedades distintivas de la perspectiva de economía política; y en particular, distinguirla de los enfoques basados en el mercado con el cual a menudo se la confunde.

En el presente, existe una fuerte demanda para reforzar los mercados en las áreas en desarrollo del mundo. Esta demanda es fuertemente articulada por las agencias internacionales como el Banco Mundial y el Fondo Monetario Internacional. También es articulada por los economistas del desarrollo neoclásicos, quienes apuntan a la pérdida de eficiencia y a la destrucción de los incentivos que implica la interferencia gubernamental. Con menor frecuencia es articulada en los países en desarrollo que se beneficiarían con la liberalización de los mercados.

De acuerdo al razonamiento económico convencional, todos los partidos estarían mejor bajo mercados libres; y los individuos racionales debieran, por lo tanto, acordar que los recursos sean asignados por el mercado. Las distorsiones del mercado son causadas por los políticos que son económicamente irracionales o pobremente informados sobre las leyes económicas (ver, por ejemplo, las contribuciones de Schultz 1978). Supongamos, por un momento, que los economistas orientados al mercado están en lo cierto. Entonces, enfrentan un dilema, pero uno que puede resolverse si se analiza el problema de las reformas de política económica como un problema de economía política. Debido a su aprobación del postulado 4, los economistas orientados al mercado no tienen las herramientas adecuadas para explicar la oposición existente en los gobiernos del Tercer Mundo a la introducción de mercados. El enfoque de economía política encuentra este comportamiento menos difícil de explicar.

De acuerdo al postulado 3, las instituciones políticas son relativamente autónomas de la economía; pueden, entonces, crear incentivos propios. De acuerdo al postulado 2, los políticos racionales responderán a estos incentivos y pueden, por lo tanto, hacer elecciones políticas que son individualmente racionales pero económicamente perversas, como se nota en el postulado 4.

Con este conjunto de aseveraciones, podemos comenzar a entender por qué políticos racionales favorecen políticas que distorsionan los mercados. Cuando los gobiernos cambian los precios lejos de aquellos que prevalecerían en el equilibrio de mercado, crean un desbalance entre la oferta y la demanda; las fuentes privadas de oferta se retiran del mercado; y el producto se vende a un valor mayor, ya que la demanda excede a la oferta a los precios oficiales. El resultado es que los funcionarios que controlan el mercado, también controlan un bien con un nuevo valor. También crean la oportunidad para racionar —distribuyendo el bien entre algunos, quitándoselo a otros.

La intervención gubernamental en los mercados crea la capacidad para formar redes patrón-cliente, o máquinas políticas. A través del mercado controlado, los funcionarios públicos pueden organizar grupos de apoyo leales, quienes poseen el bien valorado —convertido en escaso por la política gubernamental— gracias al favor oficial.

Podemos, entonces, entender mejor por qué los políticos pueden elegir estrategias para intervenir los mercados. El enfoque de economía política también ayuda a entender la persistencia de tales políticas. En particular, ayuda a explicar por qué, aun cuando todos los individuos pueden estar mejor con la promoción de los mercados, pueden existir pocas demandas organizadas para que el gobierno los cree.

El postulado 2 —el supuesto de racionalidad individual— explica en parte por qué esto es así. Muchos individuos, comportándose racionalmente, se oponen a los riesgos. Por lo tanto, muchos prefieren los ingresos (ciertos) que hoy reciben en los mercados regulados —aunque sean muy bajos—, a la posibilidad de ingresos mayores, pero futuros (y por lo tanto, inciertos) que podrían recibir en mercados desregulados. El postulado 4 también contribuye a esta explicación. Aun si todos los individuos tuvieran la certeza de que se beneficiarán del libre mercado, comportándose racionalmente, pueden no intentar desplazar al gobierno del mercado. Pueden ver beneficios en el *free riding* —dejando que otros paguen los costos de la acción política, mientras buscan asegurarse los beneficios económicos gratuitamente.

¿Entonces, por qué los políticos no intervienen para proveer la organización necesaria? Ya hemos explicado por qué es racional para los políticos favorecer la intervención gubernamental: la regulación del mercado facilita la construcción de organizaciones políticas. Cuando todos los políticos persiguen sus intereses políticos individuales, los costos para la sociedad pueden exceder los beneficios privados; y los líderes políticos y sus seguidores se pueden dar cuenta de que hay mejores formas de gerenciamiento económico. Pero —y esto es crítico— ningún político solo puede afrontar el inicio de una reforma económica. Si un político renuncia a su apropiación de los beneficios especiales, entonces sus rivales podrán ganar cierta ventaja política, al defender los intereses que prosperaron con los favores especiales. Cualquier político comprometido con el alejamiento del mercado tiene que actuar en consonancia con otros. Tales desvíos organizados, son dificultados por la tentación de conseguir beneficios políticos a corto plazo, para proteger a aquellos que construyeron sus fortunas especiales gracias a la protección del *Ancien Régime*. Otra vez, como fuera enfatizado en el postulado 4, existe una separación entre la racionalidad colectiva y la individual.

Los razonamientos basados en el mercado enfatizan los beneficios del mercado. Acentúan la racionalidad individual, y debido al poder de la analogía de la mano invisible, presuponen que los individuos racionales se asegurarán cualquier resultado social que prefirieran de forma unánime.

El razonamiento político-económico también enfatiza los beneficios del mercado y acentúa la racionalidad individual. Pero encuentra muchas razones —algunas provenientes precisamente, de la racionalidad de los individuos— de por qué no se pueden crear mercados. Provee el entendimiento de por qué las políticas económicas, que pueden reforzar el bienestar colectivo, pueden no ser provistas políticamente, aun con individuos racionales.

Conclusión

En ciencia política, un compromiso con el razonamiento de la teoría de la elección es, a menudo, asimilada con un compromiso con la teoría de la economía de mercado. En realidad, en los primeros días de la teorización de la elección racional, se premiaba a quien podía hacer un análisis político muy similar al económico (Ilchman y Uphoff 1971). He terminado este artículo subrayando la distinción entre economía política y el uso del razonamiento basado en el mercado; particularmente, en el campo del desarrollo.

Hay una segunda razón para terminar este artículo de esta manera: alcanzar un sentido de cierre. Lo comencé con la contribución de la tradición de los estudios culturales. Ahora, al final, quiero volver a la tradición de esta escuela. Al incorporarse el campo de la economía política, los académicos han adquirido nuevas herramientas. Puede ser el momento, con las herramientas en la mano, de que analicen el significado de los valores y de las instituciones. ¿Quién puede no apreciar la oportunidad que ofrece la teoría de juegos contemporánea para brindar una estructura formal a distintos tipos de despliegues simbólicos analizados por Goffman (1959) o Geertz (1983), por ejemplo? Los trabajos con juegos de información imperfecta ofrecen grandes posibilidades para analizar sus poderosos aportes al respecto del lado subjetivo de la influencia y el poder. Y ¿quién puede no apreciar el significado de los modelos de elección colectiva para el análisis de instituciones tales como los sistemas de linaje, consejos de pueblos, o sistemas de autoridad tradicional? Algunos académicos ya han reconocido el valor de estas herramientas. Uno puede esperar que su contribución represente sólo el comienzo de una nueva tradición de investigación sobre las características de las instituciones más importantes de las naciones en desarrollo (los ejemplos incluyen Wilks 1975; Posner 1980; y Bates 1989).

Nada de lo que he dicho en este artículo cuestiona mi convicción sobre que las particularidades de las culturas específicas cuentan. Quien trabaja con otras culturas sabe que las creencias y valores de la gente importan; así también con las características distintivas de sus instituciones. Lo que hay que especificar, es la manera en que estos factores determinan sistemáticamente los resultados colectivos. Una de las mayores atracciones de las teorías de la elección y de la interacción humana, que descansa en el alma de la economía política contemporánea, es que ofrecen las herramientas para relacionar causalmente los valores y estructuras con sus consecuencias sociales.

En los primeros años de la economía política, los teóricos de la elección eran tildados de revolucionarios que atacaban a sus hermanos con inclinaciones intelectuales sociológicas. Ahora, tal vez es tiempo de sintetizar estas tradiciones. Porque trabajan en culturas con diferentes creencias, valores e instituciones, los estudiantes de las áreas en desarrollo pueden estar entre aquellos mejor posicionados para dar este importante paso.

Referencias

Alavi, H. (1972) "The State in Postcolonial Societies: Pakistan and Bangladesh", New Left Review 74: 59-81.

Ames, B. (1987) Political Survival, Berkeley, Los Ángeles: University of California Press.

Balassa, B. (1981) "The Newly Industrializing Developing Countries After the Oil Crisis", Weltwirtschaftliches Archiv 117: 1027-1038.

Banco Mundial (1987) World Development Report 1987, Washington (D.C.), Banco Mundial.

Bates, R. H. (1976) Rural Responses to Industrialization, New Heaven (Conn.), Yale University Press.

—(1981) Markets and States in Tropical Africa, Berkeley, Los Ángeles, University of California Press.

—(1983) Essays on the Political Economy of Rural Africa, Berkeley, Los Ángeles, University of California Press.

—(ed. 1988) Toward a Political Economy of Development: A Rational Choice Perspective, Berkeley, Los Ángeles: University of California Press.

—1989. Beyond the Miracle of the Market: The Political Economy of Agrarian Development in Kenya, Cambridge, Cambridge University Press.

Black, D. (1958) The Theory of Committees and Elections, Cambridge, Cambridge University Press.

Cohen, G. A. (1978) Karl Marx's Theory of History: A Defense, Princeton (N. J.), Princeton University Press.

Colander, D. C. (ed. 1984) Neoclassical Political Economy: The Analysis of Rent-Seeking and DUP Activities, Cambridge (Mass.), Ballinger.

Collier, D. (1979) The New Authoritarianism in Latin America, Princeton (N. J.), Princeton University Press.

de Janvry, A. (1981) The Agrarian Question and Reformism in Latin America, Baltimore, John Hopkins University Press.

Deutsch, K. (1953) Nationalism and Social Communications, Cambridge (Mass.), MIT Press.

Elster, J. (1985) Making Sense of Marx, Cambridge, Cambridge University Press.

Fiedler, R. (1972) "The Role of Cattle in the Economy", African Social Research 15: 327-361.

Fishburn, P. (1974) "Paradoxes of Voting", American Political Science Review 68: 537-547.

Geertz, C. (1983) Local Knowledge, Nueva York, Basic Books.

GOFFMAN, I. (1959) *The Presentation of the Self in Everyday Life*, Nueva York, Doubleday.

HARDIN, R. (1982) *Collective Action*, Baltimore: Resources for the Future por John Hopkins University Press.

HARDIN, R. y B. Barry, eds. (1982) *Rational Man and Irrational Society?*, Beverly Hills (Calif.), Sage.

HAYAMI, Y. (1988) *Community, Market and State*, Elmhurst Memorial Lecture, 20[ma.] Conferencia Internacional de Economistas, Buenos Aires.

HERSKOVITZ, M. J. (1926) "The Cattle Complex in East Africa", *American Anthropology* New Series 28: 230-272, 361-380, y 633-669.

HILL, P. (1960) *The Gold Coast Cocoa Farmer*, Londres, Oxford University Press.

—(1963) *The Migrant Cocoa Farmers of Southern Ghana: A Study in Rural Capitalism*, Cambridge, Cambridge University Press.

HOGARTH, R. M., y M. W. REDER eds. (1986) The Behavioral Foundations of Economic Theory, *The Journal of Business* 59 (4): S181-S501.

HOROWITZ, D. L. (1985) *Ethnic Groups in Conflict*. Berkeley, Los Ángeles, University of California Press.

ILCHMAN, W. F., y N. T. UPHOFF (1971) *The Political Economy of Change*, Berkeley, Los Ángeles, University of California Press.

JACOBS, A. (1980) "Pastoral Masai and Tropical Rural Development", en R. H. Bates y M. F. Lofchie, eds. *Agricultural Development in Africa*, Nueva York: Praeger.

JACOBSON, G. (1980) *Money in Congressional Elections*, New Heaven (Conn.), Yale University Press.

KRUEGER, A. (1974) "The Political Economy of the Rent-Seeking Society", *American Economic Review* 64: 291-303.

LAL, D. (1983) *The Poverty of Development Economics*, Hobart Paperback 16, Londres, The Institute of Economic Affairs.

—(1984) *The Political Economy of the Predatory State*, Departamento de Investigación del Desarrollo, Banco Mundial.

LERNER, D. (1958) *The Passing of Traditional Society*, Nueva York, Free Press.

LEVI, M. (1988) *Of Rule and Revenue*, Berkeley, Los Ángeles, University of California Press.

LEVINE, M., y C. PLOTT (1977) "Agenda Influence and Its Implications", *Virginia Law Review* 63: 561-604.

LITTLE, I. (1982) *Economic Development: Theory, Practice and International Relations*, Nueva York, Basic.

MCCONNELL, G. (1953) *The Decline of Agrarian Democracy*, Berkeley, Los Ángeles, University of California Press.

McCUBBINS, M. D., y T. SULLIVAN (1987) *Congress: Structure and Policy*, Cambridge, Cambridge University Press.

McKELVEY, R. D. (1976) "Intransitivities in Multidimensional Voting Models and Some Implications for Agenda Control", *Journal of Economic Theory* 12: 472-482.

MILLER, N., y R. AYA (eds. 1971) *National Liberation*, Nueva York, Free Press.

MOORE, B. (1966) *The Social Origins of Dictatorship and Democracy*, Boston, Beacon.

MUELLER, D. (1979) *Public Choice*, Cambridge, Cambridge University Press.

MUNRO, J. Forbes (1975) *Colonial Rule and the Kamba*, Nueva York, Oxford University Press.

NORTH, D. C., y R. THOMAS (1973) *The Rise of the Western World: A New Economic History*, Cambridge, Cambridge University Press.

NURSKE, R. (1953) *Problems of Capital Formation in Underdeveloped Countries*, Oxford, Blackwell.

O'DONNELL, G. (1973) *Modernization and Bureaucratic Authoritarianism: Studies in South American Politics*, Berkeley (Calif.), Institute of International Studies.

OLSON, M. (1965) *The Logic of the Collective Action*, Cambridge (Mass.), Harvard University Press.

PALMA, G. (1978) "Dependency: A Formal Theory of Underdevelopment or a Methodology for the Analysis of Concrete Situations of Under World Development" 6: 881-924.

POPKIN, S. P. (1979) The Rational Peasant, Berkeley, Los Ángeles, University of California Press.

POSNER, R. (1980) A Theory of Primitive Society, with Special Relevance to Law, *The Journal of Law and Economics* 23: 1-53.

RABUSHKA, A., y K. A. SHEPSLE (1972) *Politics in Plural Societies*, Westerville (Ohio), Merrill.

ROEMER, J. E. (1982) *A General Theory of Class and Exploitation*, Cambridge (Mass.), Harvard University Press.

ROGERS, E. M. (1962) *Diffusion of Innovations*, Nueva York, Free Press.

ROSENSTEIN-RODAN, P. (1943) Problems of Industrialization of Eastern and South Eastern Europe, *Economic Journal* 53: 202-211.

ROTHCHILD, D., y OLORUNSULA, V. (eds. 1983) *State Versus Ethnic Claims: African Policy Dilemmas*, Boulder (Colo.), Westview.

SCITOVSKY, T. (1954) "Two Concepts of External Economies", *Journal of Political Economy* 52 (2): 143-151.

SCOTT, J. C. (1976) *The Moral Economy of the Peasant*, Nueva Heaven (Conn.), Yale University Press.

SCUDDER, T. (1966) Man-made Lakes and Social Change, *Enginnering and Science* 29 (6): 18-22.

SHEPSLE, K. A., y B. WEINGAST (1987) The Institutional Foundations of Committee Power, *American Political Science Review* 81 (1): 85-104.

SRINIVASAN, T. N. (1985) Neoclassical Political Economy, the State and Economic Development, *Asian Development Review* 3: 38-58.

STIGLER, G. J. (1971) The Theory of Economic Regulation, *Bell Journal of Economics and Management Science* 2: 2-21.

TIGNOR, R. L. (1976) *The Colonial Transformation of Kenya*, Princeton (N. J.), Princeton University Press.

TRIMBERGER, E. K. (1972) A Theory of Elite Revolutions. *Studies in Comparative International Development* 7, 191-207.

WARREN, B. (1973) "Imperialism and Capitalist Industrialization", *New Left Review* 81: 3-44.

WILKS, I. (1975) *Asante in the Nineteenth Century: The Structure and Evolution of a Political Order*, Cambridge, Cambridge University Press.

WILLIAMSON, O. (1985) *The Economic Institutions of Capitalism*, Nueva York, Free Press.

YOUNG, C. (1976) *The Politics of Cultural Pluralism*, Madison, University of Wisconsin Press.

Publicado originalmente en Alt y Shepsle (Eds.), *Perspectives on positive political economy*, pp. 31-54; reproducido con permiso del autor, Copyright Cambridge University Press, 1990.

UNA TEORIA DE LA POLITICA BASADA EN EL ENFOQUE DE LOS COSTOS DE TRANSACCION

DOUGLASS NORTH[*]

L os modelos de elección racional en política, han aplicado (hasta ahora) los supuestos básicos de la teoría económica neoclásica, que incluyen la racionalidad instrumental y la noción (usualmente implícita) de mercados eficientes.[1] Creo que la aceptación de ambos supuestos sin ningún tipo de cuestionamiento, ha llevado a la teoría política por el camino equivocado. Una teoría política basada en la noción de costos de transacción se construye sobre los supuestos de que (a) la información es costosa, (b) los actores usan modelos subjetivos para explicar su entorno y (c) los acuerdos se cumplen sólo imperfectamente (*enforcement* imperfecto). Las decisiones que se toman utilizando semejantes modelos (subjetivos), generan altos costos de transacción y hacen que los mercados políticos sean muy imperfectos. Creo que se puede modificar el modelo estándar de la elección racional incorporándole la teoría de los costos de transacción; esto aumentaría significativamente su poder explicativo y nos permitiría entender mejor los mercados políticos que observamos.

Comenzaré este ensayo especificando y describiendo el comportamiento y los supuestos informativos que subyacen a la racionalidad instrumental, y el consiguiente mundo sin instituciones de la teoría neoclásica; para luego contrastar estos supuestos con aquellos que apuntalan una teoría de las instituciones y de los costos de transacción. Luego exploraré las características de los mercados políticos. Así, podré caracterizar los costos del intercambio en estos mercados políticos y el rol de la ideología en la determinación de las

---

* El autor desea agradecer a Brad Hansen, Jack Knight, John Nye y Barry Weingast por sus valiosos comentarios y a Elisabeth Case por editar el trabajo
1. Para un argumento reciente, que realiza explícitamente esta afirmación, ver Wittman (1989)

elecciones políticas. Finalmente, exploraré las implicancias que tiene el enfoque de la teoría de costos de transacción en el desempeño de la política y la economía a través del tiempo.

I

La racionalidad instrumental significa que los actores poseen modelos correctos para interpretar el mundo que los rodea; o bien, que ellos reciben una retroalimentación de información que les permite revisar y corregir sus teorías inicialmente incorrectas. Aquellos actores y organizaciones que no desarrollen teorías correctas desaparecerán en los mercados competitivos que caracterizan a las sociedades. Herbert Simon resumió acertadamente las implicancias de la racionalidad instrumental:

> Si aceptamos los valores como dados y constantes; si postulamos una descripción objetiva del mundo tal cual es; y si suponemos que la capacidad de procesamiento del decisor es ilimitada, entonces se siguen dos consecuencias. Primero, no necesitamos distinguir entre el mundo real y la percepción que el decisor tiene de él: él o ella perciben el mundo tal cual es. Segundo, podemos predecir las elecciones que hará un decisor racional solamente a partir de nuestro conocimiento del mundo real, sin conocimiento de la percepción del decisor o de su forma de cálculo (por supuesto, necesitamos conocer su función de utilidad) (Simon, 1986:S210).

La mejor caracterización de la racionalidad instrumental aplicada a la política, se encuentra en el modelo de Becker sobre competencia política (1983). El modelo analiza el proceso de toma de decisiones, abstrayendo de actores y de instituciones explícitas (votantes, legisladores, legislaturas y reglas de decisión), pero no de costos de transacción (ya que tanto el *free riding* como las pérdidas de peso muerto están incluidas en el modelo). Se trata de un juego de redistribución del ingreso en el cual los subsidios a un grupo se financian con impuestos pagados por otros grupos. Dada la existencia de costos de peso muerto (*deadweight costs*), los impuestos aumentan más que los subsidios. Consecuentemente, la redistribución será limitada, porque los costos para quienes deben pagar impuestos aumentan más rápidamente que los beneficios a aquellos que resultan subsidiados. La belleza del modelo de Becker es que pone de relieve cuáles son los supuestos que determinan los resultados (tal como hacen, de hecho, todos los buenos modelos neoclásicos). Los dos supuestos clave que determinan los resultados son, (a) que los jugadores (en este caso, aquellos que pagan impuestos) pueden identificar perfectamente la fuente de su pérdida de ingreso (aquellos que son subsidiados), y (b) que todos tienen el mismo acceso al proceso de toma de decisiones.

Ciertamente, la identificación inequívoca de la fuente de impuestos es sencilla en el modelo de Becker, dado que lo único que tiene lugar es un juego de redistribución. Y, en la medida en que las decisiones políticas sean de este tipo, quienes pagan impuestos pueden percatarse de quién es el responsable por la pérdida de su ingreso. El modelo se concentra en un tipo importante de legislación (las transferencias explican gran parte del crecimiento de los gobiernos modernos), caracterizada por los bajos costos de información sobre su incidencia.[2]

Pero los mercados políticos implican mucho más que una redistribución explícita. Incluyen a las reglas subyacentes que constituyen la estructura de incentivos de una economía, —derechos de propiedad, contratos y compromisos creíbles—. Entender qué es lo que sucede, requiere mucho más que información. Requiere tener teorías que permitan explicar las consecuencias de las políticas que crean o alteran los derechos de propiedad, definen relaciones internacionales, determinan la fluctuación de los precios y del empleo, etcétera. Estos mercados políticos se caracterizan por la información imperfecta, los modelos subjetivos y los altos costos de transacción. Además, aun en el caso de transferencias, el ejemplo más claro en el modelo de Becker, existen costos de transacción significativos; las partes involucradas están mal informadas, y no es correcto suponer que todas las partes afectadas tienen igual acceso al proceso de toma de decisiones. Becker mismo lo reconoció, en un ensayo posterior (1989). Y, dejando de lado las transferencias, la redistribución descarada no es muy común, debido precisamente a su transparencia. En los Estados Unidos, las leyes de "mantenimiento de precios agrícolas" que implicaban simples pagos a los productores nunca tuvieron éxito; simplemente, porque son muy transparentes. Y la mayor parte de la legislación no es de este tipo. En la mayoría de las leyes, la redistribución está oculta, o es un subproducto de otros objetivos. En estos casos ni siquiera el autor de la norma puede conocer todas sus consecuencias; mucho menos los votantes.

Desde los colonos americanos, que pensaban que las políticas de la corona británica posteriores a 1763 destruían la economía colonial; pasando por

---

2. [Nota del traductor] Utilizamos "transferencias" para traducir *transfer payments*, es decir pagos del gobierno a individuos, que no están relacionados con la prestación de algún servicio.

los granjeros de fines del siglo XIX que pensaban que su infortunio era el resultado de los ferrocarriles, los elevadores para granos, los monopolistas y los banqueros; hasta los consumidores contemporáneos de azúcar, que no tienen la más vaga idea de la red de controles que determina el precio del azúcar y sus substitutos (Krueger 1988), el mercado político fue, y continúa siendo, un mercado en el cual los actores tienen una comprensión imperfecta de los temas que los afectan y en el cual los altos costos de transacción impiden el logro de soluciones eficientes.

En todos esos ejemplos, lo que está ausente es una comprensión correcta de las consecuencias de las políticas, que constituya una *verdadera* teoría sobre los temas. Hoy sabemos que las políticas británicas no estaban arruinando a las colonias (de hecho, a Canadá le fue muy bien quedándose dentro del sistema inglés); que las políticas populistas impulsadas por los productores tampoco hubiesen eliminado el problema; y que la historia bizantina de los controles azucareros nunca fue entendida por los consumidores norteamericanos, quienes frecuentemente pagaron el doble del precio mundial; ni por los demás actores principales, quienes frecuentemente no comprendían las consecuencias de sus propias políticas (en este caso, el desarrollo y el precio relativo de los sustitutos del azúcar).

El mercado político del azúcar pone en evidencia los dos problemas claves que son ignorados en la teoría de la elección racional; los modelos imperfectos que guían nuestras acciones, y los altos costos de transacción que no conducen ni siquiera mínimamente a mercados más eficientes. El estudio sobre la economía política del azúcar hecho por Krueger plantea dos preguntas. "Primero, ¿cuán bien conocen los representantes de diversos intereses sus propios intereses? Segundo, ¿el resultado colectivo fue racional, en el sentido de que se podrían haber ideado políticas que hiciesen que todos los interesados estuviesen mejor?" (1988:38). Su detallada respuesta pasa revista a los grandes errores cometidos por quienes supuestamente conocían del tema, todos ellos actores interesados e influyentes. No sólo siguieron políticas equivocadas, sino que tampoco emprendieron políticas que claramente los hubiesen dejado en una posición mejor. Existe poca evidencia de movimiento alguno en dirección a aquellas soluciones que hubieran representado mejoras paretianas. En cambio, cada sucesiva alteración incremental en las políticas, generaba nuevas presiones por parte de grupos de interés que, inexorablemente, llevaron a políticas bizantinas. Krueger concluye:

(1) Cuando la política se formuló originalmente en 1934, y luego cuando se restableció en 1948, las intenciones de sus defensores tenían poco en común

con los propósitos para los que fue utilizada 20 ó 30 años más tarde. (2) Parece altamente improbable que el electorado hubiera apoyado un programa que disponía pagos superiores a los $136.000 por productor si dicha cifra se hubiera publicitado extensamente. (3) Al menos algunos de los que apoyaron el programa azucarero a través de los años —importadores y refinadores de azúcar y de remolachas, que luego quebraron— no se hubieran entusiasmado tanto de haber conocido de antemano el resultado final (1988: 54).

Las dos causas que subyacen a estas políticas bizantinas en el mercado azucarero, se deben a que los actores no pueden comprender por completo las consecuencias de sus acciones, y a que las instituciones particulares del mercado político generan costos de transacción que hacen que las soluciones eficientes sean imposibles. En esta sección nos hemos concentrado en el primer tema —la racionalidad instrumental—. Ahora, me concentraré en el segundo tema, los costos de transacción en los mercados políticos, para luego utilizar conjuntamente ambos con el objeto de explorar las características globales de los sistemas políticos.

II

En una democracia política, el mercado político más eficiente que existe es la Legislatura —en este caso, el Congreso de los Estados Unidos—. Para comprender las características de este mercado, es esencial examinar la matriz institucional que determina los costos de transacción en él. En una democracia representativa moderna, la estructura institucional está ideada para facilitar el intercambio entre diferentes grupos de interés (dadas ciertas fuerzas relativas de negociación).[3] Esta estructura política refleja

---

3. El desarrollo de la teoría política en los últimos 25 años ha tomado prestado de la teoría económica. Los desarrollos empezaron con un marco carente de instituciones, paralelo al modelo económico a-institucional. Pero la conclusión de estas teorías formales, fue que ningún equilibrio estable podría evolucionar y que un patrón *cíclico* continuo caracterizaría a los sistemas políticos (al menos en modelos con dos partidos y sin elementos ideológicos). Sin embargo, este descubrimiento formal no coincidía con los estudios empíricos y descriptivos que no mostraban evidencia de tales características desequilibrantes; restaba dar un paso adicional en la teoría política para explorar la naturaleza de la estructura institucional que proveyó enmarcaba la evolución de estados de equilibrio en el sistema político. Para una descripción de esta evolución y

concentraciones de votantes con intereses específicos en sitios particulares. Así, dada su forma de gobierno, en los Estados Unidos, hay jubilados en Florida y Arizona, mineros en Pensilvania y West Virginia, productores de alcauciles en California, fabricantes de automóbiles en Michigan, etcétera. Debido a que existen múltiples grupos de interés y dado que estos grupos de interés están representados por legisladores en cuyos distritos está concentrado sólo unos pocos de ellos, no existe ningún grupo de interés en particular que sea capaz de contar con una mayoría de legisladores propios. Por lo tanto, los legisladores no pueden tener éxito actuando solos, sino que deben hacer acuerdos con otros legisladores que tienen intereses distintos.

¿Qué tipo de instituciones se pueden desarrollar a partir de tales relaciones de intercambio entre legisladores, que reflejan múltiples grupos de interés? Trabajos previos, comenzando con Buchanan y Tullock (1962), se concentraron en el *comercio de votos* o trueque de favores políticos. Dichos trabajos representan un avance, al reconocer la manera en que los legisladores pueden realizar *tratos* que facilitan el intercambio; pero este enfoque puede resultar demasiado simplista para solucionar problemas fundamentales que caracterizan la interacción legislativa. El enfoque tradicional supone que todas las leyes y los pagos se conocen de antemano, y no incorpora la dimensión temporal. Sin embargo, en la realidad, existe un serie de intercambios que implican que la sanción de la legislación en el presente depende de compromisos de cumplimiento futuro. Para poder disminuir los costos de transacción, era necesario idear un conjunto de arreglos institucionales que permitieran el intercambio a través del tiempo y del espacio. Nótese el paralelo con el intercambio económico. En ambos casos, el problema es medir y hacer cumplir el intercambio de derechos.

¿Cómo se puede desarrollar un compromiso creíble que permita acuerdos cuando los pagos se materializan en el futuro y con respecto a cuestiones completamente diferentes? La propiedad de ser auto-cumplibles

---

un modelo de un "equilibrio inducido por la estructura", ver Shepsle (1986). Sin embargo, a pesar de que la nueva economía política ha introducido las instituciones en el análisis, sus seguidores han mantenido frecuentemente (a veces de forma implícita), los supuestos de racionalidad instrumental. No hay instituciones en la teoría económica neoclásica, porque los postulados de la racionalidad instrumental las convierten en superfluas. Una vez que se introducen instituciones en el modelo, el corolario necesario es el reconocimiento de que la racionalidad instrumental no es el supuesto correcto de comportamiento.

(*self-enforcing*) es muy importante en este tipo de intercambios; y la reputación es un activo valioso en las interacciones repetidas. Pero al igual que en el intercambio económico, los costos de la medición y el cumplimiento (descubrir quién está engañando a quién, cuándo surgirá el *free riding*, y quién debe pagar los costos de castigar a aquellos que no cumplen, hace que el auto-cumplimiento (*self-enforcement)* no sea efectivo en muchas situaciones. Por lo tanto, las instituciones políticas constituyen acuerdos *ex ante* sobre cooperación entre políticos. Reducen la incertidumbre al crear una estructura estable para el intercambio. El resultado es un complicado sistema de estructuras de comisiones, que consiste tanto en reglas formales, como en métodos organizativos informales. Su evolución en el Congreso norteamericano, fue descrita en un estudio realizado por Barry Weingast y William Marshall titulado *The Industrial Organization of Congress* (1988).[4] En la conclusión de su ensayo, Weingast y Marshall especifican el tipo de estructura que se desarrolló:

> En vez de negociar con votos, los legisladores intercambian derechos especiales que proporcionan a su titular una influencia adicional sobre determinadas áreas de política. Esta influencia tiene su origen en los derechos de propiedad sobre los mecanismos de fijación de la agenda; es decir, sobre los medios a través de los cuales se someten las alternativas a votación. La influencia adicional sobre determinadas políticas en particular, institucionaliza patrones específicos de intercambio. Cuando los miembros de las comisiones son precisamente aquellos que en un mercado de votos realizarían ofertas para obtener apoyo en determinadas cuestiones, el proceso de selección de políticas bajo el sistema de comisiones resulta similar al de un sistema de intercambio más explícito. Debido a que el intercambio está institucionalizado, no necesita ser renegociado en cada nueva sesión legislativa, y está sujeto a menores problemas de cumplimiento. (1988:157)

Esta descripción ilustra la manera cómo un conjunto de instituciones facilita el intercambio político. El Congreso de los Estados Unidos tiene costos de transacción relativamente bajos (y es, por lo tanto, relativamente eficiente) como un resultado de una estructura institucional elaborada, que facilita los intercambios a través del tiempo y posibilita los compromisos creíbles. Pero, mientras la estructura institucional facilitó que un pequeño cuerpo legislativo tuviera costos de intercambio relativamente bajos, esto

---

4. [Nota de Traductor] El referido trabajo constituye el capítulo 6 de este volumen.

no significa que el mercado político como un todo sea eficiente; sólo que el marco institucional de la legislatura facilita intercambio a bajo costo. La eficiencia del mercado político en su conjunto, se mide por su grado de aproximación al resultado que se obtendría si no existiera ningún costo de transacción.

Un mercado político eficiente sería uno en el cual (a) los votantes pudieran evaluar correctamente (en términos del efecto neto sobre el bienestar general) las políticas emprendidas por los diferentes candidatos; (b) sólo se pudiera promulgar leyes y regulaciones que maximicen el ingreso agregado de las partes que efectúan el intercambio; y (c) se compensara a aquellos afectados adversamente, asegurando que nadie fuera dañado por la acción.

Para alcanzar dichos resultados, los votantes y los legisladores necesitarían poseer modelos correctos que les permitan evaluar acertadamente las ganancias y las pérdidas asociadas con distintas políticas alternativas; los legisladores deberían votar según los intereses de sus votantes, —esto es, el voto de cada legislador debe ser ponderado por las ganancias o pérdidas netas de los votantes, y los perdedores deben ser compensados de forma tal que el intercambio les sea beneficioso— todo ello a un costo de transacción que aún permita una máxima ganancia neta agregada.

Es posible que la compleja estructura legislativa descripta más arriba, le permita a veces a los legisladores llevar a cabo los pasos intermedios —votar lo que él o ella percibe que será en interés de los electores y sopesar dicho voto en función de su percepción de las ganancias o pérdidas netas que éste significará para los votantes—. Pero deben tenerse en cuenta los otros requerimientos que debe cumplir un mercado político eficiente.

1. ¿Cómo conoce cada votante sus intereses? ¿Qué harán realmente los candidatos que compiten? Ni siquiera los candidatos conocen la variedad de temas sobre los que deberán legislar afectando directa o indirectamente el bienestar de los votantes. Y aun cuando los conocieran, también deberían conocer sus efectos sobre el bienestar de los votantes —fácil, quizás, en los casos obvios de redistribución o leyes que influencian directamente el ingreso y el empleo en un distrito—; pero, es simplemente imposible de conocer en la mayoría de las normas. Y los votantes deberían conocer las consecuencias de una multitud de normas que sus representantes promulgan, incluyendo los efectos sobre su bolsillo.

2. ¿Cuán cerca está la estructura institucional de la legislatura a un modelo con costos de transacción cero? He afirmado arriba que el cuerpo legislativo se caracteriza por bajos costos de transacción. Esta afirmación es

cierta, en comparación con un régimen político totalitario; pero estos costos están aún lejos del modelo de costos de transacción cero, como lo demuestra una abundante literatura producida por la nueva economía política sobre votación estratégica (por ejemplo, Denzau *et al.*, 1985), y sobre legislación del tipo *pork barrel*. El hecho principal es que las instituciones del gobierno representativo crean un conjunto mixto de señales de incentivos que permiten el intercambio entre legisladores a bajo costo, pero que también proveen incentivos para las votaciones estratégica y la legislación *pork barrel*.

3. ¿Cuán cerca están las intenciones de los resultados? Los modelos que guían a los legisladores son una fuente de error. Como he discutido anteriormente, los legisladores, simplemente, no poseen la información (modelos teóricos) sobre cómo alcanzar los resultados deseados. Pero hay más sobre el tema que esto. La legislación es promulgada e implementada por agentes cuya propia función de utilidad afectará directamente los resultados. Numerosos estudios sobre implementación y cumplimiento de legislación, han puesto de manifiesto, claramente, la gran discrepancia entre la formulación y los resultados finales. La desregulación de las aerolíneas en Estados Unidos, por ejemplo, ilustra el resultado no anticipado de las políticas, reflejando tanto los modelos imperfectos en mente de los legisladores, como el hecho de que la implementación está en manos de agentes. Por ejemplo, la aprobación de fusiones de aerolíneas por parte del Departamento de Transporte, eliminó la competencia creada por la desregulación y llevó a resultados que diferían de las intenciones (Morrison y Winston, 1989). La política del departamento fue formulada sobre la base de la teoría de los mercados disputables (*contestable markets*) desarrollada por economistas, y fue claramente errónea en su aplicación a la fusión de las aerolíneas.[5]

Modelos imperfectos que los políticos (y votantes) usan para ordenar el complejo entorno que los rodea, la imposibilidad institucional de alcanzar compromisos creíbles entre principal y agente (votante y legislador; legislador y burocracia), los altos costos de la información, y el bajo beneficio que

---

5. "Charles Rule, un importante oficial de la División Antitrust del Departamento de Justicia, explicó en una entrevista en 1986 dónde estaba el error en el razonamiento del Departamento de Transporte. Rule afirmó que el problema se encuentra en la adhesión religiosa del Departamento de Transporte a la "teoría económica de los mercados contestables" -la teoría económica que subyace a la desregulación" (*St. Louis Post Dispatch*, 27 de Marzo de 1990).

recibe el votante individual por adquirir dicha información; todo ello conspira para hacer los mercados políticos inherentemente imperfectos.

Seguramente esta conclusión no sería sorprendente si nos sacáramos las anteojeras impuestas por nuestros preconceptos teóricos. Después de todo, la separación básica entre política y economía ha dejado siempre (aun entre los más acérrimos liberales) un residuo de actividades que deben ser emprendidas por el gobierno, debido a la inherente dificultad que surge de las características de bien público, del *free riding* y de la información costosa sobre ciertos tipos de actividad. No esperamos que una muestra al azar de temas se conviertan en *públicos*. Aquellos que pueden ser resueltos a través de negociaciones entre individuos, o entre grupos pequeños, no necesitan ser incluidos en la agenda pública. Lo que queda para la agenda pública, son los temas con los atributos antes descriptos; o aquellos en los cuales el resultado del mercado no le gusta a ciertos grupos que tienen un mayor poder para alcanzar sus objetivos en la arena política. La fuerza de la negociación y la incidencia de los costos de transacción son en la política y en la economía son necesariamente distintos; si no fuera así, no les convendría a estos grupos trasladar los temas a la arena política. Por lo tanto, el proceso de selección es uno en el cual los temas con mayores costos de transacción gravitan hacia la política. Por otro lado, es cierto que en los últimos tres siglos hemos desarrollado instituciones políticas y económicas para reducir algunas de las imperfecciones que hemos descripto en el párrafo precedente (ver, por ejemplo, North y Weingast, 1989). Pero el argumento de este ensayo es que podemos avanzar notablemente en nuestra modelización de los mercados políticos si construimos nuestros modelos en un marco de costos de transacción. ¿Dónde nos llevará?

III

Los costos de transacción son los costos de medir y de hacer cumplir (*enforce*) los acuerdos. En economía, lo que se mide son los atributos valiosos de los bienes y servicios, o la performance de los agentes; el *enforcement* consiste en los costos necesarios para cumplir con los términos de intercambio. La medición se refiere a las dimensiones físicas y de derechos de propiedad de estos bienes y servicios, y las características de performance de los agentes. Si bien la medición es frecuentemente costosa, la dimensión física tiene características objetivas (tamaño, peso, color, etcétera), y la dimensión de los derechos de propiedad se define en términos legales. La competencia juega un rol fundamental en la reducción de los costos de cumplimiento. El sistema judicial provee una estructura coercitiva para el cumplimiento (*enforcement*). Aun así, los mercados económicos a lo largo de la historia, y aún en el presente, frecuentemente son imperfectos, están plagados de costos de transacción; y están definidos por instituciones que producen incentivos que van en contra la eficiencia económica. De hecho, la creación de instituciones que provean bajos costos de transacción en los mercados económicos, es la clave de la creación de economías productivas.

Los mercados políticos, as su vez, están aún más inclinados a la ineficiencia. La razón es clara. Es extraordinariamente difícil medir lo que se está intercambiando en los mercados políticos; y en consecuencia, hacer cumplir los acuerdos. Lo que se intercambia son promesas a cambio de votos. La dimensión observable de estas promesas son acuerdos entre los votantes y sus representantes (en una democracia); entre distintos representantes; entre ellos y el ejecutivo; etcétera. Los acuerdos se materializan en promulgaciones de leyes, regulaciones, decretos del ejecutivo, etcétera, que presumiblemente incluyen los intereses de los "principales". ¿Cómo mide uno la coincidencia entre las promesas y las promulgaciones posteriores? Estas coincidencias pueden estar definidas de forma relativamente segura dentro de la estructura institucional de la legislatura, como lo describiera más arriba. Pero la medición y los costos de *enforcement* son extremadamente difíciles entre los votantes y los representantes, y entre éstos y los agentes que implementan las políticas. El poderoso rol que cumple la competencia en los mercados económicos es muy poco efectivo en este caso. El arma de los votantes son las elecciones periódicas, donde los representantes se presentan como responsables y los candidatos opositor tiene incentivos para poner de relieve sus deficiencias. Pero, como ya fuera manifestado más arriba, aún en el elaborado marco institucional de la democracia política, se tornan un instrumento muy débil.

Comenzamos nuestra modelización de los mercados políticos con la relación entre votantes y legisladores. Algo semejante al modelo de la elección racional de la nueva economía política, tiene buen valor explicativo para una variedad de políticas simples, de fácil medición y de clara importancia para el bienestar del votante. Los pagos de transferencias pueden ajustarse muy bien a estos criterios. Requieren sólo información simple, caracterizada por bajos costos de medición. Pero, fuera de estas leyes muy directas, las ideologías estereotipadas se vuelven centrales.

La ideología se encuentra en corazón de los modelos subjetivos que poseen los individuos para explicar el mundo que los rodea, y contienen un elemento normativo esencial. Esto es, las ideologías explican tanto cómo es el mundo, y cómo debiera ser. Si bien los modelos subjetivos pueden ser (y por lo general son) una mezcla de creencias, mitos, teorías bien fundadas y dogmas; usualmente tienen elementos de una estructura organizada que los transforma en instrumentos que permiten recibir e interpretar información a bajo costo. La estructura organizada juega con el elemento normativo en las preferencias individuales, actuando como aglutinante en favor de causas comunes. Los candidatos legislativos ofrecen a los votantes tanto temas individualmente importantes para ellos, como marcos ideológicos que apelan a esas preferencias normativas. Los estereotipos organizados más obvios, en las sociedades democráticas, son liberales, o conservadores; aunque en muchos países del Tercer Mundo —generalmente con importantes simbolismos religiosos—, prevalecen frecuentemente otros. En todas partes, los estereotipos organizados son diseñados para apelar a las preferencias y a los prejuicios de los votantes.

La relación entre los intereses de los votantes y las ideologías estereotipadas, cuya influencia sobre cómo éstos elijen a sus representantes es tenue, incluso a nivel abstracto, refleja hasta qué punto semejantes estereotipos realmente producen resultados que favorezcan los intereses de dichos votantes. En términos de las políticas que de hecho son aprobadas por los representantes, y del modo en que éstas son implementadas, los resultados muestran poca semejanza con cualquier simulación de un mercado político eficiente.

Mientras es claro que las ideologías organizadas y estereotipadas pueden ser, y frecuentemente son, mecanismos cínicos a través de los cuales los candidatos legislativos tratan de atraer votos; los legisladores también poseen sus propios modelos subjetivos (frecuentemente, las mismas ideologías estereotipadas que muchos de sus votantes), y actúan en base a ellos (Kalt y Zupan, 1984). El largo e inconcluso debate, acerca de si los legisladores votan o no según los intereses de sus votantes, supone que ambos conocen cuáles son estos intereses.

Un marco de costos de transacción para el estudio de la política, se debe construir sobre dos ingredientes que no son tomados en cuenta en los modelos de elección racional: los modelos subjetivos de los actores y los costos de transacción que surgen de las instituciones políticas específicas que subyacen el intercambio político en diferentes formas de gobierno. El primer ingrediente influye sobre el segundo. Esto es, si los actores tuvieran modelos *verdaderos*, seguirían existiendo costos de transacción; pero serían muy diferentes y mucho menores que cuando el modelo subjetivo es imperfecto. Además, diferentes marcos institucionales generarán distintos costos de intercambio político. Los cientistas políticos se han concentrado en el intercambio en las democracias políticas, y este ensayo ha intentado demostrar cuán imperfectos son aún esos mercados políticos. Pero los mercados políticos, en sociedades no democráticas, son los que necesitan más urgentemente de un análisis basado en los costos de transacción. Las imperfecciones mucho mayores de tales mercados en los países comunistas y del Tercer Mundo, son la principal causa de la pobre performance económica, ya que son las autoridades políticas las que definen y hacen cumplir los derechos de propiedad, derechos que constituyen la estructura de incentivos de las economías.

IV

Pero si modelos imperfectos han de explicar el entorno; y altos costos de transacción han de caracterizar los mercados políticos; entonces ¿qué determina la evolución de las formas de gobierno? La respuesta es que el marco institucional de la política (y la economía) se caracteriza por retornos crecientes, de forma tal que el cambio incremental está fuertemente sesgado en favor de políticas consistentes con el marco institucional básico. Este argumento de interdependencia (*path dependence*) requiere elaboración.[6]

El marco institucional es un compuesto de reglas, restricciones informales (normas de comportamiento y convenciones) y sus características en términos de *enforcement*. Todos juntos definen las restricciones que determinan la interacción humana. Son las reglas del juego, y por tanto definen la manera en que se juega. Las organizaciones que surgirán consecuentemente, reflejarán las oportunidades disponibles en este conjunto institucional. Esto es, las restricciones institucionales junto con las restricciones tradicionales (ingreso, tecnología), definen las oportunidades potenciales de maximización de riqueza de los entrepreneurs ("emprendedores o empresarios" políticos o económicos) de las organizaciones. Si las restricciones resultaran en que los mayores retornos se encuentran (para el régimen político y la economía) en la actividad criminal, (para las firmas) en el sabotaje, en incendiar la fábrica del competidor; o (para las agencias reguladoras) en la distribución de franquicias monopólicas; entonces podemos esperar que estas organizaciones se adapten para maximizar en esos márgenes. Por otro lado, si los beneficios vienen de las actividades que aumentan la productividad, entonces es de esperar el crecimiento económico. En cualquiera de los dos casos, el empresario y su organización invertirán en adquirir el conocimiento, coordinación y capacidades de *learning by doing* para aumentar el potencial de rentabilidad. A medida que la organización evoluciona para capturar estas

---

6. Este argumento se elabora más extensamente en North (1990).

ganancias potenciales, irá gradualmente alterando las restricciones institucionales de forma tal de reforzar la dirección inicial de su esfuerzo. Esto se hará indirectamente, erosionando o modificando las restricciones informales vía la interacción entre el comportamiento maximizador y su efecto gradual; o directamente, invirtiendo para alterar las reglas formales.

En cualquier caso, el cambio es un proceso incremental; el resultado de miles de decisiones individuales de organizaciones y sus empresarios, que en conjunto, van a alterar el marco institucional a través del tiempo. La relación simbiótica entre instituciones y las consecuentes organizaciones va dando forma a la dirección del cambio político/económico. El resultado es un conjunto de mecanismos de retroalimentación, tales como externalidades de red (*network externalities*), que van sesgando los beneficios y costos incrementales en favor de los que son básicamente consistentes con el marco institucional. En consecuencia, las decisiones que van en contra del marco institucional, son típicamente poco rentables.

Por lo tanto, las oportunidades de beneficios acumuladas, crean el patrón de cambio a largo plazo. Sin embargo, y como se enfatizó en la sección anterior, las consecuencias a largo plazo son frecuentemente no intencionales por dos razones. Primero, los empresarios raramente están interesados en las consecuencias a largo plazo (y externas a ellos), pero la dirección de sus inversiones influye sobre el grado hasta el cual existen inversiones que aumentan o diseminan el stock de conocimientos, favorecen o desfavorecen la movilidad de factores, etcétera. Segundo, existe una diferencia significativa entre los resultados pretendidos y los resultados reales.

Pero mientras que los resultados individuales frecuentemente son divergentes de las intenciones, la dirección global de la política o de la economía es difícil de revertir, por las razones mencionadas. Las democracias políticas, con una larga herencia de gobiernos representativos, no son fácilmente derrocadas; las economías basadas en el crecimiento de la productividad, no son fácilmente reversibles. Por otro lado, es difícil hacer crecer economías estancandas; y los regímenes políticos, sin normas democráticas, tienden a ser inestables.

El patrón de cambio institucional que determina la evolución a largo plazo de las economías, se conforma por las restricciones que derivan del pasado, y por las consecuencias (frecuentemente, no anticipadas) de innumerables elecciones incrementales de entrepreneurs, que continuamente modifican estas restricciones. Este patrón de dependencia demuestra que la historia importa; que es una consecuencia del cambio incremental, y que es la responsable de los patrones de crecimiento divergentes de las economías.

Ahora, dada la tendencia de los regímenes políticos a producir derechos de propiedad ineficientes, la declinación económica y el estancamiento pueden persistir, ya que no tenderán a desarrollar la retroalimentación necesaria para crear organizaciones con los incentivos para invertir en actividades productivas. Esto es, las organizaciones creadas por un conjunto de derechos de propiedad que premian la redistribución más que la actividad productiva, serán más eficientes en tales actividades, y generarán organizaciones políticas con objetivos similares. La matriz institucional general será siempre una mezcla, incluyendo algunas organizaciones que promoverán la actividad productiva; pero si predominan las organizaciones redistributivas, la política evolucionará hacia una estructura institucional que facilitará ese tipo particular de intercambio. Tal patrón es difícil de revertir, como se ve en la historia económica de América Latina. De hecho, la persistencia de patrones *ineficientes* es mucho más característico de la historia económica, que los patrones de crecimiento económico.

Un enfoque de costos de transacción para el estudio de la política, ofrece la promesa de una mejor comprensión analítica de las elecciones políticas que se hacen en un momento determinado; y una explicación de la diferente performance de los regímenes políticos y de las economías a través del tiempo. Esto es así porque el nivel de los costos de transacción, es una función de las instituciones (y la tecnología) empleadas. Y las instituciones no sólo definen la estructura de incentivos en un momento determinado; su evolución da forma a los patrones del cambio político/económico de largo plazo.

Referencias

Becker, Gary S. (1983), "A Theory of Competition Among Pressure Groups for Influence", *Quartely Journal of Economics* XCVIII: 371-400.

—(1989), "Political Competition Among Interest Groups", en Jason F. Shogren (ed.) *The Political Economy Of Government Regulation*, Boston, Kluwer Academic Publishers.

Buchanan, James M. y Gordon Tullock (1962) *The Calculus of Consent*, Ann Arbor, University of Michigan Press.

Denzau, Arthur, Willian Riker y Kenneth A. Shepsle (1985) "Farquharson and Fenno: Sophisticated Voting and Home Style", *The American Political Science Review* 79: 1117-34.

Kalt, M. A. and M. A. Zupan (1984), "Capture and Ideology in the Economic Theory of Politics", *American Economic Review* 75:279-300.

Krueger, Anne (1988), "The Political Economy of Controls: American Sugar", *National Bureau of Economic Research Working Paper Series* Nº 2504.

Morrison, Steven A. y Clifford Winston (1989), "Enhacing The Performance Of The Deregulated Air Transportation System", *Brookings Papers on Economic Activity: Microeconomics*.

North, Douglass C. (1990) *Institutions, Institutional Change and Economic Performance*, Cambridge, Cambridge University Press.

North, Douglass C. y Barry R. Weingast (1989), "The Evolution of Institutions Governing Public Choice in 17th Century England ", *Journal of Economic History* XLIX: 803-32.

Shepsle, Kenneth (1986) "Institutional Equilibrium and Equilibrium Institutions" en Herbert F. Weisberg (ed.) *Political Science: The Science of Politics*, Nueva York, The Agathon Press.

Simon, Herbert (1986), "Rationality in Psychology and Economics", en Robin M. Hogarth y Melvin W. Reder (eds.) *The Behavioral Foundations of Economic Theory suplemento del Journal of Business* 59:S209-S224.

Weingast, B. R. y W. J. Marshall (1988) "The Industrial Organization of Congress; or, Why Legislatures, Like Firms, Are Not Organized As Markets", *Journal of Political Economy* 96 132-63.

Wittman, Donald (1989) "Why Democracies Produce Efficient Results", *Journal of Political Economy* 97: 1395-1424.

Publicado originalmente en *Journal of Theoretical Politics*, Vol 2, N° 4, pp. 355-367; reproducido con permiso del autor, Copyright Sage Publications, 1990.

DISCRECIONALIDAD, INSTITUCIONES Y EL PROBLEMA DEL COMPROMISO DEL GOBIERNO

Kenneth A. Shepsle

E n su agitada historia económica occidental (ocho siglos en 150 páginas), Douglass North y Robert Thomas establecen una simple premisa acerca del crecimiento del mundo occidental: establecer correctamente los derechos de propiedad.

> *El hombre occidental... rompió con las cadenas de un mundo de extrema pobreza y continua hambruna y logró una calidad de vida que sólo fue posible por la relativa abundancia... Una organización económica eficiente es la clave para [este] crecimiento; el desarrollo de una organización económica eficiente en Europa Occidental explica el crecimiento de Occidente. (North y Thomas 1973, p. 1)*

La Edad Media, y aun los períodos medievales y premodernos, fueron usualmente anárquicos; la ausencia de un orden derivó del hecho que ninguna autoridad poseía más que un control parcial de la fuerza sobre un dominio geográfico limitado. Los peligros naturales —hambre, sequía, pestes— combinados con los peligros humanos —invasiones, depredaciones, robos— amenazaban la seguridad, la libertad, y la propiedad en muchas comunidades. Ante la ausencia de seguridad, había sólo modestos incentivos para invertir tanto en capital físico como humano que proveyeran los fundamentos para el crecimiento económico.

North y Thomas se dieron cuenta cómo la cristalización y la concentración de la fuerza, empezando localmente con el sistema feudal y con la eventual maduración de las naciones-Estado, otorgaron la seguridad necesaria para el crecimiento económico. Las amenazas a la libertad y a la propiedad, sin embargo, no desaparecieron; más bien, las depredaciones al azar de los tiempos anárquicos, fueron reemplazadas por probables (y, muchas veces reales) apropiaciones y extorsiones por parte de la autoridad central. El crecimiento económico en Europa Occidental durante este milenio fue irregular, principalmente porque algunas políticas fueron correctas con respecto a la protección de los derechos propiedad, mientras que otras no. Las economías francesa e ibérica languidecieron, mientras que la alemana e inglesa florecieron; en parte, porque los acuerdos políticos de éstos últimos favorecieron el desarrollo de "aquellas instituciones que permitieron a las unidades tener economías de escala (sociedades anónimas, corporaciones), incentivar la innovación (premios, leyes de patentamiento), mejorar la eficiencia en los mercados de factores (cercamientos, letras de cambio, la abolición de la esclavitud), o reducir las imperfecciones de los mercados (compañías de seguros)" (North y Thomas 1973, pp. 5-6). En resumen, la forma de los acuerdos políticos fue crucial para la salud económica.

Cómo y por qué se materializaron estas diferencias en la *performance* económica es algo que el trabajo de North y Thomas sólo tratan brevemente, y de manera tentativa. Ciertamente, no puedo pretender lograr este objetivo en un corto artículo. En cambio, examinaré un rasgo prominente que está presente en la idea de "obtener derechos de propiedad correctos", y que es directamente relevante para los asuntos contemporáneos —la noción de *compromiso (commitment)*. Permítanme decir que éste es uno de los atributos de un complejo de temas que rodean la noción de organización óptima o de arreglos institucionales óptimos. Otros rasgos —coordinación, imposición, eficiencia, y justicia— son mencionados sólo apresuradamente en este artículo.

En primer lugar, parece apropiado mencionar dónde se encuentran en la galaxia intelectual los problemas que quiero discutir y la forma de análisis que intento ofrecer para los mismos. En una frase: "La discreción es enemiga de la optimalidad, y el compromiso su aliado".[1] Con esto quiero decir que la habilidad para comprometerse, usualmente (no siempre) extiende nuestro conjunto de oportunidades; mientras que la capacidad de discreción —que incluye la libertad para renegar o para comportarse de manera oportunista—, lo reduce. Para oír a las Sirenas sin ser seducido por

---

1. Elster (1979, p. 10) atribuye a Schumpeter una máxima similar: "La máxima explotación de las posibilidades presentes puede ser, usualmente, un obstáculo para la máxima creación de nuevas posibilidades." También, en referencia al sistema de patentes, cita a Joan Robinson diciendo que al "disminuir la difusión del progreso técnico, se asegura que habrá más progreso para difundir."

ellas, Ulises necesitó comprometerse con su yo actual; de forma tal que su yo futuro no pudiera renegar. Él debió atarse a sí mismo, tanto figurada como literalmente (Elster 1979).

El problema del compromiso es un aspecto de la autodisciplina o "egonomía" (Schelling 1984), del cual Ulises y las Sirenas son un ejemplo. Pero también, aparece el problema de tratar con distintos individuos, o entre los individuos y las organizaciones (contratar); y entre los individuos y los gobiernos (hacer política). Mi última preocupación es si y cómo, los gobiernos pueden comprometerse intertemporalmente de manera creíble a un plan o a una política, la cual si es implementada, pueda aumentar el bienestar social, o algún otro objetivo gubernamental.

El ahora clásico argumento del potencial conflicto entre discreción y optimalidad, se encuentra en Finn Kydland y Edward Prescott (1977). Las ideas incluidas en ese trabajo tienen mucho en común (aun cuando se desarrollaron de manera independiente), con la noción de *subgame perfection* ("perfección subjuego") en la teoría de juegos (Selten 1975).[2] En cada caso, la discreción está asociada con un comportamiento maximizador consistente por parte de un agente. La paradoja es que tal comportamiento puede tener consecuencias perversas, un punto que desarrollo más abajo.

En lo que sigue, me concentro en las formas en que las autoridades discrecionales —sean los individuos, las organizaciones o los Estados— pueden *impedir esa discrecionalidad* de modo de expandir sus oportunidades. La habilidad para limitar la discrecionalidad de una forma convincente, es decir a través de un compromiso creíble, es otra cosa. Si hay algún aspecto novedoso en este artículo, éste se encuentra en el argumento de que los arreglos institucionales, muchas veces justificados en bases funcionales o por el hecho de que sirven a los intereses de los que tienen el poder, pueden proveer (al menos como un subproducto) los medios para establecer compromisos creíbles.

---

2. "La inconsistencia dinámica ocurre cuando una futura decisión política, que forma parte de un plan óptimamente formulado en un momento inicial, deja de ser óptima desde el punto de vista de un momento futuro, aún cuando no haya aparecido ninguna información nueva. Inconsistencia dinámica es equivalente a la noción de la teoría de juegos de *perfección en subjuegos*" (Fischer 1986, p. 1).

Compromiso

En lenguaje corriente, un *compromiso* es una promesa, un convenio, una garantía, o una prenda* para comportarse de una manera determinada. Un compromiso es *creíble* en uno de dos sentidos: el motivacional y el imperativo.

En los compromisos puede observarse que, "mientras los partidos pueden tener fuertes incentivos para llegar a un acuerdo en el momento de la negociación, sus incentivos *a posteriori* no siempre son compatibles con el mantenimiento del acuerdo" (North y Weingast 1989, p. 4). Si no existe divergencia entre los incentivos *ex ante* y *ex post*, entonces un compromiso es creíble en sentido motivacional. Esto es, un compromiso es creíble en sentido motivacional si luego (en el momento de actuar), aquel que asumió un compromiso continúa queriendo respetarlo; el compromiso es creíble en sentido motivacional, porque es compatible en término de incentivos, y por lo tanto, *self-enforcing*. Por el otro lado, es creíble en el sentido imperativo si aquel que lo asumió es incapaz de actuar de otra manera, lo desee así o no; en este sentido, un compromiso es creíble, no porque sea compatible con las preferencias contemporáneas sino porque es coercitivo, o porque la discrecionalidad no está permitida.

Considérese un compromiso sobre un horizonte de tiempo $[0, T]$. En el momento $t = 0$, un agente se compromete a un plan de acción,

$$X_T = \left(x_1, x_2, \ldots, x_t, \ldots, x_T\right)$$

donde él o ella compromete su actuación x_t en el momento t = 1, 2,..., T. Suponga que en $t = 0$, puede anticiparse que x_t es precisamente lo que el agente deseará hacer en tiempo t. Entonces x_t es creíble en el sentido de la compatibilidad de incentivos. Alternativamente, suponga que en cada período de tiempo t, x_t es precisamente lo que el agente *debe* hacer, sea porque él o ella será forzado a hacer eso por alguna autoridad exógena, o sea porque hacer otra cosa está más allá del control del agente. x_t es nuevamente creíble, pero ahora en el sentido imperativo.

Nuevamente considere un agente quien *en cada período t* optimiza para el resto del horizonte, condicionado por los sucesos pasados. Es decir, que el agente posee *autoridad discrecional*. Si x_t es creíble en sentido motivacional,

---

* [Nota del traductor] Traducimos como "prenda" la noción más rica y precisa de *bond*.

entonces el agente no deseará alterar las *performances* prometidas en $t = 0$; aun cuando posee la discrecionalidad para hacerlo.[3] Pero si x_t no es motivacionalmente creíble, y si la existencia de la discreción significa que el agente no puede ser forzado o incapacitado, entonces él deseará desviarse en el momento t, eligiendo digamos y_t en lugar de x_t. La idea de ejercer la autoridad con discrecionalidad, optimizando en cada período de tiempo, se denomina *consistencia* (como en "el comportamiento maximizador consistente") de Kydland y Prescott (1977).

La existencia de autoridad discrecional, en esas circunstancias en las que las bases motivacionales para la credibilidad no se dan, genera problemas para un agente, ya que el mismo no puede negar que vaya a optimizar consistentemente; aun cuando estaría mejor si pudiera negarlo. Un caso especial de este problema es el juego de una movida ($T = 1$) que posee un equilibrio de Nash único (e ineficiente). Los jugadores estarían todos mejor si pudieran privarse ellos mismos de la discreción para jugar sus estrategias óptimas respectivas; pero no tienen ninguna manera creíble de comprometerse a hacer otra cosa que jugar sus mejores respuestas. Ningún otro resultado, incluyendo aquel que constituye una mejora de Pareto, es inmune a la posibilidad de romper el compromiso, que es posible cuando puede ejercerse la discreción. Por supuesto, el lector reconocerá el dilema del prisionero de un período (PD) como la instancia clásica de este problema. Pero es más general que esto.[4] Ante la ausencia de credibilidad en términos motivacionales, (1) un plan óptimo puede ser inconsistente (incompatible con la maximización período por

---

3. En teoría de juegos de forma extensiva, una estrategia es un curso de acción designado para cada nodo del árbol del juego en el cual un jugador tiene una oportunidad de elegir. Un subjuego es un "sub-árbol" (una rama) del árbol completo (omitimos los detalles técnicos). Si una estrategia óptima para el juego completo consiste en estrategias óptimas para cada árbol, entonces la estrategia para el juego completo se denomina *subgame perfect*. En este caso, cuando el juego llega a una rama particular —en un nodo donde el jugador tiene una oportunidad de elegir—, la elección hecha debe coincidir con la que dicta la estrategia completa; aún cuando el jugador pudiera, en ese punto, ejercer su discreción y elegir desviarse de su plan original. Es de esta manera que un plan creíble en términos de motivación es lo mismo que una estrategia *subgame perfect*.

4. En el juego del dilema de los prisioneros, el único equilibrio es un equilibrio (ineficiente) en *estrategias dominantes*; mientras que el argumento en el texto se aplica para cualquier equilibrio de *Nash* ineficiente.

período) y por lo tanto, poco real para los jugadores con autoridad discrecional; y (2) un plan consistente puede ser subóptimo.

Estas son conclusiones importantes de Kydland y Prescott, que se ilustran con el siguiente ejemplo:

> [S]uponga que el resultado deseable socialmente es no tener casas construidas en un terreno inundable, pero si las casas ya están ahí, lo deseable es que se tomen ciertas medidas (costosas) para controlar las inundaciones. Si la política gubernamental fuera no construir los embalses y los diques necesarios para prevenir las inundaciones, aun si las casas fueran construidas allí, y los agentes supieran esto, los agentes racionales no vivirían en terrenos inundables. Pero el agente racional sabe que si él y otros construyen sus casas ahí, el gobierno necesariamente tomará las medidas para controlar las inundaciones. En consecuencia, ante la ausencia de una ley que prohíba la construcción de casas en terrenos inundables, las casas se construirán allí, y los cuerpos militares de ingenieros construirán subsecuentemente embalses y diques. (Kydland y Prescott 1977, p. 477).

El gobierno, en este ejemplo, es un agente discrecional que prefiere, en primer lugar, el resultado "no casas, no medidas para control de inundaciones"; en segundo lugar, el resultado "casas, medidas para control de inundaciones"; y finalmente, el resultado "casas, no medidas para control de inundaciones". Suponemos que x_t es "no control para inundaciones en el momento t" y que y_t son "medidas para el control de inundaciones". Si el gobierno pudiera comprometerse en forma creíble a llevar a cabo $\left(x_1, x_2, \ldots, x_t\right)$, entonces podría alcanzar el óptimo social en cada período. Pero si no puede atarse a sí mismo a este plan; entonces, si en algún período, digamos en t las casas fueran construidas, entonces en $t+1$, x_{t+1} dejaría de ser consistente. Un gobierno con discreción elegiría y_{t+1} en cambio. Ésta es la respuesta óptima del gobierno a la presencia de casas en terrenos inundables. La respuesta de un posible habitante con previsión inteligente puede "forzar" este resultado socialmente subóptimo.[5] O, como Kydland y

---

5. Considerando esto como un juego de forma extensiva entre el gobierno y un agente de bienes raíces, existen dos equilibrios Nash: "no casas, y no medidas para controlar inundaciones" y "casas, y medidas para controlar inundaciones". Pero sólo el segundo es subjuego perfecto, siempre que el agente de bienes raíces pueda forzar un segundo punto de equilibrio explotando el hecho que un gobierno que no se puede comprometer

Prescott (1977, pp. 473-474) lo presentan, "una política discrecional por la cual los *policymakers* seleccionan la mejor acción dada la situación corriente, típicamente no resultará en la maximización de una función objetivo social".[6]

El problema del compromiso individual

El conflicto entre credibilidad y discreción y sus implicancias para la optimalidad, existen tanto a niveles individuales como colectivos; como se ilustra, respectivamente, en el ejemplo de Ulises y las Sirenas y el de los controles para inundaciones. En el resto del trabajo, me concentro en el problema para las colectividades, pero primero quiero examinar el problema a nivel individual.

En un comienzo, Thomas Schelling reconoció el dilema de optimalidad causado por el conflicto entre compromiso y discreción. Treinta años atrás, en un ensayo merecidamente famoso (Schelling 1956) reeditado en *The Strategy of Conflict*, Schelling examinó las tácticas de negociación de atarse a sí mismo y de impedir cualquier discreción que uno pudiera haber tenido originariamente.[7] Una vez más, Schelling, en el ensayo de 1974 reimpreso en su *Choice and Consequence: Perspectives of an Errant Economist* (1984, pp. 33-37), observa que la coerción externa puede ser un substituto del compromiso. Y escribe, que los peluqueros de Massachusetts "aprecian el mandato de cerrar los miércoles... ya que impide que los competidores atiendan ese día." Es así como la coerción exógena, como el acto de impedir la discreción, provee otra fuente de credibilidad imperativa.

---

tiene la discreción para condicionar la optimización en movidas ya hechas. El agente de bienes raíces, en resumen, puede presentarle al gobierno un *fait accompli*.

6. Elster (1979, p. 66) le da un punto de vista algo diferente a este fenómeno: "un plan consistente es una sofisticación dentro de los límites de lo factible; el precompromiso es una sofisticación que equivale a la modificación de los límites."

7. Esto provee una respuesta a la retórica pregunta planteada por Brennan y Buchanan (1985, p. 67): "Cualquier regla prohibitiva es, por supuesto, una restricción al comportamiento. Por lo tanto, la pregunta es, ¿Por qué una persona, o personas, deliberadamente eligen imponer restricciones a sus libertades de acción?"

Existen diversos problemas con la credibilidad imperativa, dos de los cuales elaboraré brevemente. El primero es la *verificación*. Imagine que nuestra discreción está condicionada o coartada, pero que esta condición no es verificable por los otros interesados. En el Congreso de los Estados Unidos, la regla básica es que un legislador puede desviarse de la posición de su partido, si el tema que se está tratando es "un tema de conciencia o que afecta directamente a los miembros de su distrito electoral". Esto último puede verificarse fácilmente —y el líder de la bancada Demócrata Sam Rayburn fue conocido por castigar a los congresistas de su partido que usaban esta regla en forma deshonesta—. Lo primero, sin embargo, es difícil de verificar, especialmente si el asunto en cuestión es un tema legislativo nuevo, o si el legislador es nuevo en el puesto.

Un segundo riesgo potencial para la credibilidad imperativa es la *simetría*. Si *ambos* conductores, en otro de los famosos ejemplos de Schelling, desconectan la dirección de las ruedas y aprietan a fondo el acelerador a medida que se aproximan a un puente de un solo carril en dirección opuesta, nadie podrá negar la credibilidad de sus compromisos; pero la optimalidad del resultado es cuestionable.

Por lo tanto, no debemos precipitarnos al admirar el compromiso y al condenar la discreción. En realidad, muchos de los compromisos sociales reconocen *tradeoffs*. Los clubes, organizaciones y legislaturas, por ejemplo, se comprometen a sí mismos de manera creíble a determinadas reglas de procedimiento, haciendo posible (pero difícil) la suspensión de tales reglas. Esto no destruye la credibilidad del compromiso de mayorías simples con respecto a ciertos procedimientos, pero mantiene la discreción para mayorías especiales más difíciles de lograr.

La tensión sobre si comprometerse o no coartando la propia discreción (o forzando el comportamiento propio), es clara. La ventaja reside en el efecto saludable sobre el comportamiento *presente,* inducido por las expectativas *futuras* . Si sé que el gobierno está irrevocablemente comprometido a no proveer en el futuro ninguna protección frente a las inundaciones, entonces no construiré en un terreno inundable. La desventaja es que las expectativas pueden ser racionales pero equivocadas, incompletas, o vulnerables a sucesos futuros no esperados. El compromiso irrevocable del gobierno, por ejemplo, puede no anticipar alguna consecuencia costosa de una inundación, en relación a la ecología del terreno inundado —la destrucción de cierta área para algunas especies raras y valiosas, o para el acceso a un depósito de mineral recién descubierto—; la irreversibilidad del compromiso puede hacer imposible, o costoso, responder a esta nueva información.

En lo que sigue ignoraré esta tensión. Especialmente en situaciones de elección pública. Tanto la imposibilidad del gobierno para comprometerse, como su incapacidad para des-comprometerse (esto es, falta de flexibilidad), son serios problemas. Creo que lo último es, de hecho, el desafío más grande. Con respecto a la discreción, lo mejor es enemigo de lo bueno, porque "no hay mecanismos para inducir a los *futuros* políticos a considerar el efecto de su política, vía mecanismos de expectativas, sobre las decisiones *presentes* de los agentes" (Kydland y Prescott 1977, p. 481). El problema en su manifestación colectiva y el daño social consecuente, son el foco del resto del capítulo.[8]

8. El profesor Gary Becker en sus comentarios en esta conferencia, enfatizó esta tensión, sugiriendo que la pérdida de flexibilidad inevitable puede constituir un costo de oportunidad sustancial de la capacidad de compromiso. Como el párrafo precedente sugiere, concuerdo completamente. Al ignorar esta tensión, creo estar argumentando aún más fuertemente la seriedad del problema creado por la autoridad discrecional. Estoy preguntando si el problema del compromiso es serio *aun cuando la flexibilidad no ofrece ventaja alguna.* Esto puede verse más claramente en la figura 1. En este juego, el Sr. 1 y la Sra. 2 jugarán sólo una vez, y la Sra. 2 tiene un problema de compromiso. Ella no puede asegurarle al Sr. 1 que no jugará r (derecha), forzando al Sr. 1 a jugar R (derecha) por prudencia. El resultado subóptimo se deriva directamente de la autoridad discrecional que tiene la Sra. 2, y no hay una ventaja que compense la flexibilidad. En un mundo de información imperfecta e incompleta, del cual el diagrama no es un ejemplo, la flexibilidad será positivamente valuada; y los individuos racionales estarán dispuestos a hacer *tradeoffs* entre flexibilidad y capacidad de compromiso. Pero en este escenario de información perfecta y completa, no aparecería ninguna ventaja a la flexibilidad.

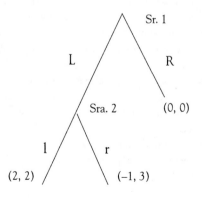

Compromiso creíble por parte del gobierno[9]

En la Edad Media, los príncipes muchas veces encontraban difícil comprometerse a pagar los préstamos. Su autoridad local no era suficiente para adueñarse de propiedades, cuando se necesitaban recursos; pero era generalmente adecuada para decidir discrecionalmente el cumplimiento o no de su palabra en el momento de pagar el préstamo (posponiendo o alargando las fechas de pago, por ejemplo). En muchas instancias, esta discreción produjo resultados subóptimos en el mercado de capital: los préstamos eran menores y menos frecuentes, a tasas de interés más altas, y podían requerir la inconveniente entrega de prendas (tales como derechos de caza en tierras reales) más frecuentemente de lo que hubiera sido necesario de existir una estrategia creíble de compromiso.[10] De manera similar, los monarcas europeos, aun en períodos premodernos, lo encontraban formidable para inducir a los agentes económicos privados a invertir sus riquezas domésticas en capital productivo. En muchas ocasiones, no podían comprometerse creíblemente a una política en contra de la venta de privile-

9. Antes de ir a problemas de credibilidad colectiva, debe notarse que los problemas en el nivel individual de credibilidad son interesantes. Los padres generalmente se encuentran situaciones de *"estrategia disparadora"* (*trigger strategy*), amenazando a sus hijos con horribles consecuencias si se da cierto comportamiento. Los hijos aprenden que muchas de estas amenazas no son creíbles, y que los padres son "tigres de papel". Intelectualmente es más interesante, tal vez, la crítica de Binmore (1988a, b) a Rawls y Harsanyi sobre los acuerdos detrás del velo de la ignorancia. ¿Pueden tales individuos hacer promesas creíbles, o alternativamente, una vez que el velo es levantado y conocen sus respectivas dotaciones intelectuales, físicas y materiales, pueden renegar de las promesas hechas detrás del velo? El poder de la crítica de Binmore reside en el hecho de que se requiere gran ingeniosidad para idear los medios para inhabilitar la discreción u obligar el cumplimiento sin dar "consentimiento" a un agente de *enforcement* relativamente autoritario (suponiendo que el acuerdo Rawlsiano nunca es creíble en sentido motivador para todos los agentes).
10. Un problema con las prendas es que el portador puede valorar la prenda en sí misma más que el compromiso que se está respaldando, y por lo tanto, negarse a devolverla. La prenda ideal es una que simultáneamente es menos valiosa que la acción prometida, para el que la recibe. En términos de la entrega de rehenes como prenda para que el compromiso sea creíble, se aconseja a los monarcas que ofrezcan su amada, pero fea, hija. Sobre el uso de "princesas feas" como prendas, ver Williamson (1983) y Kronman (1985).

gios económicos que pudiera competir con estas inversiones, volviéndolas menos provechosas.[11]

El punto de esta discusión es que los arreglos institucionales ofrecen la posibilidad de permitir que varios agentes hagan compromisos creíbles. Entonces, tener derechos de propiedad correctos, como lo mencioné en el comienzo del artículo, involucra no solamente (o mayormente) especificar derechos y darles fuerza o ejercer la autoridad discrecional de manera prudente; sino que también significa establecer instituciones políticas para limitar o volver costoso el ejercicio de la autoridad discrecional. Consideremos algunos ejemplos más contemporáneos.

1. La Quinta Enmienda a la Constitución de los Estados Unidos, en una parte, estipula que "la propiedad privada no puede ser tomada para uso público, sin una compensación justa". Conocida como *la cláusula de expropiación*, este imperativo permite que el gobierno se comprometa a sí mismo en contra de la expropiación y de los ejercicios no compensados del poder de dominio eminente. Esto, a su vez, funciona para asegurar a los propietarios contra las depredaciones gubernamentales. La credibilidad de la garantía es acrecentada en virtud de su estatus constitucional. Imagine las consecuencias que la erosión de esta garantía tendría sobre la inversión; algo temible que algunos sostienen puede estar sucediendo, en la medida en que las cortes limitan el alcance de la cláusula (Epstein 1985).

2. Una vez que los recursos son destinados a incentivar la actividad, y nuevos productos y procesos han sido desarrollados, la política eficiente es no proporcionar protección de patentes. Éstas, crean rentas monopólicas y restringen la difusión de los frutos de la actividad inventiva. Sin embargo, la ausencia de protección a las patentes, seguramente va a disminuir, en primer lugar, los incentivos a innovar (va a haber menos frutos que difundir). Un compromiso legal que fije la duración de las patentes, alienta las inversiones

---

11. Los mercados de capital de la Edad Media son descriptos por North y Thomas (1973, pág. 96 y subsiguientes). Las dificultades que enfrentaban las Coronas española y francesa con respecto a la venta de privilegios económicos en los siglos quince y dieciséis también se encuentran en esta fuente en las páginas 120-131. Un análisis magistral de las depredaciones de los Estuardo en el período que condujo a la guerra civil inglesa y después de la Restauración, se encuentra en North y Weingast (1989). Sobre el fenómeno general de la apropiación oportunista de las cuasi-rentas, ver Klein y otros (1978).

en investigación y desarrollo (ver la cita atribuida a Joan Robinson en la nota 1). La duración óptima, balanceando los incentivos de inversión contra el excedente del consumidor de la difusión, seguramente no es infinita, pero que tampoco es nula.[12] Un compromiso legal es creíble si, a pesar de las tentaciones a expropiar las rentas monopólicas, un gobierno encuentra difícil revisar el estatuto (Kydland y Prescott 1977, p. 477). Las disposiciones constitucionales contra leyes *ex post facto* proveen una protección adicional contra las depredaciones de los funcionarios de los privilegios de patente ya existentes.

3. Las legislaturas son popularmente elegidas por una generación de votantes que puede no darle mucho peso al bienestar de las generaciones de futuros votantes. Existe, entonces, un incentivo electoral y autoridad discrecional para que la actual legislatura financie gastos incurriendo en deudas, cuyo pago constituye una carga para las generaciones futuras. Dado que la generación presente de votantes es por sí misma la generación futura para alguna legislatura previa, también será cargada con una deuda excesiva. Si las generaciones pudieran reunirse *ex ante* en una suerte de convención constitucional intertemporal, podrían desear establecer instituciones y ordenanzas para autolimitarse (Riker 1980), inhabilitando o delimitando la capacidad de la legislatura de incurrir en un endeudamiento excesivo. Pero, por supuesto, las diversas generaciones no pueden reunirse. ¿Entonces, debe la generación presente limitarse para eliminar la discrecionalidad de su legislatura y de la de sus sucesores? Esta pregunta está en el corazón de los debates actuales sobre la enmienda de presupuesto balanceado a la Constitución (Brennan y Buchanan 1985; Cukierman y Meltzer 1986).[13]

---

12. Entonces, si fueran infinito, el premio por terminar primero en una carrera de R&D sería enorme, pero no habrá beneficios por terminar segundo. Si, por otro lado, las patentes tuvieran una vida limitada, sería concebible que otros que perdieron su carrera inicial, pudieran tener una oportunidad eventual para capitalizar sus inversiones. Entonces, con agentes económicos adversos al riesgo, no queda claro que alargar la vida de la patente necesariamente aumente los incentivos para invertir en actividad inventiva.

13. Otras fuerzas pueden estar actuando, más allá de inhabilitar la discreción, que limita la capacidad o el deseo de incurrir en deuda de la legislatura. Por ejemplo, una generación presente puede incorporar juicios de bienestar sobre generaciones futuras es sus deliberaciones presentes. Otro ejemplo, el mercado de valores puede reflejar las

4. La formación de una coalición gubernamental en una democracia parlamentaria multipartidaria consiste de: (1) un acuerdo de los socios de la coalición en la dirección de las políticas más importantes, y (2) la asignación de las carteras gubernamentales a los socios. Sin embargo, esto último confiere poder de agenda a sus poseedores. Si, por ejemplo, un partido rural se une a la coalición y controla el Ministerio de Agricultura, es improbable que se implementen políticas contrarias a sus votantes rurales, aunque sean parte del acuerdo de coalición. Entonces, solamente algunos acuerdos son creíbles, y son hechos por asignaciones apropiadas de las carteras que supervisan la implementación de políticas. Muchos compromisos políticos pueden ser atractivos para los potenciales socios de la coalición, pero no son implementables por ninguna distribución de carteras, y por lo tanto, no se encuentran disponibles para ellos. La discreción ministerial no puede ser eliminada en aspectos importantes, de manera que un acuerdo político ya declarado que sea inconsistente con la asignación de carteras, no es más que una ilusión.[14]

---

obligaciones futuras en los precios corrientes de los activos, y por lo tanto incidir directamente en el bienestar de la generación presente, causando que esta tenga en cuenta dichos efectos al decidir sus acciones presentes. Muchas municipalidades, por ejemplo, no cubren sus fondos de pensión, imponiendo mayores obligaciones en los pagadores de impuestos municipales futuros. Una gran controversia sobre las finanzas públicas municipales involucra el grado hasta el cual los efectos depresivos de las obligaciones no respaldadas sobre los valores de la propiedad presentes son suficientes para moderar esta tendencia a incurrir en obligaciones futuras. (Ver Barro 1979; Epple y Schipper 1981; Inman 1982).

14. Este ejemplo tiene importantes implicancias para la forma de modelar los procesos de formación de coaliciones. En aproximadamente tres décadas de investigación, desde el clásico tratamiento de Riker (1962) hasta el detallado sumario y reporte de status que encontramos en Laver y Schofield (1990), ha sido normal suponer que cualquier *"deal struck stays struck"*; esto es, que los socios de la coalición están obligados a cumplir cualquier acuerdo al que lleguen. Ninguna atención se le otorga a la credibilidad de tales acuerdos, y ninguna referencia se hace a la necesidad de institucionalizar mecanismos de compromiso. Como una consecuencia, esta literatura tiende a asumir que todo acuerdo es posible, independientemente de su credibilidad o expectativa de cumplimiento. El problema descripto acá, y la crítica implícita dirigida a la teoría de la coalición, es la misma crítica que la de Binmore a Rawls y Harsanyi por no tener en cuenta la credibilidad de los acuerdos hechos detrás del velo de la ignorancia (ver nota 9). Para un esfuerzo para afrontar este problema, ver Laver y Shepsle (1990).

Todas estas ilustraciones ponen a la discreción en el centro del problema de optimalidad. En cierto sentido, las cosas serían mejor si la discreción pudiera ser restringida por la coerción, la inhabilidad, o incentivos apropiados. Si los gobiernos pudieran ser obligados a no expropiar la propiedad o las rentas derivadas de la actividad inventiva; si los legisladores pudieran librarse, de vez en cuando, de las presiones electorales contemporáneas a endeudarse y a gastar; si los socios de los acuerdos de coalición pudieran inventar mecanismos baratos para comprometerse; entonces (en todas estas instancias) se podrían alcanzar mejoras sociales desde el punto de vista de los actores o de acuerdo a alguna medida más amplia de bienestar.

Tanto en contextos públicos como privados, las teorías positivas de economía política basadas en una hipótesis de racionalidad, han sospechado de los enfoques que "hacen desaparecer" el problema de la credibilidad, ya sea suponiendo alguna fuente exógena de compromiso, o la existencia de incentivos "naturales" para que el ejercicio de la discreción sea prudente. Seguramente, en el mundo moderno, al debilitarse las ataduras de los sentimientos primordiales y erosionarse los valores de la autoridad religiosa, se han disuelto las fuentes exógenas de cumplimiento e incentivos naturales.[15] La autoridad discrecional amenaza la debilitada vida social, a menos que los acuerdos políticos sean estructurados de manera que refuerce la credibilidad. Así, es apropiado explorar las soluciones institucionales del fracaso esperado de la credibilidad. Antes de hacer esto, voy a tomar brevemente el mismo problema pero en un contexto colectivo sin gobierno.

Compromiso creíble sin gobierno

En el mundo medieval, de autoridad gubernamental débil, había, no obstante, algunos medios para hacer compromisos creíbles. El comercio internacional, por ejemplo, involucrando numerosos intercambios entre agentes a través del espacio y del tiempo, tuvo lugar fuera del alcance del "brazo de la ley". De hecho, existía muy poca legislación formal como para que ello

---

15. Coleman (1989, pp. 12-13) plantea el problema como sigue: "Como las normas y las sanciones que proliferaron en la organización social primordial se han vuelto inefectivas en un sistema social masivo basado en la organización con objetivos... la tarea de dominar a la anarquía sin opresión resulta esquiva. [...] ¿Es posible crear una microestructura de normas y sanciones?"

ocurriese. La vida del pueblo en muchas partes del mundo, para tomar otro ejemplo, abarcaba una variedad de esquemas de transferencias intergeneracionales, tanto para suavizar (*smooth*) el consumo intertemporal como para proveer un seguro ante catástrofes. En cada caso, compromisos creíbles (entre comerciantes o entre generaciones) existían sin el lujo de instituciones de *enforcement* exógenas.

Mientras podía no existir un *brazo* de la ley en estos ejemplos, existía el *brazo* del futuro. Explicaciones de la teoría de los juegos han explotado este último hecho, buscando entender el surgimiento de la confianza y la evolución de la cooperación.[16] La idea central aquí es que en ausencia de compromisos creíbles —para que una generación joven mantenga a miembros de la generación precedente durante su vejez, o para que algún comerciante asegure la calidad del bien que vendió a larga distancia—, existirán resultados de equilibrio Pareto-inferiores. Si los comerciantes no deben temer represalias, por los engaños presentes en futuros acuerdos, o si una generación puede renegar de su compromiso de seguridad social sin consecuencias lamentables para sí misma, entonces estos compromisos son increíbles. El resultado, muy cerca del espíritu de Kydland y Prescott, es consistencia (esto es, maximizando período a período) acompañada por suboptimalidad.

Sin embargo, suponga que *hubiera* alguna forma de producir consecuencias lamentables para tales reniegos. Es decir, suponga que es posible para un agente explotar el *brazo* del futuro (o sea, repetir el juego), castigando (o haciendo castigar) a cualquiera que reniegue de una promesa. Si un régimen de castigo puede ser por sí mismo creíble, entonces aumentará la posibilidad de realizar compromisos creíbles en primer lugar.

No puedo dedicarme ahora a los detalles técnicos, de manera que simplemente voy a mencionar varios de los "teoremas populares" (*folk theorems*) que en teoría de los juegos sugieren que, en ciertas clases de marcos de juegos repetidos, regímenes de castigos creíbles dan lugar a que se desarrolle confianza y cooperación (Abreu 1988; Fundenberg y Maskin 1986). Estos teoremas no implican que se desarrollará una única forma de confianza o de cooperación; por el contrario, establecen que *múltiples* formas de cada una se pueden dar en equilibrio. Lo que demuestran, sin embargo, es que es posible alcanzar resultados que implican

---

16. Axelrod (1981, 1984) ofrece el tratamiento más accesible de este tema para científicos políticos; aunque muchas de las ideas han girado alrededor la literatura técnica de la teoría de los juegos por algunos años; ver Aumann (1981) para un *survey*.

mejoras por sobre los resultados consistentes pero sub-óptimos propios de la acción discrecional, sin necesidad de recurrir a compromisos exógenos.

Un ejemplo relacionado con los comerciantes internacionales en el mundo medieval es elaborado por Paul Milgrom, Douglass North y Barry Weingast (1988). Su argumento es que una tarea no oficial, desempeñada por aquellos conocidos como *mercaderes de derecho*, que funcionaba en gran parte como las modernas agencias de crédito, tuvo un efecto estabilizador en el comercio de larga distancia; permitiendo a comerciantes individuales obtener información sobre futuros socios comerciales de una manera expeditiva e imparcial. El mercader de derecho se dedicaba principalmente al negocio de celebrar audiencias, recolectando información, y juzgando los comportamientos comerciales oportunistas —información que él o ella estaba dispuesto a compartir (a cambio del pago de una cuota)—, con los comerciantes antes que éstos hicieran negocios unos con otros. Así, a pesar de los obstáculos impuestos por el tiempo y el espacio, los comerciantes podían obtener información sobre la reputación de posibles futuros socios comerciales y así decidir entrar o no en relaciones de intercambio con ellos. Los detalles de este argumento son omitidos aquí. Es suficiente con decir que el surgimiento endógeno de una institución facilitó la realización de compromisos creíbles, que de otra manera hubieran estado a merced de comportamientos oportunistas.

El miedo de retribución futura es, en mi opinión, solamente un explicación parcial cuando consideramos la credibilidad gubernamental. Esto es en parte así, porque los agentes gubernamentales tienen horizontes de tiempo más cortos que sus contrapartes en el sector privado; de manera que la eficacia de los mecanismos de reputación y castigo está más limitada en esta esfera.[17] Igual de importantes, sin embargo, son las ineficiencias de los costos

---

17. Esta es la opinión de Brennan y Buchanan (1985, p. 82): "El comportamiento individual en la elección colectiva parece reflejar horizontes de tiempo más cortos que los comportamientos comparables en elecciones… privadas… La persona que esté dispuesta a esperar privadamente, a comportarse con prudencia de modo que sus herederos cosechen los frutos de sus inversiones a largo plazo, tanto en capital físico como en capital humano, puede no estar dispuesta, al mismo tiempo, a esperar colectivamente;… dado que la identificación de su parte correspondiente o derechos individuales a los frutos del desarrollo colectivo o "inversiones" gubernamentales se verá necesariamente atenuada. Si la hipótesis descripta es válida, se deduce que como las sociedades modernas se han vuelto más colectivas y politizadas, ha habido un cambio hacia una

de transacción asociadas a los mecanismos de reputación, un punto sugerido por Milgrom, North y Weingast (1988): los compromisos colectivos, en contraste con los compromisos bilaterales, requieren un esfuerzo mayor y son vulnerables al *free riding*. Finalmente, existe una ventaja comparativa de una manera *institucionalizada* de tratar la credibilidad. La veremos en la próxima sección.

Los arreglos institucionales como garantes de credibilidad gubernamental

En la ciencia política hubo un renacimiento del estudio de las instituciones, que había estado relegado a un plano secundario durante las revoluciones del enfoque conductista y de elección racional. Este renovado interés se deriva de dos fuentes. Primero, los posconductistas, como los preconductistas, sostenían que las prácticas y los arreglos institucionales condicionaban, dirigían y obligaban al comportamiento individual y a las acciones racionales; es decir, que las instituciones *afectaban* el comportamiento individual, las acciones colectivas, y las consecuencias sociales. El mundo atomístico de las ciencias sociales del comportamiento y de la teoría de la elección social arroviana, soslayó mucha de esta riqueza institucional. En segundo lugar, las herramientas ahora están disponibles para comprender la elección, surgimiento, y evolución de instituciones. Éstas pueden verse no sólo como una causa del equilibrio social (equilibrio institucional) sino, también, como el producto de un equilibrio de fuerzas (instituciones de equilibrio) (Shepsle 1986).

En este renacimiento intelectual, sin embargo, poca atención sistemática se ha prestado a las instituciones como instrumentos del compromiso colectivo. Ahora quiero focalizarme en esta propiedad de las instituciones. Desearía formular la proposición de que la estructura y la práctica institucional tienen el efecto de impedir ciertas formas de discreción colectiva; y por lo tanto, hacen los compromisos públicos más creíbles. También quisiera sugerir a los reformistas con esperanzas de transformar la manera de llevar a cabo en

---

creciente tasa de descuento implícita en la asignación de recursos de la economía." Además, ver North y Weingast (1989) sobre el acortamiento de los horizontes temporales de la monarquía de los Estuardo frente a una crisis fiscal y militar.

forma conjunta las cosas, que sus reformas pueden tener implicancias no deseables para la credibilidad pública.

Esta agenda es ambiciosa, y no espero poder brindar una posición definitiva aquí. Por lo tanto, como lo haré en el resto del artículo, me apoyaré en argumentos parciales y ejemplos. Mi opinión es que impedir la discrecionalidad, crea asimetrías en las instituciones, haciendo más fácil hacer que deshacer. Lo primero, permite que se haga una promesa; lo último, pone obstáculos para renegar de ella. Me concentraré en dos características de las instituciones —estructura y procedimiento.

Estructura

La división del trabajo es generalmente descripta y defendida en términos de sus propiedades para aumentar la eficiencia contemporánea. Pero tales arreglos estructurales pueden tener también impactos de largo plazo. Para tomar un ejemplo prominente con el cual estoy familiarizado, los arreglos institucionales del Congreso de los Estados Unidos se formaron esencialmente en 1825, y persistieron virtualmente de la misma forma por 150 años (Gamm y Shepsle 1989). Generaciones anteriores de legisladores eran hijos de la ilustración escocesa, y aplicaron las lecciones derivadas de Adam Smith sobre la fábrica de alfileres a la estructura legislativa. Por 1825, ambas Cámaras de la legislatura nacional estaban descentralizadas a través de un sistema de división del trabajo de las comisiones permanentes. Cada comisión tenía un derecho de propiedad sobre la política de una jurisdicción en la que, para simplificar, sus miembros tenían prácticamente poderes monopólicos sobre la agenda. Eran, por un lado, una fuente exclusiva de propuestas para cambiar el *statu quo* en sus jurisdicciones; y por el otro lado, podían bloquear o vetar tales cambios.

Para comparar, consideremos una legislatura desestructurada de regla de mayoría, la clase de colectividad que es el objeto de estudio tradicional en la teoría de la elección social. Supongamos que algunos legisladores estuvieran disconformes con el *statu quo* existente, x^0, y quisieran reemplazarlo por una alternativa, x. Siempre que x pueda prevalecer sobre x^0 en una comparación de a pares, el deseo de la mayoría podrá llevarse a cabo. Pero nosotros ahora sabemos (a diferencia de aquellos que creen que hay algún interés público único y unitario) que existen *muchas* mayorías, cuyas preferencias respectivas no necesitan ser coherentes o consistentes; y que una mayoría no puede comprometer o atar a la próxima mayoría. Entonces, x puede ser reemplazado, por turno, por

x', y x' por x'', y así sucesivamente. De hecho, y quizás mucho más perverso, es completamente posible volver a x^0.[18] Siempre que las coaliciones de mayoría puedan movilizarse fácilmente, las mayorías sucesivas podrán transformar, rehacer, o deshacer el trabajo de los predecesores.[19] En resumen, la política puede no tener la habilidad para autocomprometerse a un curso de acción, dejando a otros agentes vulnerables a los caprichos de cualquier mayoría que pueda movilizarse.

En estas circunstancias, suponga que los legisladores rurales y urbanos (que comprenden colectivamente una mayoría) acuerdan sobre una política general de gasto de varios años para otorgar subsidios a la agricultura y para el transporte colectivo de pasajeros. Si la legislatura pudiera comprometerse a esta política de forma creíble, entonces según cabe presumir, los intereses económicos urbanos y rurales podrían adaptar sus planes a esta condición. Sin embargo, suponga que este plan de varios años fuera susceptible a los cambios. Por ejemplo, una elecciones acaecidas durante la duración esperada de los programas, puede aumentar la representación de legisladores en contra del transporte urbano. ¿Qué podría evitar, si ahora constituyen una mayoría, que deshagan la política previa? Y si esto fuera una posibilidad, ¿no podrían los agentes económicos (fuera de la legislatura) tener esta perspectiva en cuenta *ex ante* cuando formulan sus propios planes? En resumen, ya que la legislatura no puede atar a la legislatura sucesora, y una coalición mayoritaria no puede atar a otra, las políticas públicas siempre son vulnerables a ser cambiadas en sentido opuesto. Entonces la adaptación económica óptima a una política (si fuera creíble), no estaría disponible bajo este arreglo institucional —otra vez Kydland y Prescott—. Una legislatura desestructurada tiene discreción ilimitada; y por tanto, excesiva.

18. Esta es una formulación simple del famoso teorema del caos bajo la regla de la mayoría (McKelvey 1976, 1979), según el cual cualquier punto de partida y de llegada pueden estar unidos por una secuencia de votos de mayoría. Así, desde cualquier *statu quo*, la regla de la mayoría puede conducir al sistema a cualquier otro punto. Por lo tanto, todas las alternativas están unidas por un gran conjunto cíclico, cualquier cosa puede suceder, ningún punto es estable, y la persona que controla la agenda puede determinar el resultado final.

19. Como lo describe Elster (1979, p. 88) "una democracia directa... tenderá hacia políticas zig-zag y a una constante revaluación de los planes pasados; será incontrolable, vacilante e ineficiente".

Volvamos ahora al sistema de división del trabajo estructurado a través del sistema de comisiones. Como en el caso sin ninguna estructura, supongamos otra vez que una mayoría de legisladores urbanos y rurales acepta un plan de gasto plurianual en subsidios a la agricultura y al transporte urbano. Supongamos, también, que las mayorías en las comisiones relevantes están preparadas para iniciar la legislación necesaria. Una vez en marcha este plan plurianual es vulnerable a las mismas clases de cambios mencionados más arriba. Sin embargo, la consecuencia es bien distinta. Aún si aumenta la representación en contra del tránsito colectivo de pasajeros en el próximo Congreso, el deseo de esta nueva mayoría bien puede quedar frustrado. A menos que también sea capaz de reconstruir la comisión para controlar la jurisdicción de tránsito colectivo de pasajeros, sus esfuerzos pueden ser bloqueados. Cualquier intento para dejar sin efecto el gasto en transporte urbano de pasajeros podría ser vetado por la comisión de transporte, que presumiblemente está dominada por los que están a favor del transporte urbano; y que tiene una autoridad exclusiva sobre la formación de nueva legislación en esta jurisdicción.[20]

En el Congreso de los Estados Unidos, puede resultar difícil hacer promesas políticas. Pero una vez hechas, es aún más difícil renegar de ellas. Este estado de cosas se ha desarrollado porque los miembros son típicamente asignados a comisiones en los que tienen un interés particular; y son capaces de mantenerse afincados en la comisión una vez que son asignados (Shepsle 1978). Muchas comisiones pobladas a través de este tipo de selección, están aisladas de los vaivenes electorales. En un contexto de extraordinaria rotación en el nivel legislativo —por ejemplo, en la era moderna, la elección de 1974 influida por el tema de *Watergate* dio como resultado una tasa de rotación en la Cámara de Representantes del 21 por ciento, con setenta y cinco nuevos Demócratas y dieciséis nuevos Republicanos—, la composición mayoritaria de muchas de las comisiones fueron mínimamente afectadas. Para continuar con el ejemplo anterior, si hubo una sólida mayoría en la comisión de tránsito colectivo de pasajeros a favor del plan de gasto plurianual, esta mayoría puede permanecer virtualmente intacta en cualquier reversión electoral, salvo una muy dramática. Consecuentemente, el compromiso implícito en la propuesta de gasto plurianual estará aislado de los quiebres subsiguientes, *aun si ocurre una recomposición electoral mayúscula*.

20. Para una discusión más extensa de los sistemas de comisiones como arreglos basados en la división del trabajo, ver Weingast y Marshall (1988) [*Nota de los Editores*: Capítulo 6 de este libro].

Claramente, existen desventajas por la pérdida de flexibilidad que implican estos arreglos (vea nota 8 y los comentarios de Becker); una de las cuales es que la política pública se ve impedida de responder a los deseos mayoritarios. Sólo puedo decir que *gobernabilidad* (la capacidad de comprometerse a llevar a cabo políticas) y *representatividad* (la capacidad de ser responsable ante las mayorías), en muchas ocasiones se contraponen; y que la insuficiencia institucional al respecto de ésta última ha recibido mucha difusión y ha atraído las pasiones de los reformistas; pero la primera constituye —al menos para los propósitos de este artículo— también un objetivo valioso.[21]

Muchos otros rasgos de nuestro paisaje institucional y constitucional, además de los sistemas legislativos de comisiones, refuerzan la credibilidad de las políticas públicas. Un sistema judicial independiente y comisiones reguladoras independientes, por ejemplo, permiten que los agentes se adapten a los pronunciamientos de la política sobre horizontes de tiempo más largos de lo que sería posible, si la composición y disposición de estos cuerpos variara constantemente. El uso creciente de comisiones *ad hoc*, que cubren una variedad de temas, aunque los más visibles recientemente son las reformas del sistema de seguridad social y los aumentos en los salarios federales, constituyen otro ejemplo. Y, por supuesto, el juego de unanimidad entre el Senado, la Cámara de Representantes y el Presidente —cada uno dependiendo de distintos electorados y diferentes momentos eleccionarios—, da a las políticas existentes credibilidad, otorgando poder a distintos grupos a través del veto.

Procedimientos

Un argumento paralelo puede hacerse para los procedimientos. Suponga que haya una nueva política pública que constituye el presente *statu quo*, x^0. Hemos visto que los arreglos estructurales aíslan esta política —la hacen más creíble y durable—, creando grupos de veto. Las reglas de procedimiento refuerzan a estos grupos. Por ejemplo, la mayoría de las organizaciones requieren varias formas de *retraso en el mandato* antes de cambiar el *statu quo* (Schelling 1984, p. 97). En las legislaturas, los derechos deben pasar por diversas deliberaciones, y muchas veces sobre cierto tiempo preestablecido para poder tener la consideración apropiada. En la Ley de Procedimientos Administrativos que gobierna las deliberaciones de las agencias reguladoras, existen requerimientos para una adecuada notificación. En mi

---

21. Este tema es desarrollado en Shepsle (1988).

propio departamento, el Decano de la Facultad no puede recomendar una contratación *senior* a menos que el tema haya sido discutido al menos en dos reuniones sucesivas.

En cada uno de estos casos, los procedimientos imponen sustanciales costos de transacción en el sendero del cambio para mitigar la fluctuaciones, que a diferencia de esto, caracterizan a las decisiones colectivas. Estos costos de transacción impiden la discreción en el proceso de toma de decisiones, realzando la credibilidad de los compromisos existentes.

Finalmente, debe notarse que algunos procedimientos tienen exactamente el efecto opuesto. *Sunset Provisions* (cláusulas de caducidad) en la legislación, por ejemplo, *fuerzan* la reconsideración de las políticas existentes. La credibilidad del compromiso implícita en una política, disminuye en proporción directa a la distancia del horizonte. Presupuestos de base cero y la práctica de apropiaciones por sólo un año, causan toda clase de comportamientos perversos; la habilidad para planear y actuar en horizontes plurianuales se atenúa severamente.

El problema del compromiso público: ¿por qué es importante?

Mi pretensión en la última parte de este artículo ha sido que los arreglos institucionales —estructura y procedimiento— afectan la credibilidad de las políticas públicas y, por lo tanto, la capacidad de las instituciones públicas para llevar a cabo mejoras sociales. La inferencia de esta modesta pretensión tiene dos caras: (1) Si el lector está de acuerdo en que el problema del compromiso sobre el cual he estado escribiendo es serio, entonces no debe pasar por alto el importante rol que juegan los arreglos institucionales en aumentar o disminuir la credibilidad. (2) Si —por alguna razón— la atención del lector está focalizada en la *performance* de las instituciones, entonces no debe ignorar en su entusiasmo reformista los efectos no deseados de "la reforma" sobre la capacidad del gobierno de contraer compromisos creíbles.

Comencé este artículo concordando en principio con un argumento general presentado por North y Thomas: las economías cuyos "derechos de propiedad estaban bien especificados" se desarrollaron más que aquellas donde no lo estaban. A medida en que el siglo XXI se acerca, tener derechos de propiedad correctos sigue siendo un desafío continuo. Cambios recientes en economías socialistas y de libre mercado —sea bajo el rótulo de desregulación, privatización o *perestroika*— son muy sugestivas. La naciente preocupación a partir de este artículo agrega un nuevo sesgo a este tema, diciendo que parte de "tener los derechos de propiedad correctos" involucra el compromiso de la autoridad gubernamental. La ambigüedad y la incertidumbre que rodean este compromiso, producto de la discreción, puede disminuir los beneficios de un régimen con derechos de propiedad apropiados.[22]

22. Muchos de los comentaristas de este artículo desearían contar con mayores explicaciones. El profesor Becker sugiere, por ejemplo, que los problemas de compromisos, aunque son tramposos en teoría, han sido, de hecho, resueltos en la práctica. Nos da como ilustración el ejemplo práctico de *los negocios de familia* —un activo de larga duración que "soluciona" los problemas del compromiso del último período del juego sin el cual el negocio moriría con su dueño—. Estoy de acuerdo en términos generales con el comentario de Becker —que han surgido varios remedios para evitar la discrecionalidad—. Sin embargo, agregaría que recién ahora nuestros modelos reconocen a estos remedios como soluciones; porque sólo recientemente comenzamos a apreciar la relevancia de los problemas que solucionan.

El profesor Hardin nota que un sustituto para impedir la discrecionalidad es recurrir a la motivación adecuada. En un contexto de instituciones públicas, resalta el valor de que los funcionarios públicos estén adecuadamente motivados para que ellos cumplan sus compromisos institucionales. En mi caso, también he distinguido la credibilidad fundada en la motivación de aquella basada en la obligación. De todos modos, considero que Hardin, a llevado esta idea un paso más adelante sugiriendo que, en algunos casos, una institución puede resolver su problema de credibilidad en forma alternativa a la limitación explícita de su propia discrecionalidad. En este caso ello consistiría en vincular el cumplimiento de los compromisos con las aspiraciones profesionales de sus funcionarios.

Finalmente, el profesor Coleman ha sugerido que mi sobresimplificada caracterización de los problemas de compromiso ha pasado por alto complejidades en las que podría resultar interesante profundizar el análisis. Específicamente, sugiere que los compromisos pueden tener distintas formas y tamaños. Uno podría llegar a distinguir entre dos tipos de compromiso el individual y el colectivo. A su vez, él sugiere que el primer tipo puede dividirse entre compromisos a uno mismo y a los demás. El segundo tipo puede por su parte podría subdividirse, de acuerdo, por ejemplo, al número de miembros necesarios para tomar la decisión (mayoría simple, mayoría especial, unanimidad). Me siento complacido de que haya prestado atención a estas distinciones, y creo que ha dado con algo importante. Estoy entusiasmado, por ejemplo, del impacto combinado de sus comentarios y los de Hardin —que las instituciones pueden resolver los problemas de credibilidad transformando los compromisos colectivos en individuales—. A la luz de todos estos comentarios, espero y confío que se realicen nuevos trabajos sobre este tema.

Referencias

Abreu, Dilip (1988) "On the Theory of Infinitely Repeated Games with Discounting", *Econometrica* 56: 383-397.

Aumann, Robert J. (1981) "Survey on Repeated Games", en Aumann *et al.*, eds., *Essays in Game Theory and Mathematical Economics in Honor of Oskar Morgenstern*. Mannheim, Bibliograpfisches Institut, pp. 11-12.

Axelrod, Robert (1981) "The Emergence of Cooperation Among Egoists", *American Political Science Review* 75: 306-318.

—(1984) *The Evolution of Cooperation*. New York: Basic Books.

Barro, Robert J. (1979) "On the Determination of the Public Debt", *Journal of Political Economy* 87: 940-971.

Binmore, Ken (1988a) "Social Contract I: Harsanyi and Rawls", Documento de trabajo de Crest Nº 89-03, University of Michigan.

—(1988b) "Game Theory and the Social Contract." Trabajo de Discusión de ST/ICERD Nº 88/170, London School of Economics.

Brennan, Geoffrey, y James M. Buchanan (1985) *The Reason of Rules: Constitutional Political Economy*, Cambridge, Cambridge University Press.

Coleman, James (1989) "The New Social Structure and the New Social Science", manuscrito, Departamento de Sociología, University of Chicago.

Cukierman, Alex, y Allan H. Meltzer (1986) "A Positive Theory of Discretionary Policy, the Cost of Democratic Government and the Benefits of a Constitution", *Economic Inquiry* 24: 367-389.

Elster, Jon (1979) *Ulysses and the Sirens: Studies in Rationality and Irrationality*, Cambridge, Cambridge University Press.

Epple, Dennis, y Katherine Schipper (1981) "Municipal Pension Funding: A Theory and Some Evidence", *Public Choice* 37: 141-178.

Epstein, Richard A. (1985) *Takings: Private Property and the Power of Eminent Domain*, Cambridge (MA), Harvard University Press.

Fischer, Stanley (1986) "Time-Consistent Monetary and Fiscal Policies: A Survey", manuscrito, Departamento de Economía, MIT.

Fudenberg, Drew, y Eric Maskin (1986) "The Folk Theorem in Repeated Games with Discounting or with Incomplete Information", *Econometrica* 54: 533-554.

Gamm, Gerald, y Kenneth A. Shepsle (1989) "The Emergence of Legislative Institutions: Standing Committees in the House and the Senate, 1810-1825", *Legislative Studies Quarterly* 14: 39-66.

INMAN, Robert (1982) "Public Employee Pensions and the Local Labor Budget", *Journal of Public Economies* 19: 49-71.

KLEIN, Benjamin, Robert G. CRAWFORD, y Armen A. ALCHIAN (1978) "Vertical Integration, Appropriable Rents, and the Competitive Contracting Process", *Journal of Law and Economics* 21: 297-326.

KRONMAN, Anthony T. (1985) "Contract Law and the State of Nature", *Journal of Law, Economics, and Organization* 1: 5-33.

KYDLAND, Finn E., y Edward C. PRESCOTT (1977) "Rules Rather Than Discretion: The Inconsistency of Optimal Plans", *Journal of Political Economy* 85: 473-491.

LAVER, Michael, y Norman SCHOFIELD (1990) *The Politics of Coalition in Europe*, Oxford, Oxford University Press.

LAVER, Michael, y Kenneth A. SHEPSLE (1990) "Coalitions and Cabinet Government", *American Political Science Review* 84: 873-890.

McKELVEY, Richard D. (1976) "Intransitivities in Multidimensional Voting Models and Some Implications for Agenda Control", *Journal of Economic Theory* 2: 472-482.

—1979. "General Conditions for Global Intransitivities in Formal Voting Models", *Econometrica* 47: 1085-1111.

MILGROM, Paul, Douglass C. NORTH, y Barry R. WEINGAST (1988) "Third Party Enforcement of Norms and Contracts: A Theoretical and Historical Analysis", manuscrito, Hoover Institution, Stanford University.

NORTH, Douglass C., y Robert THOMAS (1973) *Rise of the Western World*, Cambridge, Cambridge University Press.

NORTH, Douglass C., y Barry R. WEINGAST (1989) "Constitutions and Commitment: The Evolution of Institutions Governing Public Choice in 17th Century England", manuscrito, Hoover Institution, Stanford University.

RIKER, William R. (1962) *The Theory of Political Coalitions*, New Heaven, Yale University Press.

—(1980) "Constitutional Limitations as Self-Denying Ordinances", en W. S. Moore y Rudolph G. Penner, eds., *The Constitution and the Budget*, Washington (DC), American Enterprise Institute, pp. 85-91.

SCHELLING, Thomas C. (1956) "An Essay in Bargaining", *American Economic Review* 46: 281-307.

—(1984) *Choice and Consequence: Perspectives of an Errant Economist*, Cambridge (MA), Harvard Universit0y Press.

SELTEN, Reinhart (1975) "Reexamination of the Perfectness Concept for Equilibrium Points in Extensive Games", *International Journal of Game Theory* 4:25-55.

SHEPSLE, Kenneth A. (1978) *The Giant Jigsaw Puzzle: Democratic Committee Assignments in the Modern House*, Chicago, University of Chicago Press.

—(1986) "Institutional Equilibrium and Equilibrium Institutions", pp. 51-82 en Herbert Weisberg, ed., *Political Science: The Science of Politics*, Nueva York, Agathon Press.

—(1988) "Representation and Governance: The Great Legislative Trade-Off", *Political Science Quarterly* 103: 461-484.

WEINGAST, Barry R., y William MARSHALL (1988) "The Industrial Organization of Congress", *Journal of Political Economy* 96: 132-163.

WILLIAMSON, Oliver (1983) "Credible Commitments: Using Hostages to Support Exchange", *American Economic Review* 73: 519-540.

Reproducido de Bourdieu y Coleman (Eds.) *Social Theory for a changing society*. Westview, 1991, con permiso del autor.

SEGUNDA PARTE

Instituciones

EL DESEMPEÑO DE LOS FUNCIONARIOS Y EL CONTROL ELECTORAL

John Ferejohn

1. Introducción

En la teoría pura sobre la competencia electoral, los ciudadanos comparan las plataformas de los candidatos y votan por aquél que presenta la plataforma que ellos prefieren. Las estrategias de los candidatos se identifican con las promesas que ellos hacen sobre su desempeño futuro en el cargo. Modelos de esta clase fueron desarrollados bajo escenarios estáticos (McKelvey 1975) y dinámicos (Kramer 1977), y todos ellos parecen tener la propiedad de que si el conjunto de alternativas es, de algún modo, lo "suficientemente grande", las plataformas rara vez están en equilibrio. Pero estos modelos tienen otra característica que es tan perturbadora como su inestabilidad.

En el escenario estático de McKelvey, se presta muy poca atención a la posibilidad de que, una vez en el cargo, las preferencias de los políticos puedan diferir de las de sus votantes; y que por lo tanto, puedan elegir políticas distintas a las enunciadas en sus plataformas. En cambio, se asume simplemente que los políticos cumplirán sus promesas, sea o no ese comportamiento congruente con sus propios intereses una vez en el cargo. Algunos otros autores argumentan que puede existir algún tipo de mecanismo de "imposición" (*enforcement*) para disciplinar a los políticos y obligarlos a cumplir sus promesas, pero al no estar especificado a través de qué mecanismos el electorado va a amenazar con castigarlos, no es obvio que sea en el interés de los votantes hacerlo.

En el modelo dinámico de Kramer, la plataforma del titular del cargo se identifica con la gestión que está llevando a cabo; así, suponiendo que los votantes creerán en cualquier propuesta política, el retador será siempre virtualmente capaz de proponer una plataforma que derrote al titular del cargo. Pero si el titular del cargo sabe que va a perder su reelección, puede sencillamente perseguir sus propios intereses mientras está en el cargo en lugar de hacer lo que prometió durante su campaña (o de repetir lo hecho en su mandato anterior); de todos modos sería derrotado. Claramente, en este caso, los votantes no tendrían ninguna razón para tomar las plataformas de los retadores como algo más que pura retórica; los votantes rápidamente aprenderían que los políticos en ejercicio se comportarían racionalmente e ignorarían sus preferencias una vez en el cargo.

En ambos casos, no existe ninguna razón para que los votantes presten atención a la elección de plataformas que hacen los candidatos. Por este motivo, no hay ninguna razón que nos permita creer que va a existir una conexión previsible entre el perfil de las preferencias de los votantes y las políticas públicas. Si dicha conexión realmente existiese, ninguna de estas teorías podría dar cuenta de ella.

La teoría pura de las elecciones presta poca atención a las clases de estrategias o reglas de decisión que pueden ser adoptadas por los miembros del electorado. En cambio, usualmente se hipotetiza que los ciudadanos votan por el candidato cuya plataforma es la que más les gusta, ignorando otras consideraciones estratégicas. En realidad, en una competencia entre dos candidatos, asumiendo que ellos van a implementar sus plataformas, votar por un candidato distinto al preferido constituye una estrategia dominada. En este caso, la única pregunta interesante es si la gente va a concurrir a votar o no.

El propósito de este artículo, es tratar de construir un modelo coherente en el cual los votantes tengan un incentivo para basar sus elecciones en el comportamiento de los gobernantes, y en el cual éstos últimos elijan sus estrategias anticipando este comportamiento. Un modelo de este tipo es necesariamente dinámico. Se supone que los votantes evalúan a los representantes en función de la *performançe* de su gestión más que a partir de las hipotéticas promesas que ellos pueden hacer cuando están en campaña. En este modelo, la clave para entender la decisión del voto no se encuentra en las diligentes promesas de los contendientes, sino en la infame observación de un granjero de Kansas: "Pero ¿qué has hecho por mí últimamente?"

Si los votantes votaran en base a plataformas o "cuestiones" (*issues*), los políticos tendrían pocos incentivos para hacer lo que prometen. De este modo, los votantes deberían prestar más atención al desempeño de los titulares de los cargos que a las hipotéticas promesas de los candidatos en competencia. Votando en función de las evaluaciones de la performance en la gestión, los votantes pueden llegar a motivar a los políticos en ejercicio para que les presten la debida atención a sus intereses. V. O. Key (1966) ha argumentado bastante sobre lo atractivo de semejante estrategia. El sostenía que si los votantes premian o castigan a los políticos en función de su *performance* en el cargo, ellos no sólo serían diligentes, sino que también estarían motivados a usar su propia iniciativa frente a aquellos nuevos o inesperados eventos que pudieran surgir entre las elecciones.

Existe una abundante evidencia empírica que muestra que la teoría pura de las elecciones constituye, como mucho, sólo una descripción parcial del fenómeno electoral. Muchos datos recientes sugieren que los votantes responden a la *performance* del titular del cargo, así como también a las promesas hechas durante la campaña por los demás candidatos en competencia (Kramer 1971; Fiorina 1981). Tanto a nivel agregado como individual, y virtualmente en todas las naciones estudiadas, la *performance* de la economía tiene un gran impacto sobre el destino electoral del presidente en ejercicio. Más aún, existe evidencia que muestra que los responsables, cuando eligen sus políticas tienen en cuenta el hecho de que el voto se basará en su *performance*.[1]

De modo que aparentemente los votantes emplean reglas de decisión que, en parte están basadas en el desempeño pasado del gobierno que está en el cargo. Inclusive la evidencia acerca de que las votaciones se basan mayormente en las discusiones con respecto a los *issues* es relativamente débil. Si la administración en ejercicio ha sido exitosa en promover el crecimiento económico y en evitar conflictos internacionales, la tendencia será a premiarla en las elecciones; sin importar cuán atractivas sean las posiciones políticas de la oposición.[2]

Este artículo comienza una investigación de la estructura del comportamiento electoral teniendo en cuenta las motivaciones de los titulares de cargos electivos. Queremos saber de qué modo deberán comportarse los votantes si desean que sus representantes persigan los intereses del electorado. Para poder contestar esta pregunta, necesitamos desarrollar un modelo

---

1. Véase la literatura sobre ciclo económico de origen político (*political business cycle*), en especial Tufte (1978). Un reciente trabajo sobre el Congreso (Mayhew 1974) sugiere que el comportamiento de los congresistas está estructurado por incentivos similares.

2. A pesar de la gran cantidad de investigaciones estadísticas sobre los temas electorales, la evidencia sobre los efectos de las plataformas de los candidatos en los votos es diversa. Ver Page y Jones (1979).

formal en el que los políticos puedan ser inducidos a actuar en interés de los electores. El mecanismo natural para transmitir tales incentivos es el hecho de que las elecciones tienen lugar en forma repetida y que los titulares de los cargos electivos desean retener dichos cargos. En estas circunstancias, los votantes pueden adoptar estrategias que afecten de distintas maneras los incentivos de los políticos en ejercicio. Insistimos a su vez, en separar las acciones de los gobernantes del *desempeño* efectivo (*outcomes*) del área de gobierno a su cargo. Con esta separación, la situación se transforma en una variante del problema del "principal y el agente", en el que el titular del cargo es un agente del electorado; y los votantes tienen la oportunidad de estructurar los incentivos del agente, para inducirlo a que actúe de modo tal que mejore el bienestar del electorado.

El presente artículo introduce una teoría alternativa de elecciones, tan pura en sí misma como la teoría clásica expuesta por McKelvey y Kramer. En este modelo, los votantes responden solamente a la *performance* del candidato que está ocupando un cargo, y no le prestan ninguna atención a las promesas del retador o inclusive a las promesas del propio titular del cargo. Todo lo que cuenta para el votante en este caso es cuán bien le va bajo una determinada administración.

En el modelo, los votantes suponen que un funcionario recién elegido perseguirá su propio interés una vez en el cargo, sin importar lo que declaró durante la campaña. Bajo esta perspectiva, las promesas no juegan ningún papel, porque no existe ninguna posibilidad de que los candidatos se comprometan a mantenerlas. En la medida en que los políticos posean las mismas características tipo, es decir las mismas preferencias y capacidades, el votante podrá correctamente anticipar de qué modo se comportará el funcionario en ejercicio en cada caso. Ninguna promesa de hacer algo diferente sería creíble o escuchada.

Dada esta hipótesis sobre el comportamiento de los políticos en ejercicio del cargo, los votantes elegirán una regla de decisión que maximice su bienestar, sujeto a la restricción de que los políticos persiguen su propio interés. De todos modos, los votantes están restringidos en su elección de reglas de decisión, ya que deben reconocer que en cualquier momento futuro, el comportamiento electoral va a reflejar los intereses del electorado en ese momento. No pueden comprometerse ellos ni a su descendencia para tomar decisiones en el futuro acerca de algo que resulte poco atractivo en el presente. Por lo tanto, aquellas reglas de votación basadas en amenazas "increíbles" no están disponibles, dado que los representantes reconocerían que tales amenazas no podrían ser llevadas a cabo.

2. Investigación previa

Existe alguna investigación sobre los incentivos que ciertas reglas electorales basadas en la *performance* confieren a los representantes en ejercicio del poder (Nordhaus 1975). Sin embargo, la mayor parte de estos trabajos se concentra en una implicancia relativamente especial de este tipo de reglas de votación: si los votantes son suficientemente miopes, los titulares de cargos electivos tienen un incentivo para comportarse en forma diferente en años electorales que en otros tiempos; y por lo tanto, para intentar crear un ciclo económico de origen político (*political business cycle*). Sin embargo, el hecho de que los funcionarios sean capaces o no de crear tal ciclo, depende de una variedad de otros factores, que resultan irrelevantes para nuestra preocupación sobre el control de los titulares de cargos mediante las reglas de decisión de los votantes. Incluso, trabajos recientes sugieren que si los votantes son capaces de tener en cuenta las restricciones económicas, los *political business cycles* no ocurrirían (Chappell y Keech 1985). Más aún, la formulación de modelos de ciclos económicos de origen político no presta mucha atención a las reglas de decisión óptimas que deben adoptar los votantes, dadas las oportunidades de los gobernantes.

La fecunda investigación de Robert Barro (1973) sobre el control de los políticos, resulta más relevante para este artículo. Barro se pregunta de qué modo el hecho de que existan elecciones repetidas puede inducir a los titulares a actuar según las preferencias del electorado más que en función de sus propios intereses. El enfoque de Barro se diferencia del nuestro por varios motivos. En primer lugar, supone que los funcionarios en ejercicio tienen un horizonte temporal finito y de conocimiento común. Por lo tanto, en su último período en el cargo su comportamiento escapa al control electoral.[3] A la luz de esta falta de control, el electorado no votaría a aquellos titulares de cargos que buscan acceder a su último período; el político podría entonces darse cuenta de esto y ser incontrolable en el penúltimo período, y

---

3. El mecanismo sugerido para superar el problema del último período es introducido por Becker y Stigler (1974). Becker y Stigler argumentan que el comportamiento negativo puede ser controlado si los titulares hacen frente a la pérdida de una pensión (o, en forma equivalente, una prenda ya cedida) en caso de mal comportamiento en su último período. Barro sugiere que los partidos políticos pueden ofrecer nombramientos futuros a un cargo como incentivos para una que los políticos tengan un buen desempeño durante el último período.

el proceso se desenvolvería de este modo. En el presente modelo, el horizonte temporal es infinito, de modo tal que dichos efectos del último período son evitados. El lector puede pensar a los competidores para el cargo como partidos políticos que perduran indefinidamente y que deben resolver el problema del "último período" de sus representantes en ejercicio a través del uso de incentivos internos.[4]

En segundo lugar, el modelo de Barro está formulado en un mundo con información perfecta; mientras que el presente modelo contiene una asimetría de información: el electorado no puede observar directamente las acciones de los políticos. Con información perfecta, el votante puede extraer la mayoría de las rentas de la transacción. En equilibrio, en cada período, el electorado le demanda al representante la provisión de una cantidad de esfuerzo que le hace indiferente a este último entre seguir en el cargo o abandonarlo. Aquí, nosotros permitimos una asimetría de información natural en favor de los funcionarios, que les brinda la oportunidad de tomar ventaja de sus posiciones de privilegio. Intuitivamente, cuanto mayor sea la ventaja informativa que tengan los funcionarios, mayor será su capacidad para obtener rentas manteniéndose en el cargo.

Finalmente, el modelo de Barro contiene un único votante "representativo". En efecto, su formulación supone no sólo que las preferencias del votante son idénticas, un supuesto que en algunas circunstancias puede ser justificado; sino también que no hay cuestiones distributivas en juego en la competencia política; sin lugar a dudas, una hipótesis mucho más controvertida. Mientras que nosotros no podemos brindar un análisis completo del caso general, sí mostramos que la introducción de cuestiones redistributivas cambia profundamente la naturaleza de la relación entre el electorado y los funcionarios, reduciendo ampliamente el nivel del control electoral.

En la próxima sección desarrollamos un simple modelo dinámico de competencia electoral, que nos permite analizar los incentivos de los titulares de cargos electivos y ver cómo responderán a variaciones en el comportamiento electoral. Este modelo, igual que el de Barro, contiene solamente un votante (o un electorado homogéneo), y dos o más candidatos. El "espacio" sobre el cual se define el desempeño de los funcionarios es identificado con un intervalo sobre la línea real. En este contexto, el hecho de restringir la atención a espacios de *perfomance* unidimensionales no es demasiado importante, aunque sí puede serlo en otros contextos.

---

4. Ver nota anterior.

Si pasamos a un modelo con muchos tipos de votantes, la situación cambia substancialmente. En la Sección 4 mostramos que la introducción de diversidad en las preferencias, le permite a los titulares de cargos escapar del control electoral, a menos que los votantes acuerden utilizar algún tipo de índice de *performance* agregado como su criterio para la votación retrospectiva. Si los votantes utilizan criterios individualistas, el titular del cargo tendrá la oportunidad de explotar la división de los votantes en su favor. La naturaleza de los acuerdos entre votantes no encierra ningún compromiso previo entre ellos, en el sentido de que no requieren que ninguno de ellos vote en contra de sus intereses en algún momento futuro, de manera que este tipo de acuerdo sea creíble. Podemos interpretar este resultado diciendo que el control electoral con un electorado no homogéneo requiere votaciones "sociotrópicas" —esto es, votos basados en un criterio agregado— más que votaciones individualistas (Kiewiet 1983).

3. Un modelo simple de elecciones repetidas con un electorado homogéneo

Muchas de las actividades de los representantes no son directamente observables por miembros del electorado. En cambio, los electores sólo son capaces de determinar los efectos de la *performance* gubernamental en su propio bienestar. Más aún, es sabido que el desempeño gubernamental depende tanto de las actividades de los representantes, como de una variedad de factores de carácter esencialmente exógeno y probabilístico. En otras palabras, el representante es un agente de los votantes cuyo comportamiento es imperfectamente monitoreado. Se supone que los representantes valoran la reelección como un manera de continuar aprovechando los beneficios que brinda el cargo, así como también para poder implementar sus ideas políticas. El deseo de retener el cargo junto con la posibilidad de que exista un monitoreo indirecto por parte del electorado, constituyen los incentivos que producen los efectos que observamos en el modelo.

Antes de especificar el modelo, debemos enfatizar que suponemos que los candidatos al cargo son esencialmente todos iguales, en el sentido de que todos tienen las mismas preferencias y capacidades; y que esto es de conocimiento común entre todos los actores. En otras palabras, el problema del votante es vigilar el riesgo moral (*moral hazard*) más que encontrar y elegir al más capaz de un conjunto de posibles gobernantes benevolentes. Reglas como las aquí presentadas pueden tener la propiedad, en el contexto apropiado, de separar los diferentes tipos de gobernantes, pero no nos referimos aquí a esos aspectos.

En este trabajo nos tomamos la libertad de trabajar con formas funcionales explícitas que son relativamente fáciles de analizar. Algunos de los argumentos aquí desarrollados pueden ser generalizados en otros escenarios; pero por ahora, hemos elegido tratar de obtener resultados claros en el contexto de un modelo muy simple, para ayudar a nuestra intuición sobre los modos en que el comportamiento de los electores puede inducir a los gobernantes a prestar atención a sus preferencias.

El gobernante observa una variable al azar, $\theta \in \Omega = [0, m]$, un subconjunto de números reales no negativos, y entonces adopta una acción, $a \in [0, \infty)$, en función de dicha observación. Denotamos con F a la función de distribución de q, y suponemos que es continuamente diferenciable. Las preferencias del gobernante para un solo período son escritas como

$$v(a, \theta) = W - \phi(a)$$

donde W es el valor de retener el cargo por un solo período, y f es una función monótona convexa positiva con $\phi(0) = 0$. W puede interpretarse como la compensación explícita del representante, más las rentas que pueda obtener como resultado de estar ocupando el cargo; y $\phi(a)$ es el costo de la acción a.

El votante es incapaz de distinguir las acciones del representante, de los acontecimientos exógenos. En lugar de observar directamente las "políticas", está restringido a monitorear la *"performance"*, que se define como el producto de la políticas y los acontecimientos exógenos. Por lo tanto, las preferencias del votante para un solo período son representadas como

$$u(a, \theta) = a\theta$$

Ante la falta de capacidad para poder observar las actividades de los representantes, el elector adopta una regla de votación simple basada en la *performance* (voto retrospectivo): si la utilidad recibida al cabo de la gestión del representante es suficientemente alta, va a votar su reelección; de otra manera, lo depone y le da el trabajo a otro. Es claro que, bajo ciertas condiciones, esta regla hará que el representante preste atención a los requerimientos necesarios para poder conservar el cargo. También es claro que el elector debe ser cuidadoso y fijar apropiadamente el nivel de utilidad requerido, ya que si es muy alto, el gobernante encontrará que no vale la pena intentar retener el cargo y, en cambio, elegirá aprovecharse de las oportunidades que se le presentan como tal. Por el otro lado, si el votante fija un nivel muy bajo, será tan fácil para el gobernante retener el cargo que elegirá un nivel muy bajo de a.

De este modo, en caso de ser derrotado, el comportamiento del representante depende críticamente de su probabilidad de poder regresar al cargo en el futuro. En el siguiente análisis consideramos dos casos extremos: (1) si pierde el cargo, el representante no tiene la posibilidad de regresar; (2) si pierde el cargo, el representante es reemplazado por otro agente, y vuelve al cargo siempre y cuando el otro agente pierda. Pensamos que el primer supuesto se corresponde más o menos con la competencia multipartidista con partidos pequeños, en donde un partido fuera del cargo tiene relativamente una baja probabilidad de recobrarlo en la próxima elección. En tal sistema, la pérdida del cargo sería una situación casi terminal para el partido de dicho representante. En vez de la perspectiva del partido, este caso también puede capturar la perspectiva del candidato bajo un sistema bipartidista, en donde los competidores forman parte de "equipos" partidarios que se alternan en el cargo.

Algunas consideraciones acerca de esta formulación son importantes. Primero, el modelo contiene una asimetría de información extrema. El representante puede dilucidar completamente su incertidumbre antes de llevar a cabo su acción, mientras que el votante no puede hacerlo. Al costo de complicar la notación, podemos introducir una perturbación adicional representando la incertidumbre que el candidato no es capaz de dilucidar antes de elegir las políticas. En este caso, el candidato vería su probabilidad de elección como incierta. Mientras que este caso tal vez es más realista, no nos permite ganar ninguna perspectiva adicional con respecto a las estrategias del votante y del gobernante.

Se supone que tanto los gobernantes como los votantes son neutrales al riesgo. Este supuesto simplifica de algún modo el análisis y también afecta la naturaleza de las estrategias óptimas. Si el candidato y el votante se diferenciaran en su aversión al riesgo, aparecerían cuestiones relacionadas con la división de riesgo. De nuevo, aun cuando este caso puede llegar a ser más realista, complicaría innecesariamente el presente análisis y, por lo tanto, es dejado de lado.

Finalmente, por las razones aludidas en la introducción, el retador no juega ningún papel activo en el modelo. La importancia del retador descansa por completo en su disponibilidad. Lo que le proporciona al votante influencia sobre el representante que está ejerciendo un cargo es la existencia de otros políticos que desean obtener dicho cargo. Es por esta razón que, para poder atraer retadores, es importante que el cargo electivo sea suficientemente valorado respecto a fuentes alternativas de empleo.

Dadas las preferencias para un período destacadas arriba, y suponiendo que el elector emplea una regla de votación retrospectiva, podemos utilizar técnicas estándar de programación dinámica para determinar el comportamiento óptimo del candidato. Una vez que el representante observó un valor de θ_t, elegirá una acción que maximice su utilidad (descontada) de ese momento en adelante, suponiendo que el votante emplea una regla de votación retrospectiva con "niveles de corte" (es decir, la utilidad mínima que debe recibir para reelegir al gobernante) $K_t, K_{t+1}, K_{t+2},...$, desde el momento t en adelante. Bajo las condiciones supuestas anteriormente, las cantidades a elegir de $a(\theta_t)$ maximizan el valor presente del flujo de utilidad. Obviamente, si θ_t es tan pequeño que es imposible ser reelecto, entonces elegirá $a(\theta_t) = 0$. Si es posible ser reelecto, entonces el candidato puede elegir $a(\theta_t)$ de manera que la restricción de reelección es justamente satisfecha: $a(\theta_t) = K_t/\theta_t$. En ningún caso querría elegir un $a(\theta_t)$ mayor que la cantidad mínima que le asegure su reelección.

En lo que resta de esta sección, presentamos una caracterización de las estrategias del votante y del representante en equilibrio (Proposiciones 1 a 3). Luego, examinamos sistemas de partidos alternativos desde el punto de vista del control electoral (Proposición 4). Finalmente, en la Proposición 5 presentamos un resultado de estática comparativa que implica que el control de los representantes es mayor para los cargos más valorados.

Después de cada elección, el representante observa el valor θ_t y elige $a(\theta_t) = K_t/\theta_t$ si y solo si

$$(1) \qquad W - \phi(K_t/\theta_t) + \delta V_{t+1}^I \geq W + \delta V_{t+1}^O,$$

y, si (1) no se satisface, elige $a(\theta_t) = 0$. En (1), V_{t+1}^I y V_{t+1}^O representan los valores esperados de permanecer y dejar el cargo, respectivamente, dada la jugada óptima tanto de los votantes como de los candidatos de la próxima elección en adelante; y δ representa el factor de descuento (común) empleado por todos los agentes. Es importante notar que V_{t+1}^I y V_{t+1}^O son independientes de θ_t y de K_t. Reacomodar los términos nos permite establecer la siguiente caracterización de las estrategias óptimas del representante:

PROPOSICIÓN 1. Dada la regla de votación retrospectiva $\{K_t\}_{t=0}^{\infty}$, la estrategia óptima del representante es

(2) $\quad a(\theta_t) = K_t / \theta_t$, si $\theta_t \geq K_t / \phi^{-1}\left(\delta(V_{t+1}^I - V_{t+1}^O)\right)$

Prueba (1) implica que $a(\theta_t) = K_t / \theta_t$, si y solo si $\theta_t \geq \theta_t^*$, donde θ_t^* satisface $\delta(V_{t+1}^I - V_{t+1}^O) = \phi(K_t / \theta_t^*)$. La desigualdad surge del hecho que ϕ es positivo, monótono, convexo, y $\phi(0) = 0$.

En otras palabras, el titular del cargo se esforzará sólo si observa un valor de θ_t lo suficientemente favorable. Nótese que esta expresión implica que si el valor del cargo es relativamente pequeño, el titular del cargo puede elegir aceptar la derrota aunque podría haber sido reelecto.

Observación. Dada la regla de votación retrospectiva, las estrategias óptimas del representante son óptimas en cada momento futuro *t*. Así, una estrategia óptima es creíble porque el titular del cargo podría realmente llevarla a cabo para cada valor de θ_t que pueda observar. O, puesto en otros términos, son estrategias de equilibrio en cada subjuego (*v. g.*, subjuego perfecto).

Para poder caracterizar un equilibrio, debemos determinar la regla retrospectiva óptima. La utilidad esperada del votante puede expresarse del siguiente modo:

(3) $\quad U = \sum_{t=0}^{\infty} \delta^t K_t \Pr\left\{\theta_t \geq K_t / \phi^{-1}\left(\delta(V_{t+1}^I - V_{t+1}^O)\right)\right\}$

Podemos obtener una caracterización de las reglas retrospectivas óptimas maximizando (3) sobre todas las reglas retrospectivas.

PROPOSICIÓN 2. Si los θ_t son variables al azar independientes, idénticamente distribuidas con función de distribución cumulativa $F(.)$ y densidad $f(.)$, una regla de votación retrospectiva óptima satisface la siguiente igualdad:

(4) $\quad K_t = \dfrac{\left[1 - F(\theta_t^*)\right]}{f(\theta_t^*)} \phi^{-1}\left(\delta(V_{t+1}^I - V_{t+1}^O)\right)$

Prueba. Esto se deriva directamente de las condiciones de primer orden de la ecuación (3).

Lo importante a notar sobre la ecuación (4) es que K_t depende positivamente de $\delta(V_{t+1}^I - V_{t+1}^O)$. Cuanto mayor es el valor de permanecer en el cargo para el representante, más puede demandarle el votante. En especial en el caso en que F es uniforme y ϕ es la función identidad obtenemos una caracterización mucho más clara.

Corolario. Si los θ_t son variables aleatorias independientes y uniformes entre $[0,1]$, y si $\phi(a) = a$ y $a \in [0,1]$, una regla óptima retrospectiva debe satisfacer la siguiente ecuación :

$$(4') \quad K_t = \min\left\{\frac{1}{2}, \frac{\delta\left(V_{t+1}^I - V_{t+1}^O\right)}{2}\right\} \quad \text{para todo } t.$$

Las ecuaciones (4) y (4') pueden interpretarse de la siguiente manera. En cada período, el elector fija K_t para igualar el valor esperado del representante entre permanecer en el cargo o el valor de elegir $a(\theta_t) = 0$ y aceptar la derrota.

PROPOSICIÓN 3 Si $\dfrac{[1 - F(x)]}{f(x)}$ es función monótona decreciente, entonces θ_t^* es independiente de d, t, y W.

Prueba. Sustituimos K_t usando la ecuación (4) en la siguiente expresión

$$(5) \quad \theta_t^* = K_t / \phi^{-1}\left(\delta\left(V^I - V^O\right)\right)$$

y produce la ecuación $\theta_t^* = \dfrac{\left[1 - F(\theta_t^*)\right]}{f(\theta_t^*)}$, que tiene una única solución

bajo el supuesto de monotonía.

Observación. Una regla óptima de votación retrospectiva es "perfecta en subjuegos" (*subgame perfect*), en el sentido de que es una estrategia de equilibrio en cualquiera de los subjuegos. Suponiendo que está restringido al uso de alguna regla de votación retrospectiva, el elector no puede hacer nada mejor que utilizar una regla que satisfaga (4). Por esta razón, los representantes considerarán creíbles las reglas restrospectivas óptimas.

Corolario. Si F es uniforme entre $[0,1]$, $\phi(a) = a$ y a está restringida al intervalo $[0,1]$; entonces $\theta_t^* = 1/2$ y $\Pr\left(\{\theta_t \geq \theta_t^*\}\right) = 1/2$.

Observación. Se deriva de la formulación que cualquier solución para (3) debe ser estacionaria en el sentido que $K_t = K$ para todo t. Para ver esto, note que si la ecuación (3) es escrita como sigue,

(3') $\quad U_0 = K_0 \Pr\left(\theta_0 \geq \theta_0^*\right) + \delta U_1$

$U_0 = U_1$ ya que las estrategias y los resultados son los mismos en el momento 1 que en el momento 0. Además, U_1 no depende de K_0. Entonces, si K_0 maximiza (3'), K_0 debe también maximizar U_1, y así sucesivamente para todo t.

En el caso especial de perturbaciones uniformemente distribuidas, la estacionaridad implica la siguiente conveniente expresión para la utilidad esperada del votante (usando una regla óptima de votación retrospectiva) K:

(3") $\quad U = K/2(1-\delta) = \min\left\{1/2, \delta\left(V^I - V^O\right)/2\right\}/2(1-\delta)$

Entonces, hasta el punto donde el valor marginal esperado por el representante de permanecer en el cargo excede ½, la utilidad esperada del votante depende de este valor marginal. Cuanto más atractivo sea el valor presente del cargo para el representante, mayor será la satisfacción que el votante puede anticipar. Sin embargo, este efecto se mantiene solamente para cargos relativamente poco atractivos. En realidad, en los cargos nada atractivos, el votante no espera recibir casi nada del titular del cargo. Para los cargos más valorados, los efectos de aumentar el valor no son capitalizados por el votante a través de un mayor control sobre el gobernante, sino que, en cambio, benefician a los políticos.

Habiendo descripto las estrategias óptimas, podemos ahora calcular los resultados de equilibrio para el juego. Observando primero al representante, vemos que si el votante está jugando una estrategia de votación retrospectiva estacionaria con el criterio K, podemos escribir el valor esperado de ser titular de un cargo, antes de observar q, como sigue:

(6) $V^I = \int_{\theta^*}^{m} \left[W - \phi\left(K/\theta\right) + \delta V^I\right] dF(\theta) + \int_{0}^{\theta^*} \left[W + \delta V^O\right] dF(\theta)$

El valor presente descontado de la utilidad esperada de un candidato fuera del cargo puede ser escrita de forma similar.

(7) $\quad V^O = \int_{0}^{\theta^*} \left[\lambda \delta V^I + (1-\lambda)\delta V^O\right] dF(\theta) + \int_{\theta^*}^{m} \delta V^O dF(\theta)$

donde l es la probabilidad de obtener el cargo si el actual titular del cargo es derrotado en la próxima elección, que se supone como exógenamente determinado.

En esta interpretación, un sistema bipartidista puro corresponde a $\lambda=1$, de manera que $V^O = \delta(V^I + V^O)/2$. En el otro extremo, un sistema multipartidista "puro" tendría $\lambda=0$, y por lo tanto $V^O = 0$.

Resolviendo (6) y (7) obtenemos las siguientes expresiones para V^I y V^O,

$$(8) \quad V_\lambda^I = \frac{\left[W - \int_{\theta^*}^m \phi(K_\lambda/\theta)dF(\theta)\right]\left[1 - \delta(1 - \lambda p)\right]}{\left[1 - \delta(1 - \lambda p)\right]\left[1 - \delta(1 - p)\right] - \lambda\delta^2 p^2}$$

$$(9) \quad V_\lambda^O = \frac{\left[W - \int_{\theta^*}^m \phi(K_\lambda/\theta)dF(\theta)\right]\delta\lambda p}{\left[1 - \delta(1 - \lambda p)\right]\left[1 - \delta(1 - p)\right] - \lambda\delta^2 p^2}$$

donde $p = F(\theta^*)$ y donde los subíndices indican la dependencia de λ. Ahora podemos establecer nuestros resultados más importantes.

PROPOSICIÓN 4. Un aumento en λ disminuye la utilidad del votante.

Prueba. Diferenciando implícitamente $V_\lambda = V_\lambda^I - V_\lambda^O$ con respecto a λ, y reordenando términos, vemos que $\partial V_\lambda/\partial\lambda$ es negativa, y que por la ecuación (4) esto implica que las derivadas de K_λ y U_λ deben ser negativas también.

Observación. Como el número de partidos está restringido, el bienestar del elector disminuye. Como la prueba sugiere, esto ocurre cuando el número de partidos cae (v. g., cuando λ aumenta), y la valuación relativa del cargo que hace el representante decae. Él se preocupa menos por la pérdida del cargo; y es, por lo tanto, menos controlable por el votante.

Una interpretación alternativa de este resultado puede darse si permitimos que $\lambda=0$ represente los incentivos de los candidatos más que de los partidos. En este caso vemos que los votantes pueden conseguir mayores niveles de control haciendo responsables a los candidatos más que a los partidos por los malos resultados. Esto se logra rechazar para siempre la idea de reelegir el representante que gobernó en un período con mal desempeño.

Por último, esencialmente el mismo argumento de arriba, produce el siguiente resultado:

PROPOSICIÓN 5. La utilidad del votante es creciente en W.

Prueba. Diferenciando implícitamente V_λ con respecto a W y resolviendo $\partial V_\lambda / \partial W$, vemos que V_λ es creciente en W. Esto implica que U crece en W también.

La mayor parte de las conclusiones que se derivan de este simple modelo de elecciones repetidas están de acuerdo con la intuición. Tal como lo hace Barro, encontramos que los votantes tienen más control sobre los representantes cuando el valor del cargo es relativamente alto, y cuando el futuro no se descuenta tan profundamente. En la medida en que los votantes puedan afectar directamente el valor del cargo, deben elegirlo en forma óptima. La forma de hacerlo es discutida en el trabajo de Barro, y remitimos al lector a su discusión. Intuitivamente, es de esperar que un aumento en el valor del cargo no sólo tenga algún costo, sino también que genere un aumento en el nivel de competencia por obtenerlo entre quienes no lo ocupan (esto no está explícitamente modelado ni acá ni en el trabajo de Barro). En la medida en que el valor del cargo esté determinado por el comportamiento (legal o ilegal) de los políticos que están ocupando dichos cargos, ese valor puede tender a ser mayor que el que los votantes desearían. En cualquier caso, podríamos esperar que los sistemas evolucionen de tal modo, que los políticos desearan permanecer en sus cargos y que, por lo tanto, el electorado tuviese algún grado de control.

Tal vez más sorprendente es nuestra conclusión sobre los méritos comparativos de los sistemas de partidos. Al paso que nuestra representación de los dos sistemas es simplista, creemos que mientras que no exista ningún motivo para el desarrollo de reputaciones partidarias, la conclusión básica se mantendrá en modelos más sofisticados de elecciones repetidas. Mientras que los partidos no difieran en sus preferencias o capacidades de algún modo inobservable, ellos no tienen ninguna manera de diferenciarse en las mentes de los votantes. En tal caso, si la competencia electoral está restringida solamente a dos partidos, el efecto será una disminución en el nivel de control de los votantes sobre los titulares de cargos públicos. Los votantes están mejor en este modelo, mientras puedan evitar que el sistema evolucione hacia una competencia bipartidista. En un sistema bipartidista la pérdida del cargo no tiene tantas consecuencias como bajo un sistema con muchas candidaturas (o más aún, bajo uno multipartidista); por lo tanto, los representantes no tienen incentivos fuertes para prestar atención a los intereses de los electores.

4. Control electoral con un electorado no homogéneo

El desarrollo del modelo de control electoral se basó en el supuesto de que los votantes tenían preferencias homogéneas acerca del desempeño gubernamental. Aun cuando existe alguna evidencia empírica en favor de la hipótesis de que las evaluaciones que los votantes hacen sobre los representantes están correlacionadas, existen todavía razones para sospechar que los votantes pueden no estar todos de acuerdo en sus evaluaciones respecto de la *performance* gubernamental. De hecho, muchas de las verdaderas diferencias entre los partidos y los candidatos pueden deberse a las diferentes políticas distributivas que ellos persiguen. ¿Hasta dónde pueden extenderse los resultados de nuestro modelo en un mundo en el cual los votantes tienen diferentes criterios evaluativos para los representantes?

Comenzamos considerando una simple especialización del modelo presentado en la Sección 2 y extendiéndola al caso de N votantes, cada uno interesado solamente en la cantidad x_i que él recibe. El valor del cargo es W, y el objetivo del titular del cargo es maximizar $W - a$; pero, en este caso, él tiene que decidir también cómo dividir el producto $qa(q)$ entre los votantes. Así, sus estrategias son representadas por un vector (a, x) con $(N+1)$ elementos, donde $x = \left(x_1, x_2, x_3, ..., x_N\right)$, y donde $\sum x_i = \theta a(\theta)$.

El juego se desarrolla exactamente igual que antes: los votantes anuncian sus niveles de voto retrospectivo, K_i, y luego el titular del cargo observa θ_t y elige (a, x). Luego, cada votante observa el producto que recibe y vota para reelegir al titular del cargo, si y solo si su comportamiento ha sido satisfactorio en el sentido que $x_i \geq K_i$. Por el momento, restringimos nuestra atención al equilibrio estacionario para economizar en notación. Esto no generará ninguna pérdida esencial de generalidad.

La siguiente proposición caracteriza el equilibrio de este modelo:

PROPOSICIÓN 6. Si $\left\langle K_1, K_2, K_3, ..., K_N, (a, x) \right\rangle$ es un equilibrio, éste es igual a cero en todos sus componentes.

Prueba. Dadas las elecciones de los votantes de K_i, i=1, ..., N, el gobernante va a elegir la coalición mayoritaria, $\hat{c}$, para minimizar $\sum_c x_i$ sujeto a la restricción que $x_i \geq K_i$ para todo $i \in \hat{c}$. Obviamente, esto implica que $x_i = K_i$ para $i \in \hat{c}$ y que $\hat{c}$ es una mayoría mínima. Si este mínimo es positivo, a cualquier $j \notin \hat{c}$ le hubiese convenido ofrecer $K_j < \max\left\{K_i \mid i \in \hat{c}\right\}$, lo que muestra que $K_i = 0$ para todo i, y por lo tanto, que $a = 0$.

Entonces, frente a preferencias heterogéneas el representante tiene tanto la oportunidad como la motivación para poner a algunos votantes en contra de otros. El resultado es que el representante es enteramente incontrolable por el electorado. Por lo tanto, bajo un marco distributivo, el voto retrospectivo parece conducir a resultados insatisfactorios desde el punto de vista de los electores. Más aún, parece quedar claro de la estructura del argumento, que el mismo fenómeno aparecerá en cualquier modelo en donde las preferencias de los votantes sean lo suficientemente diversas como para que no exista un equilibrio de regla de mayoría.

Este fenómeno puede verse como una suerte de paradoja: un comportamiento aparentemente racional a nivel individual lleva a un resultado colectivamente indeseable. Uno podría pensar que la presencia de posibles competidores para el cargo, impediría al titular del cargo explotar esta situación. Después de todo, si el titular del cargo es completamente incontrolable, uno podría suponer entonces que el cargo es muy valioso; y que, por lo tanto, los retadores competirán vigorosamente para tener la oportunidad de convertirse ellos mismos en sus ocupantes.

Sin embargo, los retadores no pueden comprometerse previamente ante los votantes y por lo tanto, ninguna oferta distinta de cero hecha por el retador a una mayoría, sería creíble; una vez en el cargo, el retador estaría motivado para violar tal promesa. Por lo tanto, cualquier capacidad que tengan los retadores para disciplinar el comportamiento de los titulares de cargos, descansa meramente en su disponibilidad; y de ninguna manera, en las ofertas estratégicas que puedan hacer.

El problema, entonces, es encontrar una regla de votación que les permita a los votantes aprovechar la presencia de los retadores para disciplinar a los representantes. Está claro que si los votantes son capaces de coordinar exitosamente sus acciones, pueden esperar alcanzar el nivel de control exhibido en la Sección 3. La solución a ese problema permite alcanzar el nivel más alto de desempeño por parte de los representantes.

El potencial de explotación que tienen los representantes puede conducir a que los votantes adopten lo que a veces se denominan *reglas sociotrópicas*: reglas de votación por las cuales los electores individuales basan su voto en un índice de *performance* agregada (Kiewiet 1983). Claramente, si los votantes basan las evaluaciones de los candidatos en virtud de un índice agregado que mida su *performance*, más que en sus participaciones individuales en el resultado agregado, serán mucho más reducidas las posibilidades del titular del cargo de explotar las divisiones entre ellos. La siguiente (simple) proposición ilustra precisamente esta posibilidad.

PROPOSICIÓN 7. Si los votantes acuerdan utilizar como criterio de evaluación el resultado agregado esperado, serán capaces de inducir a los representantes a proporcionar el mismo nivel de servicio que fue exhibido en la Sección 3.

Prueba. El problema del votante está representado en la ecuación (3) y el del titular del cargo no cambia.

Por supuesto, los usuales problemas de la acción colectiva aparecen en la determinación de una regla sociotrópica. Los votantes no estarán de acuerdo entre ellos sobre quién es el mejor candidato; y éstos últimos, por su parte, tratarán de inducir a los votantes o grupos de votantes a desertar del uso de la regla sociotrópica y votar, en cambio, sobre bases distributivas. Pero una vez que se acuerda una regla sociotrópica, a pesar de lo fuerte que puedan ser las tentaciones para desertar y votar en forma "egoísta", los votantes se darán cuenta de que estas tentaciones no son creíbles.

5. Discusión

Hemos ilustrado los límites del control electoral sobre los representantes, en un marco simple en el cual los candidatos son esencialmente idénticos unos a otros, y donde el problema de los votantes es motivarlos a actuar de una manera popular. Los límites impuestos por el control se logran, como sería de esperar, cuando el electorado puede actuar de manera unánime y cuando hay un conjunto de retadores esperando para asumir el cargo si el representante en ejercicio no se desempeña adecuadamente. En ese caso, el control popular de los representantes se apoya en la estructura del sistema partidario y en las recompensas del cargo.

Sin embargo, si tomamos en cuenta la diversidad de las preferencias en el electorado, el grado de control popular se vuelve problemático. Mientras el electorado sea capaz de acordar sobre algún estándar para evaluar su desempeño, el titular del cargo puede encontrarse sujeto a la misma disciplina que tenía con un electorado homogéneo.

Desde la perspectiva del electorado, entonces, hemos visto que el control de los políticos requiere mucho más que una simple votación retrospectiva. Parecería requerir, también, una negativa a votar en forma egoísta. Este resultado, aunque tal vez resulte sorprendente a primera vista, puede ayudarnos a explicar los enigmáticos resultados empíricos de la literatura sobre comportamiento electoral que sugiere una utilización más amplia de las reglas de votación sociotrópicas frente a las más individualistas basadas en el voto retrospectivo. Por supuesto, esta observación deja en pie la pregunta de cómo pueden los votantes llegar a ponerse de acuerdo sobre una regla sociotrópica en particular.

Menos visible aún es, en nuestro modelo, el papel de los retadores. Hemos supuesto a lo largo de todo el desarrollo, que los retadores y los representantes en ejercicio del cargo no pueden llevar a cabo una colusión —un supuesto plausible cuando hay muchos retadores—; de este modo, no fue necesario examinar la estrategia por parte de dos competidores colusivos de alternarse deliberadamente en el cargo, ofreciendo así bajos niveles de desempeño. Es evidente que si los potenciales representantes pudiesen establecer acuerdos de cumplimiento obligatorio entre sí, el concepto de solución empleado aquí no es el adecuado. En tal caso, tendríamos que examinar explícitamente las posibilidades cooperativas y considerar el problema de la negociación entre los candidatos. La cuestión de si vale la pena desarrollar un modelo de este tipo depende, por supuesto, de la presencia de restricciones a la entrada para acceder a los cargos electivos. Tal vez deberíamos pensar a los Estados con partidos únicos —al Sur de los Estados Unidos, Europa del Este, o en varios de los países en vías de desarrollo— como mecanismos para controlar la entrada de los políticos; y por lo tanto, para mantener las oportunidades colusivas de los titulares de cargos públicos del partido establecido. Por supuesto, el modo en que estos políticos del partido dominante pueden evitar la competencia entre ellos mismos, queda sin resolver.

Referencias

Barro, R. (1973) "The control of politicians: An economic model", *Public Choice* 14: 19-42.

Becker, G., y G. Stigler (1974) "Law enforcement, malfeasance, and the compensation of enforcers", *Journal of Legal Studies* 1: 1-18.

Chappell, H., y W. Keech (1985) "A new view of political accountability for economic performance", *American Political Science Review* 79: 10-27.

Fiorina, M. (1981) *Retrospective voting in American national elections*, New Heaven, Yale University Press.

Key, V. (1966) *The responsible electorate*, Nueva York, Vintage.

Kiewiet, D. (1983) *Macroeconomics and micropolitics*, Chicago, University of Chicago Press.

Kramer, G. (1971) "Short term fluctuations in U.S. voting behavior, 1896-1964", *The American Political Science Review* 65: 131-143.

—(1977) "A dynamical model of political equilibrium", *Journal of Economic Theory* 16: 310-334.

Mayhew, D. (1974) *Congress: The electoral connection*, New Heaven, Yale University Press.

McKelvey, R. (1975) "Policy related voting and electoral equilibrium", *Econométrica* 43: 815-843.

Nordhaus, W. (1975) "The political business cycle", *The Review of Economic Studies* 42: 169-190.

Page, B. y C. Jones. (1979) "Reciprocal effects of policy references, party loyalties and the vote", *The American Political Science Review* 73: 1071-1089.

Tufte, E. (1978) *Political control of the economy*, Princeton (N.J.), Princeton University Press.

Publicado originalmente en *Public Choice*, 50, pp. 5-26; reproducido con permiso del autor y de Kluwer Academic Press, Copyright Martinus Nijhoff Publishers, Dordrecht, 1986.

LA ORGANIZACION INDUSTRIAL
DEL CONGRESO
O POR QUE LAS LEGISLATURAS, IGUAL QUE LAS FIRMAS, NO SE ORGANIZAN COMO MERCADOS

BARRY R. WEINGAST Y WILLIAM J. MARSHALL

La organización del Congreso satisface muy bien las necesidades electorales de sus miembros. Dicho de otro modo, si un grupo de planificadores se sientan a intentar diseñar un par de asambleas nacionales para los Estados Unidos, con el objetivo de que estén al servicio de las necesidades electorales de sus miembros cada dos años, será muy difícil que ellos sean capaces de mejorar lo que ya existe.

Mayhew 1974, p. 81

L a nueva economía de la organización sostiene que el intercambio a través del mercado no es la institución universalmente ideal para llevar a cabo las transacciones. La aplicación más exitosa de este enfoque, la teoría de la firma, intenta explicar, por ejemplo, por qué algunas transacciones tienen lugar dentro de una empresa en ciertas circunstancias, y a través del mercado (v. g., entre empresas) en otras.[1] Esta teoría se preocupa también por la estructura de las corporaciones, fundamentalmente por la separación entre propiedad y control (Alchian y Demsetz 1972; Jensen y Meckling 1976; Fama 1980; Fama y Jensen 1983; Demsetz y Lehn 1985; Grossman y Hart 1986). Sin embargo, salvo por algunas pocas excepciones no han sido

---

1. Las aplicaciones usuales se concentran en diversas formas de relaciones verticales (Coase 1937; Williamson 1975, 1985; Crawford y Alchian 1978). Aparte de estos tratamientos generales de la integración vertical, hay excelentes tratamientos de otras formas de relaciones verticales tales como el franchising (Rubin 1978), el mantenimiento del precio de reventa (Gilligan 1986), y la contratación a largo plazo (Joskow 1985).

considerados otros tipos de organizaciones, tales como las burocracias públicas, los partidos políticos, o las legislaturas.[2] El propósito de este trabajo es extender esta teoría al estudio de las organizaciones políticas y, en particular, explicar las pautas institucionales que facilitan la toma de decisiones dentro de una legislatura.

Los estudios sobre la implementación de las políticas públicas enfatizan cómo las decisiones políticas dependen de la participación de los grupos de interés y del electorado. De todos modos, aun cuando esta perspectiva es consistente con lo que ocurre en muchas áreas de política en particular, ella no logra explicar cómo es posible que se otorguen beneficios políticos a un conjunto con intereses muy diversos en forma simultánea. Una amplia variedad de intereses están representados en la legislatura, y casi ninguno está representado por una mayoría. Para que la mayor parte de los intereses obtengan beneficios políticos, los representantes de diferentes electorados deben ponerse de acuerdo para intercambiar su apoyo. Dicho de otro modo, la diversidad de intereses hace que existan ganancias del intercambio dentro de la legislatura. La literatura implícitamente asume que estas ganancias están capturadas sin explicar de qué modo estos tratos son alcanzados y cumplimentados. Si la política pública refleja una serie de tratos entre varios intereses, ¿cómo es que estos tratos se mantienen a través del tiempo? Como bien sabemos a partir de la actual literatura sobre contratos, la respuesta a esta pregunta no siempre es sencilla, dado que no todos los acuerdos son factibles de ser cumplidos.

Para responder a estas cuestiones, desarrollamos una *teoría de las instituciones legislativas* que es similar a la *teoría de la firma* y a la *teoría de las instituciones contractuales*. Tal como ocurre con las instituciones del mercado, las instituciones legislativas reflejan dos componentes clave: las metas o preferencias de los individuos (en este caso, los legisladores buscando obtener el favor del electorado para ser reelectos) y los costos de transacción, inducidos por la información imperfecta, el oportunismo y otros problemas de agencia. Sin embargo, los mecanismos de ejecución que respaldan al intercambio en

---

2. Las excepciones incluyen a Goldberg (1976), Moe (1984), Weingast (1984), Miller y Moe (1986), Tirole (1986), Milgrom y Roberts (1987), y algunos de los temas en North (1981). Jensen (1983) presenta una agenda para llevar a cabo una aplicación más amplia de esa perspectiva. Fama y Jensen (1983) extienden el análisis más allá de las organizaciones de mercado para incluir algunas sin fines de lucro, aunque su análisis constituye sólo un punto de partida para el estudio de esta importante categoría de organizaciones tan diferentes.

el contexto del mercado, son típicamente inapropiados o no están disponibles en la legislatura. Las soluciones para los problemas contractuales que surgen en el mercado (v. g., integración vertical), no se traducen directamente en soluciones a problemas similares encontrados en las legislaturas. Presentamos el modo a través del cual las instituciones legislativas permiten que los tratos entre los legisladores sean ejecutables; y por qué, dados los peculiares problemas que conllevan las negociaciones en las legislaturas, ciertas formas de intercambio diferentes al "mercado" resultan ser superiores al intercambio de mercado. Desde el punto de vista de las políticas, estas instituciones tienen importantes implicaciones. La durabilidad de los acuerdos conlleva la durabilidad de las políticas que estos acuerdos buscan implementar; así como de la coalición que apoya estas políticas. Nuestro modelo, por lo tanto, tiene importantes implicaciones para la formación y el mantenimiento de las coaliciones.

La Sección I presenta las ideas principales de la nueva economía de la organización. La Sección II comienza el análisis presentando los supuestos sobre los cuales se basa nuestro enfoque. La Sección III describe modelos de mercados de votos, y se concentra en los problemas de cumplimiento de los acuerdos. La Sección IV presenta nuestra teoría de las instituciones legislativas, y sugiere por qué estas instituciones resuelven problemas que surgen en mercados simples. La Sección V provee evidencia empírica respecto de muchas de las proposiciones que se siguen de nuestro modelo. Esta evidencia, extraída de una variedad de contextos que involucran al Congreso de los Estados Unidos, provee un respaldo significativo para el modelo. La Sección VI deriva algunos resultados de estática comparativa que proveen al enfoque de alguna evidencia adicional, y sugiere algunos caminos importantes para llevar a cabo tests adicionales. A continuación, se incluye una sección de discusión, la Sección VII, donde exploramos explicaciones alternativas acerca de los mecanismos de ejecución del intercambio legislativo, así como también posibles extensiones de nuestro enfoque.

1. La Nueva Economía de la Organización

La *teoría de la firma* sostiene que la producción y el intercambio tienen lugar a través de instituciones (pautas contractuales, formas organizacionales) que reflejan los patrones específicos de costos de transacción que caracterizan al comercio. El énfasis de esta teoría está puesto en dilucidar de qué modo algunas formas organizacionales o contractuales específicas reducen estos costos. Algunos de los resultados más importantes de esta literatura han demostrado ser útiles para nuestra discusión de las legislaturas.

El trabajo original en esta tradición (Coase 1937) afirma que la firma no surge simplemente para aprovechar las ventajas de la especialización o de las economías de escala, sino también para evitar los costos de utilizar los mercados y el sistema de precios: "La razón principal de por qué es provechoso establecer una firma, parecería residir en que existen costos por utilizar el mecanismo de precios. El costo más obvio de "organizar" la producción a través del mecanismo de precios es el de descubrir cuáles son los precios relevantes" (p. 390). En otras palabras, la firma provee un conjunto de mecanismos contractuales que sustituyen el mecanismo de precios; en parte, porque el mecanismo de precios en ciertas circunstancias es demasiado costoso como para ser utilizado.[3]

Un tema importante en esta literatura es que las instituciones de la firma son diseñadas, en parte, para reducir los costos de asegurar el desempeño contractual. En palabras de Williamson (1985, pp. 48-49), "las transacciones sujetas al oportunismo *ex post* se beneficiarán si pueden elaborarse protecciones apropiadas *ex ante*. Por lo tanto, en lugar de responder al oportunismo con oportunismo, el [negociador] sabio es aquel que trata de dar y recibir «compromisos creíbles». Los incentivos pueden realinearse, o pueden elaborarse estructuras de gobierno superiores para la organización de las transacciones." Este principio es una de las lecciones centrales de esta línea de investigación y está por detrás de muchos de los diseños institucionales y organizacionales.[4]

Los costos de asegurar el desempeño contractual son altos en una gran variedad de circunstancias. Dos situaciones nos preocupan. La primera se centra en problemas de observabilidad (Holmstrom 1979), o medición (Barzel 1982); por ejemplo, cuando es difícil distinguir si una contribución pertenece a un agente o a eventos aleatorios, o por ejemplo cuando un agente tiene información privada sobre la calidad del bien que está en venta. La observabilidad imperfecta genera problemas bien conocidos tales como riesgo moral, selección adversa, y holgazanería (*shirking*) que plagan los intercambios simples en el mercado. Una gran parte de la literatura establece formas contractuales *ex ante* diseñadas para mitigar estos problemas. La segunda

---

3. Ver también la discusión en Cheung (1983).
4. Virtualmente todos los trabajos citados en la teoría de la firma hacen este argumento. Para detalles particulares, ver, Barzel (1982), Fama y Jensen (1983), Kreps (1984), o Williamson (1985).

situación tiene que ver con los contratos incompletos; por ejemplo, cuando es imposible (o demasiado costoso) para los partes contratantes planificar todas las contingencias posibles. Muchos académicos han estudiado estas situaciones y los problemas concomitantes de oportunismo *ex post* que surgen cuando los incentivos *ex post* de las partes de una negociación son inconsistentes con los acuerdos realizados ex ante (v. g., Klein *et al.* 1978; Kreps 1984; Williamson 1985; Grossman y Hart 1986). Estos trabajos también estudian una variedad de mecanismos que son utilizados para mitigar esos problemas, típicamente alguna forma de relaciones verticales.

Cabe destacar que esta literatura no se restringe al análisis de las fallas contractuales. Tal como sugiere Williamson en la cita de más arriba, los problemas *ex post* conducen al diseño de formas organizacionales que sean capaces de mitigar estos problemas. La literatura sobre integración vertical, por ejemplo, sostiene que esta forma organizacional en gran medida constituye una respuesta endógena a problemas contractuales *ex post* del tipo que acabamos de mencionar. Este ejemplo ilustra el argumento de que una forma particular de organización interna demuestra ser superior al intercambio de mercado.

Una limitación importante de la nueva economía de la organización es que ella está en gran medida vinculada a situaciones de mercado. Aun cuando los principios son obviamente más generales (tal como está claramente articulado en Jensen, 1983, o Milgrom y Roberts, 1987), recién se están comenzando a realizar aplicaciones a otras situaciones. De hecho, desarrollar una teoría general de las organizaciones requiere una efectiva aplicación de esta teoría a otros tipos de organizaciones, no sólo a aquellas incluidas en el conjunto que generó dichos estudios.

2. Los Representantes y sus Distritos Electorales

En este trabajo, aceptamos este desafío intentando mostrar de qué modo este enfoque permite iluminar fenómenos que tienen lugar en las legislaturas. La perspectiva desarrollada en este trabajo descansa sobre tres supuestos.

SUPUESTO 1. *Los congresistas representan los intereses (políticamente sensibles) situados en su distrito.* Aun cuando la ignorancia racional caracteriza al sistema político, esto no implica que los intereses de los votantes sean irrelevantes para los representantes, o que estos últimos puedan perseguir libremente sus propios intereses. Más bien, la ignorancia racional fortalece la ventaja de los grupos de interés en el terreno político. Dado que la mayoría de los votantes sólo conocen débilmente las acciones de los representantes, la ignorancia racional introduce un sesgo en las respuestas políticas hacia los formadores de opinión. Por lo tanto, dado que cada grupo de interés posee una mayor preocupación sobre determinadas cuestiones en particular, ellos monitorean a los congresistas y les proveen información. Además, los grupos mobilizan a sus miembros en apoyo de los congresistas afines.

Los grupos de interés no están uniformemente distribuidos. En general, cuentan con concentraciones de votantes en ubicaciones particulares. Los miembros de organizaciones agrícolas, por ejemplo, están concentrados en distritos específicos; igualmente los consumidores de estampillas de comida, y los miembros de las organizaciones de derechos sociales. Los ancianos, para tomar otro ejemplo, tienen una presencia desproporcionada en Florida y Arizona (seguro médico y seguridad social); mientras que los mineros se encuentran en el Oeste de Virginia, Pennsylvania y el sur de Illinois (seguridad minera, enfermedades del pulmón).

En la competencia por obtener el apoyo de los grupos de interés, ciertos representantes poseen una ventaja comparativa. Dado que los votos no son completamente fungibles, ello implica que los legisladores tienen ventaja para conseguir el apoyo de los grupos de interés ubicados en su distrito (ver Denzau y Munger 1986). Esta ventaja proviene del hecho de que para el representante de ese distrito, prestar atención a los intereses locales permite atraer no sólo votos sino también recursos organizados. Por el contrario, si alguien ajeno al distrito le presta atención a dicho grupo, sólo atraería a éstos últimos y podría llegar a perder votos.

La competencia electoral induce a los congresistas, al menos en parte, a representar los intereses de su electorado. Dado que los grupos no están uniformemente distribuidos en los distritos electorales, diferentes legisladores representan diferentes grupos.[5]

---

5. Abunda en la literatura evidencia que avala este punto de vista. Para una revisión reciente en la literatura de ciencia política, ver Fiorina (1981b). En la literatura de economía, la evidencia sistemática ha sido suministrada como parte de la controversia sobre la votación ideológica en el Congreso. Aun cuando la cuestión empírica se refiere a hasta qué punto el comportamiento de los representantes puede apartarse de los intereses de los votantes, todos los estudios proveen evidencia substancial de que estos últimos afectan en forma sistemática —aunque no necesariamente enteramente— las votaciones en el congreso (ver Kau y Rubin 1979; Kalt y Zupan 1984; Peltzman 1984).

SUPUESTO 2. *Los partidos no establecen ninguna restricción sobre el comportamiento de los representantes individuales*. Los partidos eran fuertes en los Estados Unidos a principios de este siglo, cuando contaban con sistemas de premios y mecanismos de sanción para controlar el comportamiento de sus miembros. Específicamente, las organizaciones partidarias determinaban la entrada en la competencia para el cargo electivo local, las posiciones de poder dentro de la legislatura, y la distribución de los beneficios legislativos (v. g., un representante sólo obtenía beneficios legislativos si apoyaba las medidas del partido). Ninguna de estas condiciones ocurre en la actualidad. En el resto del trabajo, consideramos a los individuos como las unidades que toman decisiones.[6]

SUPUESTO 3. *La regla de la mayoría constituye una restricción obligatoria*. Los proyectos de ley que se presentan (alteraciones al *statu quo*), deben contar con el apoyo de la mayoría de los miembros de la legislatura para convertirse en ley.

3. Las ganancias del intercambio. El problema que se debe resolver

Los legisladores persiguen sus objetivos de ser reelectos mediante la provisión de beneficios a sus votantes (supuesto 1). Cada uno de ellos actuando en forma aislada no puede tener éxito (supuesto 3). Esto, en combinación con la diversidad de intereses que representan, genera ganancias del intercambio y cooperación entre los legisladores. Pero, ¿qué tipo de instituciones están por debajo —y permiten la ejecución—, de esta cooperación?

La nueva economía de la organización sugiere que las instituciones se desarrollan con el propósito de asegurar la provisión de beneficios. Para

---

6. La literatura de ciencia política (ver, v. g., Mayhew 1966) ha provisto evidencia substancial respecto de este supuesto. Por ejemplo: el sistema del "látigo" (*whip*), que alguna vez fue la herramienta que tenían los líderes para mantener a los miembros del partido a raya; opera en la actualidad como una organización al servicio de los líderes y los miembros del partido mediante el suministro de información. Para citar un texto muy conocido sobre el Congreso, éste "ya no opera tanto como un mecanismo para obligar o inclusive persuadir a los miembros sino que lo que hace simplemente es informar a los líderes la posición de los miembros respecto de la legislación" (Polsby 1984, p. 129).

poder entender por qué sobrevive un mecanismo de intercambio en lugar de otro, necesitamos estudiar los potenciales problemas de agencia y de costos de transacción que enfrentan los legisladores, dados los tipos de tratos que ellos buscan establecer. Es útil comenzar teniendo en cuenta los enfoques anteriores sobre el intercambio legislativo, aquellos que se basaban explícitamente en mecanismos de mercado. Mediante el estudio de los problemas de ejecución que se plantean en este marco, es posible determinar las características que debe poseer un mecanismo de intercambio legislativo más apropiado.

Estudios previos se han concentrado en el *intercambio de votos*, también conocido como *logrolling*, intercambio legislativo centralizado, o promesas por votos. Los mayores defensores de distintas versiones particulares incluyen a Tullock (1967, 1981), Wilson (1969), Telser (1980), Koford (1982), y Becker (1983). Aunque existen importantes diferencias entre estos enfoques, en todos ellos es fundamental la existencia de un mercado explícito o implícito de votos. En la versión más conocida del *logrolling*, los legisladores comienzan presentando propuestas que los benefician a ellos a expensas de los demás; pero ninguna de estas propuestas obtiene una mayoría (Buchanan y Tullock 1962; Tullock 1967, 1981). Por lo tanto, los legisladores deciden buscar socios para el intercambio. A cambio de apoyo, cada uno logra que su propuesta sea aprobada y de este modo estar mejor en forma neta. En las versiones que sugieren la existencia de un mercado explícito, los votos son comprados y vendidos por un precio y por lo tanto los precios de "equilibrio" determinan el intercambio de votos y en última instancia el conjunto de leyes aprobadas (ver también Wilson 1969; Koford 1982).

La motivación que se encuentra por detrás de estos modelos de mercado es clara. Ceder votos en cuestiones que tienen un bajo impacto marginal en su distrito (y, por lo tanto, en sus chances electorales), a cambio de votos en cuestiones que tienen un impacto marginal mayor, les permite a los legisladores estar mejor. Los modelos de mercados legislativos de votos despiertan un considerable interés, tanto cuando incorporan un mecanismo explícito de subasta como cuando no lo hacen.

Sin embargo, una inspección cuidadosa revela que este enfoque da por sentado algunos de los problemas más profundos que están presentes en el intercambio legislativo. Da por supuesto, por ejemplo, que todos los proyectos de ley y sus resultados son conocidos de antemano; es decir, asume que no existen eventos futuros de carácter aleatorio o imprevisto que pueden influir sobre los resultados. O bien suprime la dimensión temporal o considera que el cumplimiento de los acuerdos a través del tiempo es exógeno. Dado que estos modelos estudian una legislatura sin futuro, ellos no pueden explicar cómo pueden hacer los legisladores para enfrentar acuerdos que cubren más de una sesión legislativa.

Una variedad de problemas de intercambio surgen porque el valor presente de la legislación depende significativamente de eventos legislativos que ocurrirán en el futuro. Los miembros de las futuras composiciones van a enfrentar incentivos diferentes a aquellos que existían cuando el acuerdo tuvo lugar; y podrían intentar, por ejemplo, tratar de reformar, abolir, o simplemente ignorar los acuerdos previos. Dado que los legisladores actuales típicamente *no pueden* comprometer a los futuros miembros del cuerpo, los problemas de ejecución de los acuerdos a través del tiempo son críticamente importantes para poder entender las legislaturas y no pueden ser pasados por alto. Más aún, tal como veremos, estas situaciones inhiben la capacidad de forzar el cumplimiento de los acuerdos utilizando únicamente medios no institucionalizados de cooperación (v. g., reputación). Por consiguiente, dada la incertidumbre acerca del estatus futuro de los acuerdos presentes, los legisladores establecerán instituciones que permitan la durabilidad de los acuerdos en el largo plazo, de tal modo que quede asegurado el flujo de beneficios, más allá de una composición de la legislatura en particular.

Para comenzar nuestro análisis, observamos que la mayoría de los modelos del mercado legislativo sólo se refieren a un subconjunto de problemas que enfrentan los legisladores, típicamente el *pork barrel*.[7] Si bien los programas de *pork barrel* constituyen buena parte de la legislación en casi todos los gobiernos occidentales, tienen ciertas características especiales que los distinguen de otros tipos de legislación. Por ejemplo, los flujos de beneficios son contemporáneos para los diferentes legisladores (en este caso, los fondos que financian el proyecto), y la consumación del trato es simultáneo (ver v. g., Buchanan y Tullock 1962; Tullock 1981; Koford 1982). Concentrarse sólo en los programas de tipo *pork barrel* significa virtualmente excluir del

---

7. [Nota de los Traductores] Se denomina legislación del tipo pork barrel a aquella que destina fondos públicos a proyectos que están localizados en un determinado distrito electoral. Este término ha sido acuñado en los Estados Unidos para ilustrar aquellos proyectos de ley a través de los cuales los legisladores intentan establecer bases militares, medios de transporte o agencias gubernamentales en el lugar en el que se encuentran sus votantes. Dado que las perspectivas electorales de los miembros del Congreso a menudo dependen de cuánto "*pork*" puedan desviar hacia su propio distrito, cada uno de ellos prefiere no obstruir los proyectos semejantes de los demás de tal modo que no sea derrotado el suyo propio.

análisis a casi todas las cuestiones más importantes que estudia la literatura sobre regulación; así como también a los programas redistributivos más significativos de los Estados Unidos.[8] Los problemas generados por los flujos de beneficios no contemporáneos y no simultáneos son considerados a continuación.

a. Los Flujos de Beneficios no Contemporáneos

Consideremos el siguiente problema de intercambio, para poder ver de qué modo los distintos tipos de flujos de beneficios pueden inhibir los acuerdos. Supóngase que un grupo de legisladores que desea obtener *pork*, por ejemplo represas y puentes, busca a otro grupo de legisladores con el cual intercambiar votos. Supóngase además que uno de los grupos con los que potencialmente se llevaría a cabo el trato es un grupo de legisladores que intenta obtener un flujo de servicios provenientes del establecimiento de una agencia reguladora. Si ambas partes intercambian votos, el primer grupo obtiene sus represas y puentes, mientras que el segundo obtiene su agencia reguladora. Una vez que las represas son construidas, sin embargo, ¿qué es lo que le impide al primer grupo renegar del acuerdo, por ejemplo, ocuparse de revocar en las sesiones legislativas futuras los beneficios provenientes de la agencia reguladora? Las instituciones de intercambio de mercado simples no permiten protegerse adecuadamente de esta forma de renegar de los acuerdos (y, como veremos, la interacción repetida por sí sola no es suficiente___ como para evitar este problema). Por lo tanto, las partes del intercambio, descuentan racionalmente las ganancias potenciales de un posible trato en función de la probabilidad de que estos flujos de beneficios sean suspendidos mediante esta forma de renegar de los acuerdos. Consecuentemente, ello hace que el segundo grupo de legisladores pueda no aceptar el trato (v. g., si éste sólo produce beneficios positivos netos si la otra parte no reniega del acuerdo).

b. Intercambio no Simultáneo

Un segundo problema de intercambio surge porque muchos tratos potenciales involucran proyectos de ley que no son considerados simultáneamente para su votación. En cuestiones de *pork barrel*, los legisladores pueden limitar

8. Si desea consultarse varias investigaciones sobre el particular, véase los artículos en Fromm (1981).

este problema incorporando todos los proyectos de ley en un único proyecto "ómnibus", que contenga todos los elementos del acuerdo. Esta simple iniciativa limita las oportunidades de renegar *ex post*.[9] Pero no siempre es posible lograr que todos los proyectos de ley se traten simultáneamente en una misma sesión legislativa.[10]

Considérese la negociación de un acuerdo que se lleva a cabo justo antes de la votación. Un legislador promete apoyar el proyecto de ley de otro legislador, que va a ser puesto a consideración más tarde en la sesión, a cambio del voto de éste último en apoyo del proyecto que está a punto de ser tratado. En otras palabras, le extiende un IOU a la otra parte.[11] Pero los problemas con los IOUs ocurren, en parte, porque ellos no constituyen un medio de intercambio. Requieren que un individuo confíe en el comportamiento futuro del otro. Si los votos fuesen un medio de intercambio, esta confianza no sería necesaria.[12]

Consecuentemente, los intercambios basados en IOUs sufren de los dos problemas destacados en la Sección I, a saber, problemas de observabilidad y de la existencia de contingencias demasiado numerosas (o demasiado costosas) para poder ser completamente anticipadas. Muchos eventos po-

---

9. Debido a que es más fácil la utilización del mecanismo ómnibus como seguro frente al incumplimiento cuando los acuerdos se llevan a cabo entre miembros de la misma comisión (v. g., entre subcomisiones), el patrón óptimo de las jurisdicciones de las comisiones depende del patrón de negociación esperado. Véase también Ferejohn (1986) para una discusión sobre este punto y algunas cuestiones similares.

10. No obstante, cuando el volumen de la legislación era lo suficientemente bajo como para permitir que todos los proyectos de ley fuesen aprobados en un breve período de tiempo, las legislaturas de hecho hacían esto. Por lo tanto, era muy común en Congreso de los Estados Unidos durante el siglo XIX, que gran parte de la legislación fuera aprobada por una composición *lame duck*, es decir cuando los miembros del próximo período legislativo ya habían sido electos pero aún no estaban en funciones. Esto continúa sucediendo hoy en día en aquellos estados cuyas legislaturas sesionan en períodos muy cortos.

11. [Nota de los Traductores] IOU significa *I owe you* (se lo debo). Se refiere a una promesa de voto futuro.

12. Consecuentemente, la así llamada doble coincidencia de deseos, no puede ser satisfecha por esta transacción. Más generalmente, las IOU no poseen ninguna de las propiedades que debe tener un medio de intercambio: un depósito de depósito, una unidad de medida, y la posibilidad de ser transferible fácilmente.

drían llegar a ocurrir entre las dos votaciones. Primero, la percepción pública sobre la cuestión puede llegar a cambiar, siendo el efecto electoral de este cambio observable únicamente por el representante que se verá afectado. Esto induce a una cierta forma de riesgo moral. El primer legislador podría aducir que ya no puede apoyar más el proyecto de ley y, por lo tanto, intentar renegar del acuerdo. Dado que el estado del mundo es observado solamente por uno de ellos, es difícil para el segundo legislador verificar los argumentos del primero acerca de que debe desistir de cumplir su parte del acuerdo. Segundo, en respuesta a circunstancias políticas cambiantes, el propio proyecto de ley podría llegar a evolucionar. Esto introduce una forma de riesgo moral que involucra a ambas partes. Dado que los efectos electorales de este cambio son observables únicamente por el legislador que se verá afectado, el primero de ellos podría argumentar que si bien estaba dispuesto a apoyar el proyecto de ley original, no puede apoyar la nueva versión. Por otro lado, si los redactores de la legislación, obtienen apoyo adicional mediante otros acuerdos, pueden de forma oportunista reescribir la legislación de tal modo de incrementar sus propios beneficios (e imponer mayores costos sobre los demás).

Negociar con IOUs legislativos, por lo tanto, presupone considerables problemas contractuales del tipo de los estudiados por la teoría de la firma. Los IOUs, o bien deberían referirse en forma específica a un proyecto de ley en particular sin ninguna alteración, o bien deberían prever cientos de contingencias, muchas de las cuales no son observables para ambas partes. Probablemente ninguna de estas dos formas de IOU sea útil. La primera de ellas limita severamente las posibilidades de negociación. Dado que la mayoría de las leyes sufre muchas alteraciones en las diferentes etapas antes de su aprobación; esta forma de IOU significa un intercambio entre un voto asegurado y otro que se da en circunstancias relativamente poco frecuentes —una base improbable para una transacción—.[13] Además, diferentes contingencias resultan importantes para diferentes legisladores, y por ello el mercado para IOUs específicos y contingentes probablemente sea

---

13. Para una exploración de las peculiares propiedades de un mercado de votos ver también Ferejohn (1974b). Ello proviene, en parte, de los resultados provistos por la literatura de la elección colectiva que muestran que la existencia de un conjunto de intercambios de votos posible, significa que existen muchos otros más (cf., Schwartz 1981). Esto hace que la lógica de los argumentos estándar en favor de los sistemas de precios no sean pertinentes en este contexto.

extremadamente delgado (*thin*); requiriendo tal vez un precio diferenciado para cada acuerdo potencial. Como Coase (1937) ha observado, esto elimina los beneficios de un sistema de precios. Pero quizás, más importante, los problemas de observabilidad asociados con la multiplicidad de contingencias sugieren que los IOUs son imposibles de hacer cumplir: ¿cómo pueden las partes estar de acuerdo *ex post*, cuando el número de eventos posibles es mayor al número de contingencias especificadas, y cuando ambas partes no pueden observar los resultados?

Esta discusión revela que las formas de intercambio de mercado resultan limitadas como medio para capturar las ganancias de los tratos. Como se indicó en la Sección I, los problemas planteados por la observabilidad y por el cumplimiento *ex post* son fundamentales para poder entender la motivación que lleva a internalizar una transacción dentro de una firma. Del mismo modo que estos problemas llevan a la emergencia de la integración vertical para reemplazar al intercambio de mercado, ellos motivan el diseño de ciertas instituciones dentro de la legislatura, que sustituyen al intercambio explícito de mercado.

Hasta este punto, ha habido poca mención en la discusión del papel de los juegos repetidos. La interacción repetida provee incentivos para que los individuos respeten los acuerdos en un determinado período, de tal modo de poder mantener un flujo de beneficios a través del tiempo.[14] Esta forma endógena de cooperación seguramente juega un papel en las legislaturas, y en algunas circunstancias, puede llegar a ser suficiente para hacer cumplir los acuerdos políticos. Es bien conocido, sin embargo, que "el largo brazo del futuro" resulta inadecuado en aquellas circunstancias donde los agentes tienen información privada, y en las cuales es imposible o es demasiado costoso especificar previamente

---

14. Ver, por ejemplo, Axelrod (1984) y Calvert (1985). Existe, por supuesto, una creciente literatura de economía política respecto de este tema (Telser 1980; Klein y Leffler 1981; Kreps y Wilson 1982; Roberts 1986). Un problema adicional limita la posibilidad de encontrar una solución de este tipo: la rotación del personal legislativo. Inclusive en la actualidad, en donde los representantes son reelegidos con una alta frecuencia, en promedio un 10 por ciento de los representantes queda afuera del Congreso cada vez que se produce una renovación. Inclusive, los perdedores frecuentemente son reemplazados por miembros cuyas preferencias son diferentes, aún cuando ello no se deba más que a la búsqueda por encontrar un apoyo político diferente en su distrito para poder vencer a su antecesor.

todas las contingencias posibles.[15] Hemos argumentado que son precisamente estos problemas los que motivan la necesidad de contar con instituciones legislativas alternativas. La importancia de las contingencias no anticipadas tanto en las negociaciones no contemporáneas como en las no simultáneas, en combinación con los problemas de información privada y de riesgo moral que aquejan a este último tipo, sugieren la necesidad de contar con mecanismos adicionales para poder mantener los acuerdos.

Tal vez otra forma de presentar el argumento de esta sección sea la siguiente. En ciertas circunstancias, la mera repetición del juego resulta insuficiente para evitar la ruptura de la cooperación. Por consiguiente, los legisladores poseen incentivos para idear instituciones que reduzcan aquellas circunstancias en las cuales la ruptura tiene lugar. En este sentido, las reglas legislativas no constituyen sustitutos al establecimiento de una reputación y a la toma de represalias (*trigger strategies*) que son comúnmente utilizadas en los juegos repetidos. Más bien, las reglas complementan el uso de estas estrategias y, en particular, evitan la ruptura de la cooperación, precisamente en aquellas circunstancias bajo las cuales estas otras estrategias fracasan.

Este es un argumento muy parecido al de la integración vertical, según el cual los efectos de la reputación también resultan insuficientes para poder controlar la cooperación entre las empresas. En ambos casos, los potenciales problemas contractuales conducen al diseño de instituciones que reemplazan al intercambio de mercado; ello hace que mejore la capacidad para hacer cumplir los acuerdos *ex post*. Esto no implica que el establecimiento de una reputación no sea algo importante en las legislaturas o en las empresas que están ligadas verticalmente; es sólo que ello no constituye el *único* medio para poder imponer el cumplimiento de los acuerdos. De hecho, las demás instituciones legislativas facilitan indudablemente su uso como un medio para complementar otros arreglos.

---

15. La literatura de la teoría de la firma se basa en la premisa de que los incentivos que se derivan únicamente de la repetición de los tratos son insuficientes para controlar los problemas de incentivos. Como ejemplos puede citarse la integración vertical, o la estructura óptima de financiamiento. Ver las referencias en la nota 2.

c. Implicancias

Los problemas vinculados con la durabilidad y con la capacidad para poder hacer cumplir los acuerdos, son característicos del ámbito legislativo y, por lo tanto, limitan el valor de las formas explícitas de intercambio de mercado.[16] Dicho de otro modo, las coaliciones no tienen durabilidad bajo un sistema explícito de intercambio de mercado. A la luz de estos problemas, los legisladores idearán instituciones alternativas que provean mayor durabilidad a los intercambios (ver Ferejohn 1986). A continuación, pasamos a la discusión acerca de cómo se alcanza esto.

4. El Sistema de Comisiones Legislativas

Esta sección desarrolla un modelo estilizado del sistema de comisiones legislativas. En este modelo, los tipos de políticas (v. g., negociaciones legislativas) que son adoptadas, son similares a las predichas por los modelos de negociación de votos; sin embargo, éste está exento de los problemas de cumplimiento de los intercambios. El sistema de comisiones legislativas se define por las tres condiciones siguientes:

CONDICIÓN 1. Las comisiones están compuestas por un número de asientos o cargos, ocupada cada una de ellas por un legislador individual. Las comisiones poseen las siguientes propiedades: (a) cada comisión cuenta con un subconjunto específico de cuestiones políticas sobre las cuales tiene jurisdicción (v. g., comercio, energía, entidades financieras, o agricultura); (b) dentro de cada una de sus jurisdicciones, las comisiones poseen el derecho monopólico de proponer una votación en la legislatura que permita alterar el *statu quo*; y (c) las propuestas de la comisión deben

---

16. Inclusive las situaciones en las cuales un mercado legislativo provee poca durabilidad no se agotan en el problema planteado por los programas que no son del tipo *pork barrel* y por la falta de simultaneidad. Por ejemplo, aun cuando dos grupos de legisladores busquen beneficios regulatorios permanentes, cambios en sus fortunas electorales pueden promover el crecimiento de uno y la contracción del otro; en la medida que este cambio parezca razonablemente permanente, se dan las condiciones para que los beneficios que recibe este último grupo sean revocados. Cuando las ganancias que se obtienen por una única vez exceden el costo que potencialmente puede imponer la otra parte (ahora más pequeña), es probable que los acuerdos sean renegados.

obtener una mayoría de votos para derrotar al *statu quo* y convertirse en política pública.

CONDICIÓN 2. Existe un sistema de derechos de propiedad sobre los asientos que componen la comisión, llamado "sistema de la antigüedad". Tiene las siguientes características: (*a*) un miembro de la comisión mantiene su cargo hasta tanto elija irse de ella; sujeto a su reelección, no puede ser forzado a renunciar; (*b*) las posiciones de liderazgo dentro de la comisión (v. g., presidencia) se asignan por antigüedad, esto es, conforme a la cantidad de tiempo de servicio continuo en ella; (*c*) los derechos a ocupar posiciones en la comisión no pueden ser intercambiados o negociados con otros.

CONDICIÓN 3. Cuando un miembro deja una comisión (v. g., por renuncia, muerte o derrota electoral), su asiento queda vacante. Existe un mecanismo de licitación mediante el cual los asientos son asignados a otros congresistas.

La condición 1 define la fuente del poder y del valor de la comisión; la condición 2 define el sistema de derechos de propiedad asociado con los cargos en la comisión, y la condición 3 establece un mecanismo de intercambio de los derechos establecidos en 1 y 2.

Permítanos explorar las consecuencias que tiene el sistema de comisiones legislativas, a fin de poder determinar sus propiedades para hacer cumplir los acuerdos, cómo se proveen nuevas políticas, de qué modo controla los problemas de agencia que surgen de la delegación de poder a un subconjunto de miembros en particular, y los tipos de políticas que probablemente surjan de él.

a. El Cumplimiento de los Acuerdos Legislativos

El sistema de comisiones provee una substancial protección frente a los comportamientos oportunistas suministrando, de este modo, durabilidad a los acuerdos políticos. Para poder apreciar esto, considere la situación descripta anteriormente, en la cual un grupo de legisladores busca obtener represas y puentes y un segundo grupo desea una agencia reguladora que beneficie a su distrito electoral. En un mercado legislativo, este acuerdo es vulnerable porque puede ser renegado *ex post* del siguiente modo: el primer grupo, luego de construir sus represas, puede formar una coalición con otros legisladores (quizás la minoría excluida del trato original), para aprobar un nuevo proyecto de ley revocando la regulación que beneficia al segundo grupo.

Pero ahora considere el mismo acuerdo suponiendo que fue forjado bajo el sistema de comisiones, y que el primer grupo controla la comisión con jurisdicción sobre los programas tipo *pork barrel* y el segundo grupo, la comisión con jurisdicción sobre las regulaciones relevantes. Bajo el sistema de comisiones, el segundo grupo conserva el control sobre la agenda dentro de su jurisdicción. Suponga que, una vez que las represas y los puentes hayan sido completados, el primer grupo introduce un proyecto de ley buscando revocar los beneficios que está recibiendo el segundo grupo y, aún más, que cuenta con una mayoría en apoyo de esta propuesta. Sin embargo, sólo la comisión que posee jurisdicción sobre el tema puede remitirlo al plenario del cuerpo para su votación. Este control sobre la agenda dentro de su jurisdicción, implica que toda comisión tiene poder de veto sobre las propuestas de las demás. Debido a que esta propuesta haría que la comisión esté peor (y dado que, tal como hemos asumido, cuenta con apoyo mayoritario en el plenario), ella no permitirá que llegue al plenario del cuerpo para su votación. En otras palabras, el acceso restringido a la agenda sirve como un mecanismo para evitar que los acuerdos sean renegados *ex post*.

Más aún, dado que los intercambios de influencia están institucionalizados a través del sistema de derechos de propiedad, la ausencia de simultaneidad es considerablemente menos problemática. Hasta tanto se mantenga el sistema de derechos de propiedad, el poder de agenda que tiene cada comisión sustituye a los IOUs con contingencias inciertas. Los problemas asociados con la aparición de reclamos contingentes sobre los eventos futuros se encuentran relativamente ausentes bajo el sistema de comisiones legislativas.

b. Suministrando Nuevos Beneficios (o ¿Cómo las Comisiones Capturan las Ganancias del Intercambio?)

Los derechos sobre la agenda proporcionan a los miembros de la comisión una influencia considerable sobre la selección de las políticas dentro de su jurisdicción. Ello se sigue del siguiente razonamiento. El conjunto de puntos que conforma una mayoría contra cualquier *statu quo* dado, $W(sq)$, es generalmente bastante grande (McKelvey 1976, 1979; Shepsle y Weingast 1981). Típicamente, $W(sq)$ incluye un amplio rango de alternativas políticas, algunas de ellas perjudican a los miembros de la comisión mientras que otras los benefician. Dado este rango de alternativas, el poder de agenda les permite a las comisiones sesgar los resultados en favor de la alternativa que más prefieren.[17]

---

17. Los detalles de este proceso están fuera del alcance de este trabajo. Para un análisis en profundidad, ver Shepsle y Weingast (1984, 1987).

El sistema de comisiones institucionaliza el intercambio legislativo, entre un área de política y otra área de política, mediante el derecho a elegir qué puntos de $W(sq)$ van a reemplazar al *statu quo*. Pero ni este acuerdo ni su cumplimiento son el resultado de un intercambio explícito de mercado. Más bien, un legislador de la comisión i cede su pretensión de influir sobre la selección de propuestas en el área de la comisión j a cambio de que los miembros de la comisión j renuncien a su derecho de influir en las propuestas del área de la comisión i. La institucionalización de derechos sobre el poder de agenda —esto es, sobre el control del diseño y la selección de las propuestas que se van a someter a votación—, sustituye la compraventa de votos legislativos en un mercado explícito. Dado que, por definición, cualquier elemento de $W(sq)$ será aprobado, es la influencia sobre los elementos de este conjunto lo que proporciona a las comisiones su poder de agenda, el cual elimina la necesidad de un intercambio explícito de votos.

c. ¿Quién Gana Influencia, (o Cómo se Distribuyen las Ganancias del Intercambio)?

Esta cuestión se relaciona con el tipo de políticas que son seleccionadas bajo el sistema de comisiones. Debido a que las comisiones proporcionan a sus miembros una desproporcionada influencia en la selección de políticas dentro de sus respectivas jurisdicciones, esta pregunta también se relaciona con el mecanismo que permite el acceso de los legisladores a las comisiones.

La condición 3 establece que la legislatura utiliza un mecanismo de licitación para asignar los cargos en las comisiones. Dado que la fortuna electoral de los representantes depende de que ellos obtengan beneficios para sus distritos electorales; y dado que los intereses de estos distritos electorales son muy variados, los legisladores buscan acceder a las comisiones que mayor impacto marginal tienen sobre su fortuna electoral. El costo de oportunidad de solicitar ser miembro de la comisión i reside en que el representante debe renunciar a la posibilidad de obtener un asiento en la comisión j. Por lo tanto, es mucho más probable que los representantes de distritos rurales soliciten ser miembros de la comisiones de agricultura que de las comisiones de asuntos urbanos, de vivienda, o de marina mercante. Sin embargo, existe un problema potencial porque algunas comisiones son valoradas por todos (*v. g.*, las comisiones de gastos e impuestos). No obstante, el mecanismo de licitación determina también en estos casos el acceso. Cuanto mayor sea la competencia por pertenecer a dichas comisiones, la probabilidad de que una solicitud sea exitosa será menor. Suponga que cada uno de los que solicita ser potencialmente miembro de una comisión altamente valorada (v. g., alguna relacionada con temas impositivos), también valora alguna otra comisión de políticas específicas, sujeta a una competencia mucho menor (v. g., vivienda, agricultura, u obras públicas). La mayor competencia para ser miembro de las comisiones impositivas implica que sólo aquellos cuyo valor diferencial de pertenecer a la comisión de impuestos frente a su mejor y más cercana alternativa sea más alto, pagarán el costo de oportunidad de semejante solicitud (v. g. renunciar a obtener con mayores *chances* un lugar en una comisión de políticas específicas).

d. Implicancias para la Formación de Coaliciones

El sistema de comisiones legislativas tiene dos efectos distintos sobre la formación de coaliciones. Primero, el poder de agenda que poseen los miembros de una comisión implica que las coaliciones exitosas deben incluir a los miembros de la comisión relevante. Sin estos miembros, el proyecto de ley nunca llegará al plenario para su votación. Esto implica que es improbable que ciertas políticas sean convertidas en ley, por ejemplo, aquellas que únicamente proveen beneficios a una mayoría que no comprende a la comisión. En términos técnicos, el poder de veto de la comisión implica que, dentro del conjunto de políticas que obtienen una mayoría en contra del *statu quo*, sólo será posible aprobar aquéllas que benefician a la comisión (esta cuestión ha sido extensamente explorada en Shepsle y Weingast, 1987). Esto reduce significativamente el conjunto de políticas que pueden ser implementadas.

En este sentido, debe notarse también que dado que las comisiones tienen derecho a presentar al plenario un único proyecto de ley, es más probable que tengan éxito los acuerdos que involucran a los miembros de una misma comisión que aquellos que se producen entre distintas comisiones. Ello es el resultado de que, en el primer caso, existen menores chances de que el trato se caiga en pedazos. Cuando se forma una coalición con miembros de comisiones diferentes, los legisladores deben ponerse de acuerdo para intercambiar sus votos en dos proyectos de ley distintos. Cuando se forma una coalición entre miembros de la misma comisión, ellos pueden presentar al plenario un solo proyecto de ley. Esto último permite que se lleve a cabo una sola votación, a favor o en contra de todo el paquete (mientras que en el otro caso no), proporcionando, de este modo, menos *chances* para que los acuerdos sean renegados. Ello sugiere que el establecimiento de los límites jurisdiccionales de las comisiones constituye una importante variable estratégica que afecta el patrón de las coaliciones.[18] *Ceteris paribus*, los potenciales socios de un trato están mejor si son miembros de la misma comisión, de tal modo que el patrón óptimo de jurisdicciones debe reflejar, en parte, los patrones de intercambios esperados.

El segundo efecto sobre las coaliciones se relaciona con la durabilidad. La durabilidad proporcionada por el sistema de comisiones, induce algunas rigideces en el proceso de formación de las coaliciones. Bajo un mecanismo de intercambio de mercado, cambios pequeños en las circunstancias políticas llevarían a un cambio pequeño en el conjunto de negociaciones y coaliciones óptimas. Pero bajo el sistema de comisiones, cambios pequeños en dichas circunstancias no llevan automáticamente a cambios de políticas. A modo de ilustración, considere el ejemplo explorado con anterioridad involucrando represas, puentes y beneficios regulatorios. Mostramos cómo el poder de veto de la comisión evitaba que los beneficiarios de las represas renieguen fácilmente de los acuerdos, una vez que sus represas estuviesen construidas o cuando a raíz de un cambio en las circunstancias políticas encontrasen un socio de coalición más atractivo.

Sin embargo, esto no significa que los legisladores de las represas y los puentes no puedan alterar nunca las políticas. Más bien, ello significa que van a tener que solicitar formar parte de la otra comisión y esperar hasta que obtengan una mayoría en ella. Cambios pequeños en las circunstancias políticas hacen que probablemente no valga la pena el intento. Por lo tanto, el sistema de comisiones implica que las políticas responderán sólo a grandes cambios en las circunstancias políticas o a grandes cambios en las preferencias del electorado.[19]

18. Ver Ferejohn (1986) para una discusión de esta cuestión en el contexto de una negociación en la comisión de agricultura entre los miembros de zonas urbanas (buscando obtener estampillas de comida) y los de zonas rurales (buscando obtener beneficios continuos para los establecimientos rurales). Su argumento consiste en que pertenecer a la misma comisión les otorgó a los miembros de las zonas urbanas una ventaja por sobre otros potenciales socios legislativos, que podrían haber elaborado otra clase de legislación suministrando algún tipo de subsidio alimentario para los pobres, pero que formaban parte de otras comisiones (esta legislación alternativa podría haber sido fácilmente elaborada, por ejemplo, por la comisión de asuntos legislativos).

19. Nótese que este fenómeno es similar al de la integración vertical. En dicho caso, los acuerdos de largo plazo también inducen durabilidad y rigideces: el contrato no se

e. Controles sobre las Comisiones

Las comisiones son unidades descentralizadas de toma de decisiones, compuestas por aquellos legisladores con mayor interés sobre su jurisdicción. Su poder para decidir qué propuestas (o si ninguna de ellas) son puestas a consideración del plenario del cuerpo, las coloca en una relación de agencia con el resto de la legislatura. Tal como ocurre con cualquier otra forma de delegación, esta autoridad implica un potencial para que se produzcan situaciones de riesgo moral. ¿Qué evita que la comisión extraiga beneficios excedentes a expensas de los demás legisladores?

El sistema de comisiones limita el comportamiento de sus subunidades restringiendo el poder de las comisiones. En particular, la condición establecida por la regla de la mayoría evita que alguna comisión en particular extraiga demasiadas ganancias a expensas de los demás. Por ejemplo, supóngase que una comisión intente apropiarse de todo el presupuesto. El requisito de la regla de la mayoría implica que de, acuerdo con esta propuesta, una mayoría de legisladores debería renunciar a la oportunidad de gastar una parte del presupuesto en sus propias áreas de interés. Sólo harían eso si el valor del último dólar gastado de acuerdo con esta propuesta excede el valor del primer dólar gastado dentro de su propia jurisdicción. Dado que los miembros valoran la influencia dentro de sus propias jurisdicciones, esta situación es improbable. Por lo tanto, la regla de votación juega un papel importante para restringir el comportamiento oportunista de las comisiones particulares.[20]

---

renegocia a medida que ocurre cada pequeño cambio en las circunstancias económicas (v. g., precios), por consiguiente, no responde a los cambios del modo que lo hace un mercado spot.

20. En la mayoría de las legislaturas, el proceso de enmiendas implica restricciones adicionales sobre el comportamiento de las comisiones. En Shepsle y Weingast (1987) pueden consultarse más detalles sobre este proceso para el caso del Congreso de los Estados Unidos (incluyendo cómo ello condiciona el argumento aquí elaborado). El problema de cómo el cuerpo pone restricciones a las comisiones no ha recibido hasta ahora un tratamiento sistemático.

f. Resumen

En lugar de intercambiar votos, bajo el sistema de comisiones los legisladores institucionalizan un intercambio de influencias sobre los derechos relevantes. En lugar de solicitar votos, los legisladores solicitan asientos en las comisiones asociadas con derechos referidos a áreas de política valiosas para su reelección. En contraste con la selección de políticas en un mercado de votos, los acuerdos legislativos institucionalizados a través del sistema de comisiones sufren significativamente menos problemas ocasionados por el cumplimiento *ex post*.

5. Evidencia: La Distribución de Preferencias, Influencias, y Beneficios en las Comisiones

A continuación, proveemos evidencia que muestra que las elecciones y la toma de decisiones en el Congreso de los Estados Unidos son consistentes con nuestro punto de vista.[21] (Por lo tanto, esto no constituye un test directo de modelo *versus* el enfoque del intercambio de votos).

La característica principal de nuestro modelo es que el intercambio tiene lugar en forma institucionalizada a través de las comisiones. Por lejos, la evidencia más fuerte en favor de nuestra perspectiva extraída del Congreso de los Estados Unidos se refiere a los modos de asociación y a los flujos de beneficios de las distintas comisiones (Fiorina 1981a). Los miembros de los distritos agrícolas dominan las comisiones de agricultura y controlan los programas que benefician a los agricultores. Los miembros de los distritos urbanos participan en las comisiones de entidades financieras, de vivienda y de bienestar social, que proveen beneficios para una gran cantidad de votantes urbanos. Los miembros en cuyos distritos existen grandes bases militares o industrias para la defensa, dominan las comisiones de las Fuerzas Armadas. En cada caso, los miembros amoldan las políticas de su respectiva jurisdicción en favor de sus distritos electorales.

21. El Congreso norteamericano, a diferencia del Parlamento Británico, posee las condiciones expuestas en la Sección II. En la Sección VII comparamos brevemente nuestros descubrimientos sobre el caso norteamericano con respecto al caso británico.

El modelo está basado en un conjunto de afirmaciones acerca del funcionamiento de la comisión: *(a)* el proceso de asignación opera como un mecanismo de autoselección; *(b)* las comisiones no son representantativas de toda la legislatura, sino que más bien están compuestas por personas con preferencias "remotas" (*preference outliers*), o por aquellas que valoran sus posiciones más intensamente; y *(c)* fundamentalmente, los miembros de las comisiones reciben una parte desproporcionada de los beneficios de los programas bajo su jurisdicción. Veamos la evidencia empírica que permite afirmar estas proposiciones.

a. Asignación a la Comisión

Cada vez que comienza un nuevo período legislativo, existe un número de asientos disponibles en unas veinticinco comisiones, e ingresan nuevos miembros al cuerpo que no pertenecen a ninguna de ellas.[22] Ellos son alentados a solicitar sólo un pequeño número de posiciones posibles. Luego los líderes partidarios intentan que se correspondan las asignaciones individuales con las peticiones de los novatos. Sin embargo, aquí existe un problema potencial: ¿qué evita la ruptura del sistema, dado que todos solicitan pertenecer a las comisiones mejores y más poderosas? ¿De qué modo el mecanismo de licitación identifica en la práctica a aquellos novatos deseosos por ofrecer todo por pertenecer a alguna comisión en particular?

Los mecanismos del proceso de asignación han sido diseñados para evitar la ruptura. Sucede que existen ciertas comisiones (v. g., Servicio de Correos), que nadie quiere. Aquellos que no logran conseguir uno de los puestos solicitados son asignados a alguna de estas comisiones. Por lo tanto, solicitar uno de los puestos más valorados, aumenta las probabilidades

---

22. La siguiente descripción está basada en Shepsle (1975, 1978). Aunque él no discute el proceso de asignación desde el punto de vista de la revelación de las preferencias, está claro que el proceso debe basarse en algunos medios que permitan inducir a que las solicitudes sean verídicas. Dado que han sido estudiados muy pocos de los contextos empíricos que hacen uso de estos mecanismos, sus datos siguen siendo una fuente para futuros estudios que aún no ha sido aprovechada. A continuación ignoramos en nuestro análisis, por cuestiones de sencillez, a aquellos legisladores que se reincorporan al cuerpo con la expectativa de cambiar de comisión. Shepsle (1978) proporciona más detalles al respecto.

de terminar en la comisión de Correos. Supóngase que cada novato pueda solicitar su incorporación a una comisión que se encarga de determinadas políticas en particular (v. g., Agricultura, Vivienda y Bienestar, u Obras Públicas), valiosa para su distrito, con una alta probabilidad de conseguirlo. ¿Quiénes estarán, en cambio, dispuestos a solicitar ingresar en las comisiones más poderosas? Dado que esta última opción involucra una lotería entre la comisión más valorada y una que virtualmente no vale nada, existiendo la posibilidad de obtener una posición en otra comisión con cierta seguridad sólo van a solicitar pertenecer a las comisiones más poderosas aquellos novatos que valoran estas últimas más que cualquier otras.[23] Esta lotería implica que las preferencias reveladas reflejan las pre-

Cuadro 1
Asignación exitosa de los novatos
Proporciones que reciben

Congreso	Su primera Preferencia	Otra Preferencia	Sin Preferencia	N
87mo.	.474	.368	.159	19
88vo.	.500	.306	.194	36
89no.	.591	.254	.155	71
90mo.	.308	.308	.384	13
92do.	.750	.144	.106	28
93ro.	.691	.166	.193	26
Todos	.585	.243	.172	193

Fuente: Shepsle (1978, p. 193).

23. La tabla siguiente reporta la distribución de frecuencias de la variable longitud de las listas de solicitudes (v.g., en cuántas comisiones cada novato pide participar). Para un total de 25 comisiones, tres de cada cuatro novatos (del 87º al 93º período legislativo) solicitaron participar en 3 ó menos comisiones. El número de observaciones es 231 (fuente: Shepsle 1978, p. 49).

Longitud	1	2	3	4	5 ó más
Porcentaje	23	16	36	15	10

ferencias verdaderas, y muestra cómo este mecanismo de asignación resulta exitoso dando lugar a una correspondencia entre los miembros y las comisiones cuyas jurisdicciones son más valoradas por ellos.

La evidencia aquí presentada permite una doble interpretación. Primero, el cuadro 1 muestra que la probabilidad de que un novato obtenga una de sus 3 primeras preferencias se encuentra por encima de 0.8.[24] Segundo, y más importante, el cuadro 2 muestra que cuando no existe competencia por un lugar en una comisión, el solicitante virtualmente se asegura la obtención de su primera elección (la probabilidad es mayor a .94); pero cuanto mayor es la competencia, menor es la probabilidad de que el novato obtenga su primera elección. También existe evidencia considerable de que los novatos toman en cuenta la competencia por los lugares al momento de hacer su petición.[25] La competencia de este tipo parece necesaria —aunque no suficiente— para poder asegurar que las solicitudes reflejen las preferencias en las que están basadas.

Cuadro 2

Efectos de la competencia en las asignaciones
Número total de solicitantes

Asignación exitosa de la primer referencia	Efectivas por vacante		
	Menos de 1	1-2	Más de 2
Sí	94.4	67.2	30.5
No	5.6	32.8	69.5

Fuente: Shepsle (1978, p. 201).

24. Incluso no es claro si esta frecuencia podría llegar a ser mucho mayor de 0.8, dadas las restricciones contables (ver Shepsle 1975) que se le imponen al problema, (v. g., sólo un novato por vacante; cada vacante debe ser ocupada).
25. Shepsle (1978) provee evidencia adicional para nuestro modelo. Estimó un conjunto de ecuaciones simples de demanda para predecir cuáles novatos solicitaban ser incluidos en qué tipo de comisiones en particular utilizando un análisis probit. Sus resultados son consistentes con nuestro modelo; a saber, que los indicadores más simples que reflejan el interés del distrito electoral (v. g., número de trabajadores rurales, empleo en establecimientos militares, o viviendas) son buenos pronosticadores del tipo de solicitudes que se llevan a cabo. Por otra parte, estas estimaciones también

En general, pues, el modo en que son distribuidos los lugares en las comisiones resulta remarcablemente parecido a un proceso de optimización que asigna a los miembros a aquellas comisiones que ellos valoran más.

b. Pertenencia a la Comisión

Para ser un poco más sistemáticos sobre la pertenencia a las comisiones, hemos examinado algunos índices que reflejan las preferencias de los miembros respecto de aquellas cuestiones que corresponden a las jurisdicciones de las comisiones más importantes. Este ejercicio revela que los miembros de una determinada comisión o subcomisión difieren significativamente del resto de los miembros del Congreso.[26] La mayoría de los índices han sido elaborados por algún grupo de interés, con un claro interés en el área de política bajo consideración. Al estar construidos con el objeto de reflejar cuáles son los congresistas que apoyan a este grupo, estos índices son buenos indicadores de quienes apoyan los intereses del grupo. Por ejemplo, las calificaciones elaboradas por el Comité de Educación Política de la AFL-CIO (COPE) indican quiénes son los congresistas que están a favor y quiénes los que están en contra de los intereses de los trabajadores; el Índice de Seguridad Nacional del Consejo de Seguridad Americano (NSI) identifica a aquellos que apoyan una fuerte defensa nacional, y que aparentemente, se oponen a la ayuda externa.[27]

El modelo predice que los representantes de intereses particulares obtienen beneficios políticos por pertenecer a las comisiones relevantes. Por lo tanto, deberíamos observar que las comisiones estén compuestas por

---

muestran que los novatos anticipan racionalmente la competencia existente para ocupar un lugar en las distintas comisiones: manteniendo todos los demás factores constantes, la probabilidad estimada de que un novato solicite pertenecer a una determinada comisión disminuye a medida que el número de competidores aumenta.

26. Aunque esto obviamente parecería ser un tema de investigación para los cientistas políticos, ellos nunca han recolectado sistemáticamente este tipo de datos. En cambio, la literatura frecuentemente suministra evidencias anecdóticas; entre ellas, la mejor, puede ser encontrada, en Jones (1962) o en Fenno (1973).

27. La asistencia financiera a otras naciones, bajo la jurisdicción de la comisión de relaciones exteriores, parece ser un sustituto (político) de los programas de gasto militar. La evidencia sugiere que aquellos congresistas que apoyan esta asistencia tienden a estar en contra del gasto en defensa, y vice versa.

miembros que apoyan determinadas cuestiones por encima del promedio de los grupos de interés relevantes; y, en particular, que han sido calificados por los grupos de interés significativamente más arriba que la media para todo el Congreso.

Este patrón se ve confirmado por los resultados reportados en el cuadro 3. La diferencia entre las preferencias de los miembros de la comisión con respecto al resto del Congreso es estadísticamente muy significativa. Para un conjunto de áreas de política muy distintas —defensa, ayuda externa, protección del consumidor, trabajo, y medio ambiente— los miembros de las comisiones, de hecho, son partidarios de otorgar beneficios a los grupos de interés relevantes en forma significativamente mayor al promedio.

Observando esta evidencia junto con los resultados de las asignaciones a las comisiones, queda revelado que los legisladores eligen aquellas comisiones que resultan relevantes para los intereses de sus distritos electorales; y que al hacer esto, establecen comisiones cuya composición comprende legisladores que proveen un apoyo considerablemente mayor a aquellas políticas que se lleven a cabo dentro de su jurisdicción. Este patrón es precisamente el esperado desde el punto de vista que sostiene que las comisiones institucionalizan negociaciones sobre la influencia capaz de otorgarle a sus miembros mayor control sobre las políticas de su jurisdicción.

c. Las Comisiones y los Beneficios de las Políticas

¿Es cierto que los miembros de las comisiones reciben una desproporcionada porción de beneficios por parte de ellas? La evidencia acerca de las preferencias provee sustento indirecto para esta afirmación, ya que las comisiones atraen en forma desproporcionada a aquellos representantes que desean proveer beneficios a sus distritos electorales. A continuación presentamos en forma somera alguna evidencias directas en favor de esta proposición.[28]

---

28. Desafortunadamente, el mayor esfuerzo, por lejos, que ha realizado la literatura de la ciencia política para sostener esta proposición comprende una gran cantidad de material anecdótico o descriptivo más que un análisis sistemático de datos. Aun cuando esta literatura permite afirmar nuestra proposición, no constituye un sustituto de una investigación empírica sistemática.

Cuadro 3

Los miembros de la comisión que poseen preferencias remotas en relación con toda la cámara (1978)

	Toda la Cámara Promedio[a]	Comisión Promedio	N[b]	Estadístico t
1. Fuerzas Armadas: NSI	59.1	76.8	38	17.87**
2. Relaciones Internacionales:				
NS	61.7	50.2	37	11.42**
ADA[c]	37.5	46.5	37	10.23**
t-test para la diferencia de la media de NSI entre Fuerzas Armadas y Relaciones Internacionales				19.40**
3. Relaciones Internacionales: Política Económica Internacional y Subcomisión de Comercio:				
NSI	60.8	51.3	7	4.24**
ADA	38.1	45.0	7	3.50**
4. Comercio Interestatal: Protección al Consumidor y Subcomisión de Finanzas:				
ADA	37.9	55.5	8	9.57**
5. Educación y Trabajo: Subcomisión de Oport. Económicas: COPE	50.4	60.0	4	3.33**
6. Subcomisión de Medio ambiente: LCVd	46.7	58.3	28	2.08*

[a] Todos los que no son miembros de las comisiones respectivas.
[b] Tamaño de la comisión o subcomisión.
[c] Calificación de las votaciones elaborada por Americanos por la Acción Democrática.
[d] Incluye dos de las mayores subcomisiones con responsabilidades de control sobre la Agencia de Protección del Medio ambiente, la Subcomisión de Energía y el Medio ambiente (Comisión de Interior), y Subcomisión de Salud y Medio ambiente (Comisión de Comercio). LVC son los puntajes elaborados por la Liga para la Conservación de los Votantes en el año 1977.
* Significativo al nivel .05.
** Significativo al nivel .01.

1. Ferejohn (1974a) puso a prueba una variedad de hipótesis acerca de las comisiones en su ya clásico estudio sobre el *pork barrel*. Mostró que el número de nuevos proyectos implementados en cada Estado es función de la composición de la comisión. Por ejemplo, sus estimaciones implican que por cada miembro adicional de un Estado en la Comisión de Obras y Trabajos Públicos, se produce un incremento de 0.63 nuevos proyectos en dicho Estado. Además, por cada diez años de servicio de los representantes de un Estado, se produce aproximadamente un proyecto adicional. Se obtienen resultados similares con respecto a más de dos docenas de hipótesis relacionadas.

2. Arnold (1979) estudia tres áreas (cierre de bases militares, subsidios para agua y alcantarillado, y subsidios para ciudades modelo), y suministra resultados similares a los de Ferejohn sobre el patrón de beneficios.[29] Sus tablas de contingencia proveen evidencia inequívoca; reproducimos dos.

El Cuadro 4, parte A, muestra la frecuencia de aceptación de una solicitud para un subsidio de agua y alcantarillado, dependiendo de la posición de un congresista en el sistema de comisiones: ¿pertenece a la comisión relevante de presupuesto? ¿Pertenece a la comisión relevante que debe dar su autorización (moneda y entidades financieras)? ¿O no pertenece a ninguna de las dos? El cuadro muestra que a los miembros de las comisiones relevantes les va sistemáticamente mejor que a aquellos que no son miembros. Quienes no están en ninguna de las dos comisiones tienen una probabilidad de aceptación de .176. En contraste, los miembros de la subcomisión de Presupuesto tienen una probabilidad de aceptación de .313 (ochenta por ciento más grande); y los miembros de la comisión que da la autorización tienen una probabilidad de aceptación de .281 (sesenta por ciento más grande). Las diferencias son significativas al nivel .001. La Parte B del cuadro muestra que existe un patrón similar con respecto a la selección de proyectos para establecer ciudades modelo. Para estos proyectos, los congresistas que no están en ninguna de las dos comisiones relevantes tienen una probabilidad de que sus proyectos sean seleccionados de .29. La probabilidad de que sean aceptados es de .62 para los miembros de la subcomisión de Moneda y Entidades Financieras, más del doble de la probabi-

---

29. No reproducimos sus estimaciones *probit* aquí (ni tampoco presentamos sus preocupaciones acerca de si el congresista manipula o no a los burócratas o si los burócratas manipulan a los congresistas). Estas estimaciones presentan problemas econométricos significativos, y por consiguiente, su valor es cuestionable. Su diseño está plagado de problemas de simultaneidad, tales como los encontrados en las ecuaciones que buscan estimar la oferta y la demanda.

Cuadro 4

Frecuencia de aceptación de solicitudes

Solicitud Representada	Solicitudes Aceptadas	No Aceptadas	Decisiones Totales	Probabilidad de Aceptación
A. Selección de Subsidios de Agua y Alcantarillado (1970).				
Subcomisión de la				
Comisión de Presupuesto	21	46	67	.313
Comisión de Moneda y Entidades Financieras	27	69	96	.278
Ni una ni otra comisión	261	1.223	1.484	.176
Total	309	1.338	1.647	
B. Selección de Proyectos de Ciudades Modelo.				
Subcomisión de la				
Comisión de Presupuesto	6	1	7	.86
Comisión de Moneda y Entidades Financieras	5	3	8	.62
Ni una ni otra comisión	38	78	116	.29
Total	49	82	131	

Fuente: Arnold (1979), pp. 139-180).

Nota: Para la parte A, $x^2 = 13.80$ y el nivel significativo es .001. Para la parte B, $x^2 = 10.81$ y el nivel significativo es .01.

lidad de quienes no son miembros; mientras que la probabilidad para los miembros de la subcomisión de Presupuesto es .86, casi el triple.

3. Diversos estudios recientes realizados por economistas, utilizaron metodologías similares y produjeron similar evidencia. Malone (1982), estudiando los gastos de defensa, mostró que los miembros de las comisiones de Fuerzas Armadas reciben una porción estadísticamente significativa más grande de gastos federales en esta categoría; sin embargo Rundquist (1973) no encontró ninguna relación. Faith, Leavens, y Tollison (1982) estudiaron la ubicación geográfica de las empresas que son el blanco de demandas judiciales *antitrust* promovidas por la Comisión Federal de Comercio (CFC). Mostraron que las empresas ubicadas en distritos representados en subcomisiones encargadas de vigilar a la CFC, tenían una presencia sistemáticamente menor en el conjunto de demandas promovidas por la Comisión Federal de Comercio. Cohen y Noll (1986), utilizando una metodología innovativa, encontraron resultados similares para los proyectos federales de I&D.

4. Weingast y Moran (1983) estudiaron la influencia del Congreso sobre la distribución de los casos elegidos por la CFC entre las diferentes regulaciones que administra. Encontraron, para el Senado, que todos los miembros poseen alguna influencia; pero que los miembros de la subcomisión relevante poseen más influencia, y que el presidente de la subcomisión posee más influencia todavía (ver cuadro 5). De acuerdo con sus estimaciones para los casos textiles (de acuerdo con las leyes de Pieles, Lana y Calificación Textil), la influencia que tiene un miembro de una subcomisión es casi tres veces mayor que la que posee alguien que no es miembro; mientras que la influencia que tiene el presidente es doce veces mayor que la que posee alguien que no es miembro. Sus resultados revelan un patrón similar para los otros tipos de casos estudiados (casos de crédito, casos Robinson-Patman, y casos de fusiones).

Cuadro 5

Cambio en la probabilidad que un caso textil sea abierto cuando el puntaje otorgado por ada a un senador aumenta 10 puntos

Posición del Senador	Cambio en la Probabilidad
No está en la Subcomisión	.005
Está en la Subcomisión, pero no es su Presidente	.013
Presidente de la Subcomisión	.060

Fuente: Weingast y Moran (1983).

5. El patrón de las donaciones de campaña por parte de las empresas provee evidencia adicional. La decisión de una empresa de donar dinero para la campaña de un congresista debe pasar el mismo examen que cualquier otra inversión que ella realice; a saber, el valor esperado del retorno de la inversión debe exceder los dólares invertidos. Cuando deciden a qué políticos apoyar, las empresas deben concentrarse en aquellos congresistas que pueden tener un impacto marginal en sus ganancias futuras. Si los miembros de la comisión tienen una influencia desproporcionada sobre la selección de la políticas en sus áreas respectivas, deberían entonces atraer una porción desproporcionada de las contribuciones a las campañas provenientes de empresas afectadas por la jurisdicción política de la comisión.

Esta predicción ha sido claramente confirmada en el estudio de Munger (1984). Estimó un modelo *probit* de la probabilidad de que un determinado legislador reciba una donación de una empresa dada. Mostró que es sistemáticamente más probable que las comisiones de acción política efectúen donaciones a los miembros de las comisiones que afectan a sus empresas: la probabilidad de que un miembro de una comisión reciba una donación es .34 más alta que la de alguien que no es miembro.

6. Estática Comparativa: Predicciones y Evidencia

En un simple mercado de votos, un pequeño cambio en la composición relativa de los grupos de interés produce un cambio pequeño en la demanda de votos. Esto, a su vez, produce un pequeño cambio en patrón de equilibrio del intercambio, y por tanto, en la distribución de los costos y los beneficios de las políticas. Sin embargo, nuestro argumento acerca de la demanda de políticas duraderas y la evolución de las instituciones que deben suministrarlas, implica que las políticas están parcialmente aisladas de cambios pequeños en las preferencias de los miembros. Debido a que las comisiones retienen un poder de veto sobre los cambios de políticas, lo que debemos observar es cómo estos cambios afectan a los miembros de las comisiones. Si los cambios en los grupos de interés afectan solamente a los legisladores que no son miembros de comisiones, entonces existen menos probabilidades de que se lleven a cabo cambios en las políticas. No obstante, nuestro modelo también nos permite establecer una importante predicción de estática comparativa: si existe una rotación sustancial de los miembros de las comisiones, de tal modo que los nuevos titulares de los derechos de propiedad de las comisiones tengan preferencias que difieran de las de sus predecesores, ello constituye una condición suficiente para que se produzcan cambios en las políticas (ver Weingast 1981; Weingast y Moran 1983).

Aunque los resultados de estática comparativa constituyen una herramienta elemental para hacer predicciones y poner a prueba los enunciados en economía, pocos estudios de economía política han utilizado este enfoque para poner a prueba teorías políticas. De todos modos, existe en la literatura empírica alguna evidencia respecto de la predicción indicada más arriba. A continuación, citamos dichos estudios y además sugerimos algunos tests adicionales.

a. Partidas presupuestarias

Ferejohn (1974a) ha jugado, una vez más, un importante papel en esta cuestión. Durante los años '50 y los primeros años de la década del '60, el proceso presupuestario estaba dominado en el Congreso por quienes tenían una visión conservadora en temas fiscales. Además, durante este período, los líderes de las comisiones tenían un poder casi absoluto respecto de la asignación de miembros a las subcomisiones. Una manera de imponer restricciones en materia fiscal era asignar miembros de la comisión de Presupuesto a una determinada subcomisión, solamente cuando ellos no tenían ningún interés en la jurisdicción de dicha subcomisión. Sin embargo, esta regla se salió de cauce a mediados de los '60, ya que las subcomisiones comenzaron a estar compuestas por miembros con un interés muy alto en sus jurisdicciones. Ferejohn muestra cómo en el caso de la subcomisión de Obras Públicas, esto condujo a un aumento estadísticamente significativo en sus partidas presupuestarias.

b. Agencias Reguladoras

Una gran cantidad de estudios recientes sobre las agencias reguladoras, ha mostrado que los miembros de las comisiones tienen una influencia sustancial sobre las agencias correspondientes a su jurisdicción (Barke y Riker (1982), con respecto a la Comisión de Comercio Interestatal, Grier (1984), con respecto al Banco de la Reserva Federal, Moe (1985), con respecto al Consejo Nacional de Relaciones Laborales, y Weingast y Moran (1983) con respecto a la CFC). En casi todos los casos, estos estudios de carácter estadístico mostraron que, a medida que cambian las preferencias de la comisión, también cambian las políticas de las agencias. Amplias oscilaciones en las preferencias de la comisión hacen que existan amplias oscilaciones en las políticas.

Weingast y Moran (1983), por ejemplo, estudiaron los recientes cambios en las políticas de la CFC. En 1979 y 1980, el Congreso interrumpió las agresivas políticas activas llevadas a cabo en favor de los consumidores por la Comisión Federal de Comercio. Aunque esta acción fue aclamada entendiendo que el Congreso por fin refrenaba a una burocracia que se encontraba fuera de control, Weingast y Moran mostraron que no ocurrió nada por el estilo. Lo que sucedió, en cambio, fue que la CFC estuvo todo el tiempo bajo la influencia de la comisión respectiva. Desde fines de los '60 hasta mediados de los '70, esta comisión favoreció y fomentó las políticas agresivas a favor de los consumidores. Sin embargo, como resultado de las elecciones de 1976, se produjo de una amplia renovación de sus componentes, llevando al poder miembros con preferencias sustancialmente diferentes. Weingast y Moran interpretaron el episodio de 1979-80 como una muestra de que la comisión estaba revirtiendo las políticas de sus predecesores, en lugar de suponer que ella estaba refrenando a una burocracia incontrolable. Sus tests estadísticos apoyan esta interpretación.

7. Discusión

Los representantes de los diferentes distritos electorales tienen considerables incentivos para intercambiar apoyo, de tal modo de poder proveer beneficios a sus seguidores. Debido a que el valor de los tratos legislativos en un determinado momento, depende de acciones que se van a llevar a cabo en sesiones legislativas futuras, los legisladores también tienen incentivos para idear instituciones que le den durabilidad a los acuerdos. Tal como sucede en todas las situaciones de intercambio, las instituciones que se desarrollan para sostener el intercambio reflejan el patrón específico de costos de transacción que subyacen a los acuerdos potenciales. En el caso de las legislaturas ellos incluyen (i) la posibilidad de que las contingencias sean demasiado numerosas (o costosas) para poder ser especificadas previamente y (ii) la información privada. Esto da origen a un grupo de instituciones que permiten apuntalar un conjunto de derechos de propiedad, al que vagamente nos hemos referido como el sistema de comisiones. Mostramos que estas instituciones disminuyen los riesgos de los comportamientos oportunistas *ex post* que, de otro modo, perjudicarían los intercambios explícitos de votos.

Las instituciones legislativas, por lo tanto, bajan los costos de agencia asociados con el intercambio.

Además, mostramos por qué este conjunto de instituciones resulta superior a un mecanismo de intercambio de mercado. En vez de negociar con votos, los legisladores intercambian derechos especiales que le proporcionan a su titular una influencia adicional sobre determinadas jurisdicciones de políticas. Esta influencia tiene su origen en los derechos de propiedad sobre los mecanismos de fijación de la agenda; es decir, sobre los medios a través de los cuales se someten las alternativas a votación. La influencia adicional sobre determinadas políticas en particular, institucionaliza patrones específicos de intercambio. Cuando los miembros de las comisiones son precisamente aquellos que en un mercado de votos realizarían ofertas para obtener apoyo en determinadas cuestiones, el proceso de selección de políticas bajo el sistema de comisiones resulta similar al de un sistema de intercambio más explícito. Debido a que el intercambio está institucionalizado, no necesita ser renegociado en cada nueva sesión legislativa, y está sujeto a menores problemas de cumplimiento.

El sistema de comisiones también posee influencia sobre la formación de coaliciones. El poder de agenda de la comisión implica que las coaliciones exitosas en áreas que pertenecen a la jurisdicción de una comisión, deben incluir a dicha comisión. Esto excluye, por ejemplo, aquellas políticas que sólo benefician a una coalición de miembros que no pertenecen a dicha comisión y esto permanecerá siendo así aunque exista una coalición que cuente con el apoyo de la mayoría de la legislatura. A menos que una coalición formada por legisladores que no son miembros de la comisión esté dispuesta a incluir o a "comprar" a la comisión, el poder de veto de esta última le permite bloquear el acceso al plenario del Cuerpo de las propuestas de la coalición.

También mostramos que los acuerdos políticos, y por lo tanto, las coaliciones, son más durables bajo el sistema de comisiones. La decisión de llevar a cabo un acuerdo de este tipo se parece mucho, pues, a la decisión de establecer un contrato de largo plazo y los legisladores van a tomar en cuenta esto. Ello implica que las coaliciones no siempre van a responder a cambios pequeños en las circunstancias políticas, tal como podría llegar a ocurrir bajo un sistema de intercambio *spot* de mercado. Más bien ellas sólo tienden a responder a amplios cambios o grandes realineamientos políticos. El poder de veto de las comisiones en combinación con el sistema de derechos de propiedad sobre los asientos, juega un importante papel en el mantenimiento de una coalición política —y de una política en particular— por un largo período de tiempo. Las políticas en una determinada área en particular, pueden permanecer estables si la composición de la comisión es relativamente estable (aun cuando se produzcan grandes cambios en las preferencias de aquellos que no forman parte de ella.) La capacidad de vetar las propuestas de los demás es una sutil pero a la vez poderosa herramienta que utilizan las comisiones para influir en las políticas de sus respectivas jurisdicciones (Weingast y Moran 1983; Shepsle y Weingast 1987).

A partir de este argumento, surgen interesantes similitudes y contrastes con aquellos argumentos que se hacen a favor de la integración vertical en situaciones de mercado. En ambos casos, se diseñan instituciones con el objeto de prevenir problemas de inventivos análogos como, por ejemplo, el oportunismo *ex post*. No obstante, la fuente de estos problemas aparentemente es diferente. En el caso de la integración vertical, ellos se deben a la existencia de activos que son muy específicos con respecto a un tipo de relación. En el caso de las legislaturas, por su parte, los problemas de incentivos surgen porque no existe un medio que permita asegurar el intercambio, de modo que negociar con votos requiere tener confianza en el comportamiento futuro y por lo tanto ofrece oportunidades para renegar (ver nota 12). Por otro lado, tal como lo ha mostrado Ferejohn (1974b), dadas las peculiares externalidades asociadas con el comercio de votos, tampoco queda claro que semejante medio pueda existir.

En el presente trabajo sólo hemos ofrecido una explicación posible acerca de cómo puede lograrse el cumplimiento de los acuerdos. Resulta útil, por lo tanto, discutir algunas otras alternativas potenciales, aunque una investigación empírica a gran escala está más allá del alcance de este trabajo. La primera alternativa considera al oportunismo *ex post* como un fenómeno intrascendente o capaz de ser manipulado de alguna u otra forma, y por lo tanto, sostiene que el intercambio se lleva a cabo a través de la compraventa de votos. Según este punto de vista, la existencia de las comisiones es un epifenómeno, que tal vez representa un reconocimiento formal (aunque importante) hacia aquellos legisladores que, de hecho, han "adquirido" influencia sobre determinadas cuestiones. Una prueba empírica entre esta explicación y nuestro modelo, debería concentrarse en la correspondencia entre la selección de las políticas y la composición de las comisiones. En un escenario de intercambio explícito, si se producen grandes cambios en las preferencias de aquellos que no son miembros de una comisión deberían producirse también cambios en las políticas. Bajo el modelo de comisiones legislativas, el derecho de veto con el que cuenta cada comisión implica que las políticas estarán más aisladas frente a cambios de este tipo y deberíamos observar, pues, que las políticas fuesen menos sensibles frente a ellos.

Una segunda explicación alternativa resulta tal vez más interesante. Los partidos, que fueron explícitamente excluidos de nuestro modelo, ofrecen una alternativa obvia para poder institucionalizar y hacer cumplir los acuerdos. La evidencia histórica del Congreso de los Estados Unidos sugiere que partidos fuertes y comisiones fuertes, constituyen sustitutos como medios institucionales para asegurar el intercambio legislativo. Cuando los partidos eran más poderosos (v. g., a principios de este siglo), las comisiones, aun siendo importantes, no tenían derechos tan bien definidos como en los tiempos modernos. Por ejemplo, el uso de la antigüedad como criterio para asignar las posiciones de liderazgo en las comisiones, era violado regularmente por los líderes partidarios. Cabe destacar que virtualmente todos los cambios institucionales, que a lo largo del presente siglo han fortalecido los derechos de las comisiones, fueron realizados a expensas de los partidos y de los liderazgos centralizados.

Esto sugiere una extensión natural de nuestra perspectiva al análisis de los gobiernos de partido (incluyendo al Parlamento Británico, además de la Cámara de Representantes de los EE.UU. en el pasado). Los partidos fuertes se caracterizan por tener control sobre importantes recursos, tales como la entrada en la competencia para cargos legislativos a nivel individual, las posiciones de poder dentro de la legislatura (v. g., carteras ministeriales en Gran Bretaña) y por manejar una influencia considerable sobre la distribución de beneficios legislativos (léase: electoralmente útiles). Los partidos, tal como sucede con las firmas, pueden establecer tipos de reputaciones que difieran de las de aquellos individuos que los componen (ver, por ejemplo, Kreps 1984). En la medida en que los partidos sean capaces de influir el comportamiento de sus miembros a través de la distribución de recursos, ellos potencialmente suministran un medio alternativo para hacer cumplir los acuerdos. Esperamos poder extender nuestra perspectiva en el futuro y así poder producir resultados acerca de las instituciones que permiten asegurar el intercambio legislativo en este contexto.[30] Una cuestión importante res-

30. Para una interesante aproximación inicial a este problema, ver Leibowitz y Tollison (1980).

pecto de esta investigación, se relaciona con las circunstancias que favorecen la supervivencia de un mecanismo sobre otro.

Una limitación de nuestro análisis consiste en que, mientras que argumentamos que las reglas legislativas mitigan ciertos problemas contractuales, no explicamos cómo es que estas mismas reglas sobreviven. Dado que las mayorías pueden alterar las reglas, ¿qué es lo que evita la ruptura de la cooperación bajo formas ligeramente diferentes? En aquellas circunstancias en las cuales, por ejemplo, se podría llegar a renegar en ausencia de reglas, ¿qué es lo que permite evitar que los individuos primero lleven a cabo una votación para cambiar las reglas y luego renieguen? Una investigación más extensa de esta cuestión está fuera del alcance de este trabajo. Sin embargo, existe una variedad de circunstancias bajo las cuales las reglas sobrevivirán una ruptura, mientras que la cooperación sin reglas no podría hacerlo. Por ejemplo, si muchas jurisdicciones políticas diferentes se encuentran gobernadas por un mismo conjunto de reglas, entonces un único conjunto de reglas puede vincular comportamientos en un área con comportamientos en otras. Por lo tanto, los incentivos para renegar en un área no se convierten automáticamente en incentivos para cambiar las reglas que gobiernan muchas áreas.[31] Dado que esto, claramente toca cuestiones que se dan en una amplia variedad de organizaciones, vale la pena llevar a cabo una investigación separada para referirse a esta pregunta.

La evidencia empírica permite sostener cuatro implicancias que se siguen de nuestro modelo de instituciones legislativas, pero que no se siguen de un mero mecanismo de intercambio de mercado. Primero, las comisiones están compuestas por "demandantes altos"; esto es, individuos con un interés mayor al del promedio en los temas que pertenecen a la jurisdicción política de la comisión. Segundo, el mecanismo de asignación a la comisión opera como un mecanismo de licitación que asigna a los individuos a aquellas comisiones que ellos valoran más. Tercero, los miembros

---

31. Como un segundo conjunto de circunstancias, destacamos la noción de liderazgo explorada por Calvert (1986) en su extensión del modelo de Kreps y Wilson (1982) al estudio de las legislaturas. Calvert estudió circunstancias en las cuales un individuo particular recibe recursos por parte de otros individuos. Gracias a estos recursos, él puede entonces, por ejemplo, controlar el comportamiento de sus seguidores. En principio, este mecanismo puede ser utilizado en ciertas circunstancias para evitar la ruptura de la cooperación y, por consiguiente, puede resultar valioso ex ante para los miembros.

de las comisiones reciben una desproporcionada porción de beneficios por parte de sus áreas de política. Esto parece ser así a lo largo de jurisdicciones políticas ampliamente diferentes. Cuarto, existe importante evidencia que sustenta una predicción de estática comparativa del modelo; a saber, que a medida que cambian los intereses representados en la comisión, cambian también las políticas, manteniendo constantes los intereses de aquellos que no son miembros de la comisión. Existe evidencia acerca de esta proposición en diversas áreas regulatorias; futuros tests perm'itirán revelar la robustez de estos resultados.

En suma, las instituciones del Congreso parecen ser remarcablemente apropiadas para satisfacer las metas de los legisladores de ser reelectos. Su configuración específica parece haberse desarrollado para reducir aquellos problemas que surgen también en el intercambio de mercado, a saber, problemas de medición, riesgo moral, y oportunismo.

Referencias

ALCHIAN, Armen, y Harold DEMSETZ (Diciembre 1972) "Production, Information Costs, and Economic Organization", *American Economic Review* 62: 777-95.

ARNOLD, R. Douglas (1979) *Congress and the Bureaucracy: A Theory of Influence*, New Heaven (Conn.), Yale University Press.

AXELROD, Robert M. (1984) *The Evolution of Cooperation*, Nueva York, Basic Books.

BARKE, Richard P., y William H. RIKER (1982) "A Political Theory of Regulation with Some Observations on Railway Abandonments", *Public Choice* 39(I): 73-106.

BARZEL, Yoram (Abril 1982) "Measurement Cost and Organization of Markets", *Journal of Law and Economics* 25: 27-48.

BECKER, Gary S. (Agosto 1983) "A Theory of Competition among Pressure Groups for Political Influence", *Quarterly Journal of Economics* 98: 371-400.

BUCHANAN, James M., y Gordon TULLOCK (1962) *The Calculus of Consent: Logical Foundations of Constitutional Democracy*, Ann Arbor, University of Michigan Press.

CALVERT, Randall (1985) "Efficiency and Equilibrium in an Infinite-Horizon Reciprocity Game", mimeo, Saint Louis, Washington University.

—(1986) "The Role of Reputation and Legislative Leadership", mimeo, Saint Louis, Washington University.

CHEUNG, Steven N. S. (Abril 1983) "The Contractual Nature of the Firm", *Journal of Law and Economics* 26: 1-21.

COASE, Ronald H. (Noviembre 1937) "The Nature of the Firm", *Economica* 4: 386-405.

COHEN, Linda R., y Roger G. NOLL (1986) "Political-Economy of Government Sponsored R & D", mimeo, Stanford (Calif.), Stanford University.

DEMSETZ, Harold, y Kenneth LEHN (Diciembre 1985) "The Structure of Corporate Ownership: Causes and Consequences", *Journal of Political Economy* 93: 1155-77.

DENZAU, Arthur T., y Michael C. MUNGER (Marzo 1986) "Legislators and Interest Groups: How Unorganized Interests Get Represented", *American Political Science Review* 80: 89-106.

FAITH, Roger L., Donald R. LEAVENS, y Robert D. TOLLISON (Octubre 1982) "Antitrust Pork Barrel", *Journal of Law and Economics* 25: 329-42.

FAMA, Eugene F. (Abril 1980) "Agency Problems and the Theory of the Firm", *Journal of Political Economy* 88: 288-307.

FAMA, Eugene F., y Michael C. JENSEN (Junio 1983) "Separation of Ownership and Control", *Journal of Law and Economics* 26: 301-25.

FENNO, Richard F. (1973) *Congressmen in Committees*, Boston, Little & Brown.

FEREJOHN, John A. (1974a) *Pork Barrel Politics: Rivers and Harbors Legislation, 1947-1968*, Stanford (Calif.), Stanford University Press.

—(1974b) "Sour Notes on the Theory of Vote Trading", Documento de Trabajo de Ciencias Sociales. Pasadena, California Institute of Technology.

—(1986) "Logrolling in an Institutional Context: A Case Study of Food Stamp Legislation." En *Congress and Policy Change*, editado por Gerald C. Wright, Jr., Leroy N. Rieselbach, y Lawrence C. Dodd, Nueva York, Agathon.

FIORINA, Morris P. (1981a) "Congressional Control of the Bureaucracy", En *Congress Reconsidered*, 2da. ed., editado por Lawrence C. Dodd y Bruce I. Oppenheimer, Washington, Congressional Quarterly Press.

—(1981b) *Retrospective Voting in American National Elections*. New Heaven (Conn.), Yale University Press.

FROMM, Gary (1981 ed.), *Studies in Public Regulation*. Cambridge (Mass.), MIT Press.

GILLINGAN, Thomas W. (Invierno 1986) "The Competition Effects of Resale Price Maintenance", *Rand Journal of Economics* 17: 544-56.

GOLDBERG, Victor P. (Otoño 1976) "Regulation and Administered Contracts", *Bell Journal of Economics* 7: 426-48.

GRIER, Kevin (1984) "Congressional Preferences and Fed Policy: A Principal Agent Approach", mimeo, Saint Louis, Washington University, Center Study American Business.

GROSSMAN, Stanford J., y Oliver D. HART (Agosto 1986) "The Costs and Benefits of Ownership: A Theory of Vertical and Lateral Integration", *Journal of Political Economy* 94: 691-719.

HOLMSTROM, Beng (Primavera 1979) "Moral Hazard and Observability", *Bell Journal of Economics* 10: 74-91.

JENSEN, Michael C. (Abril 1983) "Organization Theory and Methodology", *Accounting Review* 58: 319-39.

JENSEN, Michael C., y William H. MECKLING (Octubre 1976) "Theory of the Firm: Managerial Behavior, Agency Costs and Ownership Structure", *Journal of Financial Economics* 3: 305-60.

JONES, Charles O. (Noviembre 1962) "The Role of the Congressional Subcommittee", *Midwest Journal of Political Science* 6: 327-44.

JOSKOW, Paul L. (Otoño 1985) "Vertical Integration and Long-Term Contracts: The Case of Coal-burning Electric Generating Plants", *Journal of Law, Economics and Organizations* 1: 33-80.

KALT, Joseph P., y Mark A. ZUPAN (Junio 1984) "Capture and Ideology in the Economic Theory of Politics", *American Economic Review* 74: 279-300.

KAU, James B., y Paul H. RUBIN (Octubre 1979) "Self-Interest, Ideology, and Logrolling in Congressional Voting", *Journal of Law and Economics* 22: 365-84.

KLEIN, Benjamin, Robert G. CRAWFORD, y Armen A. ALCHIAN (Octubre 1978) "Vertical Integration, Appropriable Rents, and the Competitive Contracting Process", *Journal of Law and Economics* 21: 297-326.

KLEIN, Benjamin, y Keith LEFFLER (Agosto 1981) "Role of Market Forces in Assuring Contractual Performance", *Journal of Political Economy* 89: 615-41.

KOFORD, Kenneth J. (1982) "Centralized Vote-trading", *Public Choice* 39 (II): 245-68.

KREPS, David M. (1984) "Corporate Culture", mimeo, Stanford (Calif.), Stanford University, Graduate School of Business.

KREPS, David M., y Robert WILSON (Agosto 1982) "Reputation and Imperfect Information", *Journal of Economic Theory* 27: 253-79.

LEIBOWITZ, Arleen, y Robert D. TOLLISON (Marzo 1980) "A Theory of Legislative Organization: Making the Most of Your Majority", *Quarterly Journal of Economics* 94: 261-77.

McKELVEY, Richard D. (Junio 1976) "Intransitivities in Multidimensional Voting: Models and Some Implications for Agenda Control", *Journal of Economic Theory* 12: 472-82.

—(Setiembre 1979) "General Conditions for Global Intransitivities in Formal Voting Models", *Econometrica* 47: 1085-1112.

MALONE, Michael T. (Noviembre 1982) "The Political Determinants of the Flow of Federal Funds to States and the Impact of Federal Funds on Business Location Decisions", Trabajo presentado en las series del Simposio de Liberty Fund, Government Control of Entrepreneurial Decisions, Indianapolis.

MAYHEW, David R. (1966) *Party Loyalty among Congressmen: The Difference between Democrats and Republicans, 1947-1962*, Cambridge (Mass.), Harvard University Press.

—(1974) *Congress: The Electoral Connection*, New Heaven (Conn.), Yale University Press.

MILGROM, Paul, y John ROBERTS (1987) "Bargaining and Influence Costs and the Organization of Economic Activity", Trabajo de Investigación N° 934, Stanford (Calif.), Stanford University, Graduate School of Business.

MILLER, Gary J., y Terry M. MOE (1986) "The Positive Theory of Hierarchies", En *Political Science: The Science of Politics*, editado por Herbert F. Weisberg, Nueva York, Agathon.

MOE, Terry M. (Noviembre 1984) "The New Economics of Organization", *American Journal of Political Science* 28: 739-77.

—(Diciembre 1985) "Control and Feedback in Economic Regulation: The Case of the NLRB", *American Political Science Review* 79: 1094-1116.

MUNGER, Michael C. (1984) "Neoinstitutional Response to Demand Oriented Models of Public Policy: Theory and Evidence", mimeo, Saint Louis, Washington University.

NORTH, Douglass C. (1981) *Structure and Change in Economic History*, Nueva York, Norton.

PELTZMAN, Sam (Agosto 1976) "Toward a More General Theory of Regulation", *Journal of Law and Economics* 19: 211-40.

—(Abril 1984) "Constituent Interest and Congressional Voting", *Journal of Law and Economics* 27: 191-210.

POLSBY, Nelson W. (1984) *Congress and the Presidency*, 4ta. ed., Englewood Cliffs (N. J.), Prentice-Hall.

ROBERTS, John (1986) "Battles for Market Share", mimeo, Stanford (Calif.), Stanford University, Graduate School of Business.

RUBIN, Paul H. (Abril 1978) "The Theory of the Firm and the Structure of the Franchise Contract", *Journal of Law and Economics* 21: 223-33.

RUNDQUIST, Barry (1973) "Congressional Influence on the Distribution of Prime Military Contracts", Disertación para Ph. D., Stanford University.

SCHWARTZ, Thomas (1981) "The Universal-Instability Theorem", *Public Choice* 37 (III): 487-501.

SHEPSLE, Kenneth A. (Verano 1975) "Congressional Committee Assignments: An Optimization Model with Institutional Constraints", *Public Choice* 22: 55-78.

—(1978) *The Giant Jigsaw Puzzle: Democratic Committee Assignments in the Modern House,* Chicago, University of Chicago Press.

SHEPSLE, Kenneth A., y Barry R. WEINGAST (1981) "Structure-induced Equilibrium and Legislative Choice", *Public Choice* 37 (III): 503-19.

—(Febrero 1984) "When Do Rules of Procedure Matter? *Journal of Politics* 46: 206-21.

—(Marzo 1987) "The Institutional Foundations of Committee Power", *American Political Science Review* 81: 85-104.

TELSER, Lester G. (Enero 1980) "A Theory of Self-enforcing Agreements", *Jounal of Business* 53: 27-44.

TIROLE, Jean (1986) "Hierarchies and Bureaucracies: On the Role of Collusion in Organizations", *Journal of Law, Economics and Organizations* 2 (II): 181-214.

TULLOCK, Gordon (1967) *Towards a Mathematics of Politics,* Ann Arbor, University of Michigan Press.

—(1981) "Why So Much Stability?", *Public Choice* 37 (II): 189-202.

WEINGAST, Barry R. (Invierno 1981) "Regulation, Reregulation, and Deregulation: The Political Foundations of Agency Clientele Relations", *Law and Contemporary Problems* 44: 147-77.

—(1984) "The Congressional-Bureaucratic System: A Principal-Agent Perspective (with Application to the SEC)", *Public Choice* 44 (I): 147-91.

WEINGAST, Barry R., y Mark J. MORAN (Octubre 1983) "Bureaucratic Discretion or Legislative Control? Regulatory Policymaking by the Federal Trade Commission", *Journal of Political Economy* 91: 765-800.

WILLIAMSON, Oliver E. (1975) *Markets and Hierarchies: Analysis and Antitrust Implications,* Nueva York, Free Press.

—(1985) *Economic Institutions of Capitalism: Firms, Markets, Relational Contracting,* Nueva York, Free Press.

WILSON, Robert (Junio 1969) "An Axiomatic Model of Logrolling", *American Economic Review* 59: 331-41.

LA TEORIA POSITIVA
DE LA BUROCRACIA PUBLICA

Terry M. Moe

E l gobierno moderno es burocrático, por lo tanto una teoría del gobierno que se precie como tal, debe ser en buena medida una teoría de la burocracia. A través de los años, sin embargo, ha habido poco progreso teórico en el estudio de la burocracia; y la disciplina que la tiene como objeto de análisis, la administración pública, ha ganado la reputación de haberse desarrollado mucho menos que otras áreas de la Ciencia Política.

Existen dos barreras importantes a la teoría. La primera, es que la burocracia es un tema complejo, sin un foco natural de análisis. Los legisladores, por ejemplo, votan; pero ¿qué hacen los burócratas? La legislatura está organizada en comisiones de trabajo y jefaturas partidarias, pero ¿qué aspectos de la burocracia exigen una atención y un análisis comparable? No hay respuestas obvias; los académicos han reaccionado estudiando todo lo referente al comportamiento y organización burocráticos que, de alguna manera, parecen relevantes. La segunda, es que estos esfuerzos han sido tradicionalmente guiados por teorías organizacionales provenientes de la sociología y de la psicología social, que no lograron señalar una salida correcta a este problema. En lugar de dotarnos de un foco de estudio y capacidad analítica, se deleitan con la inherente complejidad de la burocracia. Y como teorías generales de la organización que son, no poseen un interés especial en la política y no están diseñadas para explorar los fundamentos políticos del gobierno (Moe 1991).

La elección pública está en proceso de cambiar todo esto, en hacer una revolución en la teoría de la burocracia. No ha sido fácil hacerlo y restan problemas importantes por resolver. Pero el progreso ya ha sido sustancial. El punto de inflexión se dio a principios de los '80 con el ascenso de la nueva economía de la organización (Moe 1984). En esta línea teórica —que comprende, en gran parte, a la economía de los costos de transacción, la teoría de agencia, y la teoría de los juegos repetidos— los economistas desarrollaron poderosas herramientas analíticas para encarar temas de organización (Milgrom y Roberts 1992). La Teoría Política Positiva, cuyo enfoque hacia el gobierno había estado fuertemente estructurado por las teorías de la elección social, rápidamente se alió con esta nueva perspectiva con el objeto de establecer una teoría de la burocracia pública. A lo largo de este proceso, estos esfuerzos se vieron fortalecidos por la posibilidad de focalizar su análisis en el tema del control político, un tema para cuyo estudio la "nueva economía" está bien preparada.

Como en cualquier área de trabajo académico, existen buenas razones para discutir algunas de las proposiciones y modelos que han surgido a lo largo del camino. Sin embargo, tomados en conjunto, estos trabajos arrojaron nueva luz no sólo acerca de cómo se comportan los burócratas sino también de cómo las características organizativas básicas son el resultado de la política —proveyendo de este modo, aun incipientemente, aquello que la administración pública ha estado buscando durante décadas: una verdadera teoría política de la organización burocrática.

Mi propósito en este trabajo es poner esta literatura en perspectiva, y al mirar las principales ideas y enfoques que orientaron este campo de análisis a través del tiempo, darle a los lectores alguna idea sobre cómo ha evolucionado la teoría positiva de la burocracia pública. También intentaré sugerir por qué estos desarrollos son tan prometedores y qué problemas en particular necesitan superarse si se pretende comprender bien a la burocracia.

Primero, algunas advertencias. Existe una vasta literatura en la materia, y he tenido que ser selectivo para hacer las cosas más fáciles. Me concentro solamente en un número relativamente pequeño de trabajos, lo que significa que he dejado de analizar muchas contribuciones importantes. También excluí áreas enteras que, a pesar de ser importantes en otros campos, no son centrales para mi análisis. Me estoy refiriendo al extenso campo de investigación acerca de las agencias reguladoras, que constituye un tema bastante específico (Noll 1989); así como también a la escuela de la teoría burocrática de Simon y March, cuya metodología los sitúa en la frontera del análisis de la elección pública (Bendor 1988; Moe 1984). Tampoco he incluido a aquellos trabajos que versan sobre los aspectos internos de la burocracia, la mayoría de los cuales se ocupan de las organizaciones en general más que de la burocracia pública *per se* (Miller 1992; Hammond y Miller 1985; Breton y Wintrobe 1982).

1. Teorías iniciales de la burocracia

La elección pública dejó su primer rastro en la teoría de la burocracia a mediados de la década del '60 con la aparición de dos libros innovadores, *The Politics of Bureaucracy* (1965) de Gordon Tullock y *Inside Bureaucracy* (1967), de Anthony Downs. Ambos fueron intentos de mostrar que la burocracia puede ser bien entendida, y que algún día se iba a poder construir una poderosa teoría tratando a los burócratas como actores racionales motivados en gran parte por el interés personal.

Ello marcó una gran diferencia con la visión existente, y un cambio fundamental en la manera en que la teoría de la elección racional era aplicada a las organizaciones. En ese momento, el influyente trabajo de Herbert Simon y James March constituía la única teoría de la burocracia, basada en la teoría de la elección racional (Simon 1947; March y Simon 1957). Pero su metodología no era convencional, y su énfasis estaba puesto en las limitaciones cognitivas de los individuos encargados de resolver problemas. El interés personal y sus correlatos —estrategias, conflicto, oportunismo, formación de coaliciones—, junto con sus profundas consecuencias para la organización eran generalmente ignorados. Tullock y Downs pusieron todo esto en el centro de la escena y, por primera vez, argumentaron en favor de una teoría racional de la burocracia hecha y derecha, en consonancia con los métodos de la teoría neoclásica tradicional.[1]

A pesar de que ambos estaban especialmente interesados en el gobierno, ampliaron su visión para abarcar una gran gama de tópicos sobre las organizaciones en general. La de Tullock es una teoría de las relaciones de autoridad. La teoría de Downs abarca a todas las grandes organizaciones cuyos rendimientos no son evaluados en mercados externos. En cada caso el análisis es informal, pero al mismo tiempo, basado en supuestos claros sobre los actores y sus contextos, con el foco puesto en la cuestión de la motivación. Tullock construye su argumentación sobre el supuesto de que los burócratas están motivados por progresar en su carrera profesional. Downs crea cinco tipos motivacionales —conservadores, trepadores, fanáticos, promotores y estadistas— y muestra cómo la mezcla de estos tipos configura el crecimiento y el funcionamiento de la burocracia. Aunque estos análisis tienen contenidos muy distintos, sus fundamentos resultan ser los

---

1. Ambos, especialmente Downs, interpretan al interés personal en sentido amplio incluyendo valores suprapersonales de varios tipos, por ejemplo, referentes al buen gobierno o al interés público.

mismos. El comportamiento racional de los burócratas promueve ineficiencia, crecimiento excesivo, captura, poca rendición de cuentas, y otros problemas similares que conspiran en contra del gobierno efectivo.

Con estos dos libros, la elección pública tuvo una entrada triunfante al mundo de la teoría burocrática, poniendo en cuestión la visión del "buen gobierno" propia de la administración pública tradicional y trazando un nuevo y atrevido camino para el análisis. Downs, en especial, fue ampliamente leído y citado por los cientistas políticos por sus ideas acerca de los ciclos de vida de las agencias, los problemas de control, comunicación, y otros temas centrales. Su tipología de la motivación burocrática, a la cual le dio un uso ingenioso, se hizo bastante popular.

Los trabajos posteriores en el campo de la elección pública, sin embargo, no se basaron explícitamente en ninguno de estos libros. Su amplia perspectiva sobre la burocracia no tuvo un claro foco analítico para construir nuevas teorías, ni tampoco sugirió ninguna estrategia de análisis formal. Muchos encontraban estos libros muy interesantes, pero nadie sabía bien qué hacer con ellos.

Poco tiempo después, otro pionero en la elección pública, Vincent Ostrom, estableció un desafío aún más directo a los estudios tradicionales sobre administración pública, afirmando que toda la disciplina debía basarse en el enfoque de la elección racional. Su libro *The Intellectual Crisis of Public Administration* (1973), generó una inmediata controversia, fue ampliamente leído y establecido como material de cátedra, quizás más que ningún otro trabajo anterior, introduciendo el enfoque de la elección racional en el marco teórico de la administración pública.

Mientras que Tullock y Downs buscan explicar la burocracia, Ostrom se preocupa por el diseño institucional: ¿qué arreglos administrativos son más compatibles con el interés público? Hilando un análisis que es en parte elección pública y en parte filosofía normativa, Ostrom argumenta que la centralización, la jerarquía, y la consolidación —las prescripciones centrales de la administración pública clásica—, son malas; y que la fragmentación, la descentralización, y los sistemas de frenos y contrapesos son buenos. Dos ramas de la teoría de la elección social son centrales en su caso. Una es la perspectiva de Simon y March, que justifica las estructuras descentralizadas dadas las limitaciones cognitivas. La otra es la literatura sobre bienes públicos inspirada en la obra de Tiebout (1956), que discute la eficiencia de sistemas políticos fragmentados y descentralizados en jurisdicciones.

El trabajo de Ostrom, a diferencia del de Tullock o Downs, contribuyó a estimular una nueva tradición de investigación. Sus fundamentos, sin embargo, estaban ligados a establecer cómo debía organizarse el gobierno, más que a indagar por qué el gobierno estaba organizado de un determinado modo. Y su foco de atención, a partir de la influencia de Tiebout, se centró en el nivel municipal de gobierno. Como resultado de ello, a lo largo de las décadas del '70 y del '80 se desarrolló toda una literatura especializada dirigida hacia problemas de política local (como el desarrollo de agua potable) y las estructuras políticas locales (como los Departamentos de Policía) que, para bien o para mal, no son de mucho interés para los especialistas en elección pública o en administración publica. La escuela de Indiana, como generalmente se la denomina, se convirtió, pues, en una sección periférica del movimiento de la elección pública (Mitchell 1988).

2. La Tradición Niskanen

Lo que necesitaba el movimiento para despegar era algún tipo de catalizador, una clara base analítica que permitiese luego el trabajo acumulativo. Ello se produjo con la llegada de un trabajo de William Niskanen llamado *Bureaucracy and Representative Government* (1971), que hasta el día de hoy es probablemente la teoría más citada e influyente sobre la burocracia que haya surgido dentro del enfoque de la elección pública.

La clave para el éxito de Niskanen es que, a diferencia de sus predecesores, restringe su enfoque y simplifica el análisis. Mientras que él también define genéricamente a la burocracia y está interesado en los grandes temas —en su caso, el tamaño y eficiencia del gobierno—, su atención se centra en las agencias públicas y sus presupuestos. Su modelo, inteligentemente diseñado, es un medio simple para analizar estas cosas. Asume que los burócratas son maximizadores del presupuesto, dotándolos por primera vez de una función de utilidad lo suficientemente simple para poder ser modelada formalmente. A su vez, barre con las complejidades de las políticas presupuestarias al construir su modelo alrededor de dos actores, el burócrata y el legislador que lo auspicia.

Su relación es una de monopolio bilateral, con un burócrata que tiene dos ventajas principales. Primero, su posición como único oferente le da monopolio sobre la información de los verdaderos costos de producción. Segundo, el burócrata sabe cuánto vale para la legislatura cada nivel de producción, y puede usar esta información para presentar una oferta del estilo "tómela o déjela" (de una determinada producción para un presupuesto dado) que sabe que la legislatura aceptará. Tiene poder de información y de agenda.[2]

Estos poderes le permiten al burócrata actuar como un monopolista discriminador perfecto, forzando a la legislatura a aceptar un presupuesto sobredimensionado, cosa que ésta levemente prefiere a directamente no tener un presupuesto, y de este modo, la diferencia queda en manos del primero. Como resultado de ello, el gobierno termina siendo demasiado grande y groseramente ineficiente.

Las primeras críticas a Niskanen se centraron en el supuesto de maximización del presupuesto. La más influyente de éstas fue la de Migué y Bélanger (1974), quienes sostenían que los burócratas maximizaban el "presupuesto discrecional", es decir, la diferencia entre el presupuesto total y el costo mínimo de producción. Esto tiene sentido, pues cualquier margen (*slack*) en el presupuesto de una agencia, está disponible para que los burócratas lo gasten como quieran —en lo más personal, viajes, o programas favorecidos. "*Slack*" es el equivalente burocrático a lo que es el ingreso para los particulares.

Cuando los burócratas maximizan su "margen" de maniobra, las conclusiones de Niskanen sobre presupuestos y producción se alteran un poco, pero la imagen continúa siendo bastante pesimista. El gobierno sigue siendo terriblemente ineficiente. En una reciente mirada retrospectiva de su libro, Niskanen (1991) admite que el *slack* es una variable más apropiada para analizar la cuestión, que la maximización del presupuesto total. Presumiblemente, este cambio también esta influido por los estudios empíricos que han mostrado que el salario y la carrera de los burócratas, no están significativamente relacionados con el tamaño del presupuesto de la agencia (Young, 1991).

Las críticas principales a Niskanen se han centrado en cuestiones relacionadas con el poder burocrático. Como he sugerido, los burócratas dominan en su modelo por dos razones: controlan la información y la agenda. Sin embargo, Niskanen no es claro sobre esto en absoluto (Bendor, 1988). Tiende a tratar ambas razones como si fuesen de carácter informativo, como si el control de la agencia sobre la información fuera lo que le permite a ella presentar a la legislatura una opción presupuestaria de "tómela o déjela". Esta impresión lleva a confusión, pues como veremos, el control de agenda que Niskanen imputa a los burócratas está enraizada, en el fondo, en la

---

2. El poder de información puede ser construido como un tipo de poder de agenda (ver Bendor, 1988), pero considero que es más útil trazar la distinción entre los dos.

autoridad y no en la información. Las dos fuentes de poder son distintas, y deben ser tratadas separadamente.

Cuando trabajos posteriores intentaron aclarar las controversias, el control de la agenda resultó ser la principal falla en la armadura de Niskanen. La primera acotación provino de Romer y Rosenthal (1978), quienes mostraron que el poder sobre el control de la agenda depende del "nivel de reversión", esto es, lo que efectivamente recibe quien acepta o rechaza la oferta si decide rechazarla. Mientras más lejos esté el nivel de reversión del punto ideal de quien acepta o rechaza, mayor es el poder de quien fija la agenda para obtener su resultado preferido. En materia presupuestaria, el nivel más razonable de reversión es mantener el *statu quo*, establecer el nuevo presupuesto en un nivel equivalente al existente. Sin embargo, Niskanen asume que el nivel de reversión es cero, y que por lo tanto, los legisladores están forzados a elegir entre el presupuesto ofrecido por el burócrata o no tener directamente presupuesto. Esto le da al burócrata mucho más poder del que tendría si el nivel de reversión fuera el del *statu quo*. Este supuesto mucho más razonable lleva a conclusiones más moderadas —y menos sombrías— sobre el tamaño y eficiencia del gobierno.

La cuestión principal, sin embargo, es por qué los burócratas tienen poder de agenda. Este es el tema de un artículo escrito en colaboración con Gary Miller (Miller y Moe, 1983), que aclara que el modelo de Niskanen constituye una visión curiosamente sesgada: los burócratas son actores estratégicos que actúan para lograr sus propios fines, mientras que la legislatura es un actor pasivo —se sienta impávida mientras saquean sus arcas—. No sólo la legislatura también debería ser tratada como un actor estratégico, sino que también cualquier modelo político debe reconocer que la legislatura tiene autoridad por sobre la burocracia y por lo tanto puede estructurar las negociaciones a su manera. La relación entre ellos no es simplemente una de monopolio bilateral. Es una relación de autoridad en la cual la legislatura tiene el derecho legal de decirle a la burocracia qué hacer. La legislatura es el principal, la burocracia es el agente.

Se sigue, pues, que la legislatura necesaria y presumiblemente no tiene por qué aceptar el tipo de control de la agenda que Niskanen le da al burócrata. La legislatura puede llegar a esconder sus propias demandas, por ejemplo, o puede forzar a la agencia burocrática a establecer un esquema completo que contenga distintas combinaciones de presupuesto y producción para poder elegir entre ellas. Puede ejercer actividades de monitoreo y control para obtener mayor información. Puede imponer sanciones cuando descubre que ha sido engañada; etcétera. El hecho es que los burócratas tienen que

TERRY M. MOE

jugar el juego de acuerdo a las reglas impuestas por la legislatura —y en este
sentido, son los legisladores quienes establecen la agenda de los burócratas,
no al revés—. Como demostraremos más adelante, la introducción de estos
nuevos elementos en el marco de Niskanen llevan a una visión mucho más
moderada del poder burocrático y del tamaño y alcance del gobierno. Las
conclusiones harto conocidas de Niskanen son sólo casos extremos, depen-
dientes de un tipo de control de la agenda que ninguna legislatura toleraría.

De aquí en más, el enfoque original de Niskanen comenzó a ceder espacio a la nueva economía política de la organización. La atención continuó
estando centrada en el vínculo entre la burocracia y la legislatura, pero la
relación comenzó a estudiarse utilizando la teoría de juegos o en términos de
principal-agente. El control de agenda del estilo "tómelo o déjelo" dejó de
ser utilizado como la explicación del poder de la burocracia. El foco comenzó a ponerse en la información asimétrica —principalmente la información
del burócrata concerniente a los verdaderos costos—, y en la autoridad de la
legislatura para establecer las reglas y ejercer el control: preocupaciones
típicas de la nueva economía política.

Hay algo específicamente apropiado en este punto, desde la perspectiva
de los estudios tradicionales de la administración pública. Weber (1947)
reconoció hace ya mucho tiempo que la especialización burocrática constituye un profundo dilema para el gobierno. Es necesaria para que las políticas
sean llevadas a cabo eficientemente, y es la principal razón por la cual los
políticos delegan autoridad a los burócratas. Sin embargo, también es un
arma poderosa que los burócratas pueden usar en contra de sus superiores. Lo
que han venido diciendo desde hace décadas los estudiosos de la administración pública, pero en otro lenguaje, es que la información asimétrica
inherente a la burocracia produce un serio problema de control para los
políticos, quienes deben usar su autoridad para remediarlo.

Estos temas surgieron dentro de la tradición de Niskanen incluso antes
de que fuera transformada por la nueva economía política. Breton y Wintrobe
(1975), por ejemplo, sostuvieron tempranamente que la legislatura podría
disminuir el poder de la burocracia invirtiendo en monitoreo y control. Los
trabajos más recientes, sin embargo, han estado explícitamente basados en
las ideas de la nueva economía de la organización.

Liderando el camino estuvieron Bendor, Taylor y van Gaalen
(1985,1987a), quienes se expandieron sobre la crítica de Miller-Moe en
una serie de artículos que profundizaron sobre los problemas de información
asimétrica y autoridad. Su análisis resalta que el control legislativo es
función de las actitudes de los burócratas con respecto al riesgo (pues tanto

la decepción, el control, y las sanciones generan incertidumbre), y de la habilidad de la legislatura para comprometerse a un esquema de incentivos *ex ante*: componentes claves de la nueva economía política, que antes habían pasado desapercibidos en esta línea de trabajo.

Estos análisis fueron seguidos por Banks (1989b), quien rechazó el enfoque de Bendor y otros sobre el compromiso —que se apoya en un argumento (bastante probable, pero informal) basado en la reputación—, y desarrolla un modelo con un equilibrio secuencial en un solo período en el cual la legislatura ignora las cuestiones reputacionales, y sólo puede amenazar y comprometerse de manera creíble a sanciones que son acordes con sus intereses de corto plazo. Luego, explora de qué modo la legislatura puede ejercer sus poderes de sancionar e intervenir, para ejercer su control presupuestario sobre una agencia dotada con información propia. Este análisis fue después extendido por Banks y Weingast (1992), al sostener que los legisladores tienen en cuenta la auditoría y el monitoreo al momento de establecer el diseño original de las agencias —afectando de este modo el tipo de agencias que son creadas y cuáles mecanismos de control *ex post* funcionan adecuadamente.

Este es el estado de la cuestión dentro de la tradición teórica de Niskanen que, gracias al progreso, está perdiendo su identidad como una línea separada de trabajo. Hoy en día, se la reconoce mejor como una parte integral de la literatura más amplia que trata sobre el control político. De todos modos, mantiene su especificidad principalmente en función de su herencia y su énfasis en la cuestión del presupuesto. Al mismo tiempo, el argumento de Niskanen acerca del sobredimensionamiento del gobierno se considera cada vez más como un caso particular. Los modelos de la nueva ola han mostrado que el tamaño y el alcance de un gobierno pueden variar considerablemente, dependiendo de una serie de complicaciones y contingencias.

A pesar de estas transformaciones, el trabajo de Niskanen ha tenido un profundo impacto sobre la teoría de la burocracia. Mientras que la inclinación natural en los días de antaño era ver a la burocracia como una compleja organización sujeta a un entramado de autoridad, votantes y presiones; los académicos en el mundo *post* Niskanen han sido propensos a reducir a la burocracia, como él mismo lo hizo, a una unidad burocrática conducida tras un único objetivo —y a virar la atención, como él también lo hizo, de la burocracia en sí misma a la relación entre ella y la legislatura.

3. La Escuela de Chicago y la captura por parte de grupos de interés

Más o menos al mismo tiempo que se publicó el libro de Niskanen por primera vez, apareció también otro trabajo importante: *The Theory of Economic Regulation* de George Stigler. Esto marcaba la llegada de la Escuela de Chicago —conocida por su enfoque de libre mercado en la economía— como una fuerza intelectual en el estudio de la política. Stigler buscaba mostrar que las regulaciones no sólo son malas desde el punto de vista económico, sino que políticamente también constituyen una mala estrategia, ya que la racionalidad política inevitablemente promueve la captura de las agencias reguladoras a manos de los grupos que supuestamente deben ser regulados.

El artículo de Stigler no sólo fue oportuno sino también de gran relevancia, tal como lo había sido el libro de Niskanen. Durante las décadas que siguieron al New Deal, cuando las regulaciones crecieron masivamente, creció también la evidencia que demostraba que las agencias reguladoras eran vulnerables a la captura por parte de aquellos grupos que debían regular. Los cientistas políticos ofrecieron explicaciones muy variadas —ciclos de vida, triángulos de hierro, liberalismo con grupos de interés— pero Stigler fue el primero en desarrollar una teoría coherente con bases en la elección racional.

La teoría es simple. Los intereses de los negocios especializados tienen mucho que ganar de la regulación si las reglas son diseñadas en su favor. Y pueden asegurarse esas ganancias a través del control de la política. Como ha mostrado Mancur Olson (1965), los grupos de interés pequeños (a nivel de industria), cuyos beneficios están suficientemente concentrados, poseen mayores incentivos para llevar a cabo una acción política organizada que los contribuyentes u otros grandes grupos, para quienes los costos de hacerlo son mucho mayores. El poder de los grupos está entonces, sesgado hacia los grupos pequeños con intereses concentrados. Los políticos responden estableciendo estructuras burocráticas para que atiendan los reclamos de estos grupos; y los burócratas, a su vez, hacen lo que les dicen los políticos. El resultado es una *burocracia capturada* —una que, contrariamente a las nociones de ciencia política, no es "capturada" a través del tiempo, sino que es diseñada desde un principio para promover los intereses regulados.

Sin embargo, Stigler rápidamente sufrió el mismo destino que Niskanen: sus proposiciones simples fueron tiroteadas cuando su teoría fue generalizada por otros. Dos lineamientos principales han recibido mucha atención. Uno se debe a sus colegas de Chicago, Sam Peltzman (1976) y Gary Becker

(1983), quienes no sólo formalizaron sus ideas básicas, sino que también las complicaron y modificaron inmensamente —sosteniendo que los grupos grandes y difusos tenían de hecho más poder (debido a la votación, por ejemplo), que lo que Stigler les atribuía; y que los resultados regulatorios tendían más a la pluralidad de intereses—. En el fondo, la teoría de Chicago generalizada es más una teoría pluralista que una teoría de la captura. La captura es un caso especial.

La segunda elaboración proviene de James Q. Wilson (1980), cuya simple revisión de la teoría de Stigler ha sido muy influyente en el pensamiento académico. Wilson hace notar que los costos de regulación pueden ser concentrados o difusos, así como también los beneficios, creando una tipología con cuatro escenarios distintos —cada uno de los cuales da origen a un patrón diferente de creación de agencias e influencia del grupo—. Stigler supone que los beneficios están concentrados y los costos difusos, lo cual produce la captura. Pero cuando se tienen en cuenta los otros escenarios, se obtienen resultados totalmente diferentes —más pluralistas, por ejemplo, o más mayoritarios. Otra vez, la captura es un caso especial.

Dejando de lado la captura, todos estos esfuerzos sobresalen como intentos pioneros para desarrollar teorías políticas de los grupos de interés, que vinculen directamente los intereses sociales con la burocracia y las políticas públicas. Incluso, se distinguen del resto de la literatura porque encaran el tema desde un punto de vista diferente. Primero, todos están basados en la lógica de la acción colectiva: comienzan con un estado de naturaleza que carece de grupos políticos organizados, y sus actores claves emergen espontáneamente a medida que la cuestión de la regulación aparece, y poseen un poder relativo determinado por la lógica de Olson. Segundo, estas teorías consideran a las instituciones como cajas negras que convierten las demandas de los grupos en respuestas políticas: la burocracia y las políticas públicas son vistas como reflejos del balance de poder de los grupos subyacente, sin ninguna teoría de por qué o cómo pasa esto. Las instituciones son dejadas de lado.

La literatura más reciente busca incorporar estos detalles institucionales que la Escuela de Chicago ignora. De todos modos, aun cuando estemos tentados a pensar que los nuevos trabajos deberían desarrollarse sobre los fundamentos de los de Chicago, ello no debería ser así. Como veremos, la mayor parte de ellos surgió de las teorías de la elección social de las votaciones y del control de la agenda. Esta literatura no estaba basada en la lógica de acción colectiva de Olson; y de hecho, inicialmente no le prestaba demasiada atención a los grupos de interés. Incluso cuando más adelante trató de incorporar a los grupos de interés, tampoco recurrió a la lógica de Olson para explicar su existencia a partir de sus principios. Típicamente, tomó simplemente a los grupos existentes como los actores relevantes y prosiguió a partir de ese punto.

Este alejamiento de Olson tiene sentido y corrige una seria falla de la teoría de Chicago. En las batallas reales sobre estructuras o sobre políticas, los grupos que cuentan son aquellos que ya existen y ya están organizados; no grupos latentes que mágicamente surgen en respuesta una cuestión pasible de regulación. Y muchas de estas organizaciones representan intereses —ambientalistas, consumidores, minorías, etcétera—, que Olson sostiene que no deberían ser poderosas u organizadas en absoluto. Volver a los principios de Olson no sólo implica complicarse innecesariamente en esta etapa inicial de la teoría institucional. Es una mala interpretación de la realidad.

4. Control legislativo y el dominio por parte del Congreso

A principios de la década de 1980, la ciencia política fue barrida por el nuevo institucionalismo. Hasta ese entonces, a pesar de los trabajos provocativos de Niskanen y la Escuela de Chicago, la mayoría de aquellos que adherían a la teoría política positiva estaban preocupados con las votaciones y poco interesados en la burocracia. El nuevo institucionalismo cambió todo esto, pero de un modo que estuvo fuertemente influenciado por los orígenes de la teoría positiva, íntimamente relacionados con la literatura de la elección social.

Para la *teoría política positiva*, la motivación por estudiar a las instituciones surgió a partir del problema de las votaciones. Las teorías de las votaciones predicen ciclos sin fin, cuando, en la realidad la política, es altamente estable. ¿Por qué tanta estabilidad? La respuesta es que las instituciones estructuran el voto y ponen orden en el caos. Por lo tanto, desde el principio la teoría de las instituciones políticas estuvo basada en la elección social; y lo que aparecía como interesante de las instituciones era el resultado de su conexión con el problema de la votación.

Dada esta orientación, el centro de interés estuvo en la legislatura, cuyos miembros votan y son elegidos por los votos de los electores. Como resultado, la teoría de las instituciones, aunque aspiraba a la generalidad, rápidamente evolucionó en una teoría de la legislatura basada en la elección social. A partir de aquí, el resto de la actividad política comenzó a ser vista a través de un lente legislativo —y así surgieron las ideas empíricas sobre el poderío y la superioridad legislativa—. El método y la sustancia estaban fusionados.

La burocracia atrajo cierto interés, pero como un tópico dentro de la teoría legislativa. Obviamente, las políticas votadas por los legisladores son abstracciones vacías hasta que son implementadas; y esta implementación puede variar dependiendo de quién controle la burocracia, cuán bien, y con qué fin. De este modo, la teoría de las legislaturas, rápidamente comenzó a analizar de qué modo los legisladores podían controlar la burocracia en función de sus propios intereses. Así, el estudio del control político sirvió como puente hacia la moderna teoría de la burocracia.

¿Pero cómo desarrollar una teoría del control? La elección social era adecuada para analizar las votaciones, pero el control claramente llevaba hacia otras cuestiones —de información, autoridad, castigos y recompensas, y monitoreo— que la elección social no podía realmente manejar. La nueva economía política de la organización, que justo en la época se estaba desarrollando rápidamente, era ideal para llevar acabo la tarea (Moe 1984); y los académicos que adherían a la teoría positiva se apresuraron a incorporarla a sus estudios desarrollados sobre la base de la elección social. El efecto fue notable: se ganó muchísimo en poder analítico, se produjo un brote de interés por el tema del control político, y surgió un nueva e híbrida —aun legislativa— teoría de la burocracia que mezclaba la elección social con la nueva economía política.

Barry Weingast se alza como la figura más influyente en las etapas iniciales de la teoría del control legislativo. De sus varios artículos escritos sobre el tema, aquel que escribió en colaboración con Mark Moran sobre control del congreso sobre la Comisión Federal de Comercio (*Federal Trade Commission*), es ampliamente citado como uno de los artículos seminales (Weingast y Moran 1983; ver también Weingast 1981, 1984). Su tema es la dominación por parte del Congreso.

Su teoría comienza con un modelo de elección social del voto legislativo, donde una comisión usa su poder de agenda para estructurar la política legislativa en el recinto. La comisión se convierte de este modo en un principal, que busca una fiel implementación de sus políticas por parte de la burocracia y es capaz de esgrimir un arsenal tan vasto de mecanismos de control —pedidos de informes, control del presupuesto, citaciones, amenazas de nueva legislación—, que el burócrata tiene los incentivos necesarios para acatar. Domina el congreso. La evidencia de la FTC, según ellos, confirma esto, dado que su comportamiento a través del tiempo fue muy sensible a los cambios en las preferencias del Congreso.

Parte del argumento de Weingast, aquí y en otro lado, es que cuando se trata de analizar la vigilancia ejercida por el Congreso los cientistas políticos tienden a malinterpretar los hechos —bajo interés, audiencias esporádicas y con muy poca presencia—, para decir que el control no es efectivo. Según su opinión observando los mismos hechos, también podría argumentarse que existe un fuerte control legislativo: si las agencias anticipan las sanciones y las evitan a través de un acatamiento constante, no hace falta una vigilancia activa; y la mayoría de las veces no sucedería nada. Lo que parece ser apatía y falta de atención sería el resultado de un control exitoso.

Este tema fue desarrollado con mayor profundidad por McCubbins y Schwartz (1984). Sostienen que los legisladores están preocupados por obtener su reelección y por lo tanto tienen pocos incentivos para convertirse en la "patrulla policial" para controlar a la burocracia que presume la literatura. Su incentivo está en satisfacer a los grupos de votantes —y dejar que ellos paguen los costos del monitoreo—, simplemente respondiendo al grupo cuando suenan las "alarmas de incendio" porque algo malo está pasando. Este enfoque según los autores no sólo tiene sentido desde el punto de vista electoral, sino que también da cuenta de la existencia de un fuerte control: cuando se activa el control de la alarma de incendios, las armas del Congreso son tan poderosas que la burocracia se pondrá en forma. De hecho, los burócratas tenderán a prever las sanciones y a acatar desde el principio.

Este y otros artículos relacionados (Fiorina 1981b; Barke y Riker 1982; Weingast 1984) estimularon el interés en el estudio del control político. Sin embargo, sus argumentos sobre el dominio del congreso también han provocado controversias, y por buenas razones. Como señalé en su momento (Moe 1987), realmente ellos no desarrollan una teoría del control. Nunca modelan los fines, estrategias, o recursos de la propia burocracia; y no poseen ningún fundamento que les permita comprender la capacidad de los burócratas para resistir o adoptar comportamientos autónomos. La profunda importancia de la información privada, que tanto poder le daba al burócrata de Niskanen, aquí se le da poca importancia; y también a todo el costado burocrático de la relación de control. Sólo el principal legislativo es un sujeto importante de la teoría.

Más aún, sus argumentos acerca de la gran eficacia del control legislativo están bastante alejados de la teoría económica de la agencia —que sostiene que el control es costoso y generalmente implica desviaciones—. Desde el punto de vista de la teoría de la agencia, el tema de esta literatura debería ser que el Congreso tiene dificultades para controlar a la burocracia, y que ésta última tiene mucha autonomía. Esto es precisamente lo que muchos trabajos de cientistas políticos reconocidos han mantenido. También opino que es lo que el análisis empírico de Weingast y Moran sobre la FTC hubiese mostrado, si hubiesen tenido en cuenta importantes aspectos de la historia y el comportamiento de la FTC (ver Moe 1987).

De alguna manera, el problema aquí es el opuesto al que encontrábamos en Niskanen. Niskanen le da demasiada importancia al poder burocrático al asumir una agencia burocrática estratégica frente a una legislatura pasiva. Los teóricos del dominio del congreso le dan demasiada importancia al poder del legislativo de asumir que existe una legislatura estratégica y un agencia burocrática pasiva.

5. Control *ex ante*, intercambio, y la política de la elección institucional

La versión pionera de la teoría del dominio legislativo era una teoría del control *ex post*. Se preguntaba cómo podían los legisladores evitar una burocracia "huidiza" mediante el monitoreo de su comportamiento, premiando el cumplimiento, y castigando el incumplimiento. Éste era un lugar razonable para empezar; pero dejaba una gran parte del tema del control sin explorar. Sucede que los legisladores (y presidentes), también tienen la autoridad de ejercer control *ex ante*, al establecer objetivos, estructuras y sistemas de personal que promuevan el cumplimiento por parte de la agencia burocrática desde el comienzo. En otras palabras, a través de decisiones estratégicas en su organización, la legislatura puede diseñar a la burocracia para que ésta cumpla con su voluntad.

Los académicos enrolados en la teoría política positiva rápidamente observaron esto e incorporaron en su análisis controles *ex ante*. Este sencillo paso, a pesar de ser obvio mirándolo en retrospectiva, puede bien representar el desarrollo más importante en la teoría moderna de la burocracia. Mientras que el congreso permanece como el centro de atención, y mientras la organización burocrática es importante en la medida que constituye un medio para alcanzar determinados fines —control por parte del congreso—, las herramientas analíticas estaban ahora a disposición para poder explicar cómo la burocracia es el resultado de la política y por qué adopta una determinada forma organizacional.

5.1 Control ex ante

El estudio del control *ex ante* está basado en cuestiones de delegación. ¿Por qué el Congreso le delega autoridad a una agencia, en vez de pasar leyes detalladas ejecutables judicialmente? Cuando delega, ¿prefiere mandatos vagos que le dan a las agencias gran discrecionalidad, o mandatos altamente específicos que limitan severamente lo que las agencias hacen? Y cuando las agencias tienen su medida de discrecionalidad, ¿Cómo puede el congreso usar la estructura para canalizar su comportamiento hacia fines legislativos?

El trabajo pionero más influyente sobre delegación fue el de Fiorina (1982a, 1982b, 1986; ver también Aranson, Robinson, y Gelhorn 1982), quien desarrolló una teoría basada en los incentivos y la incertidumbre que enfrentan los legisladores. Su producto más conocido es el modelo de desviar-la-responsabilidad. La idea es que los legisladores buscan obtener el crédito por los beneficios que los programas de las agencias brindan a sus electores y evitar ser culpados por sus costos. La delegación les permite disfrazar su responsabilidad por las políticas —engañar a la gente—, pasando los temas no resueltos hacia la agencia. Esto eleva su capacidad para evitar la culpa (que es bueno) pero reduce su posibilidad de obtener el crédito (que es malo). Delegan cuando las ganancias de evitar las culpas sobrepasan las pérdidas de reclamar el crédito —que, según él, es generalmente el caso, especialmente cuando los costos están concentrados o los beneficios son difusos.

Trabajos posteriores sobre control *ex ante* alaban el modelo de Fiorina sin realmente hacer uso de él. El supuesto más común es que los grupos que discuten sobre temas políticos importantes están organizados e informados sobre lo que los legisladores están haciendo. Sobre estas bases, los legisladores diseñan estructuras para asistir a algunos grupos y perjudicar a otros, pero se pone poco énfasis en estrategias para no engañar a ninguno. Muchos de estos estudios, sin embargo, trabajan sobre los esfuerzos de Fiorina de ligar la delegación con los cálculos que hacen los legisladores.

Quizá la relación más directa entre el trabajo de Fiorina sobre delegación y los trabajos más recientes sobre control *ex ante* sea provisto por McCubbins (1985). McCubbins señala que Fiorina no trata a los burócratas como actores estratégicos; y que cuando los burócratas se comportan como estrategas, la delegación genera problemas de agencia que el congreso debe afrontar. Luego analiza el tema en un marco de principal-agente, y con la ayuda de la elección social, desarrolla una teoría sobre cómo el congreso delega bajo condiciones de conflicto e incertidumbre. Sostiene que estas dos condiciones favorecen a que los legisladores deleguen de manera amplia en términos de alcance —pero que también contribuyen a reducir la discrecionalidad a través de reglas de procedimiento y de control—. El resultado neto es menos discreción, a pesar de los mandatos amplios —y el congreso tiene éxito en ejercer un control estricto—. "En general, el Congreso posee todos los poderes que puede llegar a necesitar alguna vez para asegurar el cumplimiento por parte de la agencia" (728).

Rápidamente después vinieron dos artículos de McCubbins, Noll, y Weingast (1987, 1989) que cobraron una importante atención, generaron gran controversia y establecieron el control *ex ante* como una industria incipiente. Su gran recepción se debe en parte a su audiencia. "McNollgast" (abreviatura por la cual se los conoce ahora, por practicidad y divertimiento) se dirigieron a la comunidad de *law and economics*, sosteniendo que los procedimientos administrativos no son explicados por preocupaciones normativas sobre la igualdad, el debido proceso, o equidad, sino más bien por las estrategias autointeresadas de los actores legislativos. Tal argumento creció naturalmente de un pensamiento de elección racional, pero retaba las perspectivas legales, y demandaba y obtuvo una animosa respuesta (Mashaw 1990).

McNollgast ven a las relaciones entre el Congreso y la burocracia como un problema de principal-agente, en el cual una coalición representativa dentro de la legislatura intenta minimizar las desviaciones burocráticas. Sostienen que, a diferencia de la literatura anterior que enfatizaba los controles *ex post*, monitorear, recompensar, y sancionar a las agencias son procedimientos costosos de emplear; y que, en cualquier caso, no funcionan demasiado bien. Esto es una manera implícita de decir que los trabajos realizados anteriormente (por ellos mismos) sobre el dominio por parte del Congreso estaba bien fundamentado. Su nueva argumentación es que, precisamente *porque* los controles *ex post* son altamente problemáticos, el Congreso pone gran énfasis en el control *ex ante*, el cual funciona mucho mejor. El control *ex ante* surge como la clave para entender cómo el Congreso obtiene lo que quiere, y por qué la burocracia se ve y se comporta como lo hace.

McNollgast tienen en cuenta de qué modo la coalición estatuyente (*enacting coalition*) que crea o modifica una agencia pública, puede diseñar procedimientos administrativos para evitar el desplazamiento burocrático. Si están correctamente elegidos, los procedimientos pueden mitigar los problemas de información asimétrica al forzar a las agencias a tomar en cuenta cierto tipo de información técnica o proveniente de la ciudadanía, o a publicitar sus objetivos políticos antes de su promulgación formal —creando un sistema que dé señales temprano sobre cualquier problema, que pueda ocurrir para los políticos, y descartando la posibilidad de los *faits accompli*—. Ellos sostienen que la Ley de Procedimiento Administrativo es un buen ejemplo de cómo el Congreso usa procedimientos para abrir al público los procesos de toma de decisión de las agencias y resguardarse contra el aislamiento.

Los procedimientos también pueden provocar favoritismos hacia determinados ciudadanos al darles acceso y derechos de participación en forma selectiva, inyectando así intereses especiales en el sistema de información y reacción; así como también, pueden influir sobre las decisiones de acuerdo al balance de poder de los grupos. De esta manera, los legisladores acumulan funciones que beneficien a los grupos representados en la coalición legislativa y se aseguran de que los cambios en el tiempo de los intereses y los poderes relativos de los grupos, sean reflejados o tenidos en cuenta en las políticas y los procedimientos de las agencias. Si está correctamente estructurada, la agencia debería estar en piloto automático: programada para hacer los deseos del Congreso.

Dos teorías alternativas rápidamente aparecieron: una de ellas, la mía (Moe 1989, 1990a, 1990b; Moe y Caldwell 1994; Moe y Wilson 1994), y la otra desarrollada por Horn (1988,1995). Ambas comparten temas básicos con *McNollgast* —por ejemplo relacionados con el rol de los procedimientos en la acumulación de funciones (*stacking the deck*)—, y ambas se apoyan mucho en la nueva economía política. Pero Horn y yo resaltamos un fundamento esencial de la elección estructural que originalmente había sido obviado por *McNollgast.*

El factor descuidado, al que yo he dado en llamar incertidumbre política, surge de los derechos de propiedad incompletos que son inherentes a la política democrática. Aquellos que hoy en día tienen el poder, sólo tienen temporalmente la autoridad pública y no son dueños de las agencias o programas que crean. Como resultado de ello, no pueden comprometer a las autoridades futuras a mantenerlos. Las autoridades futuras tendrán el derecho de hacer lo que quieran; y existe incertidumbre sobre si respetarán o no los acuerdos del pasado. Esto es especialmente así, cuando las elecciones o los cambios en el poder de los grupos amenazan con darle mayor acceso al poder político a los intereses opositores.

La incertidumbre política tiene un profundo efecto sobre la estrategia y la estructura. Las autoridades de hoy saben que, para que sus creaciones generen beneficios a sus votantes en forma sostenida en el tiempo, deben estar protegidas de las autoridades futuras, y por lo tanto, aisladas del control democrático. La mejor manera de hacer esto es a través de mecanismos de control *ex ante* —procedimientos de decisión, reglas de servicio civil, formas independientes de organización, horarios— que no sólo acumulen favores, sino que también fijen dicho sesgo para protegerlo de cambios en el poder de los grupos y la autoridad pública. La coalición legislativa de hoy, en otras palabras, quiere asegurarse que la legislatura de mañana *no pueda* controlar a la burocracia.

Esto le da un giro diferente a la cuestión. La coalición legislativa de *McNollgast* fija su mirada en la agencia burocrática, que amenaza con desviarse de su rumbo. La coalición recurre no sólo a la acumulación de funciones, sino también a procedimientos que fuercen a los burócratas a revelar información, a abrir sus procesos internos, y a sufrir la intervención externa para mantener un control. Sin embargo, tal como Horn y yo enfatizamos, la coalición legislativa debe también observar bien a la propia legislatura, de hecho imaginarse todas las posibles autoridades futuras y grupos opositores, y usar la estructura para aislarse de su control. Dado que existe la incertidumbre política, la coalición generalmente no desea la apertura o la intervención y favorece estructuras que cierran la puerta a la mayoría de las oportunidades de control externo.

De esto se sigue que los problemas de corto plazo de los controles *ex post* son más severos de lo que sugieren *McNollgast*; y no se deben nada más que a las desviaciones usuales que existen en cualquier relación principal-agente. Ellos son creados por el Congreso, que tiene fuertes incentivos para crear una burocracia autónoma que persiga las intenciones originales contenidas en la ley —y que resista los propios esfuerzos del Congreso para ejercer un control *ex post*. Los controles *ex ante* surgen como una espada con doble filo: promueve el "dominio" del Congreso actual al aumentar la impotencia del Congreso de mañana.

5.2 Intercambio político y la política de la elección de estructura

La incertidumbre política cambia la estructura del argumento inicial de *McNollgast*, pero su lógica de mirar hacia adelante, está ya incorporada en el marco teórico básico. De hecho, algunos de los trabajos más innovadores sobre intención legislativa y su protección a través de los tribunales de justicia —temas que giran alrededor de las consideraciones sobre incertidumbre política— han sido contribuciones de los propios *McNollgast* mediante extensiones de su teoría original (McCubbins, Noll, y Weingast 1992, 1994; ver también Ferejohn y Weingast 1992b).

Lo que más distingue los trabajos que Horn y yo hemos hecho de los de *McNollgast*, es el propósito fundamental de nuestras teorías. *McNollgast* busca entender a la burocracia desarrollando una teoría del control legislativo, y su análisis principalmente recae sobre los legisladores, no sobre la burocracia. Horn y yo no tenemos un interés especial en el control legislativo: lo que intentamos hacer es construir una teoría de la administración pública —tanto como Downs, Tullock, y Ostrom lo hicieron en años anteriores.

El trabajo de Horn se enmarca dentro del enfoque predominante, sin embargo él cambia el foco del análisis pasando del control legislativo de los burócratas a la relación de intercambio entre los legisladores y sus votantes. Esencialmente, sostiene que los legisladores buscan apoyo político, los votantes buscan beneficios gubernamentales, y ambos tienen mucho por ganar haciendo acuerdos el uno con el otro —sin embargo, los esfuerzos que ellos realizan están plagados de costos de transacción—. En forma análoga a lo hecho por Williamson (1985) para las organizaciones privadas, Horn busca establecer una teoría de la burocracia pública a partir de la exploración de los costos de transacción del intercambio legislativo.

El desvío burocrático (*bureaucreatic drift*), por ejemplo, genera costos de transacción que inhiben los acuerdos políticos. El desvío baja el valor esperado para los votantes y, por tanto, el apoyo que ellos están dispuestos a ofrecer a los legisladores en el intercambio. El problema del compromiso inducido por la incertidumbre política es otra fuente de costos de transacción. Si los legisladores actuales no pueden comprometer a las futuras autoridades para que honren los acuerdos políticos presentes, los votantes descontarán su valor y proveerán menos apoyo. Para maximizar el apoyo político, los legisladores deben minimizar éstos y otros costos de transacción (v. g., costos de decisiones legislativas, costos de incertidumbre), tomando decisiones estratégicas que afectan la estructura burocrática. De este modo, las propiedades básicas de la burocracia emergen de los esfuerzos legislativos para minimizar los costos de transacción.

La cuestión de si el enfoque de los costos de transacción de Horn es más poderosa que el del principal-agente de *McNollgast*, está por verse. Son diferentes maneras de hablar de las mismas cuestiones. De todos modos, el análisis de Horn es ambicioso, integrando en un marco teórico individual los diversos argumentos sobre complejidad, incertidumbre, experiencia, desvío y compromiso, que la teoría política positiva ha hecho a través del tiempo; y explorado un rango de tópicos sustantivos de la administración pública: forma organizacional, procedimientos internos, servicio civil, presupuestos, privatización y empresas del Estado. En particular, su análisis del servicio civil es una contribución muy necesaria que seguramente logrará estimular controversias e investigaciones.

El tema clave del trabajo de Horn es la vital importancia del problema del compromiso, y por lo tanto de la incertidumbre política, que él ve como la fuerza que está por detrás de la elección estructural, y la principal razón de por qué gran parte de la burocracia está aislada del control político. Éste es un tema central también en mi propio trabajo. Pero mi análisis se distingue bastante de las corrientes más difundidas.

Como ya debe ser obvio a esta altura, no estoy conforme con una teoría de la burocracia que surja de una teoría de las legislaturas. Mi punto de partida, en cambio, se arranca con las cuestiones básicas de la política —la autoridad pública y la lucha para poder ejercerla—, y luego se desplaza hacia una visión sistémica de la "política de la elección estructural", en la cual ningún tipo de actor o relación tiene preeminencia. La cuestión a resolver es entender cómo trabaja el sistema y quién hace qué dentro de él. En mis trabajos, destaco un tema que se encuentra claramente en el corazón de la administración pública y la elección pública —la efectividad de la burocracia— y que a partir de toda la discusión acerca del control y el intercambio legislativo, es un tema que la teoría moderna discute muy poco.

Una de las cosas más llamativas en *McNollgast*, Horn y otros trabajos predominantes, es su virtual omisión de los presidentes, excepto como amenazas de veto. En cambio, en mi trabajo traigo los presidentes a consideración y sugiero por qué su inclusión es esencial. En parte, ello es simplemente porque tienen poderosos impactos sobre la estructura. Pero es también porque sus preferencias y estrategias son muy diferentes de las de los legisladores. Los presidentes persiguen activamente con un fuerte liderazgo los intereses más amplios de la sociedad, buscan ejercer un control central sobre la burocracia por sí mismos, y tienen poderes ejecutivos de acción unilaterales como para imponer sus propias estructuras.

Una teoría-con-presidentes apunta a distinguir los componentes presidenciales en toda la burocracia —incluyendo la institución presidencial, una característica especial del gobierno norteamericano moderno que la teoría política positiva ha ignorado ampliamente—. También enfatiza el hecho de que muchas estructuras burocráticas han sido diseñadas por grupos y legisladores para aislar intereses parroquiales de la influencia presidencial, y que los presidentes responden añadiendo estructuras propias. Estas estructuras y dinámicas son fundamentales para entender la burocracia norteamericana, y no son percibidas cuando los presidentes son considerados como parte de la coalición legislativa.

McNollgast y Horn también tienen poco que decir sobre los grupos de interés. Conciben a la política en términos de legisladores y votantes, mientras subsumen a los grupos (junto con los presidentes) en la coalición legislativa. Mi propio enfoque, esencialmente una versión institucional de la teoría de Chicago acerca de la influencia de los grupos, trata a los grupos de interés como actores estratégicos, y muestra cómo sus cálculos y sus demandas se traducen en la estructura gubernamental.

Esto clarifica el rol distintivo de los grupos de interés —y sugiere por qué, en un mundo de negociaciones e incertidumbre política, las políticas de los grupos dan lugar a formas extrañas y en general poco efectivas de organización—. También clarifica el rol distintivo de los políticos, cuyos intereses están sólo parcialmente alineados con los de los grupos; y destaca un tema clave que la literatura predominante pasa por alto: el grado de autonomía que tienen los políticos frente a los grupos, y el tipo de estructuras que ellos buscan establecer cuando tienen dicha autonomía. Algunas agencias burocráticas surgen como respuesta de los políticos a las demandas de los grupos, y algunas otras, como estructuras que los propios políticos construyen para ellos mismos. Nada de esto puede ser entendido, ni explicado, cuando se considera a los grupos y a los políticos formando parte de una única coalición legislativa.

Ofreceré un último punto de contraste. Tanto Horn como *McNollgast* desarrollan teorías que son peculiares a la política norteamericana. Horn a veces aplica su teoría a otras naciones, pero la lógica norteamericana permanece. Un punto básico de mi propio trabajo es que los diferentes sistemas institucionales generan diferentes políticas de elección institucional y, por lo tanto, diferentes burocracias.

El sistema norteamericano de separación de poderes promueve la fragmentación del poder y hace que sea excesivamente difícil introducir nueva legislación. Por lo tanto, todo aquello que esté reglamentado formalmente, tiende a permanecer —lo cual hace que todos los actores generalmente recurran al establecimiento de reglas formales para proteger sus intereses y solucionar sus problemas de compromiso—. El resultado es una burocracia vastamente sobrerreglamentada e incapacitada por su propia organización. En un sistema parlamentario de Westminster, esto no ocurre. El poder está concentrado, aprobar y derogar leyes es relativamente fácil; y la reglamentación formal, por lo tanto, tiene poco valor estratégico como protector de los intereses o solución a los problemas de compromiso. Esto produce una burocracia que *no* está sepultada bajo un excesivo formalismo y mucho mejor preparada para desplegar un desempeño eficiente. La lógica política es muy diferente en los dos sistemas, y como resultado de ello, también lo son sus burocracias. Este tipo de atención al contexto institucional, desde mi punto de vista, debería ser central para cualquier teoría de la burocracia. Pero se ve impedida por la fijación con el Congreso que tiene la visión predominante.

Los problemas que visualizo en el enfoque predominante, probablemente serán superados con el tiempo. Por ahora, la diversidad representada por estas tres líneas teóricas (la de *McNollgast*, la de Horn, y la mía), representa un estado de transición y progreso. Son los primeros intentos de mostrar, de una manera más o menos comprensiva, cómo la estructura interna de la burocracia es el resultado de la política; y, como tal, constituyen pasos concretos hacia la clase de teoría de la burocracia prevista años atrás por los pioneros de la elección pública.

6. Modelos espaciales de control político

Las teorías del control *ex ante*, del intercambio político, y de las políticas de elección institucional, están ahora en el centro de la moderna teoría de la burocracia. Ellas tratan de explicar lo que la burocracia *es*. A lo largo de la última década, sin embargo, la mayoría de los trabajos de la corriente política positiva ha tomado a la burocracia como dada, y ha explorado cómo se comporta en respuesta a los esfuerzos de otros actores para controlarla, especialmente el Congreso. En general, estas teorías se concentran en el control *ex post* tal como lo hacía la literatura más antigua. Y, aun cuando tienen en cuenta los temas básicos de la nueva economía política (como el compromiso), están estructuradas por los modelos espaciales más afines a la teoría de la elección social —de nuevo, ello representa la influencia de la literatura más antigua.

Dado que estos modelos usualmente toman como exógeno aquello que una teoría de la burocracia debe en el fondo explicar —la naturaleza de la burocracia—, deben ser vistos en realidad como suplementos importantes del núcleo central de la teoría moderna.

6.1 Principales múltiples

La contribución más obvia de esta literatura ha sido pasar de modelos bilaterales (*dyadic*) de control legislativo a modelos más amplios, en los cuales existen múltiples principales —legisladores, presidentes, jueces— que ejercitan el control en forma conjunta. John Ferejohn ha sido un líder en este esfuerzo por modelarlo, y su trabajo es muy ilustrativo.

Ferejohn y Shipan (1990) proveen un lindo punto de partida. En dicho artículo, los autores parten del trabajo seminal de Weingast y Moran (1983) e introducen un modelo más general donde los presidentes pueden vetar la legislación; los tribunales de justicia pueden obligar a las agencias burocráticas a respetar el *statu quo*; y el Congreso, estilizado como un cuerpo legislativo unicameral dotado de una comisión con poder para "cajonear" los proyectos (*gatekeeping power*), introduce la legislación. Todos los actores tienen puntos ideales a lo largo de un espacio unidimensional de política.

Su análisis basado en la teoría de juegos refleja la tradición a la que pertenece. La atención se centra menos en la burocracia que en la influencia del Congreso, y en cómo ella es evaluada por los presidentes y los jueces. Dos temas se destacan. El primero es que los presidentes pueden usar su poder de veto para reducir el control del Congreso y aumentar el suyo propio. El segundo es que los tribunales intervienen para sostener la influencia del Congreso.

Esta segunda cuestión es reveladora; dadas distribuciones de preferencias diferentes, los tribunales de justicia también pueden llegar a socavar la influencia del Congreso. Sin embargo, en éste y en otros trabajos, los teóricos positivos han enfatizado el rol de los tribunales como protectores del Congreso; y ello ha dado un fuerte ímpetu (y nuevas perspectivas) para que se produzca una integración de los tribunales en la teoría. Los presidentes, quienes constituyen un problema para el Congreso, han sido explorados menos seriamente. Y con poca simpatía. A menudo, su control es considerado menor o visto como injustificado.[3]

A pesar de que semejante desequilibrio es reprochable, existen dos buenas razones por las cuales los tribunales aparecen de manera tan prominente en los intentos más recientes por expandir la teoría. Una, es que el gran éxito de la teoría positiva ha seducido a los académicos del enfoque económico del derecho (*law and economics*) quienes se han transformado en activos contribuyentes a esta literatura —y enfatizan los tribunales de justicia—. La otra es que los tribunales ejercen un rol central con respecto a uno de los temas más importantes de la teoría: la protección de la "intención original" frente al continuo ejercicio del control político.

De hecho, este tema fue destacado por primera vez en un trabajo pionero del enfoque económico del derecho escrito por Landes y Posner (1975). Mucho antes de que Horn y yo intentáramos integrar la noción de incertidumbre política en la teoría de la burocracia, Landes y Posner aplicaron el mismo razonamiento a los tribunales de justicia. Su argumento consiste en que el éxito de las negociaciones entre los grupos y los políticos depende de que los jugadores anticipen que los arreglos alcanzados —la intención

---

3. Para una interesante línea de trabajo, ver Kiewiet y McCubbins (1985, 1988). Me he cuestionado la decisión de discutir o no sus modelos en este artículo. Finalmente, he elegido no hacerlo, porque su foco de atención está en el Congreso, el presidente y el proceso presupuestario, y solamente indirectamente sobre la burocracia.

original—, podrán ser protegidos del uso de la influencia política en el futuro. A juicio de ellos, un poder judicial independiente resuelve el problema; porque se puede confiar que va a proteger los acuerdos de hoy de la influencia de mañana.

Mientras que la intuición básica sobre la intención original es profundamente importante, el argumento sobre los tribunales es tenue. Los jueces independientes pueden también actuar en base a sus propias preferencias para violar la intención original. Sin embargo, en función de cómo identifican al poder judicial estos modelos espaciales, los autores argumentan que los tribunales efectivamente protegen la intención original —o que, al menos, deberían hacerlo—. Lo positivo y lo normativo están entreverados.

La visión que tiene de los tribunales y de los presidentes la literatura actual, está muy bien reflejada en el innovador trabajo de Eskridge y Ferejohn (1992). Ellos muestran de qué modo la teoría de la elección racional puede ser utilizada para analizar las decisiones de la Corte Suprema en dos casos clave en relación con la burocracia —*Chadha*, donde eliminó el veto legislativo, y *Chevron*, que sometió la discrecionalidad de las agencias burocráticas al control judicial. Utilizando modelos espaciales, ellos argumentan que el veto legislativo y el activismo judicial son valorables y deben ser preservados, ya que ambos protegen la intención original y limitan el "excesivo" control presidencial.

A pesar de que este trabajo constituye un estimulante paso adelante, todavía contiene numerosas omisiones. Ellos asumen que las preferencias del Congreso no cambian a través del tiempo —cuando semejante cambio es justamente la clave del problema del compromiso que amenaza la intención original—. Por otro lado, ellos no toman muy en cuenta el hecho de que los jueces activistas pueden llegar a violar la intención original en lugar de protegerla. Y finalmente, hacen la suposición errónea (dada su herencia) de que las agencias son meros peones del presidente; y que por tanto, la discrecionalidad burocrática no es más que la manifestación del "excesivo" control presidencial. Esto es práctico desde el punto de vista normativo, pero es poco justificable de otro modo.

Ferejohn y Weingast (1992a) ayudan a llenar estos baches presentando un modelo similar (sin presidentes) en donde exploran la posibilidad de que el Congreso posea preferencias cambiantes y que los jueces tengan motivaciones alternativas. Ellos muestran que los fines que persiguen los jueces tienen un peso muy importante en sus decisiones y argumentan en favor de una "jurisprudencia basada en procedimientos" (que los jueces seguramente no aceptarían), que vincule sus decisiones con la intención original.

También argumentan que la intención original puede ser protegida de las preferencias cambiantes del Congreso gracias a al poder de "cajoneo" de las comisiones legislativas —cuyas preferencias, suponen, se mantienen más fieles a la intención original que las del recinto.

El movimiento hacia una teoría con múltiples principales, está todavía en su infancia; e incluso muchas cuestiones básicas no tienen respuesta todavía. Pero, como este trabajo de Ferejohn y sus colegas sugiere, la teoría política positiva se ha movido más allá de los pioneros modelos bilaterales de control legislativo. Los próximos años verán, sin duda, un rápido progreso hacia una teoría espacial más general.

6.2 Multidimensionalidad

Por simplicidad, la mayoría de los modelos espaciales suponen que las políticas están dispuestas a lo largo de una única dimensión. Sin embargo, un tema que ha sido reconocido hace ya mucho tiempo atrás por la literatura de la elección social, es que la multidimensionalidad cambia las cosas dramáticamente, a tal punto que los procesos de votación pueden llevar al caos —donde puede pasar virtualmente cualquier cosa— y los jugadores que controlan la agenda de la votación pueden lograr resultados "democráticos" que reflejen sus propias preferencias (McKelvey 1976).

Una fracción pequeña pero fascinante de la literatura de modelación espacial, ha explorado las consecuencias de la multidimensionalidad para el control político. Estos trabajos se han forjado bajo los descubrimientos originales de Jeffrey Hill (1985), que notó que, debido a que el Congreso toma decisiones por la regla de la mayoría y dado que siempre existe alguna mayoría para apoyar cambios en las políticas, las agencias comportándose estratégicamente pueden cambiar la intención legislativa original, representada en el *statu quo* por otras políticas más cercanas a sus intereses, con el apoyo de una mayoría —aprovechándose así de los problemas de acción colectiva del Congreso para construir su propia agenda y evadir el control.

El temprano pionero de Hill ha sido generalizado por Hammond, Hill y Miller (1986) y Hammond y Knott (1992). Sus modelos espaciales están construidos alrededor de principales múltiples —el presidente y una o más cámaras y comisiones legislativas—, y dos dimensiones políticas. Lo que muestran es que los presidentes y las agencias pueden tomar ventaja de los problemas de acción colectiva del Congreso, y que por lo tanto, la influencia presidencial y la autonomía de las agencias son mayores y el control del Congreso es menor a lo sugerido por la literatura predominante. A su vez, también arrojan luz sobre cómo el poder de hacer nombramientos, raramente considerado en el análisis espacial, otorga mayor influencia a los presidentes en relación al Congreso.[4] También señalan las condiciones bajo las cuales la influencia relativa de los jugadores varía, indicando cuándo los argumentos del control del Congreso son adecuados y cuándo no.

Esta es una importante línea de trabajo que, tal vez por el carácter disruptivo de sus conclusiones, no ha tenido gran repercusión. El típico análisis espacial continúa usando modelos unidimensionales, tratando al Congreso y sus comisiones como actores unitarios que deciden y tienen puntos ideales como los otros. En una literatura vinculada tan firmemente con la elección social, esto es claramente extraño. Si hay algo que nos enseña la elección social, es que la regla de la mayoría y la multidimensionalidad, producen problemas de acción colectiva de grandes consecuencias. Éste es precisamente el tema que hasta ahora la visión predominante ha dejado de lado.

6.3 Costos de transacción

Existe otra rareza que es igual o más problemática todavía. A pesar de que la gran teoría de la burocracia está cada vez más basada en la nueva economía de la organización, ésta no siempre encaja confortablemente con la tecnología de la modelación espacial; y, con algunas excepciones, sus preocupaciones centrales tienden a ser dejadas de lado. El resultado es una teoría espacial que normalmente ignora o contradice los principios básicos de la nueva economía política.

La nueva economía política señala que los costos de transacción del intercambio, pueden llegar a ser enormes, especialmente dentro del Congreso. Algunos se deben a los problemas de acción colectiva sugeridos por la multidimensionalidad, la regla de la mayoría, y las tremendas cargas causadas por la negociación, la coordinación y el compromiso. También se deben al prohibitivo número de puntos del veto inherentes al proceso legislativo. Los proyectos de ley deben pasar a través de las subcomisiones, las comisiones y el recinto de cada cámara, deben ser aprobados en forma idéntica por ambos; y a lo largo del camino se ven amenazados por las reglas de las comisiones, filibusteros, resistencias, y otros obstáculos. Para no mencionar

---

4. Ver también Calvert, McCubbins y Weingast (1989).

la complejidad técnica, la incertidumbre, el tiempo, los costos de oportunidad, y todas las demás fuentes usuales de costos asociados con la decisión.

Los modelos espaciales toman en cuenta unos pocos puntos de veto y ocasionalmente reconocen ciertos problemas de la regla de la mayoría. Pero la suposición estándar es que los costos de transacción son cero; y que por lo tanto, los puntos ideales se traducen directamente en resultados políticos. En un mundo con altos costos de transacción, todas esas teorías corren el riesgo de estar fuertemente alejadas de la realidad. Esto, de hecho, constituye uno de los puntos centrales de la nueva economía política: los costos de transacción cambian todo. Inclusive, dado que los costos de transacción de la acción legislativa son tan altos, el resultado más probable en relación a la mayoría de las propuestas, independientemente de las distribuciones de preferencias existentes, es que *no pase nada*: el Congreso estará imposibilitado para actuar, incluso cuando las distribuciones de preferencias sugieren que debería hacerlo. Los líderes partidarios, los presidentes de comisión, y varias normas y reglas pueden reducir de alguna manera los costos de transacción (Weingast y Marshall 1988; Cox y McCubbins 1993). Pero los obstáculos para legislar siguen siendo formidables.

Esto tiene implicaciones muy importantes para el tema del control político. Entre otras cosas, esto significa que los presidentes y las agencias burocráticas pueden usar unilateralmente sus poderes ejecutivos para cambiar el *statu quo*, y que el Congreso en general tendrá dificultades para responder, más allá de lo que sus preferencias puedan sugerir. La ventaja ejecutiva, inclusive, va más allá de lo que Hammond y sus colegas sugieren, ya que los ejecutivos no están limitados por la regla de la mayoría para adoptar políticas. Los costos de transacción usualmente impiden actuar a las mayorías; permiten a minorías muy pequeñas bloquear, y dejan despejado el camino de los presidentes y las agencias por omisión (Moe y Wilson 1994). De este modo, al ignorar los costos de transacción los modelos espaciales tienden a subestimar el poder presidencial y burocrático, y a exagerar el poder del Congreso.

Más generalmente, mientras los modelos espaciales son presentados como componentes claves de una teoría de la burocracia más amplia, no están realmente a tono con ella. En un sentido, son resquicios de una era pasada, no tienen en cuenta mucho de lo que la nueva economía política muestra como importante, y sus argumentos sólo pueden sobrevivir en un mundo que la nueva economía política desconoce o repudia. Esto no significa menoscabar el progreso realizado hasta ahora. Pero las fundaciones conceptuales de los modelos de control, deben cambiar considerablemente si quieren realmente contribuir con una teoría institucional basada en la nueva economía política.

6.4 De los modelos espaciales a la "nueva economía"

Esto está comenzando a ocurrir, aunque lentamente. En parte, es evidente el modo en que ciertos conceptos de la nueva economía han sido incorporados a las teorías espaciales. Inclusive es aún más importante el hecho de que en los últimos años han aparecido modelos de control basados casi enteramente en la nueva economía política. Trabajos de este tipo son aún escasos, pero ésta es probablemente la ola del futuro.

Como sugerí al principio, los modelos basados en la nueva economía crecieron naturalmente a partir de la tradición de Niskanen, cuyo énfasis estaba en las decisiones presupuestarias de las legislaturas y su racionalidad, cuando la información está en gran medida controlada por las agencias (Bendor, Taylor, y van Gaalen 1987a; Banks 1989; Banks y Weingast 1992). En la literatura más amplia sobre control político, la cual es menos heredera de Niskanen que de la de predominio del Congreso, la nueva economía política ha influido desde el comienzo —pero la elección social ha enmarcado la mayoría del análisis—. Esto está cambiando.

Tal vez el esfuerzo más notable hasta hoy sea el de Calvert, McCubbins y Weingast (1989). Estos autores desarrollan un modelo de teoría de los juegos en el cual un presidente y una legislatura, como principales múltiples, eligen conjuntamente al jefe de la agencia burocrática, y pueden individualmente vetar las acciones de la agencia. Su análisis enfatiza los problemas de control que son claves para la nueva economía política (información privada y problemas de agencia) y los mecanismos para contabilizarlos (monitoreo, presupuestos, despidos, y nueva legislación). Al final, argumentan, al igual que en otras partes, las agencias están bajo un seguro control político.

El problema principal con estos modelos basados en la nueva economía política es su complejidad. Son inherentemente complicados, y sus implicaciones amenazan con ser tan específicas a ciertos requisitos y condiciones que sus resultados resultan o bien triviales o bien difíciles de interpretar y aplicar. La estrategia más razonable para sobrellevar estos problemas consiste en la simplificación radical. Pero esto puede crear problemas. Calvert *et al.* (1989) siguen esta estrategia, suponiendo que la legislatura es un actor unitario, y que tanto el presidente como la legislatura pueden vetar sin costo alguno cualquier cosa que haga la agencia burocrática —condiciones que no solamente simplifican la realidad sino que también hacen preguntarnos cuán aplicable es su teoría a aquellas cosas que son realmente relevantes.

Mucho de esto es cierto también para los modelos de la nueva economía que siguen la tradición de Niskanen. Sus extraños procedimientos capturan una pequeña parte de la relación entre las legislaturas y las agencias (incluso de la relación presupuestaria), ignoran a los presidentes y a otras autoridades políticas, pero aún generan conclusiones altamente complejas y condicionales.

Estos problemas de complejidad parecen estar aumentando en los modelos de control político más recientes. Lupia y McCubbins (1994), por ejemplo, usan un marco teórico de principal-agente para explorar las conexiones entre el aprendizaje legislativo y el diseño y control burocrático. La teoría resultante es innovadora en su análisis del aprendizaje, pero al mismo tiempo monstruosamente complicada y contingente, lo cual hace que quede poco claro hacia dónde nos lleva esta innovación.

Finalmente, aun cuando pueda parecer que no simplifican suficientemente las cosas, estos esfuerzos por construir modelos de control político basados en la nueva economía, tienen a su vez una irónica tendencia a simplificar demasiado cuando se trata de algunos componentes centrales del propio enfoque económico. En efecto, en general ignoran o rechazan lecciones centrales de la teoría más amplia, y ello tiene profundas consecuencias en la manera como entienden al control político. Incluso, ellos menoscaban los problemas de acción colectiva y los costos de transacción que amenazan con incapacitar al Congreso, como un actor que le da a los presidentes y agencias oportunidades para ganar influencia a expensas suyo.

En lo que respecta a la complejidad, la cuestión para el futuro no es por supuesto evitar la simplificación, y ciertamente tampoco desconocer o repudiar la nueva economía. La cuestión consiste en hacer la clase de simplificaciones adecuadas, y preservar la esencia de lo que la nueva economía identifica como importante.

En términos generales, suponiendo que los problemas de complejidad pudiesen eventualmente ser resueltos, el desafío del futuro es cerrar la brecha que ha separado los modelos de control político del trabajo central sobre control *ex ante*, intercambio político, y política de elección institucional. Los modelos de control basados en la nueva economía nos permiten exploran oportunidades excitantes para hacer justamente esto, dado que a diferencia de los modelos espaciales, ellos pueden analizar muy bien temas de control *ex post* y temas de diseño institucional. Pueden proveer las bases, entonces, para cerrar la brecha y darles a las teorías de control, un uso mucho más productivo para darle vida en todo su esplendor a una teoría de la organización y el comportamiento burocrático.

7. Conclusión

Todas las perspectivas tienen sus problemas. Y en este caso, es especialmente importante que las críticas no nos hagan perder de vista el punto más básico que debe ser hecho: la elección pública ha revolucionado genuinamente la teoría de la burocracia. Comparando con la herencia de la administración pública, que se había esforzado por décadas sin mucho éxito, la magnitud del progreso ha sido asombrosa

Del trabajo pionero de Downs, Tullock y Ostrom, pasando por la fructífera teoría de Niskanen de la agencia maximizadora de presupuesto, por las teorías de la Escuela de Chicago de captura y pluralismo, por las teorías más recientes de control político, intercambio, y políticas de elección institucional, la elección pública ha dado grandes pasos para mostrar cómo los fundamentos de la política encuentran su reflejo en la organización y desempeño de la burocracia. Y esto es sólo el principio. El ritmo de cambio se ha acelerado considerablemente con el arribo de la nueva economía, y el futuro seguramente producirá una proliferación de nuevos e innovadores trabajos.

¿Cuánto mejor nos permitirá la teoría del mañana explicar la burocracia? Eso depende de cuán exitosamente sean resueltos los problemas que tiene la literatura actual. Y el principal déficit que ella tiene, está menos relacionado con temas técnicos (para cuya solución mis colegas están bien equipados) que con asuntos vinculados con la perspectiva más amplia, que están arraigados en la herencia de la elección pública y que no son tan fáciles de cambiar.

Por muchos años, la teoría de la elección social ha ocupado el centro de la escena en la disciplina y, de manera sutil pero penetrante, estableció sus agendas intelectuales formulando la manera en que enfocamos y entendemos los temas. A partir del surgimiento del nuevo institucionalismo, la academia ha procedido según los cánones de la ciencia normal, moviéndose desde el énfasis legislativo inicial hacia el resto del sistema, comenzando con la burocracia. La trayectoria está bien orientada, por supuesto. Y puede eventualmente ser el camino más efectivo para progresar. Sin embargo, por el momento ha producido una teoría que ve al mundo político a través de lentes legislativos y sus argumentos están excesivamente centrados en el poder legislativo.

Según esta visión del mundo, la burocracia es un sujeto interesante para la teoría porque el legislativo le delega autoridad y a su vez ejerce un control sobre ella. Los presidentes son relevantes porque pueden vetar la legislación. Los tribunales de justicia entran en juego porque ellos pueden proteger los acuerdos legislativos. Todo está "entendido" en la perspectiva legislativa. Y todo es secundario en importancia y poder respecto de la legislatura.

La clase de progreso que más necesitamos, me parece, es un movimiento hacia un entendimiento más balanceado de la burocracia pública y su relación con otras instituciones políticas. Esto requiere, por lo tanto, nuevos tipos de trabajos. Que consideren seriamente a la presidencia y a los tribunales de justicia como instituciones hechas y derechas, por derecho propio, con poderes, motivaciones y propiedades organizacionales que son profundamente importantes para una explicación de la burocracia y del control. Las legislaturas también necesitan ser exploradas en más detalle, pero desde el punto de vista de los problemas que tienen para ejercer su poder legislativo: los costos de transacción y los problemas de acción colectiva que hacen difícil para las legislaturas tomar acciones enérgicas en interés propio y las tornan vulnerables a la explotación por otros.

Y por último, se encuentra la propia burocracia, la cual, debido a la inclinación legislativa de la teoría predominante, ha recibido menos atención de lo que uno podría pensar. En general, las teorías burocráticas no se establecen por lo que nos pueden decir sobre la burocracia en sí, sino más bien por lo que nos pueden decir sobre cuánto poder tienen el Congreso y otras autoridades, y qué mecanismos emplean ellos para que se cumplan sus objetivos. La burocracia es tratada como poco menos que un medio para estos fines más importantes, y no como una institución que valga explicar intensivamente por derecho propio. Esto debe cambiar. Una teoría de la burocracia nunca tendrá éxito si está diseñada realmente para hacer otra cosa.

La perspectivas teóricas guían la investigación, y una investigación conforme a dicha línea de trabajo probablemente va a surgir lentamente mientras continúe el predominio de la perspectiva legislativa. Pero seguramente va a surgir, a medida que los estudios continúen ramificándose de su base legislativa. Y sospecho que con el tiempo crecerá considerablemente, a medida que la nueva economía le gane su amistosa pulseada a la elección social, y a través de su aproximación abstracta a los fundamentos de la organización, promueva una teoría más amplia, en la cual las votaciones y las legislaturas no tengan una atracción metodológica inherente.

Referencias

Aranson, Peter H., George Robinson, y Ernest Gelhorn (1982) "A Theory of Legislative Delegation", *Cornell Law Review* 68: 777-95.

Banks, Jeffrey S. (1989a) "Equilibrium Outcomes in Two-Stage Amendment Procedures", *American Journal of Political Science* 33: 25-43.

—(1989b) "Agency Budgets, Cost Information, and Auditing", *American Journal of Political Science* 33: 670-99.

Banks, Jeffrey S., y Barry R. Weingast (1992) "The Political Control of Bureaus under Asymmetric Information", *American Journal of Political Science* 36: 509-24.

Barke, Richard P., y William H. Riker (1982) "A Political Theory of Regulation with Some Observations on Railway Abandonments", *Public Choice* 39: 73-106.

Becker, Gary S. (1983) "A Theory of Competition among Pressure Groups for Political Influence", *Quarterly Journal of Economics* 98: 371-400.

Bendor, Jonathan (1988) "Formal Models of Bureaucracy. A Review", *British Journal of Political Science* 18: 353-95.

Bendor, Jonathan, Serge Taylor, y Roland van Gaalen (1985) "Bureaucratic Expertise vs. Legislative Authority: A Model of Deception and Monitoring in Budgeting", *American Political Science Review* 79: 1041-60.

—(1987a) "Politicians, Bureaucrats, and Asymmetric Information", *American Journal of Political Science* 31: 796-828.

—(1987b) "Stacking the Deck: Bureaucratic Missions and Policy Design", *American Political Science Review* 81: 873-96.

Breton, Albert, y Ronald Wintrobe (1975) "The Equilibrium Size of a Budget Maximizing Bureau: A Note on Niskanen's Theory of Bureaucracy", *Journal of Political Economy* 82: 195-207.

—(1982) *The Logic of Bureaucratic Conduct*, Cambridge University Press.

Calvert, Randy, Mathew D. McCubbins, y Barry R. Weingast (1989) "A Theory of Political Control and Agency Discretion", *American Journal of Political Science* 33: 588-611.

Cox, Gary W., y Mathew D. McCubbins (1993) *Legislative Leviathan: Party Government in the House*, Berkeley, Los Ángeles, University of California Press.

Downs, Anthony (1967) *Inside Bureaucracy*, Boston, Little, Brown and Company.

Eskridge, William N., y John Ferejohn (1992) "Making the Deal Stick: Enforcing the Original Constitutional Structure of Lawmaking in the

Modern Regulatory State", *Journal of Law, Economics, and Organization* 8: 165-89.

FEREJOHN, John A., y Charles SHIPAN (1990) "Congressional Influence on Bureaucracy", *Journal of Law, Economics, and Organization* - edición especial 6: 1-20.

FEREJOHN, John A., y Barry R. WEINGAST (1992a) "Limitation of Statutes: Strategic Statutory Interpretation", *The Georgetown Law Journal* 80: 565-82.

—(1992b) "A Positive Theory of Statutory Interpretation." *International Review of Law and Economics* 12:263-79.

FIORINA, Morris P. (1981b) "Congressional Control of the Bureaucracy: A Mismatch of Capabilities and Incentives", en Lawrence Dodd y Bruce Oppenheimer, eds., *Congress Reconsidered*, 2da. ed., Washington (DC) Congressional Quarterly Press, 332-48.

—(1982a) "Legislative Choice of Regulatory Forms: Legal Process or Administrative Process?" *Public Choice* 39: 33-66.

—(1982b) "Group Concentration and the Delegation of Legislative Authority", en Roger G. Noll, de., *Regulatory Policy and the Social Sciences*, Berkeley, Los Ángeles, University of California Press.

—(1986) "Legislative Uncertainity, Legislative Control, and the Delegation of Legislative Power", *Journal of Law, Economics, and Organization* 2: 33-50.

HAMMOND, Thomas H., y Jack KNOTT (1992) "Presidential Power, Congressional Dominance, and Bureaucratic Autonomy in a Model of Multi-Institutional Policymaking", Trabajo presentado en la Reunión Anual de la Asociación Americana de Ciencia Política, Chicago.

HAMMOND, Thomas H., JEFFREY HILL, y Gary J. MILLER (1986) "Presidents, Congress, and the 'Congressional Control of Administration' Hypothesis", Trabajo presentado en la Reunión Anual de la Asociación Americana de Ciencia Política, Washington (DC)

HAMMOND, Thomas H., y Gary J. MILLER (1985) "A Social Choice Perspective on Expertise and Authority in Bureaucracy", *American Journal of Political Science* 29: 1-28.

HILL, Jeffrey (1985) "Why So Much Stability? The Role of Agency Determined Stability", *Public Choice* 46: 275-87.

HORN, Murray J. (1988) "The Political Economy of Public Administration", Tesis Doctoral, Harvard University.

—(1995) *The Political Economy of Public Administration*, Cambridge University Press.

KIEWIET, D. Roderick, y Mathew D. McCUBBINS (1985) "Appropriations Decisions as a Bilateral Bargaining Game between President and Congress." *Legislative Studies Quarterly* 9: 181-202.

—(1988). "Presidential Influence on Congressional Appropriations Decisions", *American Journal of Political Science* 32: 713-36.

LANDES, William M., y Richard A. POSNER (1975) "The Independent Judiciary in an Interest-Group Perspective", *Journal of Law and Economics* 18: 875-901.

LUPIA, Arthur, y Mathew D. McCUBBINS (1994) "Designing Bureaucratic Accountability", *Law and Contemporary Problems* 57 (Invierno): 91-126.

MARCH, James G., y Herbert A. SIMON (1957) *Organizations* Nueva York, John Wiley and Sons.

MASHAW, Jerry. 1990. "Explaining Administrative Process: Normative, Positive, and Critical Studies of Legal Development", *Journal of Law, Economics, and Organization* 6: 267-98.

McCUBBINS, Mathew D. (1985) "The Legislative Design of Regulatory Structure", *American Journal of Political Science* 29: 721-48.

McCUBBINS, Mathew D., y Thomas SCHWARTZ (1984) "Congressional Oversight Overlooked: Police Patrols Versus Fire Alarms", *American Journal of Political Science* 28: 165-79.

McCUBBINS, Mathew D., Roger G. NOLL, y Barry R. WEINGAST (1987) "Administrative Procedures as Instruments of Political Control", *Journal of Law, Economics, and Organization* 3: 243-77.

—(1989) "Structure and Process, Politics and Policy: Administrative Arrangements and the Political Control of Agencies", *Virginia Law Review* 75: 431-82.

—(1992) "Positive Canons: The Role of Legislative Bargains in Statutory Interpretation", *Georgetown Law Journal* 80: 705-42.

—(1994) "Legislative Intent: The Use of Positive Political Theory in Statutory Interpretation." *Law and Contemporary Problems* 57 (Invierno): 3-38.

McKELVEY, Richard D. (1976) "Intransitivities in Multidimensional Voting Models and Some Implications for Agenda Control", *Journal of Economic Theory* 12: 472-82.

MIGUÉ, Jean-Luc, y Gerard BÉLANGER (1974) "Toward a General Theory of Managerial Discretion", *Public Choice* 17: 27-43.

MILGROM, Paul R., y John ROBERTS (1992) *Economics, Organization, and Management*, Nueva York, Prentice-Hall.

MILLER, Gary (1992) *Managerial Dilemmas*, Cambridge University Press.

MILLER, Gary J., y Terry M. MOE (1983) "Bureaucrats, Legislators, and the Size of Government." *American Political Science Review* 77: 297-322.

MITCHELL, William C. (1988) "Virginia, Rochester, and Bloomington: Twenty-Five Years of Public Choice and Political Science", *Public Choice* 56: 101-19.

MOE, Terry M. (1984) "The New Economics of Organization", *American Journal of Political Science* 28: 739-77.

—(1987) "An Assessment of the Positive Theory of «Congressional Dominance»", *Legislative Studies Quarterly* 12:475-520.

—(1989) "The Politics of Bureaucratic Structure." En John E. Chubb, y Paul E. Peterson, eds., *Can the Government Govern?*, Washington (D. C.), The Brookings Institution.

—(1990a) "The Politics of Structural Choice: Toward a Theory of Public Bureaucracy." En Oliver E. Williamson, ed., *Organization Theory: From Chester Barnard to the Present and Beyond*, Nueva York, Oxford University Press.

—(1990b) "Political Institutions: The Neglected Side of the Story", *Journal of Law, Economics, and Organization* 6: 213-53.

—(1991) "Politics and the Theory of Organization", *Journal of Law, Economics, and Organization* 7: 106-29.

MOE, Terry M., y Michael CALDWELL, 1994. "The Institutional Foundations of Democratic Government: A Comparison of Presidential and Parlamentary Systems", *Journal of Institutional and Theoretical Economics* 150: 171-95.

MOE, Terry M., y Scott WILSON (1994) "Presidents and the Politics of Structure", *Law and Contemporary Problems* 57 (Primavera): 1-44.

NISKANEN, William A. (1971) *Bureaucracy and Representative Government*, Nueva York, Aldine-Atherton.

—(1991) "A Reflection on Bureaucracy and Representative Government." En Andre Blais y Stephan Dion, eds., *The Budget-Maximizing Bureaucrat*, Pittsburgh, University of Pittsburgh Press, 13-32.

NOLL, Roger G. (1989) "Economic Perspectives on the Politics of Regulation.", en Richard Schmalensee y Robert D. Willig, eds., *Handbook of Industrial Organization*, vol. 2. Amsterdam, North-Holland, 1254-87.

OLSON, Mancur, Jr. (196) *The Logic of Collective Action: Public Goods and the Theory of Groups*, Cambridge (Mass.), Harvard University Press.

Ostrom, Vincent. 1973. *The Intellectual Crisis of Public Administration*, Alabama, University of Alabama Press.

PELTZMAN, Sam (1976). "Toward a More General Theory of Regulation", *Journal of Law and Economics* 19: 211-40.

ROMER, Thomas, y Howard ROSENTHAL (1978) "Political Resource Allocation, Controlled Agendas and the Status Quo", *Public Choice* 33(4): 27-43.

SIMON, Herbert A (1947) *Administrative Behavior*, Nueva York, MacMillan.

STIGLER, George J. (1971) "The Theory of Economic Regulation", *Bell Journal of Economics and Management Science* 2: 3-21.

TIEBOUT, Charles M. (1956) "A Pure Theory of Local Expenditures", *Journal of Political Economy* 64: 416-24.

TULLOCK, Gordon (1965) *The Politics of Bureaucracy*. Washington (D. C.), Public Affairs Press.

WEBER, Max (1947) *The Theory of Economic and Social Organization*, Traducido por A. M. Henderson y Talcott Parsons, Nueva York, Oxford University Press.

WEINGAST, Barry R. (1981) "Regulation, Reregulation, and Deregulation: The Political Foundations of Agency Clientele Relationships", *Law and Contemporary Problems* 44: 147-77.

—(1984) "The Congressional-Bureaucratic System: A Principal Agent Perspective", *Public Choice* 44: 147-91.

WEINGAST, Barry R., y William MARSHALL (1988) "The Industrial Organization of Congress: or, Why Legislatures, Like Firms, Are Not Organized as Markets", *Journal of Political Economy* 96: 132-63.

WEINGAST, Barry R., y Mark J. MORAN (1983) "Bureaucratic Discretion or Congressional Control? Regulatory Policy-Making by the Federal Trade Commission", *Journal of Political Economy* 91: 765-800.

WILLIAMSON, Oliver E. (1985) *The Economic Institutions of Capitalism*, Nueva York, Free Press.

WILSON, James Q. (1980) "The Politics of Regulation", en James Q. Wilson, ed., *The Politics of Regulation*, Nueva York, Basic Books.

YOUNG, Robert. A. (1991) "Budget Size and Bureaucratic Careers", en Andre Blais y Stephane Dion (Eds.), *The Budget-Maximizing Bureaucrat*, Pittsburgh, University of Pittsburgh Press.

Publicado originalmente en Dennis C. Mueller (Ed.) *Perspectives on Public Choice*, pp. 455-480; reproducido con permiso del autor, Copyright Cambridge University Press, 1997.

TERCERA PARTE

Estudios comparados y de casos

COMPROMISO REGULADOR Y PRIVATIZACIONES DE SERVICIOS PUBLICOS.
IMPLICANCIAS PARA FUTURAS
INVESTIGACIONES COMPARADAS

PABLO T. SPILLER

Introducción

L as privatizaciones de servicios públicos se han convertido en una industria en auge. De América Latina a Europa, Asia y ahora África, la privatización de servicios públicos se ha vuelto un elemento clave de los gobiernos con mentalidad reformista. Detrás de esta reconsideración global sobre el rol de la propiedad en la provisión de servicios públicos, hay cambios ideológicos globales, preocupaciones fiscales y el reconocimiento de que puede haber pocas ventajas visibles de la propiedad gubernamental. Pero con la privatización viene el reconocimiento, normalmente tardío, de que los servicios públicos no son como cualquier otro sector de la economía, donde un tratamiento impositivo adecuado y un ambiente económico estable son suficientes para desarrollar inversiones privadas en servicios públicos. Está siendo reconocido en los sucesivos casos, que el sector privado tiene que ser "alentado" a encargarse de todas las inversiones que el público y el gobierno esperan del servicio. Sin embargo, la necesidad de este "estímulo", es frecuentemente visto por muchos gobiernos y el público en general, como otro ejemplo de explotación del cliente por parte de los monopolios privados, de colusión entre las compañías privadas y los gobiernos, de la necesidad de nacionalizar nuevamente, etcétera.

Este ensayo tiene como propósitos discutir (1) lo que parece ser el punto crítico del éxito de las privatizaciones, y (2) qué investigaciones son necesarias para aumentar nuestra comprensión sobre la capacidad de tener éxito al regular los servicios públicos recientemente privatizados. En este ensayo discuto la experiencia de algunos países que han llevado a cabo (o al menos, intentado) privatizaciones de servicios públicos. La discusión aquí realizada no es exhaustiva, dado que me focalizo en algunos países seleccionados, en los cuales he encarado investigaciones primarias. En particular, diré muy poco sobre la naturaleza de las privatizaciones en Europa del Este, África y el Lejano Oriente. No obstante, creo que las conclusiones generales desarrolladas en este ensayo, deben poder aplicarse en aquellos países una vez que sus peculiaridades institucionales sean tenidas en cuenta.

El problema en la privatización de servicios públicos

Los servicios públicos son industrias frágiles. Una gran proporción de sus activos son hundidos, su tecnología exhibe generalmente importantes economías de escala; y su clientela incluye a los votantes de la ciudad o del Estado. Sus precios siempre atraerán el interés de los políticos locales.[1] Esta sensibilidad política hacia sus precios implica que la discrecionalidad regulatoria aumenta el riesgo de expropiación administrativa; ya que los reguladores pueden, siguiendo presiones públicas, tomar diversas acciones administrativas a fin de establecer precios por debajo de los costos medios de largo plazo; expropiando *de facto* los costos hundidos de las empresas. En efecto, la historia está llena tanto de ejemplos de intentos reguladores de extraer esas cuasi-rentas, como de intentos de las industrias para parar tales acciones.

Por ejemplo, el actual desarrollo de la telefonía celular en países donde antiguamente había economías socialistas, no sólo refleja la necesidad de desarrollar nuevos sistemas de telecomunicaciones más rápidos, sino también que los inversores no quieren invertir en activos o tecnología muy específica, como cobre o cables de fibra óptica. En cambio, si los usuarios se encargan de una gran parte de las inversiones específicas (los auriculares), y las empresas proveen sólo el *software*, equipos de computación e instalaciones de transmisión (activos relativamente fungibles), las empresas disminuyen sus riesgos de expropiación administrativa. De modo similar, la creación inicial de comisiones estatales reguladoras en los Estados Unidos parece haber estado relacionada con la incapacidad de las municipalidades de comprometerse a regímenes reguladores estables.[2]

Un manejo apropiado del riesgo de expropiación administrativa *ex post* parece ser la clave de una privatización exitosa, por razones fiscales, de

1. Ver Goldberg (1976) y Williamson (1976).
2. Ver Troesken (1992) para una discusión aplicada al sector del gas en Chicago.

eficiencia y políticas. Consideremos primero las razones fiscales. Si la privatización es llevada a cabo sin un fuerte compromiso de ejercer una regulación relativamente "justa", los inversores privados anticiparán que el proyecto tendrá muy bajos beneficios; y, en consecuencia, licitarán menos que si el riesgo de la expropiación administrativa fuera limitado, reduciendo las ganancias gubernamentales de la privatización. Segundo, la falta de un compromiso regulador también tendrá implicancias para la inversión y, por tanto, para el precio. Como lo sugiere el ejemplo de la telefonía celular, la falta de un compromiso regulador implica que el sector privado limitará su exposición no invirtiendo demasiado fuera de sus propios recursos e invirtiendo en activos menos específicos, incluso si son relativamente ineficientes.[3] Entonces, la congestión no será reducida y los precios pueden permanecer altos. Finalmente, un sistema regulador diseñado pobremente, sin compromiso regulador, puede representar también una profecía autocumplida, en el sentido de que inversiones escasas e ineficientes y precios altos pueden generar presiones para revertir las privatizaciones.

Por otro lado, los economistas han prestado muy poca atención a estos asuntos y en cambio casi toda la teoría (o información) moderna sobre regulaciones ha sido desarrollada alrededor de la suposición de un gobierno relativamente benigno y una firma con motivaciones estratégicas.[4] En efecto, sólo recientemente el problema del comportamiento estratégico del gobierno ha sido introducido en el análisis teórico, aunque de manera extremadamente simplificada.[5] Los especialistas en regulación han enfatizado, entonces, el desarrollo de esquemas regulatorios óptimos. Sin embargo, la implementación de estos esquemas requiere tanta discrecionalidad reguladora que, si se concediera, haría imposible impedir que el regulador se comporte de manera oportunista; lo cual tendería a destruir el mismo esquema de incentivos que se trataba de generar.

La evidencia de las distintas privatizaciones, sugiere que no todos los países fueron capaces de diseñar instituciones regulatorias que garanticen razonablemente un proceso regulatorio "justo". Hay dos fuentes básicas de tales dificultades: primero, casi ningún país tiene protección constitucional contra la expropiación administrativa. Segundo, casi ningún país tiene

---

3. Ver Williamson (1988).
4. El *locus classicus* de la nueva teoría de la regulación es Baron y Myerson (1982).
5. Para el tratamiento más avanzado del comportamiento oportunista del gobierno, ver Laffont y Tirole (1993).

métodos de resolución de conflictos bien desarrollados. Por lo tanto, al diseñar instituciones regulatorias hay que hacer un balance (*trade-off*) entre marcos regulatorios (teóricamente) sofisticados y aquellos que sean apropiados dada la naturaleza del país en cuestión.

Protección constitucional e inversión

Un ejemplo extremo de la falta de protección constitucional en contra de la expropiación administrativa es el Reino Unido. Su Parlamento es soberano; y en consecuencia, las Cortes casi nunca han cuestionado las decisiones de las agencias regulatorias. Las reglas electorales tradicionales prevalentes en el Reino Unido desde las reformas electorales del período victoriano, tienden a crear un sistema bipartidista. En consecuencia, el partido que gobierna controla la legislatura. Pero tal control sólo es valioso en la medida en que el partido también controle a sus miembros, debido a que la falta de disciplina partidaria puede implicar la caída del gobierno. Por eso, los partidos políticos del Reino Unido han tendido a controlar a sus miembros compensándolos cooperativamente con asignación de fondos, prebendas (*patronage*), y con nombramientos en el Gabinete.[6] El control del partido sobre la legislatura y el ejecutivo implica flexibilidad legislativa. La legislación puede ser corregida para acomodar nuevas tecnologías, nuevos vientos políticos, o nuevas decisiones judiciales. Entonces, la falta de protección constitucional pone a los servicios públicos particularmente en riesgo en sistemas como el del Reino Unido. De hecho, las diferencias en la evolución de la regulación de la electricidad en el Reino Unido y en los Estados Unidos a finales del siglo pasado, pueden rastrearse hasta el desarrollo de una doctrina constitucional en defensa de tasas de retorno "justas" por parte de la Justicia en los Estados Unidos,[7] junto con la fuerte tradición de supervisión judicial de las agencias regulatorias. Esto ha reducido en gran parte la discreción regulatoria estatal, proveyendo el poder de compromiso necesario al sistema

---

6. El hecho de que los legisladores del Reino Unido pasen mucho menos tiempo haciendo "trabajo de distrito" que sus contrapartes de los Estados Unidos, no es tan sorprendente. Ver Cox (1987) y Cain, Ferejohn y Fiorina (1987) para discusiones del sistema parlamentario del Reino Unido y sus diferencias con el gobierno de los Estados Unidos.

7. FPC *v.s. Compañía de Gas Natural Hope*, Corte Suprema de los Estados Unidos, 1944, 320 EE.UU. 592, 64 S Ct. 281, 88 L.Ed. 333.

regulatorio de los Estados Unidos; posibilitando así que los servicios públicos se expandan y provean servicio en un ambiente relativamente seguro, aunque no necesariamente eficiente.[8]

Por otro lado, en el Reino Unido la falta de protección constitucional significaba que cada servicio estaba en riesgo y tenía que proteger sus inversiones. Esta protección tomó la forma de derechos especiales de operación otorgados por el Parlamento. Pero, dado que éstos eran otorgados por un período de tiempo limitado, el sector eléctrico del Reino Unido se retrasó en su desarrollo por detrás de los Estados Unidos y de Europa.[9]

El hecho de que el Poder Judicial norteamericano haya desarrollado una doctrina constitucional de protección contra decisiones administrativas "arbitrarias", no es un hecho al azar. Las divisiones de poderes inherentes a los Estados Unidos, junto con las leyes electorales que limitan la dependencia de los legisladores con respecto al Ejecutivo, son una receta para un Poder Judicial independiente muy fuerte.[10] Mientras tal doctrina podría haberse desarrollado en otros países con Ejecutivos relativamente débiles y división

---

8. Esto no significa que los servicios públicos de los Estados Unidos, en particular las compañías de electricidad, no hayan tenido su parte de dificultades regulatorias. El proceso inflacionario, el aumento en el precio real del petróleo, y las preocupaciones ambientales que comenzaron en los '70, requirieron cambios sustanciales al proceso regulatorio (Joskow, 1974). Por ejemplo durante ese período las acciones de las empresas de servicios eléctricos se comerciaban al 70% de su valor de compra (Joskow y McAvoy, 1975). Hasta cierto punto, uno de los efectos duraderos de este período fue el aumento en el riesgo regulatorio percibido en la medida en que las adiciones de capacidad (mayormente nucleares) llevadas a cabo durante el período del shock del petróleo, eran disputadas judicialmente por los grupos ambientales; y eventualmente, se requirió que se las excluyera de la base impositiva. Ver, sin embargo, Gilbert y Newbery (1990) y Lyon (1991) para modelos que proporcionan una explicación eficientista de la revisión regulatoria de inversiones realizada con "retrospección regulatoria".

9. El sistema descentralizado de gobierno alemán provee servicios públicos con sustanciales influencias vis-à-vis al gobierno central, limitando el grado de intervención central en sus asuntos. Ver Müller (1993). Ver también Spiller y Vogelsang (próximamente) para una discusión de la evolución de la regulación de la electricidad en el Reino Unido a fines de siglo.

10. Gely y Spiller (1990) discuten cómo la discrecionalidad judicial se ve limitada por la homogeneidad de las preferencias entre los miembros de la legislatura y del ejecutivo.

de poderes constitucional, esto no sucedió, excepto en algunas circunstancias muy especiales. Entonces, en casi todos los países, la privatización de los servicios públicos tiene que realizarse en ausencia de una tradición de defensa constitucional contra el comportamiento regulatorio oportunista.

Privatización y sistemas de resolución de conflictos

La revisión judicial de decisiones administrativas, que se da por sentada en los Estados Unidos, rara vez se lleva a cabo (más aún, rara vez se entiende) en la mayoría de los países. Aún países con tribunales administrativos bien desarrollados (por ejemplo, Francia), rara vez usan esos tribunales para limitar la discrecionalidad de las agencias regulatorias. Los tribunales administrativos generalmente se encargan de las adquisiciones e ilícitos gubernamentales. Mientras que la jurisdicción de estos tribunales podría ser extendida a las decisiones regulatorias, las cortes en la mayoría de los países no desarrollaron una tradición de desafiar decisiones administrativas en esas áreas. En consecuencia, el uso de requerimientos de procedimientos y de supervisión judicial estilo americano, puede no tener éxito en el logro de la estabilidad regulatoria.

Consideremos, por ejemplo, los sistemas parlamentarios. El Reino Unido y los países del Caribe, tienen una revisión judicial de decisiones administrativas muy limitada. De hecho, en el Reino Unido la revisión judicial de una decisión administrativa se basa en su "razonabilidad". Los reguladores del Reino Unido, en consecuencia, han tendido a limitar las descripciones de las razones de sus decisiones para no exponerse a potenciales litigios.[11] Similarmente, en los países del Caribe británico las Cortes no tienen tradición de desafiar decisiones administrativas. Sin embargo, esto no significa que no hayan provisto ningún chequeo a los gobiernos. Lo han hecho, pero recurriendo a fundamentos constitucionales. Ese fue, por ejemplo, el enfoque de la Corte Suprema jamaiquina cuando juzgó de inconstitucional el intento del Primer Ministro Manley de expropiar tierra sin la debida compensación.[12] Estos desafíos constitucionales no pueden ser usados extensivamente para asuntos evidentemente no constitucionales, sin desatar una crisis constitucional.[13]

---

11. Ver Veljanovski (1992).
12. Ver Spiller y Sampson (próximamente) para una discusión sobre el rol de las cortes en Jamaica.
13. Para un análisis de elección racional de la selección de doctrina judicial, ver Spiller y Spitzer (1992).

La falta de vigilancia judicial a las agencias regulatorias en los parlamentos al estilo del Reino Unido no es sorprendente. Éstos tienden a estar dominados por un solo partido, garantizando implícitamente fuertes poderes legislativos al Ejecutivo. Otros sistemas parlamentarios basados, por ejemplo, en representación proporcional, tenderán a formar gobiernos basados en coaliciones multipartidarias, y así tenderán a tener Ejecutivos más débiles y Poderes Judiciales más independientes.[14]

Por otro lado, los sistemas presidencialistas de la América Latina otorgan amplia discrecionalidad al Ejecutivo. La razón básica de esta delegación es que sus Constituciones prevén la "reglamentación" presidencial de las leyes. Esto es, que para que una ley sea implementada necesita de un decreto presidencial que la regule. Salvo que la reglamentación de la ley esté en evidente contradicción con el lenguaje del estatuto,[15] la misma no está sujeta a revisión judicial. Ante la posibilidad de distorsiones por parte del Ejecutivo, los legisladores enfrentan un *trade-off* entre escribir leyes muy específicas que "aten" a los gobiernos futuros, escribir leyes ambiguas que le garanticen sustancial discrecionalidad a los gobiernos futuros, o no escribir ninguna ley con el fin de no otorgarle poderes legislativos en ese tema a los futuros gobiernos. Ya que escribir leyes muy específicas es muy difícil y consume mucho tiempo, las áreas de política estarán divididas en dos grupos: para ciertos temas, el gobierno tendrá vía libre, y para otros, tendrá prohibido tomar iniciativa alguna.[16] Debido a que los servicios públicos son servicios sociales complejos y de gran importancia, las legislaturas latinoamericanas han tendido a deferir a sus Ejecutivos el derecho a elegir el marco regulatorio, en vez de restarle poder legislativo.[17] Por esto, la vaguedad ha sido la regla en la legislación sobre regulación de los servicios públicos en América Latina.[18]

14. Por ejemplo, en los últimos años, grupos ecológicos israelíes han usado exitosamente las cortes para desafiar decisiones gubernamentales con respecto al medio ambiente.

15. Como sería el caso si la regulación cambiara la clasificación del impuesto a las ganancias de la especificada por la legislatura.

16. Ver Spiller (1993a) para un modelo de elección de la forma legislativa.

17. Ver, sin embargo, la discusión más adelante sobre el plebiscito uruguayo que le quitó al gobierno el derecho a privatizar la compañía de telecomunicaciones.

18. Este no es el caso de Chile desde 1980 y recientemente de la Argentina, como se discute más adelante.

Debido a que la reglamentación de las leyes es llevada a cabo por decreto presidencial y no por una agencia regulatoria, limitaciones en el proceso por el cual el Presidente reglamenta las leyes serían contrarias a la división constitucional de poderes. Por ello, los decretos presidenciales sólo pueden desafiarse en base a su constitucionalidad. Así, las cortes latinoamericanas han tendido a especializarse en la defensa de los contratos en vez de supervisar la implementación de las leyes por parte del Ejecutivo. Por otro lado, en los Estados Unidos no existe semejante reglamentación de las leyes. Las leyes son implementadas por agencias del gobierno y no por decretos presidenciales. Además, el Congreso regula cómo toman decisiones las agencias. Esta regulación del proceso de toma de decisiones de las agencias, no ha sido vista por las Cortes como un desafío a la división constitucional de poderes.[19] Por lo tanto, salvo que las legislaturas comiencen a escribir leyes regulatorias específicas (como en Chile), los gobiernos futuros tendrán una sustancial discrecionalidad en asuntos regulatorios, lo cual nos lleva a cuestionar la capacidad de comprometerse a un marco regulatorio en particular.

Entonces, el problema de la privatización de los servicios públicos no es tanto cómo organizar el proceso de licitación, sino cómo acomodar la privatización dentro del marco institucional del país en cuestión.

Alguna evidencia de las privatizaciones recientes

Los intentos recientes de privatización de servicios públicos pueden dividirse en tres grupos: los que han funcionado bien, otros que lo han hecho más pobremente y aquellos que han fallado. Un análisis del último grupo es importante, porque resaltará las restricciones institucionales que deben cambiarse en los países en cuestión.

---

19. En un momento las cortes vieron la delegación (por parte del Congreso) de poderes legislativos a las agencias como un desafío a la división de poderes. Este es el origen de la doctrina de la "delegación"; que fue utilizada por la Corte Suprema para revertir dos leyes del New Deal. Ver Gely y Spiller (1992) para un enfoque de elección racional del conflicto entre la Corte Suprema de los EE.UU., y el Congreso y el presidente durante el New Deal.

Los buenos muchachos

No hay un monopolio de privatizaciones exitosas. Encontramos privatizaciones de servicios públicos exitosas en países desarrollados y en desarrollo, en sistemas parlamentaristas y presidencialistas, y en países con Ejecutivos fuertes y débiles. Me focalizaré aquí en cinco experiencias: la privatización de la electricidad y de las telecomunicaciones en Chile, de las telecomunicaciones en Jamaica, de la mayor parte del sector de los servicios públicos en el Reino Unido, de la distribución de electricidad en la Ciudad de Buenos Aires (Argentina), y de las telecomunicaciones en México.

Considero que éstas son privatizaciones exitosas; ya que en cada uno de los casos han aumentado las inversiones y la calidad del servicio, y los precios no han aumentado tanto.[20] En consecuencia, el marco regulatorio y el sistema de propiedad son vistos como políticamente sustentables. Lamentablemente, esto no puede decirse de todos los otros servicios privatizados.

Como discutiré más adelante, el rasgo principal de este grupo de privatizaciones es que la naturaleza de sus sistemas regulatorios encaja razonablemente bien con las instituciones políticas y las capacidades administrativas de los países. Como se verá claramente, no hay determinismo en este análisis; así como la privatización de la distribución de la electricidad en Buenos Aires fue exitosa, no lo fue la de las telecomunicaciones. En efecto, las privatizaciones exitosas requieren un cuidadoso diseño institucional.

Los malos muchachos

El grupo de privatizaciones no exitosas no es tan grande. En efecto, conozco sólo una privatización de servicios públicos llevada a cabo que desearía clasificar como fracasada, usando el criterio definido anteriormente. Este es el caso de la privatización de las telecomunicaciones en la Argentina. Considero que es un fracaso porque para privatizarlas, los precios reales han aumentado sustancialmente, los niveles de inversión no

---

20. Ver Spiller y Sampson (próximamente) para una discusión de la privatización de las telecomunicaciones en Jamaica; Spiller y Vogelsang (1993a) para una discusión sobre la experiencia del Reino Unido en la privatización de las telecomunicaciones; Abdala y Tandon (1992) para el caso Mexicano; y Spiller y Viana (1992) y Galal (próximamente) para discusiones sobre la privatización de la electricidad y las telecomunicaciones de Chile, respectivamente.

han sido superiores a los anteriores, y aunque la privatización ocurrió en 1991, la calidad aún no ha mejorado. Además, hay un notable descontento popular con esta privatización, sugiriendo que en un futuro cercano se pueden anticipar cambios en la regulación y en la propiedad.[21]

Sin embargo, el hecho de que la privatización haya sido un fracaso, no resulta demasiado sorprendente a partir de la observación del proceso mismo de privatización. Primero, no se había diseñado ninguna institución regulatoria antes de la transferencia de la propiedad. Las ofertas eran presentadas sin saber cuál sería el mecanismo de fijación de precios. Una vez que las dos concesiones fueron asignadas, los consorcios ganadores negociaron con el gobierno los precios iniciales así como un mecanismo particular de indexación. Es interesante que, una vez fijado este precio, el ingreso por la privatización era aproximadamente equivalente al flujo de caja combinado de las dos compañías por dos años. Dado que el gobierno vendió el 60% de las acciones de las dos compañías, los consorcios privados se aseguraron un período de repago (*payout*) de tres años, ya que en ese lapso su participación en el flujo de caja de las compañías sería equivalente a sus pagos iniciales. Tres años es un período de repago inusualmente corto, reflejando el alto riesgo incorporado en la transacción. Mientras que algunos dicen que este alto riesgo era debido a la naturaleza de la economía altamente inflacionaria y a los históricos golpes de Estado argentinos, propongo que mucho de ese riesgo era el resultado de la inexistencia de un marco regulatorio creíble previo.[22]

Los muchachos que faltan

En diversos países los intentos privatizadores han sido bloqueados. Entre ellos, Brasil, Bolivia y Uruguay son ejemplos interesantes, dado que a pesar de que los gobiernos se propusieron privatizar la mayoría de los servicios públicos, no han sido capaces de hacerlo. Entre los tres casos hay un hilo conductor. Los tres tienen sistemas presidencialistas con leyes electorales que promueven gobiernos divididos. El gran número de partidos políticos representados en las legislaturas, así como la posibilidad de que el presidente pueda ser elegido con la mayoría del voto popular,[23] implica que el partido

---

21. Ver Spiller (1993b), y Hill y Abdala (próximamente) para discusiones acerca de las privatizaciones de las compañías telefónicas en Argentina.

22. Ver Spiller (1993b) para una discusión en detalle de este tema.

23. En el caso de Bolivia, si la elección presidencial no produce un ganador por mayoría, entonces la legislatura elige al presidente independientemente de quién

que está en el poder no controla la legislatura; y entonces, cualquier intento de cambiar el *statu quo* puede encontrar gran resistencia en el Congreso.

El caso de Uruguay es el más llamativo. Aunque la legislatura pasó una ley garantizando al Ejecutivo el poder para privatizar la compañía estatal de telecomunicaciones, los partidos perdedores en la legislatura implementaron exitosamente un plebiscito popular que revocó esa legislación. Entonces, tal como el caso de los Estados Unidos, los gobiernos divididos, débiles y/o partidos múltiples y Ejecutivos débiles, son una buena receta para la tiranía del *statu quo*.

La incapacidad de estos países de cambiar la estructura de propiedad vigente puede ser temporaria. Si una elección garantiza a un solo partido la mayoría (o una gran mayoría) en la legislatura, las reformas pueden ser factibles. En efecto, el actual Presidente electo en Bolivia, quien fue elegido sin la intervención de la legislatura, ya declaró su apoyo para una rápida privatización de diversos servicios públicos. Similarmente, el programa de reformas del Presidente Menem fue apoyado por el Congreso argentino; mientras que el de Alfonsín no, simplemente porque la victoria del Presidente Menem fue acompañada (en la práctica) por una mayoría peronista en ambas Cámaras del Congreso.

La privatización y el proceso regulatorio

La variedad del proceso regulatorio usado en conjunto con los distintos intentos privatizadores mencionados anteriormente abarca tres enfoques básicos: primero, una Comisión de Servicios Públicos (PUC, *Public Utility Commission*) al estilo norteamericano; segundo, legislación extremadamente detallada; y finalmente, el derecho contractual (*contract law*). Hasta ahora, ninguna de las privatizaciones exitosas introdujo un sistema de PUC al estilo

---

obtuvo el mayor número de votos. En ese caso se forman coaliciones para elegir al presidente. Aunque en Chile la legislatura también elige al presidente si ningún candidato obtiene la mayoría de los votos populares, hasta ahora todos los presidentes elegidos por la legislatura fueron los ganadores por mayoría. Pero, en el caso del presidente Allende, su elección fue sujeta a una legislación previa particular que restringía sus poderes ejecutivos. Para una discusión sobre este tipo de sistemas presidenciales, ver Shugart y Carey (1992).

norteamericano. Esto parece razonable, dada la falta de tradición de revisión judicial a las decisiones administrativas. Por otro lado, existen actualmente propuestas para la regulación de las telecomunicaciones en la Argentina y Bolivia, que conciben la creación de comisiones reguladoras todopoderosas sujetas a revisión judicial.

Tal como fue discutido antes, es muy difícil escribir legislación extremadamente detallada; y sólo Chile utilizó esta propuesta desde 1980 para especificar el proceso regulatorio tanto en telecomunicaciones como en electricidad. Desde entonces, la privatización de la electricidad en Argentina se basó en el modelo chileno; y la reciente ley de electricidad ha adoptado el enfoque chileno. Obsérvese, sin embargo, que la regulación de las telecomunicaciones en Argentina está tomando una dirección diferente, con una ley ambigua que deja la implementación a la agencia regulatoria.

Finalmente, el derecho contractual fue utilizado como base para el proceso regulatorio en diversas privatizaciones, incluyendo las del Reino Unido, el Caribe y México. Además, la regulación de la compañía privada de electricidad de la Ciudad de La Paz (COBEE) en Bolivia estuvo basada en el derecho contractual desde 1912.

La forma en que la regulación puede estar basada en el derecho contractual en vez del administrativo, consiste en que la compañía y el gobierno firmen un acuerdo especificando la forma en que los precios de la compañía serán fijados. Si el gobierno se desvía de este proceso, la compañía lo puede desafiar judicialmente. En este caso, las Cortes van a adjudicar basándose en una provisión contractual en vez de en su interpretación de la legislación.

El compromiso regulador y las PUC al estilo norteamericano

En países donde la limitación judicial de las decisiones administrativas no es común, la regulación al estilo norteamericano puede proveer de poderes discrecionales inusuales. Considérese por ejemplo, el caso de la PUC de Jamaica (JPUC) creada en 1967 para regular las compañías de electricidad y teléfonos.[24] La JPUC era una agencia independiente, con su independencia garantizada por el proceso de designación. Luego de su creación y particularmente al principio de los '70, la JPUC introdujo una política de

---

24. Antes de la creación de la JPUC, había un sistema regulatorio basado en una concesión que estipulaba claramente el proceso regulatorio. Ver Spiller y Sampson (próximamente).

inversión/aumento de precio según la cual, los aumentos de los precios serían permitidos si los programas de inversión de las compañías alcanzaban ciertos niveles no especificados. Ya que en ese entonces había un ambiente inflacionario, las negociaciones sobre si los actuales niveles de inversión eran apropiados o no implicaron que las tarifas reales de las compañías disminuyeran drásticamente, llevando sus beneficios casi hasta niveles de bancarrota.[25] Por otro lado, antes de la creación de la JPUC ambas compañías estaban reguladas en base al derecho contractual (ver más adelante), restringiendo efectivamente el comportamiento administrativo oportunista.

El compromiso regulador y la legislación específica

La reforma de la regulación de la electricidad en Chile en 1980 introdujo, por primera vez, un sistema regulatorio por el cual el mecanismo de determinación de precios, incluyendo las fórmulas de *pricing* que se iban a usar, estaban especificados en gran detalle en la ley. La ley es tan específica que al detallar la forma en que se computan los costos de capital de una firma eficiente, el regulador debe utilizar el modelo de valuación de activos conocido como CAPM (*Capital Asset Pricing Model*). Además, la ley especifica la regresión econométrica exacta que debe ser estimada para ese propósito. Desde entonces, Chile ha introducido una legislación detallada similar para su regulación de las telecomunicaciones; y la Argentina, para la de la electricidad.[26]

Ya que esa legislación detallada es tan difícil de realizar, se deben considerar sus ventajas y desventajas. Su principal ventaja reside en el hecho de que el regulador tiene muy poca discrecionalidad. En efecto, las oficinas reguladoras de precios en Chile, tanto de electricidad como de telecomunicaciones, emplean sólo tres empleados de tiempo completo (aproximadamente lo mismo que la Oficina de Regulación de las Telecomunicaciones en el Reino

---

25. El gobierno estaba en desacuerdo con las demandas de la JPUC, pero fue incapaz de inducir un comportamiento más cooperativo por parte de la comisión. Eventualmente, el gobierno del Primer Ministro Manley introdujo un impuesto a las llamadas telefónicas, que fue devuelto a la compañía a través de un subsidio directo del gobierno. A cambio, el gobierno recibió el 10% de las acciones circulantes de la compañía. Ver Spiller y Sampson (próximamente).
26. Para una discusión de la regulación de la electricidad en Chile, ver Spiller y Viana (1992); y para una de las telecomunicaciones, ver Galal (próximamente).

Unido). El resto de los empleados de las agencias regulatorias se encargan de asuntos de calidad, supervisión y planeamiento. Entonces, el regulador tiene muy poca discrecionalidad en la fijación de precios. Además, dado que es difícil introducir nueva legislación; los gobiernos futuros no serán capaces de revisar las reglas de determinación de precios en detrimento de las compañías. No obstante, la rigidez de este sistema es una de sus principales desventajas. A medida que aparecen nuevas tecnologías, la política regulatoria óptima puede cambiar. Pero si la legislación es difícil de corregir, no se introducirán algunos cambios regulatorios futuros que podrían mejorar el bienestar social.

Así, su principal ventaja (el compromiso), y desventaja (la falta de flexibilidad), están presentes si la legislación es difícil de cambiar. Éste sería el caso en sistemas presidencialistas con legislaturas fragmentadas. En un caso así, a menos que el partido que está en el gobierno sea capaz de construir una fuerte coalición gobernante, será muy difícil obtener cambios drásticos en las leyes regulatorias. Argentina, Chile, Bolivia, Brasil y Uruguay pueden encajar en esa descripción.[27] El presidente chileno rara vez consigue la mayoría en la legislatura; lo mismo ha sucedido en la mayoría de los gobiernos democráticos en la Argentina, el Brasil, Bolivia y el Uruguay. Tal situación perdurará mientras las leyes electorales promuevan una representación de partidos pequeños en la legislatura. Así, el actual sistema regulatorio de la electricidad, el agua y las telecomunicaciones en Chile, así como el de la electricidad en la Argentina, estarían suministrando a los inversores privados un compromiso sustancial. No es sorprendente, entonces, el nivel sustancial de inversiones privadas en la distribución de electricidad en Buenos Aires, y en las compañías de electricidad y telecomunicaciones privadas de Chile; mientras que las compañías telefónicas de la Argentina no invirtieron en niveles superiores a los anteriores a la privatización.

No obstante, una legislación específica puede no proveer compromiso alguno en otras circunstancias. Consideremos, por ejemplo, los sistemas bipartidistas de Jamaica o del Reino Unido. Dado que el partido que gobierna puede cambiar leyes previas a voluntad, las leyes regulatorias por sí mismas no van a proveer un fuerte compromiso. Por otro lado, los sistemas parlamentarios con un gran número de partidos (por ej., Israel o Italia) y coaliciones relativamente débiles pueden basar sus sistemas regulatorios en una legislación muy específica y detallada.

---

27. Ver Shugart y Carey (1992) para una discusión sobre la naturaleza de estos sistemas presidenciales.

Mientras que una legislación muy detallada provee un compromiso sustancial a los inversores privados, las condiciones necesarias para que esto suceda (fragmentación legislativa, Ejecutivo débil), son las mismas que hacen difícil que esa legislación sea introducida en primer lugar. Los sistemas regulatorios basados en una legislación muy detallada, necesitan accidentes históricos para su instauración; en concreto, necesitan la presencia de un gobierno unificado. Éste fue el caso de Chile, y es verdad para el caso de la actual administración de Menem. En Chile, las reformas reguladoras fueron introducidas durante el gobierno del Presidente Pinochet, quien controló el proceso legislativo. La característica interesante del régimen regulatorio en Chile es que no estaba regido por un decreto presidencial que podía ser anulado por otro decreto presidencial, sino por la ley. De esta manera, si un gobierno democrático quiere cambiar el sistema regulatorio de Chile, debe tener suficiente apoyo en la legislatura.

En el caso de la Argentina, el proceso de las privatizaciones fue iniciado durante el gobierno del Presidente Alfonsín. Ya que él no contaba con la mayoría en ambas Cámaras del Congreso, su proceso de privatizaciones fue bloqueado. La administración del Presidente Menem, obtuvo el control sobre ambas Cámaras de la legislatura, facilitando la implementación de sus iniciativas de privatización. En el caso de las telecomunicaciones, la administración de Menem introdujo el diseño del régimen regulatorio con un decreto presidencial, que fue alterado varias veces por otros decretos y que fue eventualmente revocado en forma unilateral por la introducción de un congelamiento de los precios de las telecomunicaciones. Por otro lado, la regulación eléctrica no fue hecha por decreto, sino por medio de legislación, otorgando un compromiso regulatorio sustancialmente mayor.

Por eso, como fue discutido anteriormente, las mismas victorias electorales que pueden facilitar una reforma estructural de los servicios públicos en los países que tienen legislaturas fragmentadas, son las condiciones necesarias para introducir compromisos mediante legislación específica.

El compromiso regulador y el uso del derecho contractual

El derecho contractual y la regulación tienen una larga tradición. En efecto, la primera regulación de servicios públicos en el Reino Unido data del año 1500.[28] Desde entonces, y hasta su eventual nacionalización en

---

28. Ver Spiller y Vogelsang (1993) para un discusión de la evolución de la regulación de los servicios públicos en el Reino Unido.

el período de posguerra, los servicios públicos del Reino Unido fueron regulados en base al derecho contractual. Tradicionalmente, se les ha otorgado a los servicios públicos una concesión que les garantiza un procedimiento de fijación de precios.[29] La ventaja de un sistema regulatorio basado en una concesión, en vez de uno basado en legislación, es que las cortes, utilizadas para adjudicar disputas contractuales, también pueden ser utilizadas para resolver conflictos entre el gobierno y las compañías reguladas. En la medida en que las concesiones y los contratos estén bien especificados y claros, de modo de las cortes puedan asegurar su cumplimiento (*enforcement*),[30] la regulación basada en contratos puede proveer compromiso regulador.

En efecto, ésta ha sido la forma en que la compañía boliviana de electricidad (COBEE) fue regulada desde 1912. Su concesión, que tenía que ser renovada cada 40 años, siempre especificó la forma en que los precios debían ser establecidos. Desde 1962, su concesión estipulaba que los precios debían establecerse según un decreto presidencial de ese año que creó el Código de Electricidad.[31] Cambios en este código no afectarían al COBEE, ya que su concesión incorporaba solamente el decreto original. No es sorprendente, entonces, que el código no haya sufrido cambios.

Antes de la creación de la JPUC en 1967, la regulación de las compañías de electricidad y teléfonos de Jamaica también se basó en concesiones que estipulaban la forma en que los precios debían establecerse. Los conflictos entre las compañías y el gobierno se resolvían en la corte.[32] Desde la privatización de la compañías de telecomunicaciones en 1987, el sistema

29. Es interesante notar que los primeros esquemas de incentivos tengo entendido que fueron introducidos en el 1800 en el Reino Unido mediante lo que fue llamado esquema de precio-dividendos, donde las firmas estaban autorizadas a distribuir más dividendos si establecían precios menores.

30. Por ejemplo, el procedimiento de establecimiento de precios debe ser transparente. Si se deja mucha discrecionalidad al regulador en la concesión, entonces las demandas judiciales pueden no ser efectivas ya que a los tribunales se les hace difícil discernir entre movidas estratégicas y no estratégicas del gobierno.

31. Ver Spiller (1993b) para una discusión de este caso.

32. Un caso interesante fue cuando el gobierno no autorizó a las compañías telefónicas un aumento de sus precios. La compañía telefónica demandó y ganó. Ver Spiller y Sampson (próximamente).

regulatorio fue nuevamente introducido en la concesión.[33] Desde entonces no hubo demandas.

En el Reino Unido todos los servicios públicos requieren una concesión. Éstas especifican el proceso de establecimiento de precios, en particular especifican la naturaleza del sistema de precios máximos (*price cap*) (por ej., el factor x),[34] la canasta de servicios y otras cosas por el estilo. Mientras que el regulador es el encargado de hacer cumplir la concesión, no puede modificar unilateralmente el factor x o cualquier otro término de la concesión.

La ventaja de un sistema regulador basado en una concesión es que, en tanto ésta especifique en gran detalle cómo deben establecerse los precios, los gobiernos futuros no podrán cambiar unilateralmente el marco regulatorio, proveyendo, entonces, un compromiso. En particular, los cambios regulatorios que no desmejoren la situación de la compañía pueden ser introducidos, ya que la firma estará de acuerdo en realizarlos (o, más aún, hará *lobby* para que se realicen).[35] Pero, cambiar la concesión en contra del deseo de la compañía, puede no ser factible. En Jamaica y en otros países del Caribe, una modificación a la concesión requiere del acuerdo de la compañía respectiva. En el Reino Unido, una modificación a la concesión en contra del deseo de la compañía, puede ser realizada por el regulador en la medida en que se siga un proceso muy específico, que requiere acuerdo de la Comisión de Monopolios y Fusiones y del Secretario de Estado.[36]

El uso del derecho contractual provee compromiso al costo de cierta flexibilidad. Por ejemplo, en el caso de Jamaica la concesión inicial le garantizó

---

33. La forma de la privatización fue mediante la creación de un *joint venture* entre el gobierno y Cable & Wireless (C&W). El acuerdo inicial de los accionistas estipulaba la forma en que la compañía debía ser regulada. El gobierno vendió más de sus acciones a C&W y al público. Antes de la venta, las concesiones eran concedidas a la compañía que incorporó todos las cuestiones reguladoras acordadas en los acuerdos entre accionistas. Ver Spiller y Sampson (próximamente).

34. Un *price cap* simple permite un aumento en el nivel de precios promedio de una canasta de bienes en tanto sea menor que IPC − x, donde IPC es el aumento en el índice de precios al consumidor y x es un porcentaje predeterminado. El price cap vigente para las telecomunicaciones en el Reino Unido dicta un x del 7,5%.

35. Este es el caso actual en Jamaica, donde la compañía quiere hacer la concesión más específica con respecto a telefonía celular.

36. Ver Spiller y Vogelsang (1993b) para un modelo de toma de decisiones regulatorias en el Reino Unido.

un monopolio de 25 años sobre los servicios de telecomunicaciones domésticas e internacionales a Telecomunicaciones de Jamaica (TOJ), asegurándose un índice de retorno sobre el capital del 17,5-20%. Los intentos de introducir esquemas más flexibles de precios tendrán que obtener el consentimiento del TOJ, que no será fácil si van a impactar sobre su rentabilidad esperada. En el caso del Reino Unido, la flexibilidad fue lograda mediante la introducción de un proceso de corrección de concesiones que hizo uso de instituciones preexistentes, como la Comisión de Monopolios y Fusiones, a la cual se le otorga poder de veto.

Elementos clave para futuras investigaciones

La discusión en las secciones precedentes, ha destacado la importancia de la naturaleza de las instituciones políticas para el diseño del marco regulatorio, que proveerá un compromiso a un tratamiento "justo" de las compañías privadas que prestan servicios públicos. En particular, se ha mostrado que los estudios comparados proporcionan un campo fértil para explorar el rol de las capacidades de compromiso. Diversas cuestiones han quedado sin explorar. Un tema clave es el rol de las estructuras gubernamentales federales frente a las centralizadas. Por ejemplo, Weingast (1995) sostiene que la necesidad básica para promover el desarrollo del sector privado es el ascenso de una estructura federal, ya sea formal (como en los Estados Unidos durante el siglo XIX), o informal (como en el Reino Unido). No todas las estructuras federales conllevan a un desarrollo privado sostenido, como muestran los ejemplos de la India y la Argentina. Por otro lado, el sector eléctrico en Alemania ha tenido desde sus orígenes un fuerte componente del sector privado. Hasta qué punto el fuerte rol jugado por las regiones en el diseño de las políticas reguladoras, influyó en detener el oportunismo regulatorio, es una cuestión fascinante para ser analizada. También, el importante nivel de inversión en el sector eléctrico de China, donde no existe un derecho contractual al estilo occidental, puede sugerir la importancia del federalismo como una fuente de compromiso.

Un segundo punto importante para analizar es el rol del control del partido como mecanismo de compromiso. La experiencia de dos países es particularmente importante aquí: Méjico y Japón. Ambos países —aunque Japón deberá ser sacado de la lista en el futuro— tienen estructuras políticas que tradicionalmente sustentaron la predominancia de un partido único. El *commitment* (la capacidad de compromiso) requiere estructuras partidarias particulares que limiten la posibilidad de oportunismo. La estrecha asociación entre partido, Poder Legislativo y organizaciones de grupos de interés en el Japón, sugiere semejante diseño. Un análisis similar de la interacción de los partidos-grupos de interés en Méjico, podría ser extremadamente útil para entender el éxito de su proceso de privatización de las telecomunicaciones.

Mientras que a lo largo de este ensayo he enfatizado el rol de las instituciones en brindar compromiso, el crecimiento económico puede servir como una institución de salvaguarda implícita. Cuanto mayores sean las inversiones esperadas en el futuro, menores serán los incentivos a comportarse de forma oportunista en el presente. Un tema que aún necesita ser estudiado es: hasta qué punto el éxito de la privatización de la electricidad en la Argentina se debe a un cambio en las expectativas de crecimiento, en vez de a un *matching* adecuado del diseño regulatorio a las características institucionales.

Finalmente, en este ensayo he enfatizado la posibilidad de comportamiento oportunista de los gobiernos. Por supuesto que las firmas reguladas no son ni santas ni ingenuas. Las compañías reguladas tienen la capacidad de diseñar sus operaciones de forma que puedan, hasta cierto punto, contrabalancear el poder de los gobiernos. Por ejemplo, las compañías pueden usar sólo expatriados como gerentes *senior* y en posiciones operativas clave (por ej., solamente los expatriados pueden tener acceso al *software* clave). En ese caso, se pueden limitar los incentivos oportunistas del gobierno. Del mismo modo, en el caso de mal comportamiento regulatorio, un operador de telecomunicaciones podría borrar el *software* de su exclusiva propiedad, o una compañía de electricidad podría realizar un apagón como medida retaliatoria. Aunque yo creo que el poder retaliatorio de las compañías privadas existe, también es el caso que si un gobierno permite que tales acciones sean legales, puede exponerse a la extorsión, porque será literalmente imposible legislar que esas acciones sean sólo legales en caso de un "comportamiento oportunista del regulador".

Todas éstas son cuestiones que pueden y deben ser analizadas por los estudiosos de la regulación interesados en el papel de los costos de transacción, la información y las instituciones. Estas preguntas no sólo constituyen interesantes cuestiones teóricas, sino que también tienen implicancias directas de política.

Referencias

ABDALA, M., y P. TANDON (1992) "The Divestiture of Telmex," Washington (DC), Banco Mundial.

BARON, D., y R. MYERSON (1982) "Regulating a Monopolist under Unknown Costs," *Econometrica* 50: 911-30.

CAIN, B., J. FEREJOHN, y M. FIORINA (1987) *The Personal Vote*, Cambridge (MA), Harvard University Press.

COX, G. (1987) *The Efficient Secret*, Cambridge University Press.

GALAL, A. (próximamente), "Regulation, Commitment and Development of Telecommunications in Chile," en Levy, B., y P. T. Spiller, eds., *Regulation, Institutions and Commitment in Telecommunications: A Comparative Analysis of Five Country Studies*, Washington (D. C.), Banco Mundial.

GELY, R., y P. T. SPILLER (1990) "A Rational Choice Theory of Supreme Court Statutory Decisions, with Applications to the *State Farm* and *Grove City* Cases", *Journal of Law, Economics and Organization* 6: 263-301.

—(1992) "The Political Economy of Supreme Court Constitutional Decisions: The Case of Roosevelt's Court-Packing Plan", *International Review of Law and Economics* 12: 45-67.

GILBERT, R., y NEWBERY (1990) *Regulatory Constitutions*, Berkeley, University of California Press.

GOLDBERG, V (1976) "Regulation and Administered Contracts", *Bell Journal of Economics* 426-52.

HILL, A., y M. ABDALA (próximamente), "Regulation, Institutions and Commitment: Privatization and Regulation in the Argentine Telecommunications Sector," en Levy, B., y P. T. Spiller, eds., *Regulation, Institutions and Commitment in Telecommunications: A Comparative Analysis of Five Country Studies*, Washington (D. C.), Banco Mundial.

JOSKOW, P. L. (1974) "Inflation and Environmental Corcern: Structural Change in the Process of Public Utility Price Regulation", *Journal of Law and Economics* 291-328.

JOSKOW, P.L., y McAVOY (1975) "Regulation and Franchise Conditions of the Electric Power Companies in the 1970s", *American Economic Review* 65: 295-311.

LAFFONT, J. J., y J. TIROLE (1993) *A Theory of Incentives in Procurement and Regulation*, Cambridge (Mass.), MIT Press.

LYON, T. P. (1991) "Regulation with 20-20 Hindsight: 'Heads I Win, Tails Your Lose'?", *Rand Journal of Economics* 22: 581-95.

MÜLLER, J. (1993) "The Evolution of the German Power Sector", The Power Conference on International Electricity Regulation, Toulouse, Francia, mayo de 1993, mimeo.

SHUGART, M. S., y J. M. CAREY (1992) Presidents and Assemblies, Cambridge University Press.

SPILLER, P. T. (1993a) "Legislative Choice in Presidential Systems with Regulation of Laws", mimeo, University of Illinois.

—(1993b) "Institutions and Regulatory Commitment in Utilities' Privatization", en Industrial and Corporate Change, V2, 1993, pp. 387-450.

SPILLER, P. T., y C. SAMPSON, "Institutions and Regulatory Commitment: The Case of Jamaica Telecommunication" (próximamente en B. Levy y P. T. Spiller, eds.), The Institutional Foundations of Regulatory Commitment: A Comparative Analysis of Telecommunication Regulations, Cambridge (MA), Cambridge University Press.

SPILLER, P. T., y M. SPITZER (1992) "Judicial Choice of Legal Doctrines," Journal of Law, Economics and Organization 8 (1): 8-46.

SPILLER, P. T., y L. VIANA (1992) "How Not to Do It: Electricity Regulation in Argentina, Brazil, Chile and Uruguay", mimeo, Berkeley, University of California.

SPILLER, P. T. e Y. VOGELSANG (1993a) "Regulation, Institutions and Commitment: The British Telecommunications Case," próximamente en Levy, B. y P. T. Spiller, eds., Regulation, Institutions and Commitment in Telecommunications: A Comparative Analysis of Five Country Studies, Washington (DC), Banco Mundial.

—(1993b) "Regulation Without Commitment: Price Regulation of UK Utilities (with Special Emphasis on Telecommunications)", mimeo, University of Illinois.

—(1993c) "Notes on Public Utility regulation in the UK: 1850-1950", mimeo, University of Illinois.

TROESKEN, W. (1992) "The Chicago Gas Company", mimeo, University of Pittsburgh.

VELJANOVSKI, C. (1992) "The Future of Industry Regulation in the UK: A Report of an Independent Inquiry", Londres, Lexecon.

WEINGAST, Barry (1995) "The Economic Role of Political Institutions: Market-Preserving Federalism and Economic Development," Journal of Law, Economics and Organization 11 (1): 1-31.

WILLIAMSON, O. E. (1976) "Franchise Bidding for Natural Monopolies: In General and With Respect to CATV", Bell Journal of Economics 7: 73-104.

—(1988) "The Logic of Economic Organization," *Journal of Law, Economics and Organization* 4: 65-93.

Publicado originalmente en Jeffrey Banks y Eric Hanushek (Eds.) *Modern Political Economy*, pp. 63-79; reproducido con permiso del autor, Copyright Cambridge University Press, 1995.

LOS LEGISLADORES Y LA PROVISION
DE BIENES PUBLICOS.
UN EJEMPLO DE LA POLITICA BRASILEÑA
Y UN MODELO

BARBARA GEDDES

El "mundo real" es un mundo fangoso.

Koster, *The Dissertation.*

El propósito de la literatura, y de todas las demás artes, es transformarnos el llamado mundo "real", en otros más cuidadosamente organizados.

Koster, *The Prince.*

L os *entrepreneurs* de la política son aquellas personas que pueden sacar provecho propio, de algún modo u otro, proporcionando bienes colectivos a otros individuos.[1] En los sistemas políticos competitivos los funcionarios públicos, los militantes partidarios, y los candidatos, constituyen potenciales *entrepreneurs* de la política, dado que ellos pueden llegar a promover sus propios intereses políticos mediante el intercambio de bienes colectivos por votos. Es de esperar, pues, que los políticos intenten: apelar a intereses latentes, ayudar a grupos con intereses latentes a organizarse para conseguir sus deseos, o esforzarse ellos mismos para proveer bienes públicos a cambio de apoyo.

La mayor parte de la literatura que trata a los políticos como *entrepreneurs*, supone implícitamente al sistema político de los Estados Unidos como el marco en donde se producen las interacciones entre los políticos y sus potenciales seguidores. Este supuesto, en efecto, mantiene constante el escenario institucional y focaliza su atención sobre los cambios en los intereses laten-

---

1. "*Entrepreneur* de la política" (*political entrepreneur*) es un término utilizado en la literatura de *rational choice* para referirse a todos aquellos políticos, líderes de movimientos, y demás personas que se dedican a ayudar a los miembros de los grupos de interés a organizarse para conseguir beneficios (o que prometen ellos mismos proveer dichos beneficios) a cambio del apoyo de los miembros de esos grupos.

tes, como causas de los cambios en los intereses de los políticos en la provisión de bienes públicos. Sin embargo, cuando se hacen comparaciones teniendo en cuenta diferentes marcos institucionales[2] queda claro que factores institucionales tales como las reglas electorales y los procedimientos partidarios, ejercen tanta influencia sobre las decisiones de los políticos de suministrar determinados bienes públicos como la que tienen los intereses latentes. El ejemplo que se presenta a continuación, el de un partido brasileño que intentó apelar a los intereses latentes en torno de la reforma burocrática, demostrará de qué modo una estrategia que apeló a las preferencias políticas de los votantes resultó, no obstante, inútil dadas las reglas formales e informales que gobernaban el sistema electoral.

El esfuerzo de un partido brasileño para iniciar la reforma

Desde sus inicios la Unión Democrática Nacional (UDN), uno de los partidos políticos más grandes del Brasil antes de 1964, se presentó al electorado como el partido de la idoneidad y la honestidad en el gobierno. La UDN se organizó como un partido reformista en oposición a los aparatos partidarios tradicionales. Sus más fervientes seguidores provenían de la clase media educada de los sectores económicamente más avanzados del país (Benevides 1981, 209-18; Cardoso 1978). El discurso oficial del partido se expresaba fuertemente en favor de la política "limpia", de la reforma administrativa, y de establecer un compromiso general para introducir reglas impersonales en la vida pública. Sus plataformas partidarias buscaban enfatizar la "creciente lucha contra las fuerzas de la corrupción administrativa y contra el compromiso de las bases morales de la vida pública, dominantes durante tantos años."[3]

Los líderes partidarios arengaron en contra de la demagogia, el oportunismo, y las negociatas (arreglos poco claros hechos por los políticos). La UDN tuvo un gran rol en hacer públicos escándalos políticos y de corrupción.[4] Apoyó la reforma electoral con el propósito de prevenir el fraude, leyes para forzar a los candidatos presidenciales a revelar sus situaciones financieras, y

2. Véase mi libro *Politician's Dilemma*, Caps. 5 y 6.
3. Convención Nacional de la UDN, 1957 (Benavides 1981, 99)
4. Carlos Lacerda (1978) fue uno de los más vehementes y acalorados paladines contra la corrupción.

la reforma del servicio civil. El partido condenó la corrupción de los sindicatos y el *peleguismo* (cooptación de los líderes sindicales por parte del gobierno). El símbolo del único candidato presidencial exitoso de la UDN era la escoba, con la cual Jânio Quadros propuso barrer el gobierno hasta dejarlo limpio de tantos años de suciedad y corrupción incrustada (Benevides 1981, 266-77).

A pesar de su sincera preocupación por la honestidad y la competencia gubernamental,[5] los líderes partidarios sintieron una gran presión para continuar jugando el juego político tradicional. Los líderes partidarios más pragmáticos comenzaron a argumentar que "la UDN está cansada de derrotas gloriosas; lo que necesitamos ahora es hacer un acuerdo para llegar al gobierno y así atender las necesidades de nuestros compañeros."[6] El fundador del partido en el Estado de Río de Janeiro comentó en una entrevista: "En esa época [1958]... ser un miembro de la UDN significaba no tener a su hija elegida como maestra, significaba no tener en buenas condiciones el camino que lo llevaba a su *fazenda*. Ser miembro de la UDN implicaba sufrir una tremenda persecución."[7]

A lo largo de los años '50 y los primeros años de la década de 1960, la UDN continuó su retórica en contra de la corrupción y la ineficiencia. En la política diaria, sin embargo, especialmente en la política local, sus miembros se enfrentaron con el dilema de los políticos. Las exigencias de las necesidades electorales abrumaron, a menudo, los demás compromisos. La UDN entró frecuentemente en coaliciones con aquellos partidos más profundamente involucrados en la red tradicional del clientelismo. Los candidatos de la UDN, que competían con otros candidatos ofreciendo empleos y favores a cambio

---

5. Esta sinceridad es la razón por la cual la imposibilidad de la UDN para cumplir con sus ideales está a su vez tan bien documentada. El conflicto entre los idealistas y los pragmáticos dentro del partido fue muy intenso, y un número substancial de denuncias del deterioro de la UDN se hizo público, así como las defensas de la política de establecer convenios y de ser oportunistas como la única manera de conseguir el poder. Afonso Arinos (1953, 1965a, y 1965b) fue el vocero más importante de la posición idealista. Ver también Afonso Arinos Filho (1976) para una descripción de la corrupción que involucraba a la UDN en Guanabara.

6. Entrevista con el Diputado Saramago Pinheiro, fundador de la UDN en el estado de Río de Janeiro, realizada por Márcia Silveira, el 11 de noviembre de 1979. Pinheiro atribuyó este argumento en favor del compromiso político en torno de la elección de gobernadores de 1958 a Prado Kelly, otro prominente Udeneísta.

7. Saramago Pinheiro, en la entrevista citada.

de apoyo político, usualmente percibían tales intercambios como la única manera de tener una oportunidad de ser electos. Los votantes, que veían que esos favores iban a los seguidores de otros partidos, pusieron su presión sobre los políticos de la UDN, para percibir también ellos su "tajada".

A pesar de la existencia de un amplio apoyo a la reforma, la UDN nunca fue capaz de convertirlo en un efectivo apoyo electoral. En cambio, fue forzada a depender de las mismas prácticas de los demás partidos. En sus actividades diarias, comenzó a tornarse crecientemente difícil distinguir a la UDN de los otros partidos. Las demandas de un sistema competitivo en el cual los otros partidos utilizaban favores, empleos y arreglos para obtener apoyo, condujo a muchos políticos de la UDN a hacer lo mismo. Mientras que una importante facción de su clase dirigente a nivel nacional continuaba con su campaña pública en contra de la corrupción, numerosos miembros del partido distribuían favores, hacían tratos y algunas veces ganaban elecciones (Nunes 1984).

Algunos dentro de la UDN argumentaban que esta estrategia debería ser adoptada incondicionalmente, ya que era la única manera de alcanzar el poder.[8] Sin embargo, no tuvieron éxito en convertir al partido en su totalidad, y la UDN quedó relegada a ser el menos exitoso de los tres más grandes partidos del Brasil de la postguerra hasta el golpe militar de 1964. Como una medida de la importancia de los valores de la probidad, rectitud, y el desinterés personal para muchos miembros de la UDN, cabe destacar a aquellos que siguieron comprometidos con sus ideales. De todos modos, aún los idealistas, eran conscientes de que esta estrategia involucraba una solución de compromiso. "Vencer en las elecciones no importaba; lo que importaba era defender los principios morales y políticos que habían determinado la fundación de la UDN."[9]

Los candidatos y los políticos de la UDN tenían que operar en un sistema donde rehusarse a hacer tratos y a negociar favores los colocaba en una posición electoral desventajosa. No todos ellos valoraban ser electos por encima de la adhesión a los principios, y eran estos miembros los que contribuían a limitar el éxito electoral de la UDN. Aquellos que sí valoraban ser electos, como un fin en sí mismo, o como un medio para otros fines,

---

8. Carlos Lacerda (1961), por ejemplo, aún cuando era un cruzado en contra de la corrupción, incitó al partido a utilizar estrategias políticas para alcanzar fines políticos y a rechazar "el honor de las derrotas gloriosas".

9. Arrobas Martins, refiriéndose a la actitud de *varios de los grandes líderes históricos de la UDN,*" citado en Benevides (1981, 272-73).

vieron necesario distribuir empleos y favores y hacer tratos tal como hacían los demás políticos.

El partido intentó introducir en el Congreso proyectos de reforma a la administración pública, que hubiesen impedido a cualquiera usar los empleos gubernamentales como recursos políticos. Sin embargo, dado que eran un partido minoritario en el Congreso, fueron incapaces de llevarlos adelante. Luego de fracasar repetidamente en sus intentos por impedir la utilización de los empleos como recompensa por haber recibido apoyo político, los representantes udeneístas no pudieron permitirse ser los únicos en desdeñar el clientelismo.

Los políticos de la UDN intentaron proveer la reforma administrativa, un bien público, a aquellos miembros del público que poseían un interés latente en tener un gobierno honesto. Pero el esfuerzo demostró ser inútil. Los políticos de los otros partidos se rehusaron a cooperar. Para comprender por qué falló este intento, necesitamos volver a la lógica del argumento sobre los *entrepreneurs* de la política.

Los intereses de los políticos

La satisfacción de los intereses latentes de la población por parte de los *entrepreneurs* de la política depende fundamentalmente de los incentivos que los propios políticos confrontan. Un interés latente por obtener bienes públicos, no será satisfecho si los deseos personales de los militantes y los políticos de gozar de la renta, el prestigio y el poder que proporcionan los cargos públicos, o inclusive de llevar a cabo un cambio político, pueden ser alcanzados mediante un comportamiento contrario a la satisfacción de dicho interés. Una formalización de los incentivos que poseían los políticos brasileños, para decidir si iban a utilizar o no sus limitados recursos para llevar a cabo la reforma burocrática, demuestra que el fracaso en el intento de satisfacer el interés latente por una mejor administración, podría haber sido predicho.

Los intereses de los políticos en el Brasil se asemejan a los intereses de los políticos en cualquier otro país del mundo. Ellos quieren ser electos,[10] y prefieren algunas políticas a otras. Sin ser demasiado injusto, uno puede

10. Los presidentes parecerían ser una excepción a la afirmación de que los políticos se preocupan primordialmente por obtener su reelección dado que en la mayoría de los países de América Latina, ellos no pueden ser reelectos en forma inmediata. Pueden,

suponer que, para la mayoría de los políticos, la mayor parte del tiempo obtener un cargo público tiene prioridad por sobre sus propias preferencias políticas. Para algunos, el deseo de ocupar un cargo público y disfrutar de sus beneficios es verdaderamente más importante que sus compromisos con determinadas políticas particulares. Otros pueden desear ser electos con el sólo objetivo de implementar sus políticas preferidas; sin embargo, si no llegan a ser electos, pierden su oportunidad para influenciar las políticas resultantes. De este modo, incluso para aquellos animados por una vocación cívica, la preferencia por ser electos será fuerte, ya que solamente siendo electos podrán garantizar la posibilidad de llevar a cabo sus otras preferencias (Mayhew 1974). Ello no significa que para algunos políticos los compromisos ideológicos no pesen más que el deseo de ser elegidos. Sin embargo, el proceso electoral tiende a desplazarlos; ellos son elegidos menos frecuentemente que aquellos individuos que juegan el juego político de un modo más convencional. Este proceso de selección contribuye al predominio de los motivos electorales entre aquellos que poseen un cargo público.

Como una simplificación útil supóngase, entonces, que los políticos compiten unos con otros en un juego electoral de suma-constante; esto es, un juego en el cual cualquier ventaja para uno se logra a expensas de otros, y que el deseo de ganar el juego, prevalece sobre otras metas.

---

sin embargo, servir otra vez después de que uno o dos términos hayan pasado. Algunos lo hicieron (como por ejemplo Fernando Belaúnde, Carlos Andrés Pérez, y Juan Perón), y muchos otros lo desearon pero se vieron impedidos de hacerlo tanto por la ocurrencia de intervenciones militares (Eduardo Frei y Juscelino Kubitschek) o por la presencia de competidores ambiciosos dentro de sus propios partidos (Carlos Lleras Restrepo y Rafael Caldera). Los incentivos que enfrentan los presidentes a medida que confrontan el tema de la eficiencia administrativa son detallados en el capítulo 6 de mi libro *Politician's Dilemma* [*Nota de los Editores:* Cabe destacar que al momento de publicación de este volumen, ha habido reformas constitucionales en varios países Latinoamericanos que han permitido a sus presidentes aspirar a la reelección inmediata al cargo. Por ejemplo, en la Argentina Carlos Saúl Menem y en el Perú, Alberto Fujimori, han accedido de este modo a un nuevo término presidencial. Inclusive en aquellos países donde aún persisten constituciones cuyas provisiones no permiten la reelección inmediata éstas se encuentran en proceso de revisión. Específicamente este es el caso de Brasil en la actualidad. Con respecto a Rafael Caldera (cuya carrera parecía terminada cuando este articulo fue escrito) fue elegido presidente de Venezuela por segunda vez.].

Además del deseo de ser elegido, compartido por todos los políticos, virtualmente todo político brasileño quiere que su país se desarrolle económicamente. Ellos difieren acerca de cómo alcanzar el desarrollo, pero la preferencia por el desarrollo es casi universal entre aquellos políticamente activos en el Brasil. Esta preferencia puede estar originada en una preferencia personal de los políticos por gozar de las comodidades de vivir en una economía más avanzada, o por las ventajas electorales que significa para aquellos que ocupan cargos públicos hallarse en tiempos de prosperidad, o por la presencia de un componente altruista en sus funciones de utilidad (Margolis 1982).

Los políticos, naturalmente, consideran el efecto de todas las decisiones que ellos toman sobre la probabilidad de ser reelectos y sobre la tasa de crecimiento. Sus decisiones benefician a algunos y les pesan a otros: ellos determinan quién obtiene transferencias de ingresos, tales como seguridad social, y cuánto obtienen; ellos establecen tasas impositivas, y también sus exenciones; ellos hacen las reglas para adjudicar contratos de todo tipo, desde la compra de *clips* hasta la construcción de nuevas capitales; ellos hacen las reglas que determinan quién puede obtener empleos públicos, y cuánto se les paga; ellos deciden qué comunidades obtienen caminos, escuelas, clínicas y agua potable. Todas estas decisiones obviamente tienen efecto sobre quién votará por ellos y cuán bien se desempeñará la economía.

Además de estos poderes formales, los políticos en el Brasil, y en la mayor parte del mundo, también tienen control informal sobre otros recursos, en parte debido a las reglas formales que ellos mismos establecen respecto de la distribución de bienes y oportunidades, listadas más arriba. Los políticos brasileños han tenido, tradicionalmente, bastante discrecionalidad a nivel individual en la distribución de un buen número de contratos, exenciones impositivas, empleos y otro tipo de beneficios individuales como préstamos y becas. Estas decisiones más informales también influyen sobre quién votará por ellos, y cuán bien funciona la economía.

En cada una de las decisiones para conceder discrecionalmente beneficios a un determinado individuo y no a otro, el político enfrenta un conflicto potencial entre gastar esos recursos con el fin de aumentar su probabilidad de ser electo, o de gastarlos para cumplir con sus metas programáticas. Si puede hacer ambas cosas a la vez —como por ejemplo, cuando el más competente de los contratistas que compiten entre sí, es a la vez un importante seguidor político suyo—, la decisión del político será fácil. No obstante, semejantes coincidencias ocurren con muy poca frecuencia.

La situación de los políticos, que deben competir constantemente con los demás políticos, cuando deben elegir entre usos conflictivos para sus recursos finitos, puede ser representada esquemáticamente a través de las matrices de pagos presentadas más abajo. En estos juegos, todos los políticos quieren ser electos más que cualquier otra cosa; por lo tanto, todos prefieren un mejor desempeño económico a uno peor, siempre y cuando ello no perjudique directamente sus oportunidades de elección. Todos controlan cantidades fijas de nombramientos que pueden distribuir, ya sea a los aspirantes que piensan que contribuirán mejor al desempeño económico, o bien a los aspirantes que creen que más los van a ayudar a ser electos. Es improbable que el mismo aspirante posea las habilidades necesarias para lograr ambas cosas.

Todos los políticos tienen relaciones de intercambio clientelar con *cabos eleitorais* ("cabos electorales"), intermediarios que prometen votos en bloque a cambio de diversas clases de recompensas, incluyendo empleos burocráticos. Los *cabos eleitorais* sirven informalmente como militantes partidarios, encargados de distrito, punteros, y otras tareas de este tipo. Ellos negocian tratos individuales con los candidatos a cambio de obtener una porción de los recursos estatales, que en parte son distribuidos por ellos mismos entre sus propias clientelas políticas a cambio de apoyo partidario, y en parte contribuyen a aumentar su fortuna y su poder personal.

Cada político se compromete simultáneamente, pues, en dos clases de juegos superpuestos:[11] en un juego de competencia electoral con los demás políticos, y en una relación de intercambio continuo con sus seguidores. Estos juegos se superponen, en el sentido de que el mismo recurso —en este caso, los empleos— determina los pagos de ambos.

El juego patrón-cliente

La relación patrón-cliente, en la cual el político intercambia empleos u otros favores a cambio de apoyo político, es una iteración de un dilema del prisionero como el que muestra la figura 1. La celda superior izquierda muestra los pagos del patrón y del cliente, cuando ambos cumplen recíprocamente sus responsabilidades; el político se beneficia de los esfuerzos del cliente para hacerlo elegir, pero a cambio de ello tiene que gastar algunos recursos para darle al cliente un empleo, y este último se beneficia con este empleo, pero tiene que utilizar su tiempo y energía para ayudar a que el político salga

---

11. Los juegos superpuestos a los que me estoy refiriendo constituyen un subconjunto de los que George Tsebelis (1990) llama juegos anidados en arenas múltiples (*nested games*).

electo. La celda superior derecha muestra lo que pasaría si el político le provee un empleo al cliente, pero éste último no cumple con sus responsabilidades como parte de la maquinaria electoral del político. Si el cliente puede salirse con la suya, estará mejor posicionado en la celda superior derecha. La celda inferior izquierda muestra cuáles serían los resultados si el cliente suministra los servicios esperados, pero el político no cumple con su promesa de darle empleo.

Figura 1

La relación patrón-cliente
como un dilema del prisionero iterado

		Cliente	
		Coopera	No Coopera
Político	Coopera	Apoyo $-C_j$, Empleo $-C_s$	$-C_j$, Empleo
	No Coopera	Apoyo, $-C_s$	0, 0

Donde

C_j = costo para el político de dar el empleo u otro favor

C_s = el costo para el cliente de dar apoyo político

Apoyo > Apoyo $- C_j$ > 0 > $- C_j$, y Empleo > Empleo $- C_s$ > 0 > $- C_s$

El político preferiría estar en esta celda, si pudiese salirse con la suya. La celda inferior derecha muestra los resultados si ninguno de los dos coopera; ninguno se beneficia, y ambos están peor de lo que hubiesen podido estar, si ambos hubiesen cooperado.

Al político le gustaría aumentar su apoyo sin tener que pagar el costo de proporcionarle prebendas al cliente; y al cliente le gustaría obtener prebendas sin tener que tomarse el trabajo de reunir apoyo para el político. Si la elección se diera en forma aislada y única, ninguno cooperaría; y las redes patrón-cliente no se desarrollarían. Pero situaciones de este tipo y otras similares se producen de un modo indefinido, la no cooperación es visible, y el castigo por ello, bastante seguro. Si el político no recompensa a sus seguidores, ellos no trabajarán para él la próxima vez que decida presentarse a una elección. Si el cliente no cumple con sus responsabilidades, puede perder su empleo público. En relaciones recíprocas y recurrentes como ésta, un individuo que no coopera debe tener generalmente la expectativa de ser excluido de los beneficios futuros.

Aun si el candidato no logra ser electo, el cliente puede esperar que sus acciones sean recompensadas o castigadas. Las maquinarias políticas refuerzan la relación de intercambio entre políticos y clientes, asegurando que el cliente será recompensado por sus servicios, independientemente de que el político individual gane. En otros casos, el candidato, teniendo una posición social superior y mejores conexiones políticas que las del cliente, lo puede recompensar individualmente; aunque la recompensa será aún mayor si el candidato gana. Por lo tanto, en general, la cooperación entre el político y el cliente tiende a desarrollarse.[12]

De cómo el clientelismo afecta el juego electoral

La evolución de las estrategias cooperativas en los juegos patrón-cliente afecta el logro de otras metas del político, dado que de este modo pueden aumentar sus oportunidades de ser electo, pero al mismo tiempo pueden disminuir sus probabilidades de alcanzar sus metas programáticas. Suponiendo que la utilidad de cada político es lineal en la probabilidad de ganar la elección, la figura 2 representa la matriz de pagos para el juego electoral que los políticos juegan unos con otros.

---

12. [*Nota de los editores*] En esta sección se ha hecho uso implícito de la teoría de los juegos repetidos o iterados, que indica que en dicho tipo de interacciones pueden desarrollarse actitudes cooperativas que no serían posibles si la interacción no se diera en forma repetida.

Figura 2

El efecto del clientelismo en la probabilidad de la elección

Político 2

	Mérito	Clientelismo
Mérito	v_1, v_2	$v_1 - x_2, v_2 + x_2$
Clientelismo	$v_1 + x_1, v_2 - x_1$	$v_1 + x_1 - x_2, v_2 + x_2 - x_1$

Político 1

Donde

v_i = la probabilidad de que el Político i sea electo si no se distribuyen empleos con propósitos políticos. La probabilidad v es afectada exógenamente por los vaivenes políticos usuales.

$\sum v_i = 1$

x_i = el monto por el cual el Político i puede incrementar sus chances de elección (a expensas de sus opositores), recompensando más activistas políticos con empleos gubernamentales. Se asume que, en promedio, cada individuo que trabaja para mantener la maquinaria política del candidato, movilizar a los votantes, etc. (con la expectativa de recibir a cambio de ello un empleo), aumentará la probabilidad del candidato de ser electo de manera positiva, aunque posiblemente la contribución sea relativamente pequeña.

x_i no necesariamente = x_j

La celda superior izquierda de la matriz muestra las probabilidades que tienen los candidatos de ganar, cuando ninguno distribuye prebendas; éstas son precisamente las probabilidades iniciales v_1 y v_2. En la celda inferior izquierda, el Político 1 utiliza el clientelismo, obteniendo una ventaja electoral de x_1; su opositor, que no utiliza el clientelismo, sufre entonces una pérdida en su probabilidad de ganar, de $-x_1$ (ya que los porcentajes totales de votos siempre suman uno). La celda superior derecha muestra la situación inversa. La celda inferior derecha ilustra el punto medio pre-reforma en el cual ambos candidatos recurren al clientelismo.

BARBARA GEDDES

Figura 3

El juego electoral en el Brasil, 1946-1964

Político de
PSD/PTB

	Mérito	Clientelismo
Mérito	.35, .50	.20, .65
Clientelismo	.40, .45	.25, .60

Político de UDN

Fuente: Calculado con datos de Ruddle y Gillette (1972).

Si las abstracciones en la matriz arriba presentada, son reemplazadas por números, como en la figura 3, sus implicaciones resultan aún más obvias. La matriz en la figura 3 muestra la situación promedio de los candidatos brasileños al Congreso durante los años '50. A modo de capturar la probabilidad de ganar de los partidos cuando ellos recurren al clientelismo, he utilizado el voto promedio para cada partido (en números redondos) entre 1945 y 1962.[13] Los números en la celda clientelismo-clientelismo, aquella que refleja el mundo real, se aproxima al voto promedio para la UDN y para la débil coalición entre el PSD y el PTB. Cuando todos los candidatos recurrieron al clientelismo —como de hecho sucedió en la realidad— la probabilidad de que un candidato de la UDN fuese electo, rondó aproximadamente el 25 por ciento. En esta matriz, las proporciones en las celdas no suman uno, porque los partidos pequeños han sido excluidos.

Los efectos de la utilización del clientelismo sobre las chances de ganar, fueron calculados teniendo en cuenta el supuesto de que el acceso de un

13. Si los votos nulos y los votos de los candidatos de las coaliciones son excluidos de los cálculos (la identidad de los socios de las coaliciones no pudo ser determinados en la fuente disponible), el voto promedio para el PSD en las elecciones legislativas fue 35.8%; para el PTB, 22.9%; y para la UDN, 24.1%. Calculado a partir de los datos de Ruddle y *Gillette* (1972).

partido al clientelismo, depende de la fuerza electoral presente y pasada. Los montos exactos por los cuales el clientelismo afecta la probabilidad de que cada partido pueda ganar, fueron elegidos en forma arbitraria —un 15 por ciento para el PSD y el PTB juntos, y un 5 por ciento para la UDN— pero ellos reflejan la distribución de la fuerza electoral, y los históricos lazos del PSD y del PTB con la burocracia. He utilizado números aquí, aunque nunca podremos saber cuáles fueron ellos exactamente, para volver más comprensible la matriz. Cambios en los números utilizados no afectarían los resultados mientras su orden fuese el mismo.

Como muestra la matriz, dada la distribución de recursos para hacer clientelismo, para el partido en desventaja, en este caso la UDN, el juego electoral luce como un *dilema del prisionero*. Si el juego se juega una sola vez, es racional para cada político en particular utilizar el clientelismo, a pesar de que todos los políticos de UDN estarían mejor en la celda de mérito-mérito que en la de clientelismo-clientelismo adonde fueron llevados por la selección del clientelismo. De modo que sería racional *para el partido* introducir el sistema de mérito —bajo el cual todos los demás deberían renunciar al clientelismo— dado que juega un juego repetido.[14]

Los miembros individuales del partido, sin embargo, para quienes las elecciones constituyen un juego que se juega una sola vez, pueden maximizar sus oportunidades de ser electos recurriendo al clientelismo. Las elecciones no son generalmente juegos iterados para los candidatos individuales. La mayoría de los candidatos que pierden una elección, no podrán jugar la próxima vez, y la mayoría de los candidatos que ganan, enfrentarán a diferentes competidores la próxima vez. Consecuentemente, era de esperar que los candidatos de la UDN recurriesen al intercambio clientelístico durante las campañas electorales —como de hecho hizo la mayoría de ellos—. En otras palabras, la matriz predice el comportamiento real de la mayoría de los miembros de la UDN; el partido abogó por la reforma y trató de que fuese aprobada la legislación necesaria para reducir los recursos disponibles para ejercer el clientelismo; sin embargo, sus candidatos continuaron a nivel individual utilizando el clientelismo durante las campañas electorales.

Los miembros del PSD y del PTB enfrentaron un grupo diferente de incentivos, como lo indica la matriz. Aun cuando el juego fuese repetido indefini-

14. [*Nota de los editores*] Cabe destacar que el juego en la Figura 3 *no* es técnicamente un dilema del prisionero ya que para el político de PSB/PTB la utilidad en clientelismo/clientelismo es mayor que en mérito/mérito.

damente, ellos no tendrían razón para votar a favor de la reforma. Los miembros del PSD y del PTB están mejor utilizando el clientelismo, sin importar lo que haga la UDN, y sin importar cuántas veces se repitiese el juego. Y esto es lo que de hecho ellos hicieron. Se opusieron a la legislación que limitaba el clientelismo, y continuaron recurriendo a él como un recurso electoral.

Cómo la demanda de reforma afecta el juego electoral

Aunque el juego electoral descripto arriba parece ajustarse al caso brasileño, no llega a cubrir la historia completa. Los políticos, bajo ciertas circunstancias, valoran la reforma; ya sea porque ellos esperan que la misma resulte en una provisión de servicios gubernamentales más eficiente, o porque esperan incrementar la probabilidad de ser electos, respondiendo a una demanda pública de reforma. El valor electoral para un político de votar por la reforma, generalmente, será pequeño pero positivo. Será pequeño, porque los políticos emiten muchos votos sobre muchos temas, algunos de los cuales son más importantes para los votantes que otros. Aun entre aquellos votantes que se preocupan por la reforma y saben cómo votan los legisladores, muchas otras consideraciones intervienen en la determinación de sus preferencias por tal o cual candidato.

De este modo, aunque votar a favor de la reforma puede llegar a resultar en una pequeña ganancia electoral, para los políticos sólo será racional hacerlo bajo circunstancias especiales. Si la reforma llega a ser aprobada, los políticos tendrán que disminuir su utilización del clientelismo. En última instancia, la reforma los obligará pasar de la celda clientelismo-clientelismo, en la matriz de la figura 2, a la de mérito-mérito. En este caso, un voto a favor de la reforma sólo sería racional si la ganancia esperada fuese mayor que la diferencia entre el monto que el legislador podría ganar si continuase utilizando el clientelismo, y el monto que perdería como resultado de las utilización del clientelismo por parte de sus opositores. Para el partido o coalición más grande, la ventaja de utilizar el clientelismo, virtualmente siempre pesará más que el pequeño beneficio electoral de votar a favor de la reforma.

Si existe una demanda popular pro-reforma, los incentivos que enfrentan los legisladores al momento de votar por ella se encuentran representados en la figura 4. Los beneficios de votar en favor de la reforma, raramente pueden llegar a pesar más que los beneficios de votar en su contra. La celda inferior derecha es igual a la de la figura 2 descripta más arriba. Los miembros de ambos partidos votan en contra de la reforma, de modo que ninguno de los dos puede reclamar el crédito de haberla apoyado, y ninguno se ve perjudicado de que el otro se la adjudique. La reforma fracasa porque ninguno de los grandes partidos vota por ella, y los candidatos de ambos partidos continúan intercambiando empleos por apoyo durante las campañas electorales. La celda superior izquierda muestra la situación de ambos partidos cuando ellos votan a favor de la reforma. Dado que ambos votan por ella, las ventajas electorales de votar a favor de la reforma se cancelan mutuamente. La reforma se aprueba, y ninguno de los partidos puede recurrir al clientelismo durante las futuras campañas. La celda inferior izquierda muestra los pagos posibles si el partido mayoritario[15] vota a favor de la reforma y el partido minoritario vota en contra. La reforma se aprueba, de modo que ninguno de los partidos puede utilizar el clientelismo en el futuro, y el partido mayoritario cosecha una pequeña ventaja electoral, *e*, por votar a favor de la reforma, a expensas del partido minoritario. La celda superior derecha muestra lo que ocurre si el partido mayoritario vota en contra de la reforma, y el minoritario a favor. La reforma no es aprobada, y ambos partidos continúan utilizando el clientelismo. El partido minoritario gana una pequeña dosis de reconocimiento, a expensas del mayoritario, por haber votado a favor de la reforma.

15. Hablar de partidos mayoritarios en el contexto de América Latina supone cierto grado de simplificación. De hecho, las mayorías legislativas son *frecuentemente* coaliciones. Esto, sin embargo, no debería afectar la lógica del argumento.

Figura 4

El efecto de votar a favor de la reforma
en la probabilidad de ser reelecto

Legislador del Partido o
Coalición Mayoritaria

	A Favor de la Reforma	En contra de la Reforma
A Favor de la Reforma (Legislador del Partido Minoritario)	v_1, v_2	$v_1 + x_1 - x_2 + e, v_2 + x_2 - x_1 - e$
En Contra de la Reforma	$v_1 - e, v_2 + e$	$v_1 + x_1 - x_2, v_2 + x_2 - x_1$

Donde

v_i y x_i son definidas como en la figura 2 descripta arriba; $v_2 > v_1$ (v. g., el voto por el partido mayoritario es mayor que el voto por el partido minoritario); y $x_2 > x_1$ (v. g., el partido mayoritario controla más recursos para el clientelismo que el partido minoritario).

e es un pequeña cantidad de ventaja electoral que un legislador puede obtener por votar a favor de la reforma. (En el límite, si todos o ninguno votan a favor de la reforma, *e* tenderá a cero. Sin embargo si los miembros de los partidos pequeños o algunos miembros de los partidos representados en la matriz no se unen al partido político que triunfa, *e* > 0.)

El hecho de que los legisladores voten a favor de la reforma bajo un esquema de incentivos tal como los presentados en la figura 4, dependerá de las magnitudes relativas de x_1 y x_2. Si $(x_2 - x_1) > e$, esto es, si x_2 representa una cantidad significativamente mayor a x_1, el partido mayoritario votará en contra de la reforma, y ésta fracasará. Sin embargo, si x_1 y x_2 son aproximadamente iguales, esto es, si los dos partidos tienen, un acceso aproximadamente igual a los recursos destinados al clientelismo, el partido mayoritario votará a favor de la reforma, y ésta será aprobada. Mientras que para cualquier valor positivo de *e*, el partido minoritario siempre preferirá votar a favor de la reforma.

Dicho nuevamente, en lenguaje no técnico, es de esperar que en una elección todos los candidatos recurran al clientelismo, como lo muestra la figura 2. Sin embargo, cuando la posibilidad de recurrir al clientelismo está *igualmente distribuida* entre los dos más grandes partidos, y los políticos pueden aunque sea mínimamente sacar algún rédito llevando a cabo la reforma, los miembros de todos los grandes partidos tienen un motivo para votar en su favor en la legislatura. En esta situación, el clientelismo no provee ninguna ventaja relativa, pero votar favorablemente por la reforma puede mejorar las chances electorales. En consecuencia, el interés político sugiere llevar a cabo la reforma.

Por otro lado, si el acceso al clientelismo está distribuido en forma desigual, los miembros de los partidos perjudicados por semejante distribución de los recursos para el clientelismo estarían mejor si se impusiera para todos un sistema de mérito. Por lo tanto, los partidos menores (si es que no están aliados con el partido más grande), siempre tienen una razón para apoyar la reforma en la legislatura. Renunciar al uso del clientelismo, los colocaría en una mejor posición, siempre y cuando todos los demás renuncien también a su uso. Como muchos observadores han señalado, la cuestión de la reforma generalmente atrae a aquellos que se encuentran "fuera" de la política. Sin embargo, los partidos políticos más pequeños no serán capaces de aprobar legislación por sí mismos.

Los miembros de los partidos que cuentan con un amplio acceso al uso del clientelismo, en contraste, no tienen ningún incentivo para votar a favor de la reforma en la legislatura, así como no tienen ningún motivo para renunciar al clientelismo durante la campaña electoral. Éstos, siempre pueden mejorar sus posibilidades de ser electos recurriendo al clientelismo, sin importar lo que hagan los miembros de los demás partidos.

Es probable, entonces, que los miembros del partido mayoritario, dado que tienen más acceso al clientelismo, *solamente* opten por reformar si piensan que las ganancias que van a obtener por votar favorablemente la reforma, van a ser mayores que los costos que les traería la pérdida del clientelismo. Una situación de este tipo, podría llegar a ocurrir si la indignación pública con la incompetencia y la corrupción administrativa llega a ser tan vehemente, como para que los políticos tengan miedo de perder más votos oponiéndose a la reforma que reduciendo su capacidad clientelística.

Los relatos acerca del movimiento reformista en los Estados Unidos, sugieren que la indignación pública que produjo el asesinato del Presidente Garfield a manos de un desilusionado buscador de empleos públicos, fue precisamente el catalizador necesario para poder llevar a cabo la reforma (Van Riper, 1958, 88-94). Aun en este caso, sin embargo, "los hombres que integraban el Cuadragésimo Sexto Congreso eran tan sordos a la voz de la opinión pública, y tan ciegos a los signos de los tiempos" (Hall, 1884, 454), que la legislatura sólo votó la sanción de la reforma luego de las elecciones de 1882.

Esta elección, que se realizó más de un año después de la muerte de Garfield, les dio a los Demócratas la mayoría en la Cámara de Representantes, y de esta manera marcó el fin del predominio sobre el clientelismo que poseían los Republicanos desde los tiempos posteriores a la Guerra Civil. El Congreso, que en agosto de 1882 —cuando todavía se hallaba bajo el control de los Republicanos— había saludado el proyecto de reforma con "burlas obscenas", aprobó la Ley Pendleton por una abrumadora mayoría en el mes de diciembre. "Aquellos hombres que no podían reírse más enfáticamente ante el ridículo capricho de manejar los negocios públicos con criterios de buena administración, se tropezaban ahora unos con otros, sin aliento, en su prisa para convertir a ese capricho en la política nacional."[16]

Como muestra el ejemplo de los Estados Unidos, aun cuando el público se exprese de manera importante, los legisladores y los líderes partidarios pueden en general ignorar las demandas del público en favor de la reforma, ya que éste es sólo uno de los muchos temas que afectan las decisiones de los votantes y casi nunca es la cuestión más importante para la mayoría de ellos.

Para los partidos beneficiados por el uso del clientelismo, la estrategia dominante siempre será la de apoyar su persistencia, a menos que los pagos por votar favorablemente la reforma sean notablemente altos y el futuro se pueda percibir con bastante certidumbre. Cuán grande deba ser el pago para votar a favor de la reforma y cuánta certidumbre acerca del futuro deba existir, depende de cuán desigual era originalmente la distribución de los recursos para el clientelismo.

Los factores que afectan la distribución del clientelismo, están tratados con mucha mayor extensión en el capítulo 5 de mi libro *Politician's Dilemma*, pero aquí será suficiente decir que los partidos tendrán mayor acceso al clientelismo, si (1) controlan la presidencia, (2) tienen más bancas en la legislatura que los otros partidos, (3) han controlado la presidencia, o han

---

16. George William Curtis (1883), discurso pronunciado en Newport, Rhode Island en la reunión anual de la Liga Nacional para la Reforma del Servicio Civil, citada en Hall (1884, 462).

tenido más bancas en la legislatura, en el pasado (dado que los funcionarios administrativos tienden a mantenerse en sus puestos aun después de que sus partidos han perdido apoyo electoral, y continúan utilizándolos para beneficiar a los miembros de la red clientelística), o (4) han sido creados por el presidente en ejercicio como vehículos electorales.

En el Brasil, desde 1946 hasta 1964 la débil coalición entre el PSD y el PTB gozó de estas condiciones durante la mayor parte del tiempo. Excepto por siete meses, la presidencia fue ocupada a lo largo de esos años por uno u otro de los dos partidos, el PSD, el PTB, o por una coalición que incluía a ambos partidos.[17] El PSD fue el partido más grande en el Congreso durante ese período. Y ambos partidos, el PSD y el PTB, fueron creados como maquinarias políticas por Vargas al final de su dictadura, lo cual les dio, desde un principio, un acceso especial a los recursos estatales y al clientelismo (Nunes y Geddes 1987). Dada esta desigual distribución de los recursos para el clientelismo, el argumento de teoría de juegos presentado en este artículo permite predecir el fracaso de los esfuerzos reformistas, tal como ocurrió en el Brasil.

La atención prestada en este enfoque a los incentivos que poseen los potenciales *entrepreneurs* de la política, sugiere que reformas de este tipo rara vez ocurrirán en los países del Tercer Mundo, con economías impredecibles y frecuentes intervenciones militares, excepto cuando los partidos mayoritarios posean un igual acceso al clientelismo. La evidencia del caso brasileño es consistente con esa predicción. El capítulo 5 de mi libro *Politician's Dilemma* contiene evidencias adicionales, extraídas de otros casos.

Conclusión

Este artículo ha intentado explicar los impedimentos a las reformas del Estado, desde el punto de vista de los individuos que deben tomar las innumerables decisiones que podrían promover o impedir dicho cambio. Estos individuos pueden enfrentarse con el dilema de tener que elegir entre las acciones que sirven directamente a sus intereses personales y aquellas

17. Vargas fue nominado por el PTB y el Partido Social Progresista (PSP), pero no por el PSD. De todos modos, atrajo muchos votos del PSD, gobernó con un gabinete sacado principalmente del PSD, y podía contar con el apoyo del PSD en la legislatura. Parece, por tanto, legítimo incluir su gobierno dentro de la categoría coalición PSD-PTB.

que, a la larga, podrían mejorar el bienestar general en sus sociedades. Como están naturalmente alertas a sus propios intereses, los individuos tienden a adoptar aquellas decisiones que contribuyen al bienestar general cuando éstas, a su vez, contribuyen con el bienestar individual, más que cuando éstas conllevan sacrificios personales.

En general, como sugiere este artículo, resulta poco probable que los *entrepreneurs* de la política vayan a movilizar intereses latentes en que se provean bienes colectivos, tales como la eficiencia administrativa, dado que hacer esto muchas veces no implica ningún beneficio para ellos en términos de sus intereses individuales. Las soluciones a los problemas de acción colectiva dependen de estos *entrepreneurs* de la política y del conjunto de incentivos que hacen racional para ellos responder a ciertos grupos con intereses latentes. El argumento de este artículo señala, sin embargo, que frecuentemente los incentivos que poseen los miembros individuales de la élite política, aquellos que pueden actuar como *entrepreneurs*, impiden que ellos se comporten de ese modo.

Como lo demuestran los intentos de reforma administrativa en el Brasil, aun si existe un grupo con intereses latentes, y algún partido visualiza el potencial de estos intereses latentes y trata de utilizarlos, estos intereses no serás satisfechos si los intereses individuales de los líderes políticos pueden alcanzarse mejor de otro modo. Éste será frecuentemente el caso con respecto a los intereses latentes en la reforma administrativa, ya que los mismos recursos que se necesitan para aumentar la capacidad estatal, pueden a su vez ser utilizados por los políticos para aumentar sus posibilidades de ser reelectos.

Referencias

ARINOS, Afonso (1953) "A Conjuntura Nacional", discurso dado en la Escola Superior de Guerra, Río de Janeiro, mimeo.

—(1965a) A Escalada (Memórias), Río de Janeiro, José Olympio.

—(1965b) A Evolução da Crise Brasileira, São Paulo: Editora Nacional.

ARINOS FILHO, Afonso (1976) Primo Canto (Memórias de Mocidade), Río de Janeiro, Civilização Brasileira.

BENEVIDES, Maria Victória de Mesquita (1981) A UDN e o Udenismo: Ambigüidade do Liberalismo Brasileiro (1945-1965), Río de Janeiro, Paz e Terra.

CARDOSO, Fernando Henrique (1978) "Partidos e Deputados em São Paulo." En Bolívar Lamounier y F. H. Cardoso, eds., Os Partidos e os Eleições no Brasil. Río de Janeiro: Paz e Terra.

HALL, E. F. (1884) "Civil Service Reform." New Englander 43: 453-63.

KOSTER, R. M. (1972) The Prince, Nueva York, William Morrow.

KOSTER, R. M. (1975) The Dissertation, Nueva York, Harper & Row.

LACERDA, Carlos (1961) A UDN na Encruzilhada, Río de Janeiro, n.p.

MARGOLIS, Howard (1982) Selfishness, Altruism, and Rationality: A Theory of Social Choice, Cambridge, Cambridge University Press.

MAYHEW, David (1974) Congress: The Electoral Connection, New Heaven, Yale University Press.

NUNES, Edson de Oliveira (1984) "Bureaucratic Insulation and Clientelism in Contemporary Brazil: Uneven State Building and the Taming of Modernity", Disertación Ph.D., Berkeley, Universidad de California.

NUNES, Edson de Oliveira, y Barbara GEDDES (1987) "Dilemmas of State-Led Modernization in Brazil." En John Wirth, Edson Nunes y Thomas Bogenschild, eds., State and Society in Brazil: Continuity and Change, Boulder (Co), Westview.

RUDDLE, Kenneth, y Philip GILLETTE, eds (1972) Latin American Political Statistics: Supplement to the Statistical Abstract of Latin America, Los Ángeles, UCLA - Latin American Center.

TSEBELIS, George (1990) Nested Games: Rational Choice in Comparative Politics, Berkeley, University of California Press.

VAN RIPER, Paul P. (1958) History of the United States Civil Service, Evanston (Ill.), Row, Peterson.

Publicado originalmente en Geddes, Barbara. Politicians's Dilemma, pp. 83-98; reproducido con permiso de la autora, Copyright University of California Press, 1994.

LA TOMA DE DECISIONES EN LOS SISTEMAS POLÍTICOS.
ACTORES DE VETO EN EL PRESIDENCIALISMO, PARLAMENTARISMO, MULTICAMERALISMO Y MULTIPARTIDISMO

GEORGE TSEBELIS*

E|xiste un consenso general en la ciencia política contemporánea, sosteniendo que "las instituciones importan". A pesar de ello, el consenso se rompe cuando el análisis se focaliza en los resultados que producen estructuras institucionales específicas. Diversos estudios ejemplifican esta falta de acuerdo acerca de qué resultados son el producto de qué tipo de instituciones.

Con respecto al tipo de régimen (parlamentarismo *vs.* presidencialismo), algunos investigadores sostienen que los sistemas presidenciales son más proclives a experimentar rupturas y a ser reemplazados por regímenes autoritarios que los sistemas parlamentarios;[1] otros autores hacen el argumento opuesto;[2] mientras que algunos otros sostienen que no existe ninguna relación entre el tipo de régimen y sus posibilidades de ruptura.[3]

Con respecto a la cuestión de sistema bipartidista *versus* multipartidista, los investigadores han argumentado que el sistema bipartidista promueve la moderación de las posiciones partidarias y ofrecen elecciones claras para el electorado. Sin embargo, como bien señala Lijphart, estas dos características son contradictorias. Los partidos moderados conllevan elecciones poco claras, porque las elecciones claras dependen de que existan partidos bien diferenciados entre sí.[4]

* El autor desea agradecer a la Hoover Institution por el apoyo financiero y a Jeff Frieden, Geoff Garrett, Miriam Golden, Sada Kawato, Peter Lange, Michael Laver, Terry Moe, Bjorn Eric Rasch, Ron Rogowski, Kaare Strom, Sidney Tarrow, Michael Wallerstein y Albert Weale por sus comentarios.
1. Juan J. Linz (1990).
2. Donald L. Horowitz (1990).
3. Matthew Soberg Shugart y John M. Carey (1992).
4. Arend Lijphart (1984).

Con respecto al bicameralismo, parece existir un acuerdo general (desde Montesquieu, pasando por los padres fundadores de la Constitución norteamericana, hasta varios de los análisis contemporáneos)[5] acerca de que éste crea un sistema de frenos y contrapesos al otorgarle a cada Cámara el poder de cancelar las decisiones de la otra. Sin embargo, en aquellos países donde el bicameralismo no refleja una organización federal de gobierno, algunos sostienen que la Cámara Alta no tiene "poder" sino más bien "autoridad", en virtud de que sus opiniones son tenidas en cuenta y de su distancia de los conflictos políticos de la Cámara Baja.[6] Aun entre aquellos que concuerdan en que la Cámara Alta tiene poder, existen desacuerdos sobre cuáles son los mecanismos que originan los frenos y contrapesos entre las dos cámaras. Riker sostiene que el bicameralismo no altera los resultados legislativos cuando se consideran políticas en una sola dimensión, pero que en casos bidimensionales las decisiones se demoran hasta que se alcance un acuerdo.[7] Sin embargo, este argumento es parcial e incorrecto. Es parcial, porque es bastante improbable que una legislatura bicameral decida en forma unidimensional. Es incorrecto, porque, como veremos, el bicameralismo permite una gran cantidad de resultados ("conjuntos ganadores" frente al *statu quo*). Levmore argumenta que "la mejor explicación del bicameralismo" es que permite seleccionar "un claro ganador de Condorcet"[8] si es que existe alguno. De todos modos, la probabilidad de que exista un claro ganador de Condorcet en más de dos dimensiones es cero.

Como los argumentos recién expuestos sugieren, los debates institucionales tienen lugar de a pares: el presidencialismo es comparado con el parlamentarismo, el bicameralismo con el unicameralismo, y los sistemas bipartidistas con los sistemas multipartidistas. Por ejemplo, algunos sostienen que el presidencialismo tiene ventajas sobre el parlamentarismo porque asegura que los funcionarios electos rindan cuentas a los ciudadanos, permite la identificación de los ganadores potenciales, implica chequeos mutuos entre la legislatu-

---

5. Ver William H. Riker (1992a y 1992b), Thomas H Hammond y Gary J. Miller (1987); Philip P. Frickey (1992), págs. 163-5; y Saul Levmore (1992).

6. Jean Mastias y Jean Grangé (1987). Para una discusión sobre el enfoque sobre el bicameralismo cuyo énfasis está puesto en la "autoridad", y sobre otra perspectiva en donde la influencia del Senado es atribuida a factores institucionales, ver Jeannette Money y George Tsebelis (1992).

7. Riker (1992a; 1992b)

8. Una alternativa claramente ganadora según el criterio de Condorcet es aquella que es capaz de derrotar a todas las demás en ambas cámaras. Ver Levmore (1992).

ra y el Ejecutivo, y la existencia de un árbitro.[9] Por otro lado, el presidencialismo sufre de factores negativos tales como rigideces temporales, tendencias mayoritarias y legitimidades democráticas duales.[10] Los argumentos acerca del bicameralismo son muy parecidos a los del presidencialismo concentrándose en la cuestión de los frenos y contrapesos *versus* las legitimidades democráticas duales. Finalmente, se supone que los sistemas bipartidistas proveen moderación en la competencia partidaria, Ejecutivos estables, elecciones claras y mayorías responsables. Sin embargo, Lijphart ha refutado sistemáticamente cada uno de estos puntos;[11] y de hecho, Huber y Powell han encontrado que la distancia entre la posición del votante medio y la del gobierno es menor bajo sistemas multipartidistas que bajo sistemas de dos partidos.[12]

Desde el punto de vista empírico, los analistas usualmente comparan a países que difieren con respecto a un conjunto de características. Por ejemplo, los autores anglosajones frecuentemente comparan a los Estados Unidos con el Reino Unido. Sin embargo las diferencias entre estos dos países son muy numerosas: sistema presidencial frente a sistema parlamentario, bicameralismo frente a unicameralismo (*de facto*), partidos indisciplinados frente a partidos disciplinados, burocracias por nombramiento frente a burocracias independientes, y la presencia de una Corte Suprema fuerte frente a la ausencia de ese tribunal.[13] Sin un modelo teórico, es difícil separar cuáles de estas diferencias son prioritarias respecto de otras en términos causales. Por otro lado, con un número pequeño de casos similares, cualquier resultado en particular estará sobredeterminado por las variables relevantes. Por ejemplo, Linz atribuye la caída de la democracia en Chile a su sistema presidencialista,[14] mientras que Horowitz sostiene que el motivo fue el uso de un sistema electoral mayoritario para las elecciones presidenciales.[15] Este problema puede ser corregido incrementando el tamaño de la muestra, in-

9. Shugart y Carey (1992), pág. 44.

10. Shugart y Carey (1992), pág. 29.

11. Lijphart (1984)

12. John D. Huber y G. Bingham Powell (1994).

13. Los autores más famosos que utilizaron este enfoque son Walter Bagehot (1867); y Woodrow Wilson (1973 [1885]). Para un artículo reciente que toma a Estados Unidos y al Reino Unidos como representativos de los sistemas presidencial y parlamentario, respectivamente, ver Terry M. Moe y Michael Caldwell (1994), 171-95.

14. Linz (1990).

15. Horowitz (1990).

cluyendo una mayor cantidad de países,[16] o preferentemente a todo el universo de los países relevantes.[17]

A partir de tan breve e incompleta presentación de esta extensa literatura, deseo enfatizar el siguiente punto. La responsabilidad de los representantes electos, la identificación de quienes toman las decisiones, y la cuestión de la legitimidad simple o dual, son temas recurrentes en todos los debates teóricos. Sin embargo, estos temas son exclusivamente utilizados para examinar diferentes variables como pares dicotómicos (tipos de regímenes, tipos de legislaturas, sistemas partidarios); no son utilizados para determinar los efectos de combinaciones e híbridos, tales como comparar un sistema unicameral, presidencialista y multipartidario con un sistema bicameral, parlamentario y bipartidista.

Este artículo no reproduce la estructura de a pares de estos debates corrientes, que separan los tipos de regímenes (parlamentarismo vs. presidencialismo), los tipos de legislatura (unicameral vs. bicameral) y el sistema de partidos (bipartidista vs. multipartidista). De hecho, muestro que examinar estos factores en forma aislada puede conducir a error. Voy a sostener que la lógica de la toma de decisiones en los sistemas presidencialistas es bastante similar a la lógica de la toma de decisiones en los sistemas parlamentarios multipartidistas. El bicameralismo y el presidencialismo también comparten características comunes en la toma de decisiones. Además, no apunto a discutir los pros y los contras de cada una de las alternativas institucionales que se encuentran en el título. En cambio, comparo todas estas instituciones con respecto a *una* variable importante: la capacidad para introducir cambios en las políticas. Mi objetivo es proveer un marco teórico consistente, que permita llevar a cabo comparaciones entre los regímenes, las legislaturas y los sistemas partidarios.

Una contribución importante de este enfoque es ayudar a resolver un problema permanente de la política comparada, el pequeño tamaño de las muestras, a través de un método simple y conceptualmente consistente, para

16. Ver Lijphart (1984); G. Bingham Powell (1982); Kaare Strom (1990); Shugart y Carey (1992).

17. Respecto de la introducción de sesgos en la variable dependiente debido a la selección de los casos, ver ejemplos en Barbara Geddes, (1990). De todos modos, aún aumentando el tamaño de la muestra no es posible corregir los sesgos ocasionados por la selección de ciertos casos de una población de casos posibles con diferentes características (ver Adam Przeworski y Fernando Limongi; y para un ejemplo empírico en este sentido ver George Tsebelis, 'The Power of the European Parliament as a Conditional Agenda Setter', de próxima aparición).

hacer comparaciones entre los distintos sistemas. Si sólo se permiten comparaciones entre países con un mismo tipo de régimen —por ejemplo, sistemas presidencialistas— entonces el tamaño de la muestra esencialmente se reduce a los países de América Latina. Sin embargo, estos países también comparten muchas otras características (desarrollo económico, sistemas de partidos, disciplina partidaria, estructuras administrativas, etcétera), creando un serio problema de multicolinearidad en el análisis. Una manera de resolver este problema es ampliar el tamaño de la muestra incluyendo países que difieren en algunas de estas variables. Sin embargo, semejante ampliación requiere una teoría de la comparación *entre* los tipos de regímenes (como así también entre los sistemas de partidos y tipos de legislatura). Presentar dicha teoría es el propósito de este artículo.

Un propósito adicional, y quizás la mayor contribución de este enfoque, es ayudar a generar hipótesis en muchas otras áreas, tales como la importancia y la independencia del Poder Judicial, la independencia de las burocracias, la estabilidad del gobierno (en los sistemas parlamentarios) y la estabilidad del régimen (en los sistemas presidenciales). En la sección tercera de este artículo, presentaré evidencias preliminares en relación con los resultados esperados de este modelo.

La variable dependiente de mi estudio es el *potencial* para introducir cambios en las políticas bajo diferentes escenarios institucionales. Llamaré a la ausencia de tal potencial *estabilidad de las políticas*. Para parafrasear a V. O. Key, un potencial para introducir cambios en las políticas no garantiza tales cambios, pero la ausencia de este potencial lo impide.[18] La estabilidad de las políticas es diferente de la estabilidad del gobierno y de la estabilidad del régimen. De hecho, como argumento en la última parte del trabajo, éstas están inversamente relacionadas: la estabilidad de las políticas causa la inestabilidad del gobierno o la del régimen. Este análisis está basado en el concepto de actor de veto (*veto player*) en los diferentes escenarios institucionales. Un actor de veto es un actor individual o colectivo cuyo acuerdo es requerido para tomar una decisión política. Demuestro que la estabilidad de las políticas aumenta con (i) el número de actores de veto, (ii) su incongruencia (disparidad de posiciones políticas) y (iii) la cohesión interna de cada uno de ellos.

El trabajo está organizado en tres secciones. La sección I discute la variable dependiente (estabilidad política) y cómo puede ser operacionalizada utilizando el concepto de *winset* (conjunto ganador), un concepto tomado

---

18. V. O. Key Jr. (1964), pp. 688.

de la teoría de la elección colectiva. La sección II introduce las tres variables independientes que explican la estabilidad de las políticas y las relaciona con características fácilmente observables como tipos de régimen, el número de partidos en la coalición de gobierno, el número de cámaras legislativas, la cohesión partidaria y otras variables políticas importantes como los sistemas electorales. La sección III presenta las predicciones del modelo y lo compara con otras teorías de alcance medio en política comparada, así como también alguna evidencia empírica disponible.

1. La estabilidad de las políticas y un indicador de estabilidad

Diversos estudios correlacionan instituciones específicas con determinados resultados en particular (sobre todo, económicos). Empezando con Bagehot, debido a la responsabilidad difusa que los caracteriza, los regímenes presidenciales han estado asociados con altos déficit.[19] Tanto Katzenstein como Rogowski sostienen que la representación proporcional está correlacionada con, o es conducente a, la apertura comercial y el crecimiento económico.[20] Alternativamente, Grilli et al. asocian a la representación proporcional con un alto endeudamiento e inflación, y a los sistemas presidenciales con políticas fiscales más responsables.[21] Tiebout y, más recientemente, Weingast, asocian al federalismo con altos niveles de crecimiento, porque éste induce la competencia entre sus unidades constitutivas.[22]

Los cientistas políticos generalmente están interesados en el grado de decisión de un sistema político; en otras palabras, en su capacidad para resolver los problemas a medida que ellos surgen. Por ejemplo, en un profundo análisis sobre los efectos de las instituciones políticas, Weaver y Rockman distinguen: diez capacidades diferentes que necesitan todos los gobiernos: *establecer y mantener prioridades* frente a las diversas y conflictivas demandas que recaen sobre ellos de tal modo de evitar ser avasallados y caer en bancarrota; *focalizar* el uso de los recursos para utilizarlos donde son más efectivos; *innovar* cuando las políticas tradicionales han fallado; *coordinar los objetivos conflictivos* en un todo coherente; ser capaz de *imponer* pérdidas a los grupos pode-

19. Bagehot (1867).
20. Peter J. Katzenstein (1985); y Ronald Rogowski (1987), pp. 203-23.
21. Vittorio Grilli, Donato Masciandaro y Guido Tabellini (1991), 341-92.
22. Charles Tiebout (1956) y Barry Weingast (1993b).

rosos; *representar los intereses difusos y no organizados* además de aquellos que están concentrados y bien organizados; *asegurar la efectiva implementación* de las políticas del gobierno una vez que éstas han sido adoptadas; *asegurar la estabilidad de las políticas* de tal forma que las políticas tengan tiempo para funcionar; *hacer y mantener compromisos internacionales* en cuestiones comerciales y de defensa nacional para asegurar su bienestar en el largo plazo; y sobre todo, *manejar las divisiones políticas* para asegurar que la sociedad no caiga en una guerra civil.[23]

Mientras que Weaver y Rockman están interesados en las capacidades de los gobiernos, gran parte de la literatura económica está preocupada por el compromiso creíble del gobierno de *no* interferir con la economía (empezando con Kydland y Prescott).[24] Weingast impulsa este argumento un paso más e intenta diseñar instituciones que produzcan tal compromiso creíble. Su sugerencia es que "el federalismo que preserva el mercado" combina frenos y contrapesos que previenen la interferencia del gobierno en la economía, y al mismo tiempo, gracias a la competencia económica entre sus unidades constitutivas asegura el crecimiento.[25]

En todos esos componentes diversos de esta literatura, la flexibilidad o la estabilidad de las políticas es considerada como una variable importante. Algunos autores consideran la flexibilidad como un rasgo deseable (permite resolver problemas más rápido), mientras que otros apuntan que intervenciones frecuentes pueden empeorar la situación. En mi caso particular, tomo una posición más agnóstica con respecto a la estabilidad de las políticas. Parece razonable asumir que a aquellos a quienes no les agrada el *statu quo* preferirán un sistema político capaz de hacer cambios rápidamente, mientras que aquellos que abogan por el *statu quo* preferirán un sistema que produzca estabilidad de las políticas. Aun cuando las mayorías son amplias (en cuyo caso se podría argumentar que los resultados deben responder a la voluntad de esa mayoría), puede ocurrir que las estructuras institucionales respondan a un ritmo más rápido o más lento de lo deseado. No me queda claro que exista un consenso (o si ello es posible) acerca de si es deseable un ritmo más rápido o más lento de respuesta institucional. La capacidad para cambiar el *statu quo* es buena cuando el *statu quo* no es deseable (ya sea porque una pequeña minoría controla el gobierno como en la Francia del *Ancien Régime*

23. R. Kent Weaver y Bert Rockman (1993), pág. 6.
24. Finn E. Kydland y Edward C. Prescott (1977).
25. Barry Weingast (1993a).

o recientemente en Sudáfrica), o cuando un *shock* exógeno altera un proceso deseable. El compromiso de no interferir es preferible si el *statu quo* es deseable (como cuando ya están establecidos los derechos civiles), o si un *shock* exógeno es provechoso (como un incremento en el precio del petróleo para una economía productora de petróleo). Finalmente, la capacidad de tomar decisiones es necesaria cuando una solución automática no remite al *statu quo* previo, sino que está solución automática posee consecuencias más perjudiciales aún. En el resto del artículo me referiré al *statu quo* aunque es más apropiado utilizar el término más general "solución automática" (*default solution*). Pasaré ahora a describir los conceptos que voy a utilizar en el resto de este trabajo.

La Figura 1 intenta familiarizar al lector con los conceptos que utilizo en el resto de este análisis. Imagine una legislatura unicameral conformada por tres legisladores (o tres partidos), ninguno de los cuales tiene una mayoría absoluta tomando decisiones sobre los temas en dos dimensiones. Suponga que estos tres legisladores están decidiendo el tamaño de los presupuestos de defensa y seguridad social. Cada legislador tiene un "punto ideal" en el espacio de políticas, esto es, la combinación de los tamaños de ambos presupuestos que más prefiere. A su vez, cada legislador es indiferente frente a aquellos presupuestos que están a igual distancia de su punto ideal; en otras palabras, cada

Figura 1
El *winset del statu quo* con tres actores tomando
decisiones en dos dimensiones

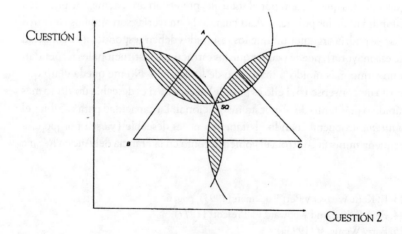

uno tiene una curva de indiferencia circular.[26] En este caso, si la legislatura decide por una mayoría de sus miembros, y si sus miembros no están en la misma línea recta, el *statu quo* puede ser derrotado sin importar su ubicación. De hecho, los tres pétalos sombreados en la Figura 1 contienen todos los puntos que pueden derrotar al *statu quo*. Denominaré a esta área sombreada que representa el conjunto que derrota al *statu quo* como *winset* del *statu quo*.

Utilizo el tamaño del *winset* del *statu* quo como un indicador (proxy) de la estabilidad. Existen diversas razones para hacer esto. Primero, cuanto mayor es el número de puntos (v. g. propuestas políticas) que pueden derrotar al statu quo, más susceptible es éste al cambio. Segundo, cuanto más grande sea el *winset* del *statu quo*, aumenta la probabilidad de que algún subconjunto suyo satisfaga algunas restricciones externas. Tercero, si existen costos de transacción para cambiar el statu quo, los jugadores no intentarán introducir una política que sólo sea ligeramente distinta, lo que significa que el *statu quo* permanecerá sin cambios. Cuarto, aun en ausencia de costos de transacción, si los jugadores intentan un cambio, un *winset* del *statu quo* pequeño significa que el cambio será de carácter incremental. En otras palabras, un *winset* del *statu quo* pequeño impide grandes cambios de política. Cada una de estas razones es suficiente para justificar el uso del tamaño del *winset* del *statu quo* como un indicador para medir la estabilidad de las políticas. Consecuentemente, pasaré revista ahora a las variables que afectan el tamaño del *winset* del *statu quo*.

Considere aquellas situaciones en donde la toma de decisiones está delegada en un actor individual (un dictador, un líder carismático en un sistema unipartidario, o el líder de un partido disciplinado). Por definición, las políticas seleccionadas por esta persona van a reflejar su punto ideal. De este modo, mientras esta persona permanezca siendo quien toma las decisiones, el *statu quo* se corresponderá con sus posiciones de política. Si su política preferida cambia de un punto a otro, el *statu quo* sufrirá el cambio correspondiente; y si es reemplazado por otro decisor, el *statu quo* se moverá hacia el punto ideal del nuevo decisor.

---

26. En una representación más realista el legislador debería tener en cuenta si el presupuesto está por encima o por debajo de su propio su punto, así como también otros factores. De todos modos, la incorporación de semejantes complicaciones afectaría la simplicidad en la presentación del argumento pero no su lógica. Voy a proceder conforme a la manera más simple de presentar "las preferencias Euclideanas", esto es, mediante curvas circulares de indiferencia.

Si en vez de un único decisor existen dos, éstos van a preferir cualquier punto dentro de la intersección de sus curvas de indiferencia por sobre el *statu quo*. Por ejemplo, en la Figura 1 los actores A y C preferirían cualquier cosa dentro del área sombreada que representa la intersección de sus curvas de indiferencia. Nótese que esta área es un subconjunto del círculo alrededor de A; esto muestra que la introducción de un segundo actor, restringe el área de resultados posibles.

Permítame ahora incrementar el número de requisitos para tomar una decisión. Asuma que el acuerdo unánime de tres actores individuales es necesario para llevar cambiar el *statu quo*. Considere los actores A, B y C en la Figura 2 y el *statu quo* SQ. En tanto y en cuanto los actores mantengan sus posiciones, no es posible cambiar el *statu quo* (ya que al menos uno de los actores se opondrá a ello). Considere ahora que el actor A cambia su posición de A_1 a A_2. En este caso, el *statu quo* permanece sin cambios, porque los actores B y C no están dispuestos a moverse fuera del área WBC, y el actor A_2 no encuentra atractivo moverse hacia adentro de esta área. A pesar del cambio en las posiciones políticas del actor A, no se produce un cambio de política. Por otro lado, si el actor A es reemplazado por el actor D, entonces es posible llevar a cabo un cambios de política. De hecho, cualquier punto dentro de WBCD puede derrotar al *statu quo* y por lo tanto, ser seleccionado por los tres actores.

Figura 2
Cambio del *statu quo* con tres decisores individuales

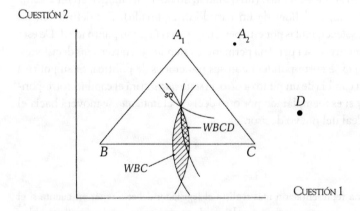

El *statu quo* no puede ser cambiado incluso si A_1 se mueve a A_2. Si A_1 es reemplazado por D, entonces el *statu quo* puede ser reemplazado por cualquier punto dentro del área WBCD.

Algunos de estos resultados dependen del número de dimensiones políticas consideradas. Con el propósito de hacer más accesible esta presentación, he decidido utilizar un espacio bidimensional. Por ejemplo, en la Figura 2 encontramos que un movimiento por parte del actor A de A_1 a A_2, no tuvo ningún efecto sobre el *statu quo*. Este resultado podría no haber sido el mismo en más de dos dimensiones. Sin embargo, existe una importante conclusión que sigue siendo cierta independientemente del número de dimensiones. La voy a presentar como una proposición que será utilizada de aquí en más en este trabajo.

PROPOSICIÓN 1: A medida que aumenta el número de actores cuyo acuerdo es requerido para cambiar el *statu quo*, el tamaño del *winset del statu quo* no aumenta (v. g., no disminuye la estabilidad de las políticas).

El argumento detrás de la Proposición 1 es simple: el *winset del statu quo* para $n+1$ actores es un subconjunto del *winset del statu quo* para n actores. Por esta razón, agregar uno o más actores de veto no aumentará el tamaño del *winset del statu quo*.

Considere ahora dos actores individuales poniéndose de acuerdo para cambiar el *statu quo* SQ, tal como está representado en la Figura 3. Si el actor B está ubicado cerca del actor A (posición B_1 en la figura), el *winset del statu quo* es WAB_1. Sin embargo, a medida que el actor B se aleja de A en la misma línea, el tamaño del *winset del statu quo* se reduce.

Figura 3. Cambio del *statu quo* como una función de la distancia de los decisores individuales.

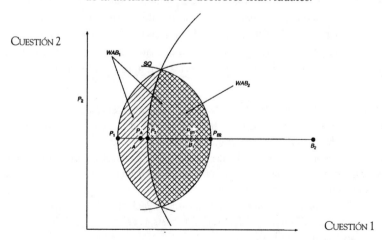

$WAB2 \subset WAB1$ si y sólo si B_1 se encuentra entre B_2 y A.

Como podemos ver, WAB_2 es un subconjunto de WAB_1. Sabemos que esto es verdad porque el lado B_2SQ del triángulo B_1B_2SQ es más pequeño que la suma de los otros dos lados, y consecuentemente, la distancia B_2P_2 es más pequeña que la distancia B_2P_1. Esta es otra propiedad general que debo distinguir para su uso subsiguiente.

PROPOSICIÓN 2. A medida que aumenta la distancia a lo largo de la misma línea que separa a los actores cuyo acuerdo es requerido para cambiar el *statu quo*, el tamaño del *winset del statu quo* no aumenta (v. g., la estabilidad de las políticas se incrementa).

En los ejemplos previos, los actores eran considerados como entidades individuales (o alguna otra entidad que podría ser razonablemente asimilada a un individuo). ¿Qué pasa si los actores son un conjunto de individuos sin posiciones idénticas? Me referiré a este punto ahora. Supondré que los actores colectivos están compuestos por individuos con curvas de indiferencia circulares que toman sus decisiones mediante la regla de mayoría simple. Esta discusión nos permitirá transponer los hallazgos de la discusión previa y conducirnos a situaciones más realistas, con actores colectivos en lugar de actores individuales.

La teoría de la elección social ha demostrado que dentro de cada actor colectivo existe una esfera situada en el centro llamada *yolk*, como la "yema" de un huevo.[27] El tamaño r del radio del *yolk* es usualmente muy pequeño, y en promedio disminuye con el número de votantes individuales que poseen posiciones diferentes.[28] Si uno llama C al centro del *yolk* de un actor colectivo y d a la distancia que separa el *statu quo* (SQ) de C, el *winset del statu quo* para ese actor estará incluido dentro de una esfera con centro C y radio $d+2r$. Este hallazgo de la literatura de la elección social es importante para nuestros propósitos, ya que nos permite reemplazar a los actores individuales de las figuras previas con actores colectivos.

---

27. El *yolk* se define como la esfera más pequeña que intersecta todos los hiperplanos medianos (*median hyperplanes*). Los hiperplanos son planos en más de dos dimensiones. Un hiperplano mediano es un hiperplano que divide a los votantes individuales en tres grupos, de tal modo que aquellos ubicados en el hiperplano o en uno de sus lados puedan formar una mayoría, de la misma manera que pueden hacerlo los que están en él o en el otro de sus lados. Para una discusión más completa, ver John A. Ferejohn, Richard D. McKelvey y Edward W. Packell (1984). Para una discusión no técnica del yolk y del cálculo de los winsets, ver Nicholas R. Miller, Bernard Grofman y Scott L Feld (1989).

28. D. H. Koehler (1990).

Figura 4. El *yolk* y el *winset* del SQ de un decisor colectivo.

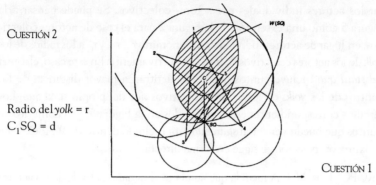

W(SQ) está dentro del círculo con centro en el centro del *yolk* y con radio $d+2r$

La Figura 4 provee una representación visual del argumento. Cinco actores individuales forman un actor colectivo, cuyo acuerdo mediante la regla de mayoría es requerido para llevar a cabo un cambio en el *statu quo*. La figura indica el *yolk* (centro C y radio r) de este actor colectivo, y el *winset del statu quo*. Es fácil verificar que el *winset del statu quo* está incluido dentro del círculo con centro igual al centro del *yolk* y con radio $d+2r$, donde d es la distancia entre el *statu quo* y el centro C del *yolk*.

Figura 5. Diferencias entre decisores individuales y colectivos para el cambio del *statu quo*; acuerdo de tres actores requerido para la decisión

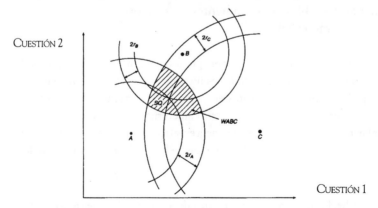

El *statu quo* no puede ser reemplazado si los decisores son entidades individuales; puede ser movido a cualquier parte dentro de WABC si los decisores son entidades colectivas; r_A, r_B, r_C son los radios de los *yolks* de los jugadores A, B, C.

La Figura 5 utiliza el argumento presentado en la Figura 4 para reemplazar los actores individuales por actores colectivos. Se puede pensar a la Figura 5 como una extensión de la Figura 2 para el caso de actores colectivos, en lugar de actores individuales. Denomino r_A, r_B, y r_C a los radios de los *yolk* de los actores colectivos A, B y C respectivamente. En este caso, el *winset* del *statu quo* incluye puntos que se encuentran a mayor distancia de los centros de los *yolks* de los actores colectivos que del propio *statu quo*. Los círculos correspondientes están graficados en la Figura 5, y el conjunto de puntos que puede vencer al *statu quo* está incluido dentro de $WABC$.[29] La próxima proposición se sigue en forma directa.

PROPOSICIÓN 3. A medida que aumenta el tamaño del *yolk* de los actores colectivos requeridos para cambiar el *statu quo*, el tamaño del área que incluye al *winset del statu quo* aumenta (v. g., la estabilidad de las políticas disminuye).

Es fácil ver que los actores individuales son meramente un caso especial de actores colectivos cuyo radio del *yolk* es igual a cero. Sin embargo, como veremos más adelante, también existen actores colectivos cuyo tamaño del *yolk* es igual a cero y que, por lo tanto, pueden ser asimilados para nuestros propósitos a actores individuales.

Para recapitular, el tamaño del *winset* es un indicador de la estabilidad de las políticas en un sistema político. Las proposiciones 1, 2 y 3 establecen el tamaño del *winset* como una función de diferentes variables que consideraremos luego.

2. Las variables independientes: los actores de veto y sus características

En esta sección defino el concepto fundamental para poder entender la lógica de los diferentes escenarios institucionales: el actor de veto. Utilizo las proposiciones 1, 2 y 3 para demostrar que la estabilidad de las políticas en un sistema político depende de tres características de sus actores de veto: su número, su congruencia (la diferencia en sus posiciones políticas) y su cohesión (la similitud de las posiciones políticas de las unidades constitutivas de cada

---

29. De hecho, uno puede situar el winset del *statu quo* en un área más pequeña. Sin embargo, mientras que semejante incremento en la precisión no alteraría los resultados aquí reportados, realmente complicaría la exposición. Para un ejemplo de ese tipo, ver George Tsebelis (1993).

actor de veto). Utilizaré el número de actores de veto, su congruencia y su cohesión como variables *independientes*, y discutiré las conexiones que han sido realizadas en la literatura entre estas variables y otros factores institucionales, principalmente el sistema electoral.

Un *actor de veto* es un actor individual o un actor colectivo cuyo acuerdo (mediante la regla de la mayoría para los actores colectivos) se requiere para llevar a cabo un cambio de política. El concepto de actor de veto proviene de la idea de "frenos y contrapesos" incluida en la Constitución Norteamericana y de los textos constitucionales clásicos del siglo XVIII y posteriores. Esta idea está repetida implícita y explícitamente en muchos de los estudios contemporáneos.[30] Por ejemplo, Montesquieu defiende la necesidad del bicameralismo argumentando que:

En un Estado siempre hay algunas personas que se distinguen por su nacimiento, su riqueza o sus honores, pero si estuviesen mezclados entre la gente y si tuviesen sólo una voz como los demás, la libertad común sería su esclavización y no tendrían interés en defenderla, porque la mayoría de las resoluciones serían en su contra. Por lo tanto, su participación en la elaboración de la legislación debe estar en proporción con las otras ventajas que tienen en el Estado, lo cual es posible si ellos conforman un cuerpo que tenga *el derecho de revisar las iniciativas de la gente, así como la gente tiene derecho a revisar las suyas.*[31]

En forma análoga, Madison defiende la separación de poderes de la siguiente manera en *El Federalista* Nº 51 como: "la estructura interior del gobierno que se las ingenia para que *sus diversas partes constitutivas, por sus mutuas relaciones, provean el medio para que cada una de ellas mantenga a las demás en su lugar".*[32] Ambos textos se refieren a actores de veto especificados en la Constitución. Llamaré a éstos, actores de veto institucionales.

No obstante, existe otra categoría de actores de veto en los sistemas parlamentarios multipartidistas, y posiblemente en los sistemas presidenciales también: los partidos que forman parte de una coalición de gobierno. Denominaré a estos miembros de la coalición, *actores de veto partidarios.*

---

30. Ver Lijphart (1984); Ricker (1992b); y Weaver y Rockman (1993)
31. Montesquieu (1989), part. 2, lib. 11, cap. 6 (énfasis mío).
32. Alexander Hamilton, John Jay y James Madison, *The Federalist* (cualquier edición: énfasis mío).

Para simplificar las cosas, asumo que una propuesta del gobierno debe ser aprobada por una mayoría de los actores relevantes de cada partido de la coalición de gobierno.[33] Ésta es sólo una primera aproximación. Supone que no existen diferencias entre la aprobación de una política por las mayorías de las cámaras Alta y Baja de un sistema bicameral (actores de veto institucionales), y la aprobación de una política por las mayorías de los dos socios de una coalición gubernamental (actores de veto partidarios). Obviamente, existe una importante diferencia entre los actores de veto institucionales y los partidarios: de acuerdo con la Constitución, el acuerdo de un actor de veto institucional es una condición necesaria y suficiente para que se produzca un cambio de política, mientras que el acuerdo de un actor de veto partidario no es necesario ni suficiente *estrictamente hablando*.

El acuerdo de un actor de veto partidario no es suficiente para llevar a cabo un cambio de política, porque aun cuando una propuesta haya sido aprobada por todos los socios de una coalición de gobierno, ésta puede ser derrotada en el parlamento, en cuyo caso no es adoptada ninguna ley. Éste es el caso en donde no es posible hacer cumplir el acuerdo de la coalición. Los partidos que participan en el gobierno, no poseen los recursos necesarios para evitar que sus propios miembros del Parlamento retaceen su apoyo parlamentario. Ejemplos de tales casos, incluyen la IV República Francesa y la Italia de la posguerra. Es irónico que a lo que el general De Gaulle se refirió mofándose como un "*régimen de partidos*", sufrió precisamente de lo opuesto: una falta de partidos. Las diferencias no eran sobre políticas, sino más bien sobre personalidades y sobre la distribución de las carteras del gobierno. En forma análoga, en Italia los *franchi tiratori* sacaban ventaja del sistema de voto secreto para avergonzar al gobierno con sus derrotas en el Parlamento.[34] En ambos casos, la estabilidad de la toma de decisiones políticas aumenta, porque el gobierno es incapaz de modificar la legislación que intenta abolir. Más adelante veremos cómo podemos analizar semejante aumento de la estabilidad en el marco de los actores de veto.

---

33. Maor reproduce la posición de un líder del partido liberal, miembro de la coalición gobernante en Dinamarca del siguiente modo: "Podemos parar cualquier cosa que no nos guste. Esto es un problema para una coalición gobernante formada por dos partidos con principios muy diferentes. Si no se puede llegar a un compromiso, entonces un gobierno de este tipo debe renunciar a legislar en tales áreas." Ver Moshe Maor (1992).
34. El gobierno introdujo el voto público en 1988 y acabó con el problema.

El acuerdo del actor de veto partidario no es necesario para llevar a cabo un cambio de política, porque socios de la coalición pueden no ser tenidos en cuenta o pueden ser puestos los unos contra los otros. Existen dos situaciones en las cuales esto puede ocurrir: gobiernos minoritarios y gobiernos mayoritarios sobredimensionados.

Los *gobiernos minoritarios* pueden lograr que sus propuestas sean aprobadas en el Parlamento. Strom analizó los gobiernos minoritarios y encontró que ellos son comunes en los sistemas multipartidistas (alrededor de un tercio de los gobiernos de su muestra).[35] Además, la mayoría de ellos (79 de 125) son gobiernos unipartidarios que se parecen a los gobiernos unipartidarios mayoritarios. Incluso Laver y Schofield han argumentado que existe una diferencia entre una mayoría gubernamental y una legislativa, y que el partido que conforma el gobierno de minoría esta situado generalmente en el centro del espacio. Por esta razón, puede inclinarse ligeramente hacia uno u otro socio posible para lograr que sus propuestas sean aprobadas por el Parlamento.[36] Consecuentemente, desde el punto de vista de sus posibilidades para implementar políticas, un gobierno minoritario unipartidario, mientras esté en el poder, se parece a un gobierno mayoritario unipartidario. Hay dos razones para esto. Primero, tal como Laver y Schofield, Strom y muchos otros han indicado, cuando el partido minoritario ocupa un área central dentro del espectro político (técnicamente hablando, el núcleo), no necesita aliados formales.[37] Segundo, más allá de su ubicación, diversas Constituciones otorgan a los partidos en el gobierno una serie de atribuciones que les permiten fijar la agenda (*agenda-setting*). Ellas incluyen el trato prioritario de los proyectos legislativos del gobierno, la posibilidad de que el tratamiento legislativo sea bajo un sistema sin enmiendas o con ciertas restricciones, la práctica de contar las abstenciones como votos a favor de las propuestas del gobierno, la posibilidad de introducir enmiendas en cualquier momento del debate (incluso antes de la votación final), y otras más. La más frecuente y seria de todas estas medidas que permiten la fijación de la agenda, es la amenaza de renuncia por parte del gobierno, seguida de la disolución del Parlamento. Esta medida existe en todos los sistemas parlamentarios, con excepción de Noruega.[38]

35. Strom (1990), p. 61.
36. Michael J. Laver y Norman Schofield (1992).
37. Laver y Schofield (1992) y Strom (1990). Esta idea fue originada por Anthony Downs (1957).
38. Para una discusión sistemática de las ventajas posicionales e institucionales de los

Los *gobiernos mayoritarios sobredimensionados* son casi tan comunes en Europa Occidental como los gobiernos minoritarios. Laver y Schofield calculan que un partido que posee una mayoría por sí mismo, le pedirá a otro partido que se le una en el gobierno alrededor del 4% de las veces (de los 218 gobiernos que examinan); y que el 21% de las veces, aunque no hay un partido capaz de alcanzar la mayoría por sí mismo, la coalición que se conforma contiene uno o más partidos de los necesarios.[39] En estos casos, algunos de los socios de la coalición pueden no ser tenidos en cuenta, y las políticas seguirán siendo aprobadas por una mayoría en el Parlamento. Semejante situación ocurre frecuentemente en Italia, donde cinco partidos participaron en los gobiernos de los '80. Los Demócratas Cristianos y los Socialistas juntos tenían una mayoría de escaños, tornando numéricamente innecesarios a los otros tres socios. Sin embargo, ignorar a los socios de la coalición, aun cuando numéricamente sea posible, implica costos políticos. Si el desacuerdo es serio, el socio pequeño puede renunciar a formar parte de la coalición, y el proceso de formación de un gobierno debe comenzar nuevamente. La simple aritmética no tiene en cuenta el hecho de que hay factores políticos que hacen a las coaliciones sobredimensionadas necesarias. Más allá de cuáles pueden llegar a ser estas razones, para que la coalición permanezca intacta es necesario que la voluntad de los diferentes socios sea respetada. Es por ello que cada socio de la coalición es un actor de veto. Por lo tanto, mientras que la aritmética del proceso legislativo puede ser diferente de la aritmética del gobierno, una modificación al *statu quo* usualmente debe ser aprobada por el gobierno antes de ser introducida en el parlamento, y en esa etapa, los participantes de la coalición gubernamental son actores de veto.

En general, sea constitucionalmente, o mediante un proceso de negociación dentro de la coalición, el gobierno posee extraordinarios poderes de fijación de la agenda. Un ejemplo de lo primero es el extraordinario arsenal legal del que dispone el gobierno francés (particularmente el artículo 49.3 de la Constitución) que le permite evitar las enmiendas e inclusive las votaciones definitivas en el recinto parlamentario.[40] En cuanto a la negociación, constituye un buen ejemplo la siguiente declaración del Primer Ministro noruego Kare Willoch respecto de su coalición de gobierno: "Quería que sus

---

gobiernos en las democracias parlamentarias, ver George Tsebelis, "Veto Players and Law Production in Parliamentary Democracies", de próxima aparición.

39. Laver y Schofield (1992), p. 70.

40. Ver John D. Huber (1992) y George Tsebelis (1990), cap. 7.

personalidades más destacadas estuviesen en el gobierno. Demandé que los líderes del partido estuviesen en el gobierno porque no quería fortalecer a los otros centros que podían llegar a estar en el Parlamento. Esta fue mi condición absoluta para tener tres partidos en el gobierno".[41]

Como resultado de todos estos procedimientos de fijación de la agenda, en más del 50% de todos los países los gobiernos introducen por encima del 90% de los proyectos de ley. Inclusive, la probabilidades de éxito de estos proyectos de ley son muy altas: más del 60% de ellos pasa con una probabilidad mayor a 0,9 y más del 85% con una probabilidad mayor a 0,8.[42]

En suma, se puede afirmar que mientras que el número de actores de veto institucionales está especificado por la Constitución, el número de actores de veto partidarios está endógenamente especificada por el sistema de partidos y las coaliciones de gobierno de cada país en particular. Sin embargo, ambas categorías de actores de veto son fácilmente identificables. En este artículo, voy a restringir mi discusión a estos dos grupos de actores de veto, pero también indicaré más adelante de qué modo la lógica del análisis puede incluir a otros actores de veto y cómo pueden ser identificados dichos actores.

Una vez que hemos identificado a los actores de veto institucionales y partidarios de un sistema, podemos usar las proposiciones 1, 2 y 3 para calcular el tamaño del *winset* del *statu quo* y, por lo tanto, la estabilidad de sus políticas. El resto de esta sección ofrece una discusión sobre los aspectos políticos de las proposiciones 1, 2 y 3.

Número de actores de veto

Dada la definición de los actores de veto, las reglas para identificarlos son muy claras: un actor de veto es cualquier actor —institucional o partidario— que puede obstaculizar la adopción de una política. Sin embargo, dado que estas reglas de identificación a veces desafían la visión convencional, debo ser más específico al respecto.

Un actor institucional no debe considerarse como un actor de veto, a menos que posea poder de veto formal. Con respecto al bicameralismo, hay países en donde el único poder de veto que posee la cámara Alta consiste en

---

41. Citado en Maor (1992), pág. 108.
42. Sin embargo estos números no especifican la cantidad de enmiendas que tuvieron los proyectos ni cuántas veces el gobierno alteró dichos proyectos en anticipación a las enmiendas. Los datos pueden consultarse en Inter-Parlamentary Union (1986), Tabla 29.

retrasar el tratamiento legislativo.[43] Por ejemplo, aunque Gran Bretaña y Austria son formalmente sistemas bicamerales, en ambos sistemas la cámara Baja puede en última instancia desestimar las objeciones de la cámara Alta. En consecuencia, estos dos sistemas deben ser clasificados como Legislaturas Unicamerales. Ya existe una literatura que contiene una lista completa de las legislaturas bicamerales y de sus reglas de decisión, por tanto no duplicaré aquí esa información.[44] Sin embargo, hay algunos casos importantes que deben ser mencionados. Por ejemplo, a los efectos de su clasificación Francia debe considerarse como una legislatura unicameral. Alemania, por otro lado, es un caso mixto: sólo la legislación que se refiere al federalismo requiere del acuerdo de ambas cámaras. Pero el número de las leyes que requieren el acuerdo del *Bundesrat*, las *Zustimmungsgesetze* (leyes de acuerdo) se ha incrementado con el tiempo a más del 50%. Consecuentemente, dependiendo del tema, el número de actores de veto institucionales en Alemania puede ser uno o dos.

Con respecto al presidencialismo, no todos los presidentes elegidos por el voto popular tienen poderes de veto, y cuando los tienen, su veto puede ser casi siempre anulado por una mayoría apropiada en la legislatura.[45] No voy a discutir aquí los pormenores de la insistencia legislativa.[46] El punto al que quiero llegar es que en diversos regímenes presidenciales —Venezuela, Haití y Perú— el presidente no tiene poderes de veto y por lo tanto, no cuenta como un actor de veto. Es más, en todos los regímenes que Duverger denomina *semipresidenciales* (con excepción del Portugal), el presidente no tiene poderes de veto.[47] Por lo tanto, muchos presidentes elegidos por el voto popular, inclusive algunos de ellos que son considerados "fuertes"

43. Lijphart denomina a estas legislaturas bicamerales asimétricas. Ver Lijphart (1984), págs. 95-100.
44. Money y Tsebelis (1992)
45. Con la excepción de la Constitución Portuguesa de 1976, que fue revisada en estos y otros puntos en 1982. Ver Shugart y Carey (1992), p. 155.
46. Para una discusión de la insistencia legislativa frente al veto presidencial, ver Hammond y Miller (1987). La esencia del argumento es que si los actores Cámara de Representantes (C), Senado (S), y Presidente (P) tienen poderes de veto pero el veto de P puede ser anulado mediante la insistencia legislativa, entonces el resultado final podrá estar no sólo en la intersección de los winsets de C, S, y P, sino también en alguna parte de la intersección de los winsets de C y S que no pertenece al winset de P.
47. Maurice Duverger (1990), p. 165-87.

—como los presidentes de Francia, Finlandia y de la República de Weimar— junto con los más débiles de Irlanda, Islandia y Austria, no son actores de veto según mi definición.[48] (Una lista completa de los poderes presidenciales en diferentes países puede encontrarse en el trabajo de Shugart y Carey y no será duplicada aquí).[49]

En este punto, el lector puede sostener que mi argumento no produce clasificaciones claras —por ejemplo, en términos de actores institucionales Alemania es unicameral algunas veces y otras veces bicameral— y que parece clasificar en forma errónea a algunos países —por ejemplo, Francia con un presidente fuerte y una legislatura bicameral es considerada como un régimen parlamentario puro con un sólo actor de veto institucional—. Mi respuesta a estas objeciones es alegar mi culpabilidad y sostener que lo que lleva a estos resultados son los requisitos constitucionales y la lógica de la toma de decisiones en estos países. La tradicional clasificación de presidentes "fuertes" o "débiles" está basada no sólo en sus roles legislativos sino también en sus poderes no legislativos (elegir o destituir al gobierno, pedir referendos, declarar el estado de emergencia), criterios que resultan irrelevantes para mi análisis.

El proceso se torna más dificultoso cuando queremos identificar el número de actores de veto partidarios. El mismo sistema parlamentario puede ser clasificado como un sistema con un solo actor de veto cuando tiene un gobierno minoritario, o como uno con dos o tres actores de veto cuando hay dos o tres partidos en el gobierno. No sólo es posible sino también frecuente que la transición de un tipo de gobierno a otro ocurra sin una elección de por medio. De hecho, ésta es una queja frecuente acerca de la democracia parlamentaria: está mediada y el vínculo entre el voto popular y la coalición gobernante no siempre es claro.

Respecto de la identificación del número de actores de veto deben considerarse dos preguntas adicionales: (1) ¿Los actores institucionales y los partidarios son los únicos actores de veto que existen en un sistema? (2) ¿Cómo establecemos el número de actores de veto cuando están presentes actores institucionales y partidarios?

La respuesta a la primera pregunta es negativa. Existen diversas categorías adicionales de actores de veto en los diferentes sistemas políticos. Por ejemplo,

48. De hecho el presidente de la República de Weimar poseía un veto indirecto o condicional: podía someter la legislación que no le gustaba a un referéndum.
49. Ver Shugart y Carey (1992).

se puede pensar a los grupos de interés poderosos como actores de veto, al menos en las áreas de políticas que son de su incumbencia. El ejército también puede ser un grupo de particular importancia.[50] Los sistemas políticos con pocos actores de veto pueden delegar la toma de decisiones en diversos actores de veto adicionales. Por ejemplo, en países corporativistas decisiones sobre cuestiones salariales (que tienen amplias consecuencias económicas) son tomadas por el gobierno concertadamente con dos actores de veto adicionales, los representantes de los trabajadores y los de las empresas. Por otro lado, los sistemas políticos que poseen muchos actores de veto pueden delegar la toma de decisiones en unos pocos de ellos. Por ejemplo, ciertos instrumentos de política monetaria pueden ser delegados en un Banco Central que será capaz de reaccionar de manera más rápida y decisiva que el sistema político. Inclusive, individuos que ocupan cargos particularmente sensibles pueden operar *de facto* como actores de veto. Por ejemplo, el presidente de la Comisión de Asuntos Militares del Senado de los Estados Unidos, ha demostrado su capacidad para obstaculizar nominaciones y políticas tanto del Presidente Bush (la nominación de Tower) como del Presidente Clinton (*gays* en las fuerzas armadas). Sin embargo, la existencia de semejantes actores de veto es bastante idiosincrática. Varía según el área de política (como los granjeros en temas de agricultura), algunos balances de fuerzas específicos (el poder de las Fuerzas Armadas en algunas sociedades), o según la personalidad de ocupante de un cargo.

El Poder Judicial, las supermayorías constitucionalmente requeridas, y los referendos, constituyen actores de veto adicionales que están más institucionalizados. Requerir el acuerdo de los tribunales de justicia respecto de ciertos tipos de legislación es equivalente a agregar otra Cámara al proceso legislativo. Por ejemplo, luego de la victoria de la izquierda en Francia en 1981, el Consejo Constitucional se transformó en el único actor de veto que actuaba en favor de la mayoría previa. Decisiones gubernamentales muy importantes fueron impugnadas ante el Consejo Constitucional. El temor de revisión constitucional se hizo tan serio, que las mayorías parlamentarias incluyeron el lenguaje de las decisiones anteriores de la Corte en la legislación en un intento de prevenir que la Corte anulara sus decisiones.[51]

Con excepción de la insistencia legislativa frente al veto presidencial, las supermayorías requeridas constitucionalmente no son muy comunes.

50. Ver Barry Ames (1987).
51. Ver Alec Stone (1992).

De todos modos, en cuanto y dondequiera que existan, le otorgan poderes de veto a algunas coaliciones de actores en particular y consecuentemente aumentan la estabilidad del *statu quo*. Bélgica —que entre otras cosas requiere una mayoría de dos tercios en cada Cámara para llevar a cabo una reforma constitucional— durante mucho tiempo contó con una Constitución incompleta a causa de la multiplicidad de actores de veto.[52]

Finalmente, los referendos juegan un rol ambiguo dependiendo de quién controla la agenda. Si pueden ser pedidos por iniciativa popular, constituyen una restricción adicional que los actores de veto corrientes deben anticipar y disipar (en cuyo caso se incrementa la estabilidad de las políticas). Si están controlados por un actor de veto (usualmente el presidente), pueden ser equivalentes a una anulación del veto de todos los demás actores del sistema (algo parecido a la insistencia legislativa frente al veto presidencial).

Generalmente hablando, el número de actores de veto varía según el tema. Considere un área de política donde la velocidad de los ajustes es de vital importancia, tal como ocurre con la política monetaria. Un sistema, como el de los Estados Unidos, con múltiples actores de veto incongruentes e incoherentes sería completamente inapropiado para manejar ajustes en las tasas de interés. Por lo tanto, los diferentes actores políticos han acordado delegar estas decisiones en *una* autoridad independiente. Estas autoridades monetarias independientes toman decisiones por mayoría simple de sus miembros en lugar de otorgarle poderes de veto a diferentes grupos de representantes.[53]

Por otro lado, un país con un sistema político con mucha capacidad de decisión, como los gobiernos unipartidarios de Suecia y Noruega, puede querer aumentar la estabilidad de las políticas incluyendo actores de veto adicionales en la toma de algunas decisiones, como por ejemplo en el tema de la negociación salarial. Las estructuras corporativistas de representación de intereses otorgan poderes de veto a los diferentes actores involucrados, garantizando de este modo que el resultado final cuente con su aprobación y que, por lo tanto, sea más estable. Luebbert sostiene que este método de toma de decisiones corporativista le quita la presión al sistema político y la coloca sobre los grupos de interés.[54]

---

52. Tsebelis (1990), Cap. 6.
53. Me estoy concentrando aquí en la organización interna de la Reserva Federal, no en su independencia. Diversos países han creado bancos centrales independientes para aislarlos de las presiones políticas y asegurar la independencia de sus decisiones de las presiones de los grupos de interés o del gobierno.
54. Gregory Luebbert (1986).

La mayoría de los países con legislaturas bicamerales usan diferentes procedimientos para el tratamiento de propuestas de carácter financiero, dando más poder a la cámara Baja (así como al gobierno) en este tipo de cuestiones.[55] En forma análoga, otras decisiones políticas importantes pueden incorporar una tendencia en favor del *statu quo*: la modificación de las Constituciones requiere supermayorías, leyes que se refieren al federalismo en Alemania requieren el acuerdo de ambas Cámaras, las leyes requieren mayor atención que los decretos ejecutivos, etcétera.

Dado que el propósito de este artículo es sobre todo comparativo, de aquí en adelante me concentraré sólo en aquellos actores que denominé actores de veto institucionales y partidarios, ignorando otros —menos frecuentes— actores de veto. La suposición es que mientras el número de actores de veto puede variar por cuestión o a través del tiempo, estas variaciones se cancelarán mutuamente cuando se traten diversas cuestiones por períodos de tiempo suficientemente largos. No obstante, en los estudios de caso uno debe identificar *todos* los actores de veto relevantes.

La segunda pregunta respecto del número de actores de veto es cómo podemos establecerlo en presencia tanto de actores de veto institucionales como partidarios. La respuesta a esta pregunta requiere la discusión de una segunda variable independiente: la distancia entre los actores de veto.

Distancia entre los actores de veto

De acuerdo con la Proposición 2, el tamaño del *winset del statu quo* disminuye con la distancia entre los actores de veto. Denominaré esta distancia la congruencia de los actores de veto, de tal modo que la congruencia aumenta a medida que la distancia disminuye. ¿De qué dependen estas distancias? Permítanme resumir algunos de los argumentos presentados en la literatura. En primer lugar, los actores partidarios son diferentes unos de otros, porque en general, los partidos tienen diferentes posiciones respecto de las políticas. Aquellos casos en los cuales dos partidos diferentes abogan por posiciones políticas casi idénticas son muy poco comunes.[56] La razón es que bajo un sistema de representación proporcional, si dos partidos se parecen a lo largo de una serie de dimensiones, enfatizarán sus diferencias en otras dimensiones de

---

55. Money y Tsebelis (1992)
56. Y, como veremos luego, están restringidos a aquellos países que poseen sistemas electorales mayoritarios con distritos uninominales.

políticas como un medio para ganar votos. Por lo tanto, en la práctica, los diferentes partidos deben ser calculados como diferentes actores de veto.

Un factor importante que afecta la congruencia de los partidos respecto de las políticas es el sistema electoral. Downs ha sostenido que un sistema bipartidista promueve la convergencia y la moderación partidaria.[57] Sartori amplió este argumento estableciendo que la "polarización" se incrementa con el número de partidos.[58] Recientemente, Cox probó que independientemente del sistema electoral, cuando se trata de una competencia electoral por un único cargo, los partidos convergen a la posición del votante medio.[59] Sin embargo, un supuesto necesario de los resultados de Downs y de Cox es que no hay abstención, o que las abstenciones no se correlacionan con las posiciones políticas de los partidos. Esta suposición hace que los movimientos hacia el centro del espectro político sea provechoso para los partidos políticos, dado que no sufren consecuencias negativas al alejarse de los elementos ideológicamente más comprometidos de su electorado.

Casos empíricos que parecen oponerse a estos resultados esperados (las elecciones de Reagan, Thatcher y Mitterrand), junto con la falta de realismo de la suposición de la ausencia de abstenciones motivadas políticamente, han llevado a algunos investigadores a argumentar que los sistemas mayoritarios son compatibles con la presencia de partidos polarizados.[60] Incluso, es posible encontrar polarización en los sistemas proporcionales (el Chile de Allende, la República de Weimar, España antes de la guerra civil, Austria en el período de entreguerras); por lo tanto, la cuestión no se puede resolver sobre la base de un uso selectivo de los datos (realmente, no estoy seguro de que se pueda resolver inclusive aun recolectando todos los datos relevantes –ver nota al pie número 3–).

A pesar de que existe una extendida creencia de que la congruencia depende del sistema electoral, la dirección de esta relación no es tan clara. Por un lado, hay pruebas teóricas de convergencia en distritos de un solo miembro (incluyendo contiendas presidenciales), pero ellas están basadas en supuestos altamente restrictivos. Por otro lado, la evidencia empírica es (por lo menos) incompleta.

57. A. Downs (1957), Caps. 4 y 8.
58. Giovanni Sartori (1976).
59. Gary W. Cox (1987).
60. Rogowski (1987).

Un tema pendiente es la distancia de los actores de veto institucionales, esto es, entre las Cámaras y los presidentes. Esta distancia puede variar de una elección a otra. Dos actores de veto institucionales con diferentes composiciones políticas deberían ser considerados como dos actores diferentes. De nuevo, la distancia varía en función de la composición de las Cámaras. Si esta composición es idéntica, los dos actores de veto son idénticos y deben ser considerados como uno solo. Denominaré a esta última afirmación como la *regla de la absorción*, y la aplicaré en el cálculo del número de actores de veto.

En general, las diferentes Cámaras representan diferentes "principales" o "legitimidades", esto es, diferentes partes del electorado o maneras diferentes de representarlo. Históricamente, las cámaras Altas representaron a la aristocracia. A medida que la importancia de la aristocracia fue declinando, el rol de las cámaras Altas en algunos países declinó (v. g., el Reino Unido), mientras que en otros fue modificada para representar algún otro aspecto del electorado (territorial, como en Francia; profesional, como en Irlanda). Incluso en otros países (Nueva Zelandia, Suecia y Dinamarca) la segunda Cámara fue abolida completamente. Por último, en algunos países la cámara Alta se transformó en una réplica exacta de la cámara Baja (Italia, Bélgica y Holanda). En todos los casos, a pesar del bicameralismo nominal, el número real de actores de veto institucionales es uno, ya sea porque la cámara Alta no es un actor de veto, o porque es congruente con la cámara Baja, o ambos (Holanda). Los únicos casos en donde las cámaras Altas continúan teniendo poderes de veto, a pesar de su incongruencia con la cámara Alta elegida por el voto popular, son estados federales como los Estados Unidos, Alemania y Suiza.[61] En estos casos, las legislaturas deben ser consideradas como dos actores de veto, excepto para los pocos casos en donde los resultados electorales producen mayorías idénticas en ambas Cámaras. Las mismas reglas para determinar el número de actores de veto pueden ser aplicadas a los presidentes.

Sobre la base de este argumento podemos especificar la manera de contabilizar combinaciones de actores institucionales y partidarios. Países como los Estados Unidos generalmente tienen tres actores de veto institucionales. El número de actores podrá ser reducido a dos o a uno en la medida que se pueda argumentar que las dos Cámaras son congruentes (regla de absorción), o que los tres actores son congruentes (por ejemplo, durante los primeros cien días del *New Deal*). Del mismo modo, luego de las elecciones de 1992 los tres actores institucionales han sido congruentes al menos en algunas

---

61. Para ejemplos, ver Money y Tsebelis (1992), Tablas 1 y 2.

dimensiones, y de acuerdo con la "regla de absorción" deberían ser considerados como uno. Los primeros resultados fueron que la administración de Clinton pudo eliminar el "bloqueo legislativo" y fue capaz de moverse rápidamente en diversas áreas legislativas (v. g., abandono familiar), así como también promulgar órdenes ejecutivas sin temor a una insistencia legislativa (v. g., aborto). Por lo tanto, las comparaciones sobre una determinada cuestión que involucran diferentes períodos de tiempo deben tomar en cuenta estos cambios políticos.

Países federales como Alemania tendrán dos actores institucionales, pero un número variable de actores de veto. La mayor parte del período de posguerra Alemania tuvo un gobierno de coalición que incluyó al pequeño Partido Libre Democrático (FDP) en alianza con los Demócrata-Cristianos (CDU-CSU) o con los Socialdemócratas (SPD). En aquellos períodos donde ambas Cámaras están controladas por la misma coalición de gobierno, el número de actores de veto es dos (los dos socios de la coalición) con alta congruencia (el FDP está en el medio de la CDU-CSU y el SPD), mientras que si la oposición controla el *Bundesrat*, el número de actores de veto se transforma en tres, y el nivel de congruencia es bajo.

En Japón, el dominante Partido Liberal Democrático (LDP) controló ambas cámaras del Parlamento hasta julio de 1989 cuando perdió su mayoría en la cámara Alta. Para poder continuar con su dominio legislativo creó una coalición con dos partidos ideológicamente próximos (los Socialdemócratas y el Partido del Gobierno Limpio —KOMEY—). Por lo tanto el número de actores de veto se incrementó de uno a tres actores congruentes.

En Francia, el número de actores de veto institucionales es uno (ya que ni el presidente ni en Senado tienen poderes de veto), pero el número de actores de veto partidarios ha cambiado de dos congruentes (antes de 1981 y luego de 1993, cuando la derecha estaba en el poder) a dos incongruentes (de 1981 a 1984 cuando los Comunistas eran parte del gobierno de coalición), a uno (de 1984 a 1986 con la mayoría Socialista, y otra vez de 1988 a 1993 con la minoría Socialista). El incremento de la estabilidad de las políticas bajo la incongruente coalición Socialista-Comunista, fue demostrada por el hecho de que la coalición no pudo ponerse de acuerdo para realizar cambios de políticas; los Socialistas tuvieron que librarse de los Comunistas para poder implementar un programa de austeridad.

Como regla general, deben considerarse como distintos a los actores partidarios, mientras que los actores institucionales pueden ser absorbidos (esto es, eliminados del cálculo por la congruencia). El resultado es que si los dos grupos parlamentarios teniendo en cuenta todos los partidos (con representación en las cámaras Alta y Baja) son idénticos, el número final de actores de veto es el número de actores partidarios requeridos para formar el gobierno de coalición. Si los grupos parlamentarios de los partidos no son congruentes, el número de actores de veto es más alto que el número de partidos en el gobierno de coalición.

Tamaño del yolk del actor de veto

La tercera variable independiente es el tamaño del yolk de cada actor de veto. De acuerdo con la Proposición 3, la estabilidad de las políticas disminuye cuando el tamaño del yolk de cada actor de veto aumenta. El tamaño del yolk depende de cuán cohesivo es un partido: los partidos cohesionados tienen yolks más pequeños. Un partido con pequeñas diferencias ideológicas estará cohesionado porque el yolk será necesariamente pequeño. Sin embargo, no será así en el caso contrario. Un partido con grandes distancias ideológicas entre sus miembros, no necesariamente estará poco cohesionado. Si la disposición espacial de los miembros del Parlamento es tal que ellos están simétricamente situados alrededor del liderazgo partidario, el tamaño del yolk será pequeño. En este caso, a pesar de las diferencias individuales, el partido como un todo se comportará en una manera cohesionada y coordinada.

En este punto debo distinguir entre cohesión y disciplina partidaria. La cohesión se refiere a la diferencia de posiciones dentro de un partido *antes* de que se lleve a cabo la discusión y la votación dentro del partido. La disciplina partidaria se refiere a la habilidad de un partido para controlar los votos de sus miembros dentro del parlamento. Permítanme desarrollarlo.

Considere un proyecto en particular, o un conjunto de tales proyectos, o incluso todo el programa de una coalición. Asumiendo que los miembros de cada partido tienen diferentes posiciones ideales sobre las dimensiones relevantes, hay tres maneras posibles de proceder en la política de las coaliciones. La primera consiste en que los líderes partidarios se encuentren y firmen un acuerdo sin ponerlo a consideración de sus partidos (o lo presenten luego para su ratificación formal); la segunda consiste en que cada partido discuta primero los temas, acuerde una plataforma partidaria (un punto ideal para todo el partido) y luego negocie un acuerdo con los otros partidos; la tercera consiste en que los líderes de los diferentes partidos se encuentren, lleguen a un acuerdo, y luego lo sometan como un todo a sus propios partidos. En los dos primeros casos, cada partido (con o sin una discusión y una votación) está representado por un único punto ideal, y el radio del yolk es cero. Por lo tanto la estabilidad de las políticas del sistema aumenta. Sin embargo, en el tercer caso, el resultado de las negociaciones estará menos restringido.

Es posible que los líderes seleccionen la secuencia de negociación que sea más adecuada a sus propias posiciones ideales. Por ejemplo, los líderes centristas (que están más próximos a las posiciones ideales de los demás partidos que sus seguidores) preferirán el tercer método de negociación porque les da mayor margen de maniobra.[62] Los líderes extremistas (que están más alejados de sus socios en la coalición que su propio partido) preferirán "atarse las manos" y llevar a cabo una votación en su partido que restrinja su libertad de movimiento. Sin embargo, maniobras de ese tipo pueden tornarse complicadas cuando el comportamiento de los otros actores también es tomado en cuenta. Por ejemplo, incluso líderes centristas pueden preferir "atarse las manos" para no otorgar inicialmente concesiones importantes.

Sin importar cuál de los procedimientos sea seleccionado, un compromiso previo, junto con la disciplina partidaria, reducen el número de dimensiones de las negociaciones y restringen el *winset del statu quo*. Esto también significa que a medida que los partidos sigan teniendo los mismos puntos ideales, el acuerdo no puede ser desbaratado (ver Figura 4). Por otro lado, si no existe un compromiso previo, o si éste no es creíble (debido a una falta de disciplina), el *winset del statu quo* será más grande y será posible llevar a cabo pequeños movimientos incluso aun cuando ningún actor individual cambie su posición.

¿Qué factores afectan la cohesión? En primer lugar, el tamaño del actor de veto afecta la cohesión. Un actor compuesto por una sola persona (como un presidente o un partido con un líder carismático) tiene la más alta cohesión. Sin embargo, como argumenté en la Sección I, excluyendo el caso de un actor individual, la cohesión probablemente *aumentará* a medida que aumenta el número de individuos que componen un actor de veto. *Ceteris paribus*, un actor de veto con más miembros tendrá más cohesión que un actor de veto con menos miembros.

Otro factor que puede aumentar la cohesión de los actores de veto, es el sistema electoral. Algunos autores sostienen que los sistemas mayoritarios con distritos uninominales promueven el voto personal,[63] mientras que la representación proporcional en distritos plurinominales con listas partidarias promueve partidos fuertes.[64] No está del todo claro si estos argumentos

---

62. Dos casos interesantes de líderes centristas que fueron capaces de alcanzar un compromiso para luego verlo fracasar cuando fue sometido a sus partidos, puede verse en Tsebelis (1990), Cap. 6; y Kaare Strom, (1994), pp. 112-27.
63. Bruce Cain, John Ferejohn y Morris P. Fiorina (1987).
64. Shugart y Carey (1992)

toman en cuenta la disciplina partidaria (la habilidad de los partidos para eliminar el desacuerdo *luego* que una decisión ha sido tomada) o la cohesión (la magnitud de las diferencias *antes* de la discusión). Es posible, sin embargo, que el sistema electoral afecte a ambas por diferentes razones: los sistemas mayoritarios promueven coaliciones amplias, lo que significa que su cohesión es reducida; mientras que los sistemas electorales de representación proporcional con listas partidarias, otorgan a la dirigencia del partido el control sobre las nominaciones, y por lo tanto, la disciplina partidaria aumenta.

El factor final que puede afectar la cohesión es la estructura institucional. Mainwaring, resumiendo la literatura relevante, argumentó que los regímenes presidenciales promueven una falta de cohesión porque el presidente trata constantemente de explotar las diferencias entre los miembros del Congreso, con el objeto de formar coaliciones que le permitan promover sus programas. Por otro lado, el parlamentarismo promueve la disciplina partidaria, porque si uno vota en contra de su propio gobierno, puede provocar la caída del gobierno y el llamado a nuevas elecciones.[65]

A pesar de que tanto la estructura institucional como el sistema electoral parecen afectar la cohesión en forma independiente una del otro, no está claro cuál de estos factores tiene el mayor impacto. Tampoco está claro si existen otros factores adicionales que afectan la cohesión, y cuál podría ser el resultado de una regresión multivariada. Por esta razón, en este modelo utilizo la cohesión como una variable independiente.

En conclusión, de acuerdo con las Proposiciones 1, 2 y 3, la estabilidad de las políticas de un sistema político aumenta a medida que crece el número de actores de veto, y disminuye con su congruencia (de hecho, si dos actores son completamente congruentes, pueden ser considerados como uno), y aumenta con la cohesión de cada uno de ellos.

3. Consecuencias

En esta sección presento las implicancias de mi análisis. Me concentro en tres cuestiones diferentes: las condiciones bajo las cuales es probable que ocurra el cambio; las diferencias entre las predicciones del análisis del actor de veto aquí presentado y las clasificaciones tradicionales en ciencia política; y evidencia preliminar que muestra que el análisis empírico corrobora a mi modelo en lugar de a las teorías existentes.

---

65. Scott Mainwaring (1989; 1991).

Predicciones de cambio de políticas

Consideremos comparaciones a través del tiempo de una manera más sistemática. Si tiene lugar un cambio en la identidad o en las posiciones de un actor de veto, es probable que ello se refleje en las políticas. En este caso, como he mostrado, cuanto más grande es el número de actores de veto, menos significativo es el impacto marginal del cambio de uno de ellos.

Los movimientos de los actores de veto pueden estar asociados o no con las elecciones, y pueden estar asociados o no con cambios en la identidad de los actores de veto. Es posible que se lleven a cabo elecciones y que no cambien quienes ocupan cargos electivos; es posible que éstos cambien pero que no se produzca un cambio de políticas; y por último, pueden producirse cambios de política que no sean el resultado ni de cambios en los resultados electorales ni de cambios en la composición de los actores. Permítanme dar algunos ejemplos.

Consideremos un país como el Japón, que ha sido dominado por el Partido Liberal Democrático desde la Segunda Guerra Mundial. Las elecciones en el Japón no tienen como resultado un cambio de los actores de veto. Si ignoramos la faccionalización del partido, hay un solo actor de veto; e inclusive si no lo hacemos, los actores de veto siguen siendo los mismos. Por lo tanto, cualquier cambio político que tenga lugar no es el resultado ni de las elecciones ni de un cambio en la identidad del actor de veto, pero sí de una modificación en las políticas preferidas por el partido predominante.

Consideremos un país como el Reino Unido, con un sistema bipartidista en el cual los partidos se alternan en el gobierno. Si las diferencias entre los programas de los dos partidos son grandes, uno podría esperar importantes cambios de políticas. Ésta es una importante afirmación de tipo condicional, ya que ha habido períodos en la historia británica donde los dos partidos han sostenido posiciones similares. Por ejemplo, durante los '50 y los '60 el término *butskellismo* fue acuñado de los nombres de Rob Butler (un Conservador) y Hugh Gaitskell (un líder Laborista) para indicar que los dos partidos no tenían diferencias políticas reales (una proposición que no podía ser puesta a prueba dado que un solo partido tenía el poder). Por esta razón, la convergencia de políticas puede llevar a la estabilidad de las políticas, a pesar de que se produzca un cambio de los actores de veto.

Consideremos una coalición gubernamental con varios actores de veto, como Italia. Las elecciones modifican ligeramente la composición del

Parlamento, pero rara vez cambian la coalición de gobierno (de hecho, durante todo el período de posguerra Italia tuvo muy pocos cambios en la coalición gobernante).[66] Esta ha sido la fuente de la estabilidad de las políticas en Italia. Por otro lado, si un actor de veto que tiene diferencias significativas entra o sale de la coalición de gobierno, se producirán importantes cambios de políticas. Esto caracteriza al período 1976-79 cuando el Partido Comunista participó (sin carteras) en la coalición predominante.[67]

Finalmente, considere un sistema presidencial como el de los Estados Unidos, donde los cambios en las dos Cámaras a través del tiempo son pequeños, pero donde los cambios en la Casa Blanca pueden ser más significativos. Nuevamente, mientras que el reemplazo de legisladores no afectará en gran medida la estabilidad de las políticas, el reemplazo del presidente *puede* significar un cambio si el nuevo presidente tiene una agenda distinta (Reagan), así como puede tener un impacto menor si el nuevo presidente tiene una agenda política similar a la de su predecesor (Carter).

Diferencias con las teorías existentes en Política Comparada

Puede parecerle al lector que los argumentos presentados en este artículo conducen a resultados extremamente variables, en virtud de las cuestiones y del período de tiempo considerados. En una veta más pesimista, puede argumentarse que no hay necesidad de establecer una teoría, porque toda teoría establece supuestos que no son ciertos, y que cuando son reemplazados por las condiciones que se dan realmente en los países estos resultados se vienen abajo.

Quiero referirme a estos argumentos tocando dos cuestiones relacionadas. Primero, todos los argumentos presentados hasta ahora en esta sección no son más que aplicaciones más detalladas de un mismo enfoque, basado en el concepto de actor de veto. Esta perspectiva provee una carta de navegación que tiene en cuenta las características del proceso de toma de decisiones sobre diferentes cuestiones, entre distintos países o a través del tiempo. El marco teórico es lo suficientemente preciso como para establecer *a priori* algunos resultados esperables que subsiguientemente pueden ser puestos a prueba, a diferencia de los argumentos tautológicos. Falta presentar proposiciones y predicciones más generales. Por lo tanto, ahora voy a

---

66. Carol Mershon, 'Expectations and Informal Rules in Coalition Formation', de próxima aparición.
67. Peter Lange y Marino Regini (1989).

construir un mapa más general, en una escala mayor. Utilizaré los mismos principios de cartografía, pero tendrá una fuerte cláusula *ceteris paribus*.[68]

La lógica de los procesos de toma de decisiones políticas es tal que, para que ocurra un cambio del *statu quo* en particular, un número de actores de veto deben estar de acuerdo con él. Según esta perspectiva, sólo importan tres características de los actores de veto: el número de actores de veto, su congruencia y su cohesión. Todas las demás características son irrelevantes, a menos que afecten a estas tres. Este enfoque no distingue entre presidencialismo y parlamentarismo, entre bicameralismo y unicameralismo, o entre sistemas bipartidistas o multipartidistas. Estas dicotomías no afectan directamente la estabilidad de las políticas, sino que más bien combinaciones de ellas (así como otras variables) afectan a las tres variables independientes de este estudio, que a su vez afectan la estabilidad de las políticas.

Por ejemplo, manteniendo igual todo lo demás, no existe ninguna diferencia con respecto a la lógica del proceso de adopción de políticas entre una legislatura bicameral en un sistema parlamentario (como Alemania) y un sistema unicameral presidencialista (como Costa Rica, El Salvador, Honduras o Nicaragua). En una primera aproximación (ignorando el sistema de partidos), los dos sistemas presentan características similares de estabilidad: ambos requieren el acuerdo de dos actores de veto institucionales. Una comparación más precisa indica que el sistema presidencialista incluye un actor de veto individual (esto es, un actor con una cohesión muy alta), mientras que el sistema parlamentario incluye dos actores de veto colectivos, esto es, dos actores poco cohesionados. Sin embargo, ninguna de estas características son elementos necesarios del parlamentarismo o del presidencialismo. Existen países cuyos "presidentes" son cuerpos colegiados elegidos por el voto popular como Chipre (1960-63) y Uruguay (1952-67),[69] y es posible encontrar legislaturas donde un partido cohesionado controla la mayoría en una de las Cámaras pero no en la otra (el Partido Laborista en Australia desde 1983).[70]

68. Creo que no es necesario recordarle al lector que los *cetera* casi nunca son *pares*.
69. Arend Lijphart (1992), p. 6.
70. Esta discusión ignora las posibles complicaciones de la insistencia legislativa, de todos modos, como ya fue mencionado anteriormente, no existe nada especial respecto del veto presidencial. En Japón la cámara baja puede revocar las decisiones de la cámara alta por una mayoría de dos tercios; del mismo modo en Alemania una decisión del Bundesrat tomada por una mayoría de dos tercios requiere una mayoría de dos tercios en el Bundestag para ser revisada.

Más generalmente, es posible, a través de una combinación de características institucionales, producir características similares de estabilidad de las políticas en diferentes regímenes. Considérese la siguiente comparación triple entre el Reino Unido, los Estados Unidos e Italia. Diferentes enfoques de política comparada colocan al Reino Unido en el mismo grupo que los Estados Unidos o en el mismo que Italia. De acuerdo con Duverger, el Reino Unido y los Estados Unidos comparten sistemas electorales mayoritarios, y (consecuentemente) tienen sistemas bipartidistas. Según Almond, el Reino Unido y los Estados Unidos son países anglosajones con culturas políticas similares, mientras que Italia tiene características culturales diferentes. Lijphart, a su vez, considera que el Reino Unido y los Estados Unidos son sistemas mayoritarios, mientras que Italia es un sistema de consenso.

Otras teorías de política comparada clasificarían al Reino Unido y a Italia juntos frente a los Estados Unidos. Por ejemplo, el Reino Unido e Italia tienen regímenes parlamentarios, mientras que los Estados Unidos son presidencialistas.[71] A su vez, tanto el Reino Unido como Italia tienen legislaturas que son casi unicamerales, dado que en Italia ambas Cámaras tienen la misma composición; mientras que en el Reino Unido la Cámara de los Lores es débil (sólo puede dilatar un año el tratamiento de la mayor parte de la legislación, y un mes la legislación financiera). De acuerdo con la clasificación de Lijphart, dentro de la dimensión unicameralismo frente a bicameralismo, sólo los Estados Unidos poseen una legislatura simétrica e incongruente, ya que Italia tiene una legislatura congruente y el Reino Unido tiene una legislatura asimétrica.

De la discusión previa, se sigue que de acuerdo con las teorías de política comparada, el Reino Unido está agrupado junto con los Estados Unidos o con Italia. Italia no está agrupada con los Estados Unidos frente al Reino Unido en ninguna de las comparaciones tradicionales. Sin embargo, esto es exactamente lo que ocurre en términos de estabilidad de las políticas. Los Estados Unidos tienen, en general, tres actores de veto institucionales e Italia tiene un número variable de actores de veto partidarios (cuatro en la actualidad), mientras que el Reino Unido sólo tiene un actor de veto. Por lo tanto, llevar a cabo cambios de políticas es más fácil en el Reino Unido que en Italia o en los Estados Unidos. De hecho, una de las quejas más comunes sobre el Reino Unido se refiere a las frecuentes reversiones de las políticas (política de adversarios, políticas *stop and go*), mientras que el argumento

71. Linz (1990).

tradicional acerca de los Estados Unidos gira alrededor del gobierno dividido y del "bloqueo legislativo" y en Italia, alrededor del inmovilismo.

El modelo presentado más arriba, llega a diferentes conclusiones acerca de la estabilidad de las políticas que las teorías de alcance medio en política comparada. Antes de continuar con comparaciones adicionales, quiero recordarle al lector que me estoy concentrando exclusivamente en la comparación de la estabilidad de las políticas entre los sistemas, mientras que otros autores se concentran en un conjunto más amplio de cuestiones y comparan un conjunto más reducido de países. Sin embargo, en la medida que las diferentes teorías generan predicciones sobre la estabilidad de las políticas, estas predicciones pueden ser comparadas.

Laver y Shepsle han argumentado que en los gobiernos de coalición los ministros tienen jurisdicción exclusiva sobre sus respectivas áreas políticas.[72] Aunque es cierto que los ministros tienen primordial influencia sobre áreas particulares de política,[73] esta influencia está restringida por los demás socios del gobierno de coalición y no puede ser considerada, pues, como una jurisdicción exclusiva. Si deben respetar los vetos de sus compañeros de coalición, los ministros seleccionarán la mejor política (desde su punto de vista) *dentro de la intersección de los winsets* de los actores de veto y no su propio punto ideal.[74] En la versión más extrema de las jurisdicciones exclusivas, se predice una alta probabilidad de cambios en las políticas cuando hay cambios de ministros. Por ejemplo, en un país como Italia, donde es frecuente el recambio de los ministros del gobierno, el modelo de la jurisdicción exclusiva tendería a predecir constantes cambios en las políticas en lugar de su estabilidad. Sin embargo, es posible reconciliar los dos modelos si suponemos que las cuestiones más importantes son decididas por toda la coalición, mientras que las cuestiones menores son delegadas a los respectivos ministros. En este caso, la estabilidad a nivel macro podría ser combinada con una inestabilidad en las cuestiones secundarias (aquellas que son de jurisdicción exclusiva del ministro).

Si uno agrega los minoritarios gobiernos socialistas de Suecia, Noruega o Francia a la comparación, mi modelo los clasificaría cerca de Gran Bretaña y como diferentes a Italia o a los Estados Unidos, con una aclaración: los

---

72. Michael J. Laver y Kenneth A. Shepsle (1990).
73. Eric Browne y Mark Franklin (1973), p. 445.
74. A menos que, por supuesto, su punto ideal esté incluido en la intersección de los winsets del *statu quo*.

Socialistas han estado en el poder por un largo período de tiempo en Suecia y en Noruega y, consecuentemente, pudieron no haber querido modificar sus propias políticas previas. Sin embargo, mi argumento es que si hubiesen querido modificarlas, hubieran sido capaces de hacerlo, como sus similares en Francia. Nuevamente, la proposición de que los gobiernos minoritarios de un solo partido tendrán las mismas características que los gobiernos mayoritarios de un solo partido es congruente con alguna, pero no con toda la literatura.[75]

En forma genérica, de acuerdo con mi argumento, sistemas con múltiples actores de veto incongruentes y cohesionados presentarán niveles más altos de estabilidad en la toma de decisiones políticas que sistemas con un único actor de veto o con un pequeño número de ellos congruentes y poco cohesionados. Esta es una manera dicotómica (y muy cruda) de resumir el argumento presentado en este artículo. Distinciones más sutiles no pueden ser puestas a prueba ni siquiera con los datos existentes. De acuerdo con este análisis incipiente, los gobiernos de coalición en sistemas parlamentarios, como Italia, se caracterizarán por su estabilidad en la toma de decisiones en forma similar a los sistemas presidenciales bicamerales como los Estados Unidos. A su vez, un sistema con un único actor de veto —ya sea en un sistema bipartidista como el del Reino Unido, en un régimen de partido dominante como el Japón, en un sistema semipresidencial como Francia o en un gobierno minoritario como Suecia— es más susceptible al cambio. A continuación, presento alguna evidencia empírica para poder sostener esta afirmación.

Evidencia empírica

Feigenbaum et al. examinan la política energética en cinco países (Estados Unidos, Canadá, Francia, Alemania y Japón) luego de las crisis del petróleo (más precisamente, en el período 1970-90).[76] Ellos cuantifican sus hallazgos en calificaciones para los cinco países a lo largo de tres dimensiones: innovación, coordinación de objetivos conflictivos e implementación.

---

75. Para una posición similar, ver Strom (1990); para una posición diferente, ver Laver y Shepsle (1990). Ellos argumentan que los gobiernos minoritarios son como regímenes presidenciales porque el poder del legislativo está separado del poder del ejecutivo. De acuerdo con el punto de vista de Laver y Shepsle, Suecia y Noruega deberían ser clasificadas junto con los Estados Unidos.
76. Harvey Feigenbaum, Richard Samuels y R. Kent Weaver (1993), pp. 42-109.

El rango de las calificaciones comprende de muy alto a bajo. Construyendo un índice agregado de estas calificaciones, y dando cinco puntos para "muy alto", cuatro para "alto", tres para "medianamente alto", dos para "mezclado" o "moderado", y uno para "bajo", los cinco países reciben las siguientes calificaciones: Estados Unidos = 5; Canadá = 9; Francia = 10; Alemania = 7; Japón = 12. Obviamente, ésta es una medición bastante simple, pero es interesante notar que los países que están por debajo del promedio (8,6) tienen múltiples actores de veto (el sistema presidencial norteamericano tiene tres actores de veto institucionales, y la coalición gubernamental alemana durante este período varía entre dos y tres actores, dependiendo de si la coalición que controlaba el *Bundestag* también tenía el control del *Bundesrat*). Los países por encima del promedio tienen un solo actor de veto (un gobierno de un solo partido con mayoría en el Japón, y en minoría en el Canadá), o dos actores de veto congruentes (Francia fue gobernada la mayor parte del período por una coalición de dos partidos de derecha bastante similares, luego por un gobierno minoritario Socialista, y sólo durante tres años en este período por dos partidos incongruentes, Socialistas y Comunistas, en el gobierno).

Feigenbaum *et al.* argumentaron que "las políticas y los recursos heredados fueron más importantes que las capacidades gubernamentales o arreglos institucionales específicos en la determinación de las políticas elegidas".[77] Según este argumento, los recursos constituyen la variable principal para distinguir a los Estados Unidos y el Canadá, que son ricos energéticamente, del resto. Nuevamente, los Estados Unidos, con tres actores de veto, tienen una baja calificación en innovación política e implementación (5), a comparación del Canadá, con un solo actor de veto (gobierno unipartidario) que obtuvo una calificación más alta (9); del mismo modo, el gobierno de coalición de Bonn con dos o tres actores de veto tiene una calificación más baja (7) que los más congruentes gobiernos de un solo partido en París (10) y Tokio (12). Por tanto se corroboran los resultados esperados por mi modelo.

Estas conclusiones concuerdan con Eneloe, uno de los pioneros en los estudios comparativos de política medioambiental: "Entre los países aquí examinados (los Estados Unidos, el Japón, el Reino Unido, los Países Bajos y la Unión Soviética) Estados Unidos es quizás el más subdesarrollado en términos de capacidad de planificación y coordinación".[78]

77. Idem, p. 99.
78. Cynthia Eneloe, *The Politics of Pollution in a Comparative Perspective: Ecology and Power in Four Nations* (Nueva York: D. McKay, 1975), p. 326.

Con respecto a la reducción del déficit presupuestario, Schick compara a los Estados Unidos, Holanda y Suecia en los años '80.[79] El sistema norteamericano (presidencialista) y el holandés (coalición), al contar con múltiples actores de veto, registraron similares patrones de altos déficits; estos patrones fueron muy diferentes al patrón de Suecia, que es un sistema con un solo actor de veto (gobierno de partido). Es interesante notar que en el período donde una coalición de partidos burgueses estuvo en el gobierno (1980-82), Suecia se caracterizó por la misma falta de prioridades e inhabilidad para actuar que los otros dos países.[80] Sin embargo, aun cuando Schick sostiene que tanto el gobierno dividido en los Estados Unidos, como los gobiernos de coalición en Holanda, tienen capacidades muy reducidas para establecer prioridades,[81] no está claro que sea posible confirmar los hallazgos para estos tres países si aumenta el tamaño de la muestra. La razón es que la reducción del déficit forma parte de un compromiso mayor y es inexacto asumir que todos los gobiernos preferirían reducir su déficit del mismo modo.

Pierson y Weaver introducen las preferencias gubernamentales cuando comparan a la Gran Bretaña, los Estados Unidos y el Canadá con respecto a la reducción en los beneficios de jubilación y pensión.[82] Indican que para medir la reducción existen diversos indicadores (con ciertas deficiencias), que llevan a diferentes conclusiones. Sin embargo, la clasificación más razonable pondría a Gran Bretaña primero, los Estados Unidos segundo y el Canadá tercero en términos de sus reducciones a este tipo de beneficios. Pierson y Weaver explican la diferencia entre Gran Bretaña y Canadá por una diferencia en las preferencias gubernamentales: los Conservadores canadienses tenían miedo de tomar medidas impopulares y perder su mayoría. Por lo tanto, es muy importante, para poder determinar el impacto de las instituciones en el cambio de políticas, controlar por las variables que reflejan las preferencias gubernamentales.[83]

79. Allen Schick (1993).
80. Idem, p. 217.
81. Idem, pp. 228-9.
82. Paul D. Pierson y R. Kent Weaver (1993).
83. Garrett usa el temor a una derrota electoral como su variable explicativa más importante al comparar los cambios estructurales introducidos en Suecia en los años '30 y en Gran Bretaña en los '80. Ver Geoffrey Garrett (1993).

Estos tres ejemplos fueron extraídos de diez estudios empíricos incluidos en un detallado y cuidadoso libro editado por Weaver y Rockman.[84] No todos los estudios son relevantes para mis propósitos. Sin embargo, en sus conclusiones, Weaver y Rockman presentan una tabla con cuatro tipos de regímenes distintos —separación de poderes, coalición, gobierno de partido, y gobierno de partido dominante— conforme a diez dimensiones diferentes que evalúan sus niveles de riesgo y oportunidad.[85] Las semejanzas entre los regímenes de separación de poderes y de coalición, por un lado, y las de los gobiernos de partido y con un partido dominante por el otro, son impresionantes. Weaver y Rockman resumen sus hallazgos de este modo:

> Como resultado de nuestras observaciones vemos que las instituciones parlamentarias no tienen un efecto uniforme sobre las capacidades para gobernar. En cambio, el sistema de Westminster y el de partido dominante tienden a concentrar el poder, mientras que los sistemas de coalición intentan diseminarlo, tal como hace el sistema de separación de poderes en los Estados Unidos. Este último sistema tiende a ser agrupado junto con los países con regímenes parlamentarios de coalición en función de sus riesgos y oportunidades, mientras que los sistemas de gobierno de partido y de partido dominante, a su vez son agrupados entre sí en función de la mayoría de sus capacidades. Los sistemas incluidos dentro de cada grupo no son idénticos en cuanto a sus atributos para la toma de decisiones o en cuanto a sus aptitudes para gobernar, como se verá cuando se discutan individualmente sus capacidades, pero sus efectos tienden a ir en la misma dirección general.[86]

Una importante cuestión que no ha sido incluida en el trabajo de Weaver y Rockman es la reforma en el área de salud. Sin embargo, Immergut compara los esfuerzos reformistas en Francia (IV y V República), en Suiza y en Suecia llegando a conclusiones similares.[87] En los tres países, el *statu quo* beneficiaba a los médicos: en los tres países se intentaron llevar a cabo reformas. Suecia fue la más exitosa en socializar la medicina, seguida por la V República Francesa. Los intentos reformistas fallaron en la IV República

---

84. Weaver y Rockman (1993)
85. Idem, p. 448.
86. Idem, p. 450.
87. Ellen M. Immergut (1992).

Francesa y en Suiza. La explicación de Immergut es que el gobierno de Suecia y el de la V República Francesa fueron capaces de lograr rápidamente la aceptación de las reformas por parte del Parlamento (de hecho, en Francia fracasaron los intentos de modificar el proyecto del gobierno debido a los poderes de fijación de la agenda de éste último). En la IV República Francesa y en Suiza, sin embargo, las reformas fracasaron por culpa de las cambiantes mayorías en el Parlamento (Francia) y por la utilización de un referéndum originado fuera del gobierno (Suiza). Las diferencias presentadas en el estudio de Immergut pueden identificarse como el resultado de sistemas con uno (Suecia, y V República Francesa) o con múltiples (Suiza y IV República Francesa) actores de veto.

Kreppel puso a prueba estadísticamente el efecto del número de actores de veto sobre la producción legislativa en Italia desde la Segunda Guerra Mundial. Ella encontró que el número de partidos en el gobierno (actores de veto) está inversamente correlacionado con el número de leyes, tanto las relevantes como las irrelevantes.[88]

Finalmente, Jones, reexaminando los datos de Mayhew[89] acerca de la producción de leyes relevantes en los Estados Unidos, encontró que mientras que el gobierno dividido (definido como la falta de congruencia entre los tres actores institucionales) no tiene ningún efecto sobre la producción legislativa, la "cohesión" en la Cámara tiene un efecto negativo significativo (mide la cohesión como el porcentaje de proyectos de ley en donde las mayorías de los dos partidos se oponen). Su argumento es que el Senado, sin importar el partido que lo controla, es moderado (uno de los motivos es que se requiere una mayoría de dos tercios o de tres quintos para evitar que ocurra el filibusterismo). Por lo tanto, la legislación de tipo partidista originada en la Cámara de Representantes es abortada incluso antes de que llegue al Presidente. En mi terminología, su variable captura la congruencia entre el Senado, que es moderado, y la Cámara de Representantes, que es (posiblemente) partidista.[90]

---

88. En Italia las comisiones pueden introducir la legislación para que sea tratada en el plenario de la cámara o pueden directamente aprobar los proyectos en comisión. Kreppel utilizó el número de leyes que fueron aprobadas por el plenario de la cámara y no por las comisiones como un indicador de la relevancia de la legislación. Ver Amie Kreppel (1993).
89. David Mayhew (1991).
90. David R. Jones (1993).

Aquí se extingue la evidencia empírica que conozco con respecto a la estabilidad de las políticas. Sin embargo, existe evidencia indirecta adicional en favor de mi modelo. Esta evidencia se refiere a la estabilidad del gobierno y del régimen en los sistemas parlamentarios y presidenciales respectivamente.

Existe una obvia relación entre la estabilidad de las políticas y la inestabilidad del gobierno: un gobierno con estabilidad de las políticas puede tornarse inmóvil, y si otros actores políticos y sociales desean el cambio, pueden reemplazar al gobierno a través de medios constitucionales (inestabilidad del gobierno). Del mismo modo, en regímenes donde el cambio de gobierno es imposible (excepto al cabo de períodos fijos como en los sistemas presidenciales), la inmovilidad de las políticas puede llevar al reemplazo gubernamental a través de medios extra-constitucionales (inestabilidad del régimen).

Según este punto de vista, los propios factores que promueven la estabilidad de las políticas estarían asociados con la inestabilidad gubernamental (en los sistemas parlamentarios) y con la inestabilidad del régimen (en los sistemas presidenciales). Por lo tanto, la inestabilidad gubernamental o la del régimen estaría asociada con la multiplicidad de actores de veto, con la falta de congruencia ideológica entre ellos y con la cohesión ideológica de cada uno de ellos. La evidencia preliminar indica que esto es así.

Warwick encontró que el número de miembros de una coalición de gobierno y la distancia ideológica entre ellos llevan a la inestabilidad gubernamental.[91] En un estudio más detallado de próxima aparición, él va un poco más allá: mientras que en los modelos de supervivencia gubernamental estándar de la teoría de juegos, las probabilidades de supervivencia dependen de las características del *Parlamento* (número de partidos, distancias ideológicas de los partidos en el Parlamento), él introduce en su modelo las *características del gobierno* (número de partidos y distancias ideológicas de los partidos de gobierno). Sus resultados muestran que cuando son introducidas todas las variables, las características del gobierno son estadísticamente significativas, mientras las características parlamentarias no lo son. Esto resulta un enigma para los modelos de coaliciones estándar de teoría de juegos, porque la supervivencia del gobierno debería depender de las posibilidades de los diferentes partidos de ser incluidos en un nuevo gobierno (esto es, características del Parlamento). El modelo aquí presentado da cuenta de los resultados de Warwick. Si los partidos participan en el gobierno en función de las políticas, las coaliciones se romperán, y los

91. Paul Warwick (1992).

gobiernos serán reemplazados cuando no puedan procesar *shocks* exógenos. Esto ocurre o bien porque el número de actores de veto es demasiado grande, o bien porque las distancias ideológicas entre ellos son demasiado grandes para poder articular una reacción en común. Por ejemplo, la coalición entre los Socialistas y los Comunistas en Francia, se rompió en 1984 cuando Mitterrand decidió recurrir a políticas de ajuste para quedarse dentro del Sistema Monetario Europeo, mientras que los Comunistas rechazaban "manejar la crisis del capitalismo". Del mismo modo, fue el deterioro de las condiciones económicas lo que provocó el quiebre de la coalición entre el SPD y el FDP en Alemania en 1982 y su reemplazo por una coalición más congruente entre el FDP y la CDU-CSU.

El argumento de que la estabilidad de las políticas lleva a la inestabilidad de los actores de veto, también puede ser extendida a los sistemas presidenciales. En estos sistemas, la única posibilidad de cambiar los actores de veto es hacerlo a través de elecciones u otros cambios exógenos (como golpes militares o violaciones al orden constitucional por parte de un actor, tal como la disolución del Parlamento en el Perú por parte de Fujimori). Mi teoría predice que las variables asociadas con la estabilidad de las políticas también estarán asociadas con la inestabilidad del régimen. También existe evidencia al respecto.

Shugart y Carey encuentran que poderes presidenciales fuertes (legislativos o no legislativos) son más proclives a sufrir quiebres institucionales.[92] De acuerdo con sus datos (que incluyen regímenes presidenciales y semipresidenciales desde comienzos de este siglo), aquellos regímenes donde el presidente tiene poderes legislativos débiles sufrieron quiebres institucionales el 23,5% de las veces (4 de 17), mientras que la probabilidad de sufrir un quiebre institucional casi se duplica (40% del tiempo [6 de 15]) para aquellos regímenes con presidentes legislativamente fuertes. Su hallazgo es consistente con la teoría de los actores de veto aquí presentada. En mi terminología, los regímenes con presidentes legislativamente débiles tienen un actor de veto menos; por tanto, son más estables.

Conclusiones

He introducido un modelo que permite hacer comparaciones entre diferentes sistemas políticos, tales como presidencialismo y parlamentarismo, unicameralismo y bicameralismo, y sistemas con dos partidos y con múltiples

---

92. Shugart y Carey (1992), pp. 154-8.

partidos. Este modelo está basado en el concepto de *actor de veto* introducido hace ya varios siglos por los constitucionalistas, y directa o indirectamente utilizado en la literatura de política comparada desde aquella época. Dividí a los actores de veto en dos categorías, institucionales y partidarios, lo cual me ha posibilitado comparar los regímenes parlamentarios y presidenciales.

Mi análisis lleva a las siguientes conclusiones: la estabilidad de las políticas en un sistema político aumenta a medida que se incrementa el número de actores de veto, a medida que disminuye su congruencia y a medida que aumenta su cohesión. Los resultados macropolíticos básicos de mi análisis muestran que ninguna de las variables independientes utilizadas por el análisis comparativo tradicional, como el tipo de régimen, el sistema de partidos o el número de Cámaras en la legislatura, produce los mismos resultados con independencia de las demás. En particular, los sistemas presidenciales (con múltiples actores de veto institucionales) presentan características de estabilidad en la toma de decisiones políticas similares a las de los gobiernos de coalición en los sistemas parlamentarios (con múltiples actores del veto partidarios). Estas características comunes de los sistemas presidencial y parlamentario multipartidista, contrastan con los sistemas bipartidistas, los de partidos dominantes y los de gobiernos minoritarios en las democracias parlamentaristas (que tienen un único actor de veto). Estudios empíricos de la toma de decisiones políticas producen resultados consistentes con las expectativas del modelo. Del mismo modo, estudios empíricos sobre inestabilidad del gobierno y del régimen proveen evidencia indirecta en favor de este modelo.

El enfoque de los actores de veto puede ser extendido para incluir al Poder Judicial, supermayorías, referendos, estructuras corporativas de toma de decisiones, gobiernos locales y otros arreglos institucionales. También puede ser utilizada para generar predicciones sobre la importancia y la independencia del Poder Judicial y las agencias administrativas. Si los tribunales de justicia y las agencias burocráticas están interesados en ver implementadas sus decisiones, y no que ellas sean anuladas por los actores políticos, el Poder Judicial y la burocracia serán más importantes e independientes en sistemas con actores de veto múltiples, incongruentes y cohesivos.

Con respecto a la independencia de las burocracias, dos argumentos aparentemente opuestos han sido presentados en la literatura. Hammond y Knott[93] utilizan un modelo bidimensional y argumentan que el tamaño del

---

93. Ver Thomas H. Hammond y Jack H. Knott (1993). El resultado esperado por ellos es consistente con el hallazgo de Lohmann: en períodos de gobierno dividido en Alemania, el Bundesbank es más independiente. Ver Susanne Lohmann (1993).

"núcleo" (v. g., el conjunto de puntos con *winsets* vacíos) se incrementa a medida que existen múltiples principales de la burocracia, proveyendo a los burócratas la oportunidad de seleccionar cualquier punto dentro del núcleo sin temor a que ello sea anulado. Su argumento incluye a las comisiones legislativas, el recinto y la presidencia. En esencia, su enfoque es similar al adoptado aquí.[94]

Sin embargo, tanto Moe, como Moe y Caldwell,[95] comienzan con premisas similares pero llegan a conclusiones aparentemente opuestas. Sostienen que los regímenes parlamentarios tendrán menos reglamentaciones burocráticas y burocracias más independientes que las de los regímenes presidenciales; y que éstos últimos, tendrán reglamentaciones y procedimientos extremadamente detallados que reducirán la autonomía de los burócratas. Los ejemplos empíricos que ellos proveen son casi exclusivamente del Reino Unido y de los Estados Unidos (considerados como los prototipos de los sistemas parlamentarista y presidencialista). Existe aquí una diferencia importante en la argumentación. Considero que para el caso de las burocracias, la línea divisoria tampoco está entre los sistemas parlamentarios y los presidenciales como sostiene Moe, sino más bien entre los actores de veto únicos y múltiples (Italia sería un caso perfecto para poner esto a prueba, ya que según mi argumento su burocracia debería parecerse más a la de los Estados Unidos que a la del Reino Unido, mientras que la expectativa de Moe sería la opuesta).

Dejando de lado esta diferencia, estoy de acuerdo con los argumentos de Moe. Un único actor de veto no necesita que los procedimientos burocráticos estén descriptos en forma detallada en las leyes. El partido en el poder puede decidir cómo debe funcionar la burocracia, y a ésta última no le hace ninguna diferencia que las reglas estén legalmente establecidas o sean el resultado de decisiones ministeriales. Además, no tiene sentido cristalizarle al próximo gobierno los procedimientos en leyes, dado que éste puede redactar nueva legislación con la misma facilidad, o establecer nuevas instrucciones ministeriales. Es por ello que los actores de veto únicos no tienen necesidad de restringir a las burocracias mediante procedimientos legales.

Por otro lado, los actores de veto múltiples tratarán de cristalizar el balance de fuerzas existente en el momento que están redactando una ley,

94. Existen notables diferencias entre el modelo de Hammond y Knott y mi enfoque. Ellos están interesados en un caso especial: cuando el winset del *statu quo* está vacío (mientras que yo estoy interesado en el tamaño del winset). A su vez, ellos utilizan dos dimensiones (que pueden ser generalizadas a cuatro; ver Tsebelis (1993)), mientras que mi enfoque sirve para cualquier número de dimensiones.

95. Ver Terry M. Moe (1993) y Terry M. Moe y Michael Caldwell (1994).

para poder así restringir lo más que puedan a las burocracias. Cuán restrictivos serán los procedimientos, va a depender del nivel de acuerdo entre estos actores de veto. Por ejemplo, sus desacuerdos pueden llegar a ser no sólo políticos sino también institucionales y de procedimiento. En este caso, si hay una ley será bastante general, dando margen de maniobra a los burócratas. Por lo tanto, la existencia de múltiples actores de veto no garantiza que sean incluidas en las leyes, detalladas descripciones de procedimiento.

En este momento, podemos sintetizar los diferentes argumentos en uno solo. Tal como sostiene Moe, en promedio es más probable que los sistemas con múltiples actores de veto posean engorrosos procedimientos burocráticos que los sistemas con un único actor de veto. Sin embargo, los engorrosos procedimientos burocráticos no deben ser confundidos con falta de independencia; de hecho, puede ser un arma de los burócratas en contra de la interferencia política en sus cuestiones. Las burocracias probablemente sean más independientes cuando tienen múltiples principales (múltiples actores de veto) que cuando tienen un único principal.

Concentrándonos en el Poder Judicial, según mi modelo es de esperar que los tribunales de justicia sean más importantes en los países federales, como así también en los países en donde deben adjudicar las disputas entre los actores de veto (sistemas presidenciales). Dentro de los sistemas parlamentarios, el poder judicial será más importante en los países con múltiples actores de veto como Alemania o Italia, que en aquellos países con un único actor de veto como el Reino Unido o Suecia. Del mismo modo, las Cortes Supremas serán más importantes en los países federales que en los unitarios.[96]

Finalmente, este marco teórico permite dar cuenta de la estabilidad gubernamental en los sistemas parlamentarios y la estabilidad del régimen en los sistemas presidenciales. La conexión es simple: la estabilidad de las políticas conduce a una imposibilidad de los gobiernos para cambiar el *statu quo*, incluso aunque tales cambios son necesarios o deseables. Consecuentemente, un gobierno con múltiples actores, incongruentes y cohesionados, es reemplazado por otros actores en forma endógena (sistemas parlamentarios) o exógena (sistemas presidencialistas).

96. Una variable que no ha sido tenida en cuenta, y que debe ser incluida en un estudio comparativo de tribunales de justicia, es identificar quién esta autorizado para plantear reclamos. Por ejemplo, un factor que aumentó la importancia de la Corte Constitucional en Francia fue la reforma (en su momento denominada *reformette* dado que no se había comprendido su significado) estableciendo que la Corte podía ser llamada a deliberar a petición de sesenta Miembros del Parlamento.

Para completar y validar este modelo, se requiere una mayor investigación teórica y empírica. A nivel teórico, resulta necesario investigar los efectos de las mayorías calificadas y de los referendos en el número y la cohesión de los actores de veto. A pesar de que algunas especulaciones fueron ofrecidas en este artículo, el análisis es aún incompleto. A nivel empírico, es necesario llevar a cabo una investigación sistemática que permita validar este modelo. Aunque los estudios existentes sobre políticas específicas indican que el número y la incongruencia de los actores de veto conducen a la estabilidad de éstas, la evidencia es escasa y en gran medida no cuantificable. Las predicciones del modelo respecto de la inestabilidad del gobierno y del régimen encuentran más apoyo cuantitativo, pero aquí también el modelo debe ser puesto a prueba con los datos disponibles.

En este artículo, me concentré en las similitudes entre los sistemas presidenciales y parlamentarios con respecto a la toma de decisiones políticas; no he discutido ninguna de las diferencias. Esto no significa que tales diferencias no existan. Como ya lo he dicho, la mayor diferencia es que los cambios en los actores de veto son endógenos en los sistemas parlamentarios, pero exógenos en los presidenciales. Existe otra importante diferencia que mi modelo destaca. En los sistemas parlamentarios el Ejecutivo (gobierno) controla la agenda, y la legislatura (Parlamento) acepta o rechaza las propuestas, mientras que en los sistemas presidenciales la legislatura hace las propuestas y el Ejecutivo (presidente) las firma o las veta. Es fácil de verificar en la Figura 3 que, dados los actores de veto A y B_1, si cada uno de ellos puede seleccionar algún punto en particular entre los puntos del *winset del statu quo*, seleccionará su propio punto ideal. Incluso, el actor B_2 seleccionará el punto PB_2, el punto más cercano a él del conjunto posible (WAB_2). La propiedad es más general: el actor de veto que tiene el poder de proponer tendrá una ventaja significativa en el proceso de adopción de políticas.[97] El análisis indica que *con respecto a la legislación*, los Parlamentos serán más relevantes en los sistemas presidenciales que en los parlamentarios, y los presidentes serán menos importantes que los gobiernos. Nuevamente, ésta es una proposición que concuerda con el debate acerca de la decadencia de los Parlamentos en un lado del Atlántico, y las demandas de los presidentes del veto por línea, en el otro. No obstante, es necesario contar con mayor evidencia empírica para establecer un patrón de este tipo.

---

97. Para un ejemplo de interacción entre dos actores, uno de los cuales tiene el poder de proponer y el otro el de aceptar, ver Tsebelis, "The Power of the European Parliament as a Conditional Agenda Setter".

Referencias

Ames, Barry (1987) *Political Survival in Latin America*. Berkeley, University of California Press.

Bagehot, Walter (1867) *The English Constitution*, Londres, Chapman and Hall.

Bingham Powell, G (1982) *Contemporary Democracies: Participation, Stability and Violence*. Cambridge, Harvard University Press.

Browne, Eric y Mark Franklin (1973) "Aspects of Coalition Payoffs in European Parlamentary Democracies", *American Political Science Review*, 67, pp. 453-469.

Cain, Bruce; John Ferejohn y Morris P. Fiorina (1987) *The Personal Vote*. Cambridge, Harvard University Press.

Cox, Gary W. (1987) "Electoral Equilibrium under Alternative Voting Institutions", *Journal of Political Science* 31, pp. 82-108.

Downs, Anthony (1957) *An Economic Theory of Democracy*. Nueva York, Harper & Row.

Duverger, Maurice (1990) "A New Political System Model: Semi-Presidential Government", *European Journal of Political Research*, N° 8.

Eneloe, Cynthia (1975) *The Politics of Pollution in a Comparative Perspective: Ecology and Power in Four Nations*, Nueva York, D. McKay.

Feigenbaum, Harvey; Richard Samuels y R. Kent Weaver (1993) "Innovation, and implementation in energy policy" en Weaver y Rockman. *Do Institutions Matter? Government Capabilities in the US and Abroad*, Washington (D. C.), The Brookings Institution.

Ferejohn, John A.; Richard D. McKelvey y Edward W. Packell (1984) "Limiting Distributions for Continous State Markov Voting Models", *Social Choice and Welfare*, N° 1, pp. 45 a 67.

Frickey, Philip P. (1992) "Constitutional Structure, Public Choice, and Public Law". *International Review of Law and Economics*, N° 12.

Garrett, Geoffrey (1993) "The Politics of Structural Change: Swedish Social Democracy and Thatcherism in Comparative Perspective", *Comparative Political Studies* N° 25.

Geddes, Barbara (1990) "How the Cases You Choose Affect the Answers You Get: Selection Bias in Comparative Politics", *Political Analysis*, N° 2, pp. 131-149.

Grilli, Vittorio; Donato Masciandaro y Guido Tabellini (1991) "Political and Monetary Institutions and Public Financial Policies in the Industrial Countries", *Economic Policy* N° 13, pp. 341-392.

Hamilton, Alexander; John Jay y James Madison. *The Federalist*, cualquier edición.

Hammond, Thomas H. y Jack H. Knott (1993) "Presidential Power, Congressional Dominance, and Bureaucratic Autonomy in a Model of Multi-Institutional Policy Making", Trabajo presentado en la Reunión Anual de la American Political Science Association.

Hammond, Thomas H. y Gary J. Miller (1987) "The Core of the Constitution", American Political Science Review N° 81, pp. 1.155-1.174.

Horowitz, Donald L. (1990) "Comparing Democratic Systems", Journal of Democracy N° 1, pp. 73-79.

Huber, John D. (1992) "Restrictive Legislative Procedures in France and the US". American Political Science Review N° 86.

Huber, John D. y G. Bingham Powell (1994) "Congruence between Citizens and Policymakers in two Visions of Liberal Democracy", World Politics, N° 46, pp. 291-326.

Immergut, Ellen M. (1992) Health Politics: Interests and Institutions in Western Europe, Cambridge, Cambridge University Press.

Inter-Parlamentary Union (1986) Parliaments of the World, 2da. ed. Aldershot, Gower.

Jones, David R. (1993) "Policy Stability in the United States: Divided Government or Cohesion in Congress?", UCLA, mimeo.

Katzenstein, Peter J. (1985) Small States in World Markets: Industrial Policy in Europe, Ithaca, Cornell University Press.

Key Jr., V. O. (1964) Politics, Parties, and Pressure Groups. Quinta ed., Nueva York, Crowell.

Koehler, D. H. (1990) "The Size of the Yolk: Computations for Odd and Even-Numbered Commitiees", Social Choice and Welfare N° 7.

Kreppel, Amie (1993) "The Effect of Veto Players and Coalition Stability on Legislative Output in Italy", UCLA, mimeo.

Kydland, Finn E. y Edward C. Prescott (1977) "Rules Rather than Discretion: The Inconsistency of Optimal Plans", Journal of Political Economy N° 85.

Lange, Peter y Marino Regini (1989) State, Market and Social Regulation, Cambridge, Cambridge University Press.

Laver Michael J. y Kenneth A. Shepsle (1990) "Coalitions and Cabinet Government". American Political Science Review N° 84.

Laver, Michael J. y Norman Schofield (1992) Multiparty Government: The Politics of Coalition in Europe, Oxford, Oxford University Press.

Levmore, Saul (1992) "Bicameralism: When Are Two Decisions Better than One?", International Review of Law and Economics N° 12.

Lijphart, Arend (1984) Democracies: Patterns of Majoritarian and Consensus Government in Twenty-one Countries, New Heaven, Yale University Press.

—(ed.) (1992) *Parlamentary vs. Presidential Government*, Oxford, Oxford University Press.

LINZ, Juan J. (1990) "The Perils of Presidentialism", *Journal of Democracy* N° 1, pp. 51-69.

LOHMANN, Susanne (1993) "Federalism and Central Bank Autonomy: The Politics of German Monetary Policy, 1960-89", UCLA, mimeo.

LUEBBERT, Gregory (1986) *Comparative Democracy: Policy Making and Governing in Europe and Israel*, Nueva York, Columbia University Press.

MAINWARING, Scott (1989) "Presidentialism in Latin America: A Review Essay", *Latin America Research Review* N° 25, pp. 157-179.

—(1991) "Politicians, Parties and Electoral Systems: Brazil in Comparative Perspective". *Comparative Politics* N° 23, pp. 21-43.

MAOR, Moshe (1992) "Intra-Party Conflict and Coalitional Behavior in Denmark and Norway: The Case of 'Highly Institutionalized' Parties", *Scandinavian Political Studies* N° 15, pp. 99-116.

MASTIAS, Jean y Jean GRANGÉ (1987) *Les Secondes Chambres du parlament en Europe occidentale*, París, Economica.

MAYHEW, David (1991) *Divided We Govern*, New Heaven, Yale University Press.

MERSHON, Carol: "Expectations and Informal Rules in Coalition Formation", *Comparative Political Studies*, de próxima aparición.

MILLER, Nicholas R.; Bernard GROFMAN y Scott L FELD (1989) "The Geometry of Majority Rule", *Journal of Theoretical Politics*, N° 4.

MOE, Terry M (1993) "Political Institutions: The Neglected Side of the Story", *Journal of Law, Economics and Organization*, N° 6.

MOE, Terry M. y Michael CALDWELL (1994) "The Institutional Foundations of Democratic Government: A Comparison of Presidential and Parliamentary Systems", *Journal of Institutional and Theoretical Economics*, N° 150, pp. 171-195.

MONEY, Jeannette y George TSEBELIS (1992) "Cicero's Puzzle: Upper House Power in Comparative Perspective", *International Political Science Review*, N° 13.

MONTESQUIEU, *The Spirit of the Laws*. A. M. Cohler, B. C. Miller, y H. S. Stone, trad. y ed.,1989, Cambridge, Cambridge University Press.

PIERSON, Paul D. y R. Kent WEAVER (1993) "Imposing Losses in Pension Policy", en Weaver, R. Kent y Bert Rockman. *Do Institutions Matter? Government Capabilities in the US and Abroad*, Washington (DC) The Brookings Institution.

PRZEWORSKI, Adam y Fernando LIMONGI, "Selection, Counterfactual and Comparisons", University of Chicago, mimeo.

RIKER, William H. (1992a) "The Justification of Bicameralism", en *International Political Science Review* N° 13, pp. 101-116.

—(1992b) "The Merits of Bicameralism", en *International Review of Law and Economics* N° 12, pp. 166-8.

ROGOWSKI, Ronald (1987) "Trade and the Variety of Democratic Institutions", *International Organization* N° 41.

SARTORI, Giovanni (1976) *Parties and Party Systems*. Nueva York, Cambridge University Press.

SCHICK, Allen (1993) "Governments *versus* Budget Deficits', en Weaver, R. Kent y Bert Rockman. *Do Institutions Matter? Government Capabilities in the US and Abroad*. Washington (D. C.), The Brookings Institution.

SHUGART, Matthew Soberg y John M. CAREY (1992) *Presidents and Assemblies*, Nueva York, Cambridge University Press.

STONE, Alec (1992) *The Birth of Judicial Politics in France*, Oxford, Oxford University Press.

STROM, Kaare (1990) *Minority Government and Majority Rule*. Nueva York, Cambridge University Press.

—(1994) "The Presthus Debacle: Interparty Politics and Bargaining Failure in Norway", *American Political Science Review* N° 88.

TIEBOUT, Charles (1956) "A Pure Theory of Local Expenditures", *Journal of Political Economy* N° 64.

TSEBELIS, George (1990) *Nested Games*, Berkeley, University of California Press.

—(1993) "The Core, the Uncovered Set and Conference Commitees in Bicameral Legislatures", Trabajo presentado en la Reunión Anual de la American Political Science Association.

—"The Power of the European Parliament as a Conditional Agenda Setter", en Ruloff, D. y G. Schneider, eds., *Towards a New Europe: Stops and Starts in European Integration*. Nueva York, Praeger, de próxima aparición.

—"Veto Players and Law Production in Parlamentary Democracies", en Herber Doering, ed. *Parliaments and Majority Rule in Western Europe*, Nueva York, St. Martin's Press, próximamente.

WARWICK, Paul (1992) "Ideological Diversity and Government Survival in Western European Parlamentary Democracies", *Comparative Political Studies*, N° 24.

WEAVER, R. Kent y Bert ROCKMAN (1993) *Do Institutions Matter? Government Capabilities in the US and Abroad*, Washington (D. C.), The Brookings Institution.

WEINGAST, Barry (1993a) "Economic Role of Political Institutions", Hoover Institution, mimeo.

—(1993b) "Federalism and the Political Commitment to Sustain Markets", Hoover Institution, mimeo.

Wilson, Woodrow (primera edición, 1885) *Congressional Government*, Gloucester, Peter Smith, 1973.

Publicado originalmente en *British Journal of Political Science*, Vol. 25, pp. 289-325; reproducido con permiso del autor, Copyright Cambridge University Press, 1995.

NOTA SOBRE LOS AUTORES

Robert H. Bates, Investigador del Institute for International Development y profesor Eaton de ciencia política en Harvard University. Se especializa en Economía Política, economía política internacional, desarrollo político, y política africana.

John Ferejohn, Investigador Senior de la Hoover Institution y profesor Carolyn S. G. Munro de Ciencia Política en Stanford University. Es también profesor de Economía en la Escuela de Negocios de la misma Universidad. Se especializa en teoría política positiva y en el estudio de las instituciones y el comportamiento político.

Barbara Geddes, Profesora de Ciencia Política en la Universidad de California, Los Ángeles. Se especializa en política latinoamericana, instituciones políticas y en corrupción y reformas en la administración pública.

Terry M. Moe, Investigador Senior de la Hoover Institution y profesor del Departamento de Ciencia Política en Stanford University. Se especializa en política educativa, en las instituciones políticas de los EE.UU., y en teoría de las organizaciones.

Douglass C. North, Investigador Senior de la Hoover Institution. En 1993 recibió el Premio Nobel de Economía. Desde 1996 es profesor Spencer T. Olin en Artes y Ciencias en la Universidad de Washington en Saint Louis. Se especializa en derechos de propiedad, costos de transacción, la organización económica a lo largo de la

Esta edición
se terminó de imprimir en
RIPARI S.A.
General J.G. Lemos 248, Buenos Aires
en el mes de septiembre de 1998